Organisation

Alexander Neupert-Doppler

Organisation

Von Avantgardepartei bis Organizing

Reihe
black books

Schmetterling Verlag

Bibliografische Informationen der Deutschen Nationalbibliothek
Die Deutsche Nationalbibliothek verzeichnet diese Publikation in der Deutschen Nationalbibliografie; detaillierte bibliografische Daten sind im Internet über http://dnb.d-nb.de abrufbar.

Schmetterling Verlag GmbH
Libanonstr. 72A
70184 Stuttgart
www.schmetterling-verlag.de
Der Schmetterling Verlag ist Mitglied von aLiVe,
der assoziation Linker Verlage.
ISBN 3-89657-194-x
1. Auflage 2021
Printed in Poland

Satz und Reproduktionen: Schmetterling Verlag
Druck: sowa, Warschau

Inhalt

Für hilfreiche Diskussionen danke ich Lisa Doppler und Lisa Brunke von Solinet Hannover, Bekir İsmail Doğru von drift bzw. ver.di, Patrick Bredl von Bumke selber machen / Wohnraum für Alle & Stephanie Heck von den Falken Hannover; für meine ersten Erfahrungen mit Organisierung der Jugend-Antifa Lingen (class of 2001). Alexander Neupert-Doppler, Silvester 2020/2021

1. Die O-Frage

Du weißt, das wird passieren,
wenn wir uns organisieren.
Ton Steine Scherben 1971

Wir leben in einer Zeit der Krisen. Klimakrise und Raubbau an der Umwelt, Wirtschaftskrisen und Sozialabbau, Demokratiekrise und Aufstieg des Rechtspopulismus, dies alles einhergehend mit Rassismus, Antisemitismus und sexistischem Backlash. Kritische Theorie weiß, dass Krisen und Umbruchsituationen auch Gelegenheiten sein können. Für eine ökologische, sozialistische, demokratische und feministische Vorwärtsverteidigung braucht es Handlungsmacht, um praktisch intervenieren zu können, kurz gesagt: Organisation. Aber wie?

In diesem Buch werden sowohl traditionelle als auch dazu oppositionelle Organisationsformen anhand herausragender Theoretiker*innen vorgestellt und diskutiert. Mit Rosa Luxemburg (1870–1919) steht die Partei am Anfang (Kapitel 2): Sind Parteien noch eine zeitgemäße Organisationsform? Sollten sie, wie Luxemburgs KPD, Fundamentalopposition bleiben, sich wie die Grünen kritisch integrieren oder gibt es vielleicht noch eine dritte Option? Gustav Landauer (1871–1919) sprach sich als Anarchist gegen Parteien aus und setzte auf die Organisationsform der (Siedlungs-)Genossenschaft. Sind Genossenschaften ein Ausweg aus dem Kapitalismus? Oder nur Nischenlösungen? Hier wird die Frage wichtig, ob Veränderung auch aus Nischen heraus unterstützt werden kann (Kapitel 3). Rudolf Rocker (1873–1958) kann uns helfen, die Rolle von Gewerkschaften in Transformationsprozessen zu befragen. Brauchen wir revolutionäre Richtungsgewerkschaften? Oder besser starke Einheitsgewerkschaften? Zu diskutieren sind auch die Möglichkeiten revolutionärer Opposition in den Massengewerkschaften (Kapitel 4). Partei, Genossenschaft und Gewerkschaft gelten traditionell als die drei Säulen der Alten Linken, der (sozialistischen, kommunistischen wie anarchistischen) Arbeiter*innenbewegung.

In Opposition dazu stehen die Organisationsformen des Linksradikalismus der 1920er Jahre und der Neuen Linken ab den 1960er Jahren. Der Rätekommunist Otto Rühle (1874-

1943) sprach sich gegen Parteien und Gewerkschaften und für die Betriebsorganisation aus (Kapitel 5). Welche Anregungen gingen und gehen davon aus? Welche Bedeutung haben Betriebsbesetzungen? Herbert Marcuse (1898–1979) beschäftigte sich in seinen Schriften der 1960er und 1970er Jahre mit dem Interventionismus von Protestbewegungen, mahnte aber stets dazu, auch übergreifende Bewegungsorganisationen aufzubauen (Kapitel 6). Entsprechen Bewegungsorganisationen der 1980er und 1990er Jahre, oder die heutigen Post-Autonomen, diesem Anspruch? Schließlich war es Saul D. Alinsky (1909–1972), der sich schon in der ersten Hälfte des 20. Jahrhunderts für das Modell der Basisorganisation einsetzte (Kapitel 7). Von den Mietstreiks der 1920er Jahre über die Black Panther Party in den USA bis hin zu heutigen Solidaritätsnetzwerken haben Menschen Erfahrungen mit diesem Modell gemacht, das im englischsprachigen Raum als Community-Organizing bekannt ist. Handelt es sich dabei um eine Variante der Sozialen Arbeit oder um einen eigenständigen Organisationsansatz?

All diese Fragen werden, ausgehend von den klassischen Organisationstheorien, in den folgenden Kapiteln behandelt. Der Schwerpunkt liegt dabei ganz klar auf den deutschsprachigen Organisationsdebatten seit Beginn des 20. Jahrhunderts. Dabei geht es nicht nur um Ideengeschichte, sondern um die Bedeutung von Organisationen aus der Perspektive Politischer Theorie/Philosophie, also stets auch um Theorie und Praxis. Vor bald 100 Jahren fasste der Philosoph und Kommunist Georg Lukács (1885–1971) deren Verhältnis so: «*Organisation ist die Form der Vermittlung zwischen Theorie und Praxis*» (1922/1967: V).

Theorie ohne Bezug zu Praxis kann ein selbstgenügsames Träumen bleiben, Praxis ohne Bezug zu Theorie ein hilfloses Agieren. Wie aber stiften Organisationen hier eine Verbindung? In der Kritischen Theorie entspringt die soziale Utopie der Kritik an bestehenden Widrigkeiten (vgl. Neupert 2013). In der utopischen Theorie motivieren und orientieren utopische Möglichkeiten das politische Handeln (vgl. Neupert-Doppler 2015). Sowohl die Kritik dessen, was nicht mehr sein soll als auch die Utopie dessen was noch nicht ist, bleiben dabei stets auf ihre jeweilige Gegenwart bezogen: hier und jetzt. Hierin liegt für den Philosophen Michael Brie die Verknüpfung zwischen Gelegenheiten und der Notwendigkeit von Organisation. «In kritischen Momenten des Handelns wie in den *«ruhigen Perioden sind*

Organisationen von entscheidender Bedeutung» (Brie 2019: 106). Brie bezieht sich hier auf die Unterscheidung zwischen zwei Zeiten. In der chronologischen, ruhigen Zeit vollzieht sich der kontinuierliche Aufbau einer Organisation, im entscheidenden Moment (Kairós) wäre diese dann hoffentlich vorbereitet (vgl. ausführlich Neupert-Doppler 2019).

Die Notwendigkeit von Organisation, um eine Krise in einen Kairós zu verwandeln, also den Gott der guten Gelegenheiten beim Schopf zu packen, speist sich auch aus Erfahrungswissen. Der antifaschistische Widerstandskämpfer Peter Gingold (1916–2006) bemerkte dazu: «*Objektiv verändert sich immer wieder die Situation, was uns neue Chancen bietet. […] Meine wichtigste Erfahrung des politischen Handelns lautet: Es geht nicht ohne Organisation.*» (Gingold 2009/2017: 184) Was aber sind überhaupt, einführend gefragt, Organisationen im Sinne politischen Handelns?

In dem Buch «Organisationen – Eine sehr kurze Einführung» bezieht sich der Autor Stefan Kühl auf die Systemtheorie zur Definition von Organisationen: «*Niklas Luhmann nutzt drei Merkmale – Mitgliedschaft, Zwecke, Hierarchien – um die Besonderheit von Organisationen in der modernen Gesellschaft deutlich zu machen.*» (Kühl 2011: 17) Für das Kriterium Mitgliedschaft ist entscheidend, dass es einen «*Eintritt und Austritt von Personen*» (ebd.: 18) geben kann. Organisationen sind also keine Familien, Sippen oder Völker, in die mensch hineingeboren wird, sondern freiwillige Zusammenschlüsse. Auch staatliche Institutionen sind, auch wenn Kühl dies anders sieht (vgl. ebd.: 19), streng genommen keine Organisationen, da Austritte nicht vorgesehen sind. Für gesellschaftliche Zusammenschlüsse ist es hingegen notwendig, dass Organisationen eine «*Formulierung von Zwecken*» (ebd.: 19) leisten. Zufällige Begegnungen, z. B. bei kulturellen Ereignissen, oder kurzfristiges gemeinsames Handeln, z. B. bei einem Spieleabend, haben zwar einen Sinn, aber keinen formulierten Zweck, der über längere Zeiträume verfolgt wird. Das dritte Merkmal von Organisationen lässt sich z. B. im Unterschied zu Wohngemeinschaften erklären. Auch WGs kennen Ein- und Austritte bzw. Ein- und Auszüge und haben den Zweck gemeinsamen Wohnens. Im Gegensatz zu Wohngemeinschaften aber «*sind Organisationen über Hierarchien strukturiert*» (ebd.: 20). Wohngemeinschaften oder auch Freundeskreise versuchen nicht ihre Mitgliedschaft immer weiter auszudehnen, wie es gerade bei politischen Organisationen der Fall ist, sie müssen den Grund des Zusammenschlusses zumeist nicht als Zweck formalisieren und sie weisen keine festen Rollen in fixen Hierarchien zu. Da es auch Organisationen gibt, die für sich beanspruchen, hierarchiearm zu sein, möchte ich allerdings vorschlagen, Luhmanns drittes Kriterium durch das der Arbeitsteilung zu ersetzen. Es ergibt sich: Organisationen sind freiwillige Zusammenschlüsse qua Mitgliedschaft (weder Familie noch Staat), die über längere Zeit formulierte Zwecke verfolgen (weder Szenen noch Freundeskreise), deren Handeln durch Arbeitsteilung bestimmt ist (weder Wohngemeinschaften noch kleine Neigungsgruppen). Wenn Kühl auch Unternehmen als ökonomische Organisationen versteht (vgl. ebd.: 19), so gilt doch ein Unterschied zu politischen Organisationen. Firmen beharren auf dem Recht, eine «*Auswahl ihrer Mitglieder*» (ebd.: 26) vorzunehmen, d. h. ihre Angestellten einzustellen oder auch zu entlassen. Politischen Organisationen hingegen kann zumeist beitreten, wer ihre Zwecke teilt.

Nicht alle politischen Phänomene beruhen auf Organisationen. Demonstrationen kennen keine Mitgliedschaften, Szenen definieren keine expliziten Zwecke, viele Gruppen vermeiden gerade jegliche Arbeitsteilung. Es gibt also politische Demonstrationen, politische Szenen und politische Gruppen, die nicht unter den Begriff der Organisation zu fassen sind. Politische Organisationen, mit formellen Ein- und Austritten, sind sie nicht. Anhand der Wesensmerkmale von Organisationen entzündet sich Organisationskritik. Im Folgenden wird es einführend um klassische Kritiken an Organisationen überhaupt gehen. Dies wird uns bei der ersten Frage helfen: Was sind Organisationen und was nicht? Anschließend können wir zur zweiten Frage voranschreiten: Wofür Organisation?

Organisationskritik betrachtet die Unterscheidung zwischen Mitgliedern und Nicht-Mitgliedern als Exklusivität. Die Formulierung von Zwecken beschränke die Spontaneität, Arbeitsteilung führe notwendig zu erstarrten Hierarchien. Robert Michels (1876–1936) vertrat diesen Punkt als Oligarchiethese 1911 in seinem Buch «Zur Soziologie des Parteiwesens». Sein Argument ist hier vor allem die Bedeutung von bezahlten Funktionär*innen, die darauf beruht, «*daß ein Anwachsen der finanziellen Macht in der Partei, das eine gute Bezahlung erst möglich macht, in hohem Grade dazu beiträgt, die Diktaturge-*

lüste der Partei-Bureaukratie zu nähren, da letztere als Verwalterin des Parteivermögens auch über die Machtmittel ökonomischer Natur verfügt.» (Michels 1911: 123) Michels geht hier von einer Ambivalenz aus: Einerseits müssten Funktionär*innen, in Partei wie Gewerkschaft, gut bezahlt werden, um ihre Korruption durch Staat und Kapital zu verhindern. Andererseits würden sie dadurch zu Bürokrat*innen und entwickelten eigene Sonderinteressen.

Neben diesem allgemeinen Problem geht er auch explizit auf Probleme parlamentarischer Parteien, von Gewerkschaften und Genossenschaften ein. Für Parlamentarier*innen gelte: «*Statt auf die […] organisierten Massen berufen sie sich auf die Wählermassen, denen sie einzig und allein, oder doch in erster Linie Rechenschaft schuldig seien.*» (ebd.: 189) Sie sind dann nicht mehr Sprecher*innen ihrer Organisation, sondern Berufspolitiker*innen. Auch Gewerkschaftsfunktionär*innen bündeln Entscheidungsmacht. «*Da die Verbandsleiter auch im Besitz der beträchtlichen Kassen sind, so handelt sich der Streit in der Praxis darum, zu wissen, wer darüber zu entscheiden habe, ob ein Streik ‹unterstützungsberechtigt› ist.*» (ebd.: 140) Sie werden damit von ausführenden Organen zu «*Oligarchen*» der Gewerkschaftsorganisation (ebd.). In Genossenschaften schließlich zeigt sich für Michels dieselbe Tendenz. «*Entweder sie gehen am Einspruchsrecht der Allzuvielen in Zwietracht und Ohnmacht schnell zugrunde, oder sie ordnen sich dem Willen eines Einzelnen oder einiger weniger unter und verlieren damit ihren wahren, genossenschaftlichen Charakter.*» (ebd.: 143f.) Gibt es also keine Auswege?

Grundsätzlich gibt es in der Geschichte von Organisationskonzepten zwei Antworten: Entweder es ist möglich, Funktionär*innen demokratisch zu kontrollieren, etwa durch Wahl und Abwahl, Rotation, imperative Mandate, oder es ist notwendig auf bezahlte Funktionär*innen komplett zu verzichten. Gegenüber letzterem Weg bleibt Michels allerdings skeptisch. Er bezweifelt die These des Anarchismus, «*daß eine strikt eingehaltene Beschränkung der Führer auf ihre rein administrative Funktion alle organisationsschädlichen Zwistigkeiten zwischen Führern und Geführten ein für allemal aus der Welt schaffen würde. Gerade als ob die technische und administrative Überlegenheit der Führer nicht genüge, um ihre Herrschaft über die Massen auch im Übrigen zu etablieren.*»

(ebd.: 346) Am Beispiel des ihm aus Italien bekannten Anarcho-Syndikalismus, der auf selbstorganisierte Basisgewerkschaften setzt, beharrt er darauf: «*Gewerkschaften ohne Vertreter, ohne Sachwalter in welcher Form immer, sind nicht denkbar und existieren nicht.*» (ebd.: 335) Dementsprechend «*nimmt auch im Syndikalismus die Herrschaft der Führer oft geheime Formen an*» (ebd.: 339), gerade weil auf Nominierung und Honorierung verzichtet wird. Es sei also besser, Funktionär*innen wenigstens sichtbar zu machen. Kann sich auch «*der junge Syndikalismus, der aus der Opposition gegen den Autoritarismus der Führerschaft entstanden ist, den oligarchischen Tendenzen in keiner Weise entziehen*» (ebd.: 343), so sieht Michels keinen Ausweg. Organisationen ohne Oligarchien seien soziologisch betrachtet unmöglich.

Damit einhergehen würden aber zwei existentielle Probleme. Bürokratismus zerstöre das Bewusstsein für die «*Kulturzwecke des Sozialismus*», also das Utopiebewusstsein, und das Bewusstsein für dessen «*internationale Mannigfaltigkeit*» (ebd.: 159). Nationale Parteien und Gewerkschaften gliedern sich nationalstaatlich und nationalökonomisch ins Bestehende ein und erliegen dem Staatsfetischismus. Was Michels 1911 noch als Tendenzen skizzierte, erwies sich zu Beginn der 1. Weltkrieges 1914 als traurige Realität: In Deutschland schlossen die sozialdemokratische Partei und Gewerkschaft Burgfrieden mit dem Kaiserreich. Optimistisch sah Michels auf Revolutionen: «*Nur eine Politik der herrschenden Klassen, die in jäher Verblendung den Bogen überspannte, vermöchte die Parteimassen als aktive Schauspieler auf die Bühne der Geschichte zu treiben und die Macht der Parteioligarchen aufzuheben.*» (ebd.: 156) Nach vier Jahren Weltkrieg war in Deutschland der Bogen tatsächlich überspannt. Entgegen den Durchhalteparolen der Partei stürzte die Revolution innerhalb nur einer Novemberwoche das Kaiserreich. Anschließend jedoch folgten die Aufständischen wieder ihren Organisationen.

Was sich von Michels lernen lässt, ist die Unausweichlichkeit des Organisationsproblems. Michels selbst, seit 1903 in der SPD, seit 1907 als Syndikalist in Turin und seit 1914 Professor in Basel, trat 1928 der faschistischen Bewegung von Benito Mussolini (1883–1945) bei und wurde Professor in Perugia. Offenbar zog er das offene Führertum im Faschismus den bürokratischen Oligarchien im Sozialismus und Anarchismus vor. So wenig also seine Lösungen akzeptabel sind, umso ernster wird das Problem. Organisationskritik, die in Begeisterung für charismatische Führer umschlägt, ist problematisch. Kritik an Organisationen bleibt aber notwendig.

Es ist hier nicht der Ort, um im Einzelnen auf diverse Organisationskritiken einzugehen. Texte wie von Wolfram Burisch «Organisation als Ideologies» (1973), von Klaus Türk «Kritik der politischen Ökonomie der Organisation» (1995) oder von Ernest Mandel «Theorie der Bürokratie» (2000) vertiefen die Problematik von Bürokratie, Oligarchie und auch Ideologie. Der Soziologe Armin Stickler hingegen verweist auf Autor*innen, die belegen, «*dass sich nicht alle Bewegungsorganisationen gleich entwickeln (della Porta/Diani 1999, S. 147-150). Zwar bürokratisierten sich in der Tat viele Organisationen [...] Es gäbe jedoch auch Organisationen, welche erfolgreich Bürokratisierungstendenzen widerstehen.*» (Stickler 2011: 117) Bewegungen, die selbst sehr offen, inhaltlich diffus und ohne strukturierte Arbeitsteilung sind, böten zugleich einen Hintergrund für die Entstehung von Organisationen, denn hier, so die Bewegungsforschung, «*rängen mehrere Organisationen um Einfluss*» (ebd.: 110). Die Rückbindung an lebendige Bewegungen, so eine Vermutung, hemmt die Bürokratisierung in Bewegungsorganisationen.

Wichtig ist allemal die Einsicht, wonach Tendenzen in Organisationen nicht unbedingt auf bewusste Entscheidungen ihrer Mitglieder zurückzuführen sind. Zu beachten ist mit Türk gerade die «*Verselbständigung und Ermächtigung organisierender Gewalt*» als eine Art Organisationsfetischismus. Innerhalb der sich verselbständigenden Struktur liege schließlich «*die Programmgewalt in den Händen der Organisationsspitze*» (Türk 1995: 202, zit. n. Scheiffele 2011: 61). Wie weit muss also eine angemessene Organisationskritik gehen? Stickler erinnert an drei Grundannahmen der Organisationstheorie. «*Demnach ermöglichen formale Organisationen erstens die Koordinierung der politischen und ökonomischen Ressourcen einer großen Zahl von Menschen [...], erlauben zweitens den intelligenten und strategischen Einsatz dieser Ressourcen im politischen Kampf und gewährleisten drittens die zeitliche Kontinuität von Mobilisierungen. (Piven/Clowald 1986, S. 19)*» (Stickler 2011: 105) Koordination, Kampffähigkeit und Kontinuität. Ginge dies auch ohne Organisationen? Stickler rät tatsächlich dazu, «*Alternati-*

ven zum Prinzip formaler Organisierung zu entwickeln» (ebd.: 132). Da er aber auch vorausgeschickt hat, wozu Organisationen gut sein sollen (siehe die eben genannten drei K), so ist die zweite Leitfrage «Wozu Organisationen?» zu ergänzen um die Gegenfrage «Was sonst?». Lassen sich Koordination, Kampffähigkeit und Kontinuität ansonsten effektiv herstellen?

Auch Bewegungen, so räumt Stickler ein, sei «*Rollendifferenzierung nicht fremd. Es ließen sich zum Beispiel Kader, Aktive und Sympathisanten unterscheiden. Auch Arbeitsteilung und Machtprozesse fänden in sozialen Bewegungen statt, seien aber durch ihre Informalität gekennzeichnet.*» (ebd.: 109) Informelle Rollenunterschiede ersetzen die formale Mitgliedschaft, informelle Arbeitsteilung ersetzt die organisierte Arbeitsteilung. Koordination und Kampagnenfähigkeit sind durchaus auch informell zu erreichen. Schwieriger ist die Frage nach der Kontinuität. Bewegungen folgen Bewegungszyklen. Es besteht die Neigung, Forderungen aufzubringen, aber nicht durchzusetzen. Zudem bleibt ein Aspekt von informellen Bewegungen ihre Diffusität. «*Soziale Bewegungen sind nicht adressierbar. Lediglich Organisationen (und Individuen) besitzen Adressierbarkeit.*» (ebd.: 111) Dies bringt Probleme für Kritik und Politik. Beschlüsse von Bewegungen sind kaum kritisierbar, da sie sehr informell zustande kommen. Politische Bündnisse mit Bewegungen sind schwierig, da Zuständigkeiten unklar bleiben.

Weiterhin übersieht Armin Stickler mit seiner Dreiteilung von Individuen, Organisationen und Bewegungen, die Organisationen umfassen können, eine besonders wichtige Ebene auch für Bewegungen, nämlich die Gruppen, aus denen Bewegungen in der Regel bestehen. «Was sonst?» wird hier konkret: Wozu formale Organisationen bzw. warum nicht lieber informelle Gruppen? Gruppen sind nicht zentralisiert, nicht bürokratisch und wenig arbeitsteilig. Dana Fuchs und Christian Muck nennen die Vorstellung, dass politischer Wandel durch die spontane Entstehung unzähliger Gruppen zu bewerkstelligen sei, allerdings einen «*Mythos der Selbstorganisation*» (Fuchs/Muck 2019: 72). Ein Unterschied zwischen Gruppe und Organisation liegt für sie vor allem in der Offenheit. Die Zielsetzung, «*regelmäßig neue Menschen in der Struktur zu begrüßen*», also Mitgliedschaft, bringt es mit sich, dass sich eine Organisation «*von der kleinen linksradikalen Bezugsgruppe unterscheiden muss*» (ebd.: 76). Umgekehrt würde eine Gruppe mit so vielen Menschen, dass sich nicht mehr alle untereinander kennen können, notwendigerweise zur Organisation. Für solche Übergänge fehlt es leider oftmals an Konzepten, «*da linke Gruppen mit Wachstum kaum Erfahrungen haben*» (ebd.: 102). Es bleiben Freundeskreise: ohne Mitgliedschaft, Zwecksetzung und Arbeitsteilung.

Aus solchen Gruppen werden, noch bevor sie sich Bewegungen zuordnen, häufig Szenen, an denen es verschiedene Kritikpunkte gibt. Fuchs und Muck zählen auf, Szenegruppen seien oftmals «*elitär*», böten «*zu wenig Anknüpfungsversuche an alltägliche Lebensrealitäten*», vermieden eine «*konsequente, inhaltliche Positionierung*» und verblieben in ihrer «*Szene-Blase*» (ebd.: 122f.). Gruppen mit sehr homogenen Teilnehmer*innen müssen keine Sensibilität für unterschiedliche Lebensrealitäten entwickeln. Gruppen die selten neue Leute aufnehmen, müssen kein Programm erklären. Gruppen, die durch Nähebeziehungen einen Selbstzweck haben, brauchen keine Erfolge anzustreben und müssen ihre Fortschritte nicht evaluieren. Aber handelt es sich dann überhaupt um Politik, um öffentliches Einmischen?

Zwei Phänomene sprächen dagegen, nämlich ein heute in Gruppen ausgeprägter Intellektualismus und eine Orientierung an Subkulturen. Michael von einer Basisorganisation in Kassel betont diese Differenz: «*Geredet wurde oft über politische Konzepte, anstatt darüber zu reden, was die politische Praxis ausmacht. Was teilweise auch autonome Politik genannt wurde, war vor allem ein Szene-Innenleben. […] Das Subkulturelle zu behalten gehörte immer zum Selbstverständnis der autonomen Bewegung.*» (zit. n. ebd.: 126) Innerhalb von Bewegungen sind freilich Debatten über Konzepte sinnvoll, Theoriegruppen und Lesezirkel sind dafür sehr gute Orte. Auch Subkultur, z. B. getragen von Konzertgruppen, kann Kraftquelle sein. Allerdings sind sowohl Theoriegruppen als auch Konzertgruppen so spezifisch, dass sie für breitere Kreise unattraktiv bleiben. Anders als Organisationen werden Lesekreise oder Kochgruppen auch nicht unbedingt besser, wenn sie mehr Leute aufnehmen. Eine Quintessenz der Interviews, die Fuchs und Muck geführt haben, ist die Kritik am Konzept linker Gruppen, «*da es sich bei diesen um enge, abgeschlossen wirkende Freundeskreise handelt*» (ebd.: 152). Wie Jo Freeman 1974 in «Die Tyrannei der unstrukturierten Gruppen» kritisierte, entstehen dabei oft Formen «*informeller Kommunikationswege*», die ihrerseits dafür sorgen, dass Gruppen zumeist unter sich bleiben wollen. Organisationen hingegen brauchen eine Basis für Kampagnen und Kontinuität. Handlungsfähigkeit erfordert, «*dass durch Verankerung in der Basis eine viel stärkere Durchsetzungsfähigkeit hergestellt werden kann, als es isolierte linke Gruppen vermögen*» (ebd.: 104). Um das Gruppendasein zu überwinden, bietet es sich an, Ortsgruppe einer Organisation zu werden. Organisationen sind, so die Antwort auf die erste Frage der Organisationskritik nach dem Was, durch Mitgliedschaft, Zwecksetzung und Arbeitsteilung bestimmt. Organisationen gewährleisten, so die Antwort auf die zweite Frage nach dem Wozu, Koordination, Kampfressourcen und Kontinuität.

Bleibt als dritte Frage: In welcher Organisation bzw. wie organsieren? Es wird sich zeigen, dass Antworten auf diese dritte Frage stark an Ort und Zeit gebunden sind. Welche Zielgruppen sollen für die Mitgliedschaft gewonnen werden? Welche Zwecke setzen sich Organisationen? Wie funktioniert die Arbeitsteilung? In den folgenden Kapiteln wird zwischen sechs Typen von Organisation entschieden. Bei diesem Versuch kann es nur darum gehen, einen Überblick über Debatten des 20. und 21. Jahrhunderts zu geben.

Durch den Fokus auf den deutschsprachigen Raum wird es um Traditionslinien von Organisationen gehen, die uns auch heute noch im politischen Alltag begegnen. Da gerade historisches Wissen die Grundlage von Organisationsdebatten darstellt, sind gewisse Exkurse unvermeidlich. Sie sollen auch aufzeigen, inwiefern die verhandelten Theoretiker*innen selbst an den Organisationsentwicklungen Anteil genommen haben. Rosa Luxemburg, mit der das folgende Kapitel beginnt, trat 1898 in die «Sozialdemokratische Partei Deutschlands» (SPD) ein, die 1863 als «Sozialdemokratische Arbeiterpartei» gegründet worden war. 1919 beteiligte sie sich, kurz vor ihrer Ermordung, an der Gründung der «Kommunistischen Partei Deutschlands» (KPD). Anders als die SPD, die sich in der Weimarer Republik an einigen Regierungen beteiligte, blieb die KPD im Sinne Luxemburgs Fundamentalopposition. Fundamentalopposition im Parlament wollte auch die 1980 gegründete Grüne Partei sein, die sich allerdings 1998 für eine Regierungskoalition mit der SPD entschied. Wird es für die Partei «Die Linke» (PDL), die 2007 aus einem Zusammenschluss der SED-Nachfolge-«Partei des demokratischen Sozialismus» (PDS) und der «Wahlalternative für Arbeit und Soziale Gerechtigkeit» (WASG) entstand, einen anderen Weg geben können?

Gustav Landauer lehnte Parlamente und Regierungen kategorisch ab und warb ab 1908 im «Sozialistischen Bund» (SB) für die Gründung von Siedlungsgenossenschaften, also Lebensgemeinschaften, als Ausstieg aus dem Kapitalismus. Zielgruppe sollten Menschen aller Klassen und Schichten sein, die das Ziel einer selbstverwalteten Gesellschaft und genossenschaftliches Wirtschaften als Mittel teilen. Zur Tradition des Genossenschaftssozialismus gehören bis heute sowohl weniger radikale Produktions- und Konsumgenossenschaften, aber auch Kommunen und andere Projekte von Aussteiger*innen.

Rudolf Rocker verfasste 1919 die Prinzipienerklärung der anarchosyndikalistischen Gewerkschaft «Freie Arbeiter-Union Deutschland» (FAUD), deren 1977 gegründete Nachfolgeorganisation FAU bis heute besteht. Gegenüber den Einheitsgewerkschaften, die sich zunächst im «Allgemeinen Deutschen Gewerkschaftsbund» (ADGB) und nach dem 2. Weltkrieg im «Deutschen Gewerkschaftsbund» (DGB) organisierten, blieb der Syndikalismus in Deutschland eine Richtungsgewerkschaft und erfüllte so nicht die Hoffnungen, die Rocker gehegt hatte. Er selbst riet den überlebenden Mitgliedern der FAUD, die sich zwischen 1947 und 1970 als «Föderation freiheitlicher Sozialisten» organisierten, zur Mitarbeit im DGB. Was aber können Revolutionär*innen, die Gewerkschaften nicht als Teil von kapitalistischer Sozialpartnerschaft, sondern als Beitrag zu umfassender Transformation begreifen, in solchen Massengewerkschaften bewirken? Bietet hierfür die KPDnahe Revolutionäre Gewerkschafts-Opposition (RGO), die zwischen 1927 und 1933 aktiv war, Anregungen?

Außerhalb der drei traditionellen Säulen – Parteien, Genossenschaften und Gewerkschaften – die nicht nur im Sozialismus und Anarchismus, sondern auch im Konservatismus und Liberalismus bis heute prägend sind, stehen drei oppositionelle Organisationsformen. Sie sind zu unterscheiden von einer generellen Organisationsfeindlichkeit, die zeitweilig etwa den europäischen Rätekommunismus prägte. So schrieb Canne Meijer (1929–2020) von der «Gruppe Internationaler Kommunisten Holland» (GIKH) 1935 in «Das Werden einer neuen Arbeiterbewegung» über *«kleine illegale Gruppen, die das Wesentliche des Befreiungskampfes in der selbständigen Bewegung der*

Massen sehen. Darum erstreben sie auch nicht die Macht für ihre Partei oder Gruppe, nicht ihre Organisation soll stark werden, sondern die Klasse.» (GIKH 1935/1971: 149) Was vielleicht als Symptom einer schrumpfenden Bewegung verstanden werden kann, wird als einzige Alternative angepriesen. «*Es ist besser, daß revolutionäre Arbeiter in tausenden von kleinen Gruppen an der Bewußtwerdung der Klasse arbeiten*» (ebd.: 165f.), weil «*diese Kräfte nicht durch eine Organisation beherrscht und geführt werden müssen.*» (ebd.: 156) Diese Vorstellung der kleinen Gruppe prägte auch Teile der Neuen Linken und der späteren Autonomen.

Otto Rühle hingegen, ebenfalls Rätekommunist, war kein Feind von Organisationen per se. 1920 beteiligte er sich an der Gründung der «Kommunistischen Arbeiterpartei Deutschlands» (KAPD), die sich von der KPD abgespalten hatte, da sie jede Beteiligung an Parlamentswahlen ablehnte, und der Betriebsorganisation «Allgemeine Arbeiter-Union Deutschlands» (AAUD). Bereits 1921 spaltete sich die «Allgemeine Arbeiter-Union/Einheitsorganisation» (AAUE) erneut ab. Diese Betriebsorganisation wollte weder Partei noch Gewerkschaft sein, denn es ging ihr nicht um bessere Gesetze oder höhere Löhne, sondern um direkte Aktionen am Arbeitsplatz, die zur Betriebsübernahme führen sollten. Verwandte Ansätze finden wir in der zweiten Hälfte des letzten Jahrhunderts bei den operaistischen Betriebsorganisationen der 1970er Jahre, beim Arbeitsfeldansatz des «Sozialistischen Büros» (1969–1997) und bei bis heute aktiven Betriebsgruppen, die gelegentlich – vor allem in Lateinamerika – auf Betriebsübernahmen durch Betriebsbesetzungen setzen.

Was die rätekommunistische Betriebsorganisation eines Otto Rühle trotz allem mit der Partei einer Rosa Luxemburg und der Gewerkschaft eines Rudolf Rocker gemeinsam hat, ist die Orientierung an proletarischer Mitgliedschaft. Gustav Landauers Idee der Genossenschaft war diesbezüglich breiter aufgestellt, erwies sich aber in der Praxis als wirkungsärmer. Eine neue Breite und damit auch eine größere Vielfalt von Organisationen entstand in der Neuen Linken ab den frühen 1960er Jahren.

Herbert Marcuse, der als 20jähriger 1918 selbst einem Berliner Soldatenrat angehörte, befürwortete in den Jahren um 1968 das Aufkommen der «Außerparlamentarischen Opposition». In den Protesten gegen das Notstandsgesetz der CDU-

SPD-Regierung, die von Teilen der Gewerkschaften, der Friedensbewegung und dem Sozialistischen Deutschen Studentenbund (SDS) getragen wurden, wandelte sich der SDS, der von 1946–1970 bestand, von einer sozialdemokratischen Vorfeldorganisation zu einer Bewegungsorganisation. Allerdings etablierten sich die Bewegungen der 1960er und 1970er Jahre, die antirassistischen Bürgerrechtsbewegungen, Jugend-, Studierenden-, Frauen-, Umwelt- und Internationalismusbewegungen primär als Protestform ohne gefestigte Organisationsform. Nichtsdestotrotz gab es immer wieder Versuche für eine bewegungsorientierte Organisation.

Für den «Kommunistischen Bund» (KB), der von 1971 bis 1991 bestand, war z. B. die Anti-Atom-Bewegung vor allem ein politischer Resonanzboden. Andere Organisationen wie die «Föderation Gewaltfreier Aktionsgruppen» (FÖGA), die es von 1980 bis 1997 gab, oder die von 1992 bis 2001 bestehende «Antifaschistische Aktion/Bundesweite Organisation» (AABO) entstanden unmittelbar aus der Umwelt- und Friedens- bzw. aus der Antifabewegung. In der Tradition solcher Bewegungsorganisationen stehen bis heute Organisationen wie «attac» als Teil der Bewegung der Globalisierungskritiker*innen. Seit 2005 bzw. 2007 gibt es mit der «Interventionistischen Linken» (IL) bzw. dem Bündnis «Ums Ganze» (UG) sogenannte postautonome Organisationen, die auch als Bewegungsorganisationen zu sehen sind, da sie andere Bewegungen und Proteste kritisch begleiten, praktisch unterstützen und utopisch zuspitzen. Inwiefern werden diese Ansätze dem Anspruch von Marcuse gerecht, über die Organisationsformen der Alten Linken hinaus Konzepte für eine Neue Linke zu finden? Mit welchen Zwecken arbeiten Organisationen und Bewegungen zusammen? Wie wirken Bewegungsorganisationen? Schaffen sich Bewegungen Organisationen oder suchen sich Organisationen Bewegungen?

Saul D. Alinsky ging als Community-Organizer von einem organischen Zusammenhang von Basis und Organisation aus. Seine Basisorganisation ist eine Stadtteilorganisation. Deutsche Traditionslinien führen zurück zu den kommunistischen Mieterausschüssen oder zum Syndikalistischen Frauenbund der 1920er Jahre. Diese widmeten sich den Problemen von Mieter*innen und Hausfrauen in proletarischen Vierteln. Sie können aber nur bedingt als eigenständige Basisorganisationen gezählt werden, da sie organisatorisch und theoretisch stark von der KPD bzw. der FAUD geprägt waren. Für Alinsky hingegen sollten Basisorganisationen unabhängige Organisationen sein, wie z. B. die Black Panthers Party in den USA ab 1966 oder heutige Solidaritätsnetzwerke im deutschsprachigen Raum.

In welchem Verhältnis stehen nun einerseits Parteien, Genossenschaften und Gewerkschaften bzw. andererseits Betriebs-, Bewegungs- und Basisorganisationen zueinander? Zum einen sind, gerade im heutigen Deutschland, Parteien, Genossenschaften und Gewerkschaften oft eng verbunden. Im Sinne einer Arbeitsteilung kümmern sich Parteien um die allgemeine Öffentlichkeit, Gewerkschaften um die Betriebe und Genossenschaften um Konsum vor Ort. In allen drei Sphären treten oppositionelle Organisationsformen als Herausforderungen auf. Bewegungen und Bewegungsorganisationen ringen mit Parteien um politische Öffentlichkeit. Betriebsorganisationen agieren im selben betrieblichen Umfeld wie die Gewerkschaften. Basis- und Stadtteilorganisationen gehen, ähnlich wie Genossenschaften, vom Alltag aus. Folgende Grafik skizziert diese Gegenüberstellung der hier behandelten Organisationstypen:

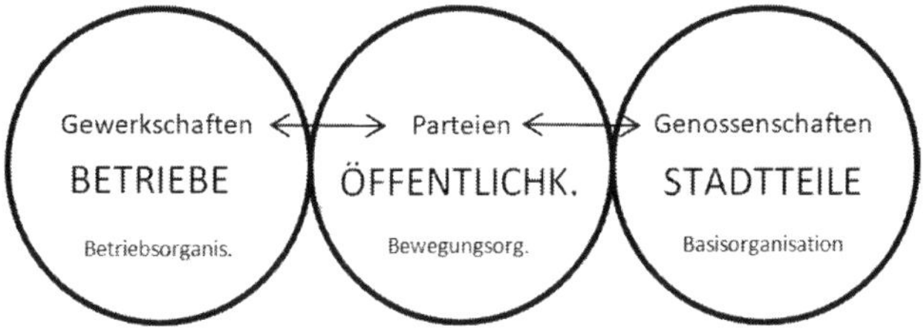

Was bei dieser notwendigen Abstraktion fehlt, ist der Blick für spezifische Inhalte. Obwohl sich einige Organisationsformen für bestimmte Anliegen besonders gut eignen, oder auch nicht, wird im Folgenden davon ausgegangen, dass verschiedene Organisationen ähnliche Themenfelder beackern können. Schließlich kann es sowohl eine ökologische Gewerkschaftspolitik als auch ökologische Protestbewegungen geben, es gibt ebenso eine von Parteien betriebene feministische Gesetzgebung wie auf Selbstorganisation setzende feministische Kommunen. Was Organisationsformen hingegen kennzeichnet, sind die sozialen Orte ihres Wirkens und ihr jeweiliges Vorgehen.

Bei einer so allgemeinen organisationstheoretischen Typisierung sind Auslassungen unvermeidbar. Was fehlt also? Erstens werden Organisationsformen ausgelassen, wie sie in einer Revolution entstehen, z. B. Räte, Revolutionsparlamente oder Milizen. Zweitens bleiben Organisationsformen außen vor, denen es ausschließlich um Reformen geht, wie z. B. Lobby-Verbände, viele Bürger*inneninitiativen oder Selbsthilfevereine. Drittens können klandestine (geheime) Organisationen nicht eingehend betrachtet werden. Viertens fehlen Organisationen, die auf einzelne Themen oder spezifische Zielgruppen spezialisiert sind, z. B. Kinder- und Jugendverbände wie die Sozialistische Jugend – Die Falken, migrantische Vereine wie Refugees 4 Refugges (refugees4refugees.org), autonome Frauenhäuser oder die Rechtsschutzorganisation Rote Hilfe e.V. All diese Organisationen sind überlebensnotwendig, aber angesichts ihrer Zielgruppen und Aufgaben kaum vergleichbar mit Parteien, Genossenschaften, Gewerkschaften u.a. allgemeinpolitischen Organisationen. Fünftens finden informelle Organisierungen, die keine Organisationen sind, von der Hippie- und Punkszene bis zum Büro für surrealistische Forschungen, keinen Platz.

Grundsätzlich soll dieses Buch für keine spezielle Organisation Partei ergreifen, sondern einen Überblick über ein Jahrhundert Organisationsdebatte bieten. Dennoch ist es nicht unparteiisch und sein Autor nicht ohne einen spezifischen Erfahrungshintergrund. Dazu gehört die Mitgliedschaft in der Grünen (Partei)-Jugend (1997–1998). Einsichten zu den Grenzen staatsbezogener Parteiarbeit fanden ihren Niederschlag in dem Buch «Staatsfetischismus» von 2013. Auf die grüne Parteizugehörigkeit folgte zwischen 2002 und 2007 die schwarz-rote Gewerkschaftsarbeit gegen Studiengebühren bei der FAU. Vom Igel zur Katze. Keine Organisation, aber eine sehr gut organisierte Gruppe, ist «No Lager Osnabrück» als Teil der antirassistischen Bewegung. Reflexionen zur Rolle von Utopien für Bewegungen finden sich 2015 im Buch «Utopie». Das dritte Tier in meiner persönlichen Organisationsgeschichte war der Falke, nämlich von 2014 bis 2018 als Funktionär bei der Sozialistischen Jugend in Trier und Hannover. Überlegungen zu (selbst-)organisierter Politik finden sich in meinem Buch «Eine Politische Philosophie des Kairós» von 2019. Dort zeige ich: Ohne Organisation ist die Vorbereitung auf Gelegenheiten unmöglich. Aber wie?

In aktuellen Debatten setzt sich mehr und mehr die Einsicht durch, dass nicht eine allein selig machende Organisationsform hilft, sondern eine breite Pluralität von Organisationen. Dazu der Politikwissenschaftler Mario Candeias: «*Da [...] keine Partei, keine Gewerkschaft, keine linke Avantgarde, mehr eine Führungsrolle beanspruchen kann, wir aber vermeiden sollten, dass Pluralität in Spaltung umschlägt, bedarf es der Entwicklung einer Mosaiklinken, die bislang trotz der Debatte um sie nicht existiert.*» (2012) Ein Mosaik bräuchte freilich ein gemeinsames (utopisches) Leitbild, und eine geteilte (kritische) Position. Beides wird nicht in der Theorie vorgeben werden, sondern ist eine Frage von (kairologischen) Gelegenheiten. Einheit in Vielfalt bietet, bei allen guten Absichten, viel Interpretationsraum. Die Basisgruppe Antifaschismus Bremen von UG skizzierte ebenfalls 2012: «*Syndikalistische Gewerkschaften auf der einen, Strukturen von Alternativ- und Gegengesellschaft auf der anderen Seite. Beide vermittelt zueinander über kommunistische (Selbst-)Organisierungen als strategisches Zentrum.*» (2012) Kapitel Acht greift diese Frage wieder auf: Wie sollten Organisationen sich vernetzen? Kurz gesagt: Wie Organisationen organisieren?

2. Partei – Rosa Luxemburg und der Mindestlohn

Wir sind die stärkste der Parteien.
(Die Internationale)

Es wird im Folgenden um drei Positionen gehen, die zu Parteien bestehen. Erstens die Position von Rosa Luxemburg, die sich ihre Sozialdemokratie nur in der Rolle der fundamentalen Opposition (Kapitel 2.1) vorstellen konnte:

«*In der bürgerlichen Gesellschaft ist der Sozialdemokratie dem Wesen nach die Rolle einer oppositionellen Partei vorgezeichnet, als regierende darf sie erst auf den Trümmern des bürgerlichen Staats auftreten.*» (1899/2005: 137)

In der neueren deutschen Geschichte war dies lange Zeit historische Realität. Auf die Allgemeine Deutsche Arbeiterverbrüderung, die in der Revolution von 1848 bis zum Verbot 1854 wirkte, folgten der Allgemeine Deutsche Arbeiterverein (ADAV), 1863 von Ferdinand Lassalle (1825–1964) gegründet, und ab 1869 die Sozialdemokratische Arbeiterpartei (SDAP), die August Bebel (1840–1913) und Wilhelm Liebknecht (1826–1900) anführten. ADAV und SDAP vereinigten sich 1875 zur Sozialistischen Arbeiterpartei Deutschlands (SAP), die sich seit 1890 SPD nennt. Rosa Luxemburg, die ab 1893 in der Sozialdemokratie des Königreichs Polen wirkte, kam 1898 nach Berlin und trat in die SPD ein. Im selben Jahr erschien noch ihre Doktorarbeit «Die industrielle Entwicklung Polens», bereits im Folgejahr widmete sie sich Grundfragen der Sozialdemokratie in ihrer Schrift «Sozialreform oder Revolution?» (1899). Wenige Jahre später, unter dem Eindruck der Revolte in Russland 1905, positionierte sie sich organisationstheoretisch unter dem Titel «Massenstreik, Partei und Gewerkschaften» (1906). Hier betont sie deutlich:

«*Der parlamentarische Kampf aber, das ergänzende Gegenstück zum Gewerkschaftskampf, ist ebenso wie dieser ein Kampf ausschließlich auf dem Boden der bürgerlichen Gesellschaftsordnung. Er ist seiner Natur nach politische Reformarbeit, wie die Gewerkschaften ökonomische Reformarbeit sind.*» (1906/1970: 146f.)

Weder Wahlkämpfe noch Tarifkämpfe sind demnach an sich revolutionär. Sie können aber, so Luxemburgs These, die Kämpfenden schulen. Voraussetzung sei dafür Fundamentalopposition. Die SPD, die 1912 bereits knapp 35% der Stimmen erlangt hatte und 1914 über eine Million Mitglieder verfügte (vgl. Flechtheim 1986: 12), gab diese mit ihrer Unterstützung des Weltkrieges auf. Luxemburg verfasst daraufhin «Die Krise der Sozialdemokratie» (1916). 1918 schreibt sie über «Die russische Revolution», «Was will der Spartakusbund?» und hält im Dezember ihre «Rede zum Programm» der neugegründeten KPD. Hier fordert sie eine Beteiligung der KPD an den 1919 anstehenden Wahlen, hält aber nichtsdestotrotz auch an den Revolutionserfahrungen der Rätebewegung fest:

«*Dieser Umbau und diese Umwälzung können nicht durch irgendeine Behörde, Kommission oder ein Parlament dekretiert, sie können nur von der Volksmasse selbst in Angriff genommen und durchgeführt werden.*» (Luxemburg 1918a) Andererseits sei das Parlament nicht zu vernachlässigen: «*Dank der Unreife der Massen […] ist es der Gegenrevolution gelungen, die Nationalversammlung als ein Bollwerk gegen uns aufzurichten. Nun führt der Weg durch dieses Bollwerk hindurch.*» (Luxemburg 1918b)

Luxemburg konnte sich mit ihrer Forderung nach Wahlbeteiligung nicht durchsetzen. Erst 1920 beteiligte sich die KPD erstmals an Wahlen zum deutschen Reichstag. Zuvor hatte der Parteivorsitzende Paul Levi (1883–1930) im Herbst 1919 eine Abspaltung der antiparlamentarischen Kräfte provoziert (vgl. Zehetmair 2014: 256f.). Diese gründeten dann 1920 die Kommunistische Arbeiter Partei Deutschlands (KAPD), wobei von 100.000 KPDlern 45.000-60.000 austraten. Erst die Auflösung der Unabhängigen Sozialdemokratischen Partei Deutschlands (USPD), die sich im Weltkrieg von der SPD gelöst hatte, brachte der Vereinigten KPD (VKPD) im Herbst 1920 300.000 neue Leute (vgl. Bornost 2014: 28). Bei den Wahlen im Sommer hatte die KPD nur 2% der Stimmen holen können, 1924 waren es schon über 12%. Nach Hochzeiten von 13% 1930 und 16% 1932 erhielt sie zuletzt 1933 wieder knapp 12%. Während der Weimarer Republik war die KPD das, was zuvor die Sozialdemokratie, ob 1869 als SDAP, 1875 als SAP oder ab 1890 als SPD, gewesen war: Fundamentale Systemopposition. Ob eine solche in Parlamenten sinnvoll und möglich ist, bleibt umstritten. Die nachfolgende Sozialistische Einheitspartei Deutschlands (SED), die 1946 aus dem Zusammenschluss von SPD (Ost) und KPD (Ost) entstand, war als Staatspartei der DDR ohne jegliche Opposition. Die KPD (West), die 1949 bei der ersten Bundestagswahl 5,7% und bei der zweiten knapp 2% der Stimmen holte, wurde 1956 vom Bundesverfassungsgericht verboten.

Damit stellte sich die Frage einer parlamentarischen Fundamentalopposition für lange Zeit nicht mehr. Erst in der 1980 gegründeten Partei «Die Grünen» finden wir diesen strategischen Anspruch wieder. 1984 formulierten Rainer Trampert, zu diesem Zeitpunkt Sprecher des Bundesvorstandes der Grünen, und Thomas Ebermann, damals in der Hamburger Bürgerschaft und von 1987 bis 1989 Bundestagsabgeordneter, in «Die Zukunft der Grünen» deren Ziel, «*die systemüberwindende Opposition zu stabilisieren und auszudehnen*» (Ebermann/Trampert 1984: 269), wobei sie betonten, dies sei «*kein Argument gegen ernsteste Parlamentsarbeit*» (ebd.: 271). Wie die Sozialistin Luxemburg hielten auch die Ökosozialisten Ebermann und Trampert das Parlament zeitweilig für eine Bühne der Fundamentalopposition.

Im Frühling 1990 allerdings gaben die beiden diesen Versuch auf und verließen wie viele andere Linke die Grünen (vgl. Klein/Falter 2003: 61). Deren Mitgliedschaft wuchs zwischen 1980 und 1989 auf knapp 41.000.

«*Zwischen 1990 und 1992, genau dem Zeitraum also, während dessen Ökosozialisten und Radikalökologen aus der grünen Partei herausgedrängt worden waren, ging die Mitgliederzahl dann allerdings wieder auf knapp über 35.000 zurück. Doch das Ausmaß des Mitgliederaustausches war größer […], da in diesem Zeitraum gleichzeitig eine nennenswerte Zahl realpolitisch ausgerichteter Menschen den Grünen beitrat.*» (Klein/Falter 2003: 99f.)

Darin zeigt sich eine zweite Position zu parlamentarischen Parteien, die der Luxemburgs strikt entgegengesetzt ist. Realpolitische Integration statt fundamentaler Opposition soll in diesem Zusammenhang bedeuten, dass eine Teilnahme an Regierungen angestrebt wird. Bis zur Regierungsbeteiligung 1998 nahm die Mitgliederzahl dann auch wieder auf knapp 50.000 zu. Gegen die «systemüberwindende Opposition» der Gründer*innengeneration stellten 1999 jüngere Grüne um Cem Özdemir und Kathrin Göring-Eckhart klar: «*Für uns stellte* *sich die Systemfrage nur kurz, dann war für uns klar, dass wir Ja zu diesem System sagen, obwohl wir seine Fehler erkennen und beheben wollen.»* (zit. n. Ditfurth 2011: 235) Statt einer fundamentalen Opposition folgte also nun die kritische Integration der Grünen. Wie ein solcher Wandel, welcher der Sozialdemokratie um 1914 ähnelt, gedacht werden kann, wird im übernächsten Kapitel beleuchtet werden (2.2).

Was der Oppositionsansatz von Luxemburg und der Integrationsansatz der heutigen Grünen allerdings gemeinsam haben, ist die Klarheit der Machtfrage. Parlamentarische Macht sei demnach Ausdruck sozialer Kräfteverhältnisse. Dagegen soll Kurt Tucholsky (1890–1935) über die sozialdemokratischen Regierungsmitglieder der Weimarer Republik gesagt haben: «*Sie sagten, sie seien an der Macht, dabei waren sie nur an der Regierung.*» Verhandlungen, wie sie die SPD-Grüne-Regierung mit den Atomkonzernen führte, sind ein gutes Beispiel. Die SPD versprach in ihrem Wahlkampfprogramm 1998: «*Die SPD-geführte Bundesregierung wird alles unternehmen, um die Nutzung der Atomkraft so schnell wie möglich zu beenden.*» (SPD 1998: 37) Die Grünen: «*Wir werden alle zur Verfügung stehenden administrativen, wirtschaftlichen und legislativen Mittel wie ein Atomausstiegsgesetz nutzen, um die Forderung nach dem sofortigen Ausstieg umzusetzen.*» (Grüne 1998: 23f.) Aus dem schnellstmöglichen (SPD), gar sofortigem (Grüne) Ausstieg wurde dann «*der im Jahr 2000 geschlossene Atomkompromiß, der den Betrieb der existierenden Reaktoren für über 30 Jahre*» garantierte (Klein/Falter 2003: 171). So sehen also Kompromisse zwischen Regierung und Konzernen aus. Bedeutet kritische Integration also nur faule Kompromisse? Bleibt dann doch nur die fundamentale Opposition?

Einen dritten Vorschlag finden wir im Umfeld der Partei «Die Linke», die 2007 aus der SPD-Abspaltung «Wahlalternative für Arbeit und Soziale Gerechtigkeit» (WASG) und der «Partei des demokratischen Sozialismus» (PDS) entstand. Freilich sind auch hier die Flügel der radikalen Opposition und der regierungsoptimistischen Partizipation stark vertreten, es gibt aber auch eine dritte Denkrichtung, die um den Begriff des rebellischen Regierens kreist. Die Kasseler Stadtverordnete der Linkspartei Violetta Bock und der Sozialwissenschaftler Thomas E. Goes verstehen darunter eine Politik, welche sich der engen Grenzen von Regierungshandeln im Kapitalismus bewusst ist, aber nichtsdestotrotz einen Mittelweg zwischen Opposition und Integration sucht. In diesem Sinne war z. B. der Leitantrag auf dem Berliner Landesparteitag 2019 der Linkspartei mit dem Schlagwort «Rebellische Stadtpolitik» betitelt. Mit dieser Option für die Organisationsform Partei, sofern damit eine Beteiligung an Parlamenten oder gar Regierungen verbunden ist, befasst sich der letzte Abschnitt dieses Kapitels über rebellisches Regieren (2.3).

Auf grundlegende Kritik an der Organisationsform Partei und der Institution des Parlaments wird ebenfalls am Rande eingegangen. Zentrale Themen sind hierbei auch die Repräsentation von Wählenden und die Präsentation von Zukunftsentwürfen im politischen Alltagsgeschäft. Hier entstehen immer wieder Bruchlinien. So warf etwa Luxemburgs KPD der SPD vor, diese habe mit ihrer Zustimmung zu den Kriegskrediten von 1914 ihre Funktion, nämlich Repräsentation der arbeitenden Klasse zu sein, geradezu verraten. Mit dem Wandel von einer Arbeiter*innenpartei zur Volkspartei, den die SPD 1959 für abgeschlossen erklärte, stellt sich auch die Frage, ob sie innerhalb des Kapitalismus noch für die Präsentation der Wirtschaftsdemokratie als sozialistische Zukunfts-Utopie stehen kann. Solcher Wandel von Parteien, wie auch jener der Grünen von der Anti-Parteien-Partei zur Regierungspartei, ist organisationstheoretisch hoch interessant. Alternative Organisationsformen entstanden und entstehen nicht selten unter Mitwirkung von Menschen, die von der Organisationsform Partei enttäuscht wurden. Dazu gehören der Genossenschaftssozialismus von Gustav Landauer (Kapitel 3), der revolutionäre Gewerkschaftsansatz von Rudolf Rocker (Kapitel 4), die Form der Betriebsorganisation von Otto Rühle (Kapitel 5) oder die Hoffnung auf Bewegungen bei Herbert Marcuse (Kapitel 6). Alle Vier gehörten zunächst der SPD an, bevor sie im Sozialistischen Bund, der FAUD, der AAUE oder als Stichwortgeber der 68er-Bewegung aktiv wurden. Auf diese Ansätze, auch auf Stadtteilorganisationen wie die 1966 von Bobby Seale mitbegründete Black-Panther-Party (Kapitel 7), kommen wir später zurück. Bleiben wir zunächst bei der parteitheoretischen Frage nach dem Sinn von Opposition einerseits oder Regierungsbeteiligung andererseits.

2.1 Fundamentale Opposition: Luxemburgs SPD/KPD

Rosa Luxemburgs Organisationstheorie ist streng kairologisch, also auf das Abpassen von Gelegenheiten, ausgerichtet. Für die Zeiten der Routine geht sie aus von einem unvermeidlichen «*Übelstand [...]: die völlige Trennung und Verselbständigung der beiden Organe der Arbeiterbewegung, der Sozialdemokratie und der Gewerkschaften*» (Luxemburg 1906/1970: 145). Wie oben gesagt, ist für sie die SPD zunächst eine Organisation für chronologisch voranzutreibende Reformen. Ähnlich verhält es sich mit den Reformbemühungen der Gewerkschaftsbewegung. Was diese Organisationsstruktur spiegelt, ist die kapitalistische Trennung von Politik und Ökonomie, in deren Felder Partei und Gewerkschaft passen. Gravierende Folgen haben beide Organisationsformen für die Beteiligten, vor allem für die beruflichen Sekretäre. Luxemburg bemängelt «*Bürokratismus*», «*Borniertheit*» und «*Ruhebedürfnis*» der «*von dem ökonomischen Kleinkrieg absorbierten Gewerkschaftsleiter*» (Luxemburg 1906/1970: 154). Den Funktionären der Partei wirft sie «*Opportunismus*», «*Überschätzung*» und «*Illusionen*» vor. Diese wären aber keine persönlichen Schwächen, sondern sind «*aus einer ganz bestimmten Basis emporgewachsen, nämlich aus der des bürgerlichen Parlamentarismus*» (Luxemburg 1904/1970: 81). Auf die Gewerkschaften kommen wir im übernächsten Kapitel zu sprechen, für die Parteien ist nun folgender Differenzierung nachzugehen: Die Organisationsform Partei hat in zweifacher Hinsicht problematische Tendenzen, nämlich einerseits was die Rolle von Funktionär*innen nach innen, zum anderen was die Bedeutung von Abgeordneten nach außen angeht. Über den inneren Apparat ihrer SPD schreibt Luxemburg im Text von 1906:

«*Die Schattenseiten des Beamtentums bergen sicherlich auch für die Partei bedeutende Gefahren in sich, die sich aus der jüngsten Neuerung, der Anstellung der lokalen Parteisekretäre sehr leicht ergeben können, wenn die sozialdemokratische Masse nicht darauf bedacht sein wird, daß die genannten Sekretäre reine Vollzugsorgane bleiben.*» (1906/1970: 156 (Zweite Auflage))

Davor wollte Luxemburg warnen. Sie tat dies weitgehend erfolglos. In der von ihr mitgegründeten KPD setzten Stalinisierung und autoritäre Führung ein. Zu letzterer hatte sie bereits 1904 in «Organisationsfragen der Russischen Sozialdemokratie» Stellung genommen. Sie kommentiert hier Lenins «Ein Schritt vorwärts, zwei Schritte rückwärts» aus dem selben Jahr (vgl. Luxemburg 1904/1970: 71). «*Es hieße aber den aus ihrem Wesen notwendigerweise entspringenden Konservatismus der Parteileitung gerade künstlich in gefährlichstem Maße potenzieren, wenn man sie mit so absoluten Machtbefugnissen negativen Charakters ausstatten wollte, wie es Lenin tut.*» (ebd.: 78)

Luxemburg ist dabei klug genug zu sehen, dass in Westeuropa vorhandene Bedingungen im zaristischen Rußland noch gar nicht vorliegen. «*Es sind dies nämlich: Das Vorhandensein einer beträchtlichen Schicht im politischen Kampfe bereits geschulter Proletarier und die Möglichkeit, ihrer Dispositionsfähigkeit durch direkte Ausübung des Einflusses (auf öffentlichen Parteitagen, in der Parteipresse usw.) Ausdruck zu geben.*» (ebd.: 75) Es ist nun nicht Lenins Schuld, dass es in Rußland noch wenig Proletarier gab, Parteitage klandestin stattfinden mussten und eine Untergrundpresse nötig war. Eine Organisationsform muss ihrer jeweiligen Situation angemessen sein. Aber auch im Westen, wo Luxemburg sich eine demokratische Partei wünschte, blieb die Realität oft hinter den hohen Ansprüchen zurück.

1931 veröffentlichen die Sozialdemokraten Fritz Bieligk, Ernst Eckstein, Otto Jensen, Kurt Laumann und Helmut Wagner die Aufsatzsammlung «Die Organisation im Klassenkampf». Hier knüpfen sie an die 1919 Ermordete an. Fritz Bieligk kritisiert, wie Luxemburg, die Führer der freien Gewerkschaften: «*Statt des Kampfes gegen den Staat als der Herrschaftsorganisation der Bourgeoisie wurde gerade aus den Reihen der Gewerkschaftsführer heraus mehr Einflußnahme durch Mitarbeit am Staat verlangt.*» (Bieligk et. al. 1931/1967: 39) Aber wie steht es mit em Staatsfetischismus der Partei? Luxemburg vermutete hier einen Unterschied: «*Der gewerkschaftliche Kampf umfaßt die Gegenwartsinteressen, der sozialdemokratische Kampf die Zukunftsinteressen.*» (Luxemburg 1906/1970: 146) Das gewerkschaftliche Interesse gilt der Erhöhung des Lohnes, zur Not qua staatlichen Mindestlohns, das sozialistische Zukunftsinteresse gilt der Abschaffung des Lohnsystems. Aber bleibt dieser utopische Standpunkt die politische Orientierung der Partei? Bielingk betont, es seien die «*Funktionäre*» der Partei «*dem un-*

mittelbaren Druck der kapitalistischen Ausbeutung entronnen» (Bieligk et. al. 1931/1967: 38). Was bedeutet dies nun für den Apparat und die Organisation? Dazu äußern sich in dem Sammelband Kurt Laumann und Ernst Eckstein.

Kurt Laumann zitiert Rosa Luxemburgs Aufgabenbestimmung der Partei gegenüber dem Proletariat als einer *«‹im Prozeß der Klassenaufklärung befindlichen Schicht›» (Rosa Luxemburg), zu der vor allem die sozialdemokratischen Wähler gehören. […] Aber damit wirkliche Parteidemokratie existiert, müssen die Mittel in Anwendung gesetzt werden, die das formale Recht in lebendige funktionelle Demokratie umbilden!»* (Laumann, ebd.: 145). Die Partei sei demnach nicht für sich selbst da und auch nicht nur für die Repräsentation einer vorgegebenen Klassenposition. Vielmehr bilden sich Massen zur Klasse durch die Partei. Um dies zu ermöglichen würden aber demokratische Formen nicht ausreichen, wenn diese nicht auch im inhaltlichen Sinne demokratisch funktionieren.

In seinem abschließenden Beitrag «Wie soll die Organisation aussehen?» verweist Ernst Eckstein zu Beginn auf Michels These von 1911 (vgl. Eckstein ebd.: 153) und unterfüttert diese durch seinen Blick auf die SPD-Politik. Diese wird vor allem auf den Bezirksparteitagen beschlossen, welche ja auch die Delegierten zu den Parteitagen bestimmen. Bereits im Bezirk zeigt sich:

«Es liegt in der Natur der Sache, daß die Delegierten eines Bezirksparteitages zum großen Teil aus den Routiniers der politischen Praxis, insbesondere den Angestellten der Partei und den Gewerkschaften, bestehen werden. Diese sind aber, wie Michels mir mit Recht zu bemerken scheint, zum Opportunismus prädestiniert.» (Eckstein ebd.: 158)

Die Bedeutung der Funktionär*innen selbst hält Eckstein für unumgehbar, denn *«wenn eine Bewegung eine gewisse Stärke überschreitet, braucht sie zur Erledigung ihrer laufenden Angelegenheiten einen Verwaltungsapparat»* (ebd.: 159). Er empfiehlt allerdings Vorsichtmaßnahmen für dieses Problem: Erstens die Wählbarkeit und Befristung der Sekretäre (ebd.), zweitens die Wahl durch die unterste Organisationseinheit (ebd.: 160), drittens die Begrenzung des Gehaltes auf das Niveau eines kaufmännischen Angestellten (ebd.: 161), viertens die Beschränkung von Vertreter*innen der Parteiinstitutionen bei Parteitagen auf beratende Funktionen (ebd.: 169). Eine solche Organisation der SPD hätte Luxemburg sicherlich gefallen.

Für die zweite Frage nach Partei-Demokratie nach außen empfiehlt Eckstein: «*Als Kandidat darf nur gelten, wer sich verpflichtet, das Recht der vorschlagenden oder delegierenden Organisation auf seine Abberufung anzuerkennen und der etwaigen Abberufung Folge zu leisten.*» (ebd.: 173) Mögen zu Beginn der bürgerlichen Demokratie Abgeordnete als gewissenhafte Personen gewählt worden sein, so wurden schon in der zweiten Hälfte des 19. Jahrhunderts vorwiegend Vertreter*innen von Parteien gewählt. Für Rosa Luxemburg ist der Parlamentarismus daher ein mehrstufiges Problem. So wie sie die vorläufige Trennung von Gewerkschaften und Partei kritisiert, so geht es ihr grundsätzlich um «*die Unhaltbarkeit nicht nur der kapitalistischen Wirtschaft, sondern auch des kapitalistisches Staates*» (Luxemburg GW 1: 249, zit. n. Brie 2019: 109). Die Gleichheit der Rechte vor dem Gesetz und die Gleichheit der Stimmen bei der Wahl bleiben ebenso Teil des Staatsfetischs wie die parlamentarische Form der Politik. Naiv ist für sie die Vorstellung von Friedrich Engels, wonach die Partei nur versuchen solle ihr «*Wachstum ununterbrochen in Gang zu halten, bis es dem gegenwärtigen Regierungssystem von selbst über den Kopf wächst*» (Engels 1895, in MEW 22: 524). Naiv war auch der Theoriepapst der SPD Karl Kautsky (1854–1938), gegen den Luxemburg schrieb: «*Nichtsalsparlamentarismus – das ist Alles, was Kautsky der Partei heute zu empfehlen weiß.*» (Luxemburg 1913)

Engels machte sich noch Sorgen, ob die Straßenrevolution angesichts der Artillerietechnik noch möglich sei, schließlich seien Barrikaden militärisch gesehen bereits veraltet. Der Wahlzettel erschien ihm in diesem Zusammenhang als alternative Waffe. Kautsky hingegen stellte sich solche taktischen Fragen kaum noch. Indem er eine naturwüchsige Entwicklung vom Kapitalismus zum Sozialismus behauptete, war damit im Umkehrschluss eine praktische Beschränkung auf die sogenannte Realpolitik legitimiert. Da das System von selbst zu Grunde gehen müsse, brauche laut Kautsky niemand eine Revolution vorzubereiten. Für Luxemburg hingegen bedeutete fundamentale Opposition genau dies: Das Parlament als Bühne zu nutzen, denn für die «*Sozialdemokratie*» sei «*der parlamentarische Kampf ihrer Fraktion viel wichtiger vom rein agitatorischen als vom praktischen Standpunkt*» (Luxemburg 1899/2009: 99f.). Zugleich war Luxemburg klar, wie schwierig diese Position durchzuhalten ist:

«Gezwungen, sich auf dem Parkettboden des ihrem eigentlichen Wesen fremden, bürgerlichen Parlamentarismus zu bewegen, hat die Sozialdemokratie anscheinend unwillkürlich und unbewusst auch manche Sitten dieses Parlamentarismus übernommen, die aber mit ihrem demokratischen Charakter nicht recht in Einklang zu bringen sind. Dahin gehört zum Beispiel unseres Erachtens das Auftreten der Fraktion als einer geschlossenen Körperschaft.» (ebd.: 99)

Zur ersten Verselbstständigung der Funktionär*innen und Sekretär*innen kommt also die zweite Verselbstständigung der Abgeordneten als Fraktion hinzu. Eine dritte Verselbstständigung können Regierungsbeteiligungen, also Minister, bedeuten. Dabei kann, so Luxemburg, *«ihr Vordringen in die Regierungen nur die Korruption und Verwirrungen in den Reihen der Sozialdemokratie zu Ergebnis haben»* (1899/2005: 137). Dies ist die Quintessenz der Luxemburgischen Parteitheorie und SPD-Kritik:

«Es ist freilich Tatsache, daß die Sozialdemokratie, um praktisch zu wirken, alle erreichbaren Positionen im gegenwärtigen Staate einnehmen, überall vordringen muß. Allein als Voraussetzung gilt dabei, daß es Positionen sind, auf denen man den Klassenkampf, den Kampf mit der Bourgeoisie und ihrem Staate führen kann. In dieser Beziehung besteht aber zwischen den gesetzgebenden Körpern und der Regierung eines bürgerlichen Staates ein wesentlicher Unterschied. In den Parlamenten können die Arbeitervertreter, wo sie mit ihren Forderungen nicht durchdringen können, sie doch wenigstens in der Weise vertreten, daß sie in oppositioneller Stellung verharren. Die Regierung hingegen, die die Ausführung der Gesetze, die Aktion zur Aufgabe hat, hat keinen Raum in ihrem Rahmen für eine prinzipielle Opposition.» (1899/2005: 135)

Die SPD gab diese prinzipielle Opposition auf, als sie 1914 den Kriegskrediten zustimmte, als sie im Oktober 1918 in die kaiserliche Regierung eintrat. Der Parteivorsitzende Friedrich Ebert erklärte dazu: *«Wir müssen uns […] in die Bresche werfen. Wir müssen sehen, ob wir genug Einfluss bekommen, um unsere Forderungen durchzusetzen, und wenn es möglich ist, sie mit der Rettung des Landes zu verbinden.»* (Friedrich Ebert, zit. n. Haffner 1991: 41) Dies war nicht mehr Luxemburgs Partei.

Die Oppositionsrolle, welche die Sozialdemokratie von 1869 an innehatte, endete allerspätestens 50 Jahre später nach den Reichstagswahlen von 1919. Von 1919 bis März 1921, dann wiederum von Mai 1921 bis November 1922, von August bis November 1923 und schließlich von Juni 1928 bis März 1930 war die SPD, vorwiegend zusammen mit katholischem Zentrum und der liberalen Deutschen Demokratischen Partei, Teil bürgerlicher Regierungen. Die revolutionäre Chance hingegen, die der Parteivorsitzende August Bebel (1840–1913) so beschrieben hatte, dass dann die Gewalt auf der Straße liegt, war 1918 gekommen und wieder gegangen. «*Der Moment war da. Aber es waren keine Sozialdemokraten da, die Gewalt aufzunehmen.*» (Malanowski 1968: 121) Der Historiker Sebastian Haffner (1907–1999) erklärt: «*Die deutsche Revolution von 1918 war eine sozialdemokratische Revolution, die von den sozialdemokratischen Führern niedergeschlagen wurde.*» (1991: 19) Für die SPD war Revolution «*immer eine Sache des Morgen oder Übermorgen, niemals die Frage des Tages. Es genügte sie abzuwarten; […] erfreut darüber, von Reichstagswahl zu Reichstagswahl stärker zu werden.*» (ebd.: 13)

Bemerkenswert bleibt, dass es ausgerechnet die Revolution selbst war, in der sich die SPD gegen fundamentale Opposition und für kritische Integration entschied. Rosa Luxemburg hatte hingegen erwartet, dass gerade im revolutionären Kairós die wirkliche Bedeutung der Partei ans Licht komme.

«*Sobald eine Periode revolutionärer Kämpfe eintritt […] fallen sowohl die Zersplitterung des ökonomischen Kampfes wie die indirekte parlamentarische Form des politischen Kampfes weg; in einer revolutionären Massenaktion sind politischer und ökonomischer Kampf eins, und die künstliche Schranke […] wird einfach weggeschwemmt.*» (Luxemburg 1906/1970: 145f.)

Luxemburgs Parteitheorie ist insofern kairologisch, als sie der Organisationsform Partei je nach Situation unterschiedliche Funktionen zumisst. Es geht demnach nicht um Reform oder Revolution, sondern um beides:

«*Für die Sozialdemokratie bildet der alltägliche praktische Kampf um soziale Reformen […] noch auf dem Boden des Bestehenden, um die demokratischen Einrichtungen, vielmehr den einzigen Weg, den proletarischen Klassenkampf zu leiten und auf das Endziel, auf die Ergreifung der politischen Macht und Aufhebung des Lohnsystems, hinzuarbeiten. Für die Sozialdemokratie besteht zwischen der Sozialreform und der sozialen Revolution ein unzertrennlicher Zusammenhang, indem ihr der Kampf um die Sozialreform das Mittel, die soziale Umwälzung aber der Zweck ist.»* (Luxemburg 1899/2009: 9)

Wofür aber braucht die Revolution diese Vorbereitung durch Reformen? Luxemburg sieht zwei Gefahren auf dem Weg durch zwei sehr bedrohliche «*Klippen: zwischen [...] dem Rückfall in die Sekte und dem Umfall in die bürgerliche Reformbewegung, zwischen Anarchismus und Opportunismus*» (ebd.: 83). Anarchistischen Sekten, so ihre Kritik, fehle die Geduld für den Weg, das Hinarbeiten auf den richtigen Zeitpunkt.

Opportunistischen Reformbewegungen hingegen gehe unterwegs das utopische Ziel verloren. Die Partei, wie Luxemburg sie sich vorstellte, betriebe eine «*sozialistische Arbeiterpolitik, die zugleich [...] revolutionäre Realpolitik ist*» (Luxemburg 1903). In diesem Sinne bestehe die «*sozialistische Bedeutung des gewerkschaftlichen und politischen Kampfes darin, dass er das Proletariat, d. h. den subjektiven Faktor der sozialistischen Umwälzung zu deren Durchführung vorbereitet*» (1899/2009: 40). Im Wahlkampf mit ihrer Partei und im Lohnkampf mit ihrer Gewerkschaft sollen die sozialistischen Massen das Kämpfen üben, um auf diese Art «*das schließlich revolutionäre Ziel mit einer praktischen alltäglichen Tätigkeit glücklich zu vereinen*» (1898). Reformen sind Mittel zum Ausbau der Organisationsmacht, kein Selbstzweck. Wie aber fällt diese Organisationsmacht in die Waagschale des Kairós?

Es ist wichtig zu bemerken, dass für Luxemburg verschiedene Organisationsformen zwar gleichzeitig auftreten, aber ungleichzeitige Bedeutungen haben. Gewerkschaften vertreten «*Gegenwartsinteressen*» (Luxemburg 1906/1970: 146). Genossenschaften sind hingegen Keimformen der Zukunft, denn «*anstelle der Lohnarbeit und der Klassenherrschaft soll die genossenschaftliche Arbeit treten*» (Luxemburg 1918b). Zwischen die Gegenwart und die Zukunft aber fällt die Revolution, die Transformationszeit. Zu ihrer Vorbereitung leiste die Partei eine vorbereitende Reformpolitik, die sich hütet vom Kampf um Reformen in den Reformismus abzugleiten. Dem Reformismus als Ismus gilt Luxemburgs Kritik, wenn sie immer wieder betont, sozialer Wandel sei eben gerade keine klare «*Kette fortlaufender und stets wachsender Sozialreformen von der heutigen Ge-*

sellschaftsordnung unmittelbar zur sozialistischen» (1899/2009: 41). Ohne den Augenblick des Bruchs wird es nicht gehen. Der Moment ist unplanbar, wie sie 1905 in Russland lernte. «*Das Element des Spontanen spielt, wie wir gesehen haben, in allen russischen Massenstreiks eine große Rolle.*» (Luxemburg 1906/1970: 124) Was aber tut dann die Partei?

«*Statt sich mit der technischen Seite, mit dem Mechanismus des Massenstreiks fremden Kopf zu zerbrechen, ist die Sozialdemokratie berufen, die politische Leitung auch mitten in der Revolutionsperiode zu übernehmen. Die Parole, die Richtung dem Kampfe zu geben [...], das ist die wichtigste Aufgabe der ‹Leitung› in der Periode der Massenstreiks.*» (ebd.: 125)

Gewerkschaften erkämpfen Löhne, Genossenschaften sichern Konsuminteressen, Fraktionen erzwingen Reformen, aber die Revolution kommt spontan. Was tut dann die Partei?

«*Sich im Laufe der Revolution die führende Stellung erobern, die ersten Siege und Niederlagen der elementaren Erhebungen geschickt ausnutzen, um sich des Stromes im Strome selbst zu bemächtigen, dies ist die Aufgabe der Sozialdemokratie in revolutionären Epochen. [...] Inwiefern aber diese Aufgabe der Partei gelingt, inwiefern sie der Situation gewachsen ist, das hängt zum größten Teil von der Frage ab, wieweit sich die Sozialdemokratie in vorrevolutionären Zeiten Einfluss auf die Massen zu verschaffen gewusst hat.*» *(Luxemburg 1905)*

Rosa Luxemburgs SPD hatte 1918 Einfluss auf die Massen. Aber sie nutzte diesen nicht, um die Revolution anzuführen, sondern um sie abzuwürgen und, im Bündnis mit den kaiserlichen Militärs, Rosa Luxemburg töten zu lassen.

Auch anderen Sozialdemokraten war klar, dass 1918 eine Gelegenheit verpasst worden war. Fritz Bieligk meinte 1931 im Rückblick zu SPD/USPD: «*Daß sie mit der bestehenden Form ihrer Organisationen den neuen Aufgaben nicht gerecht zu werden vermochten, zeigte das Hervorwachsen anderer Organisationsgebilde. Im November 1918 entstanden überall die Arbeiter- und Soldatenräte.*» (Bieligk 1931/1967: 49) Diese Räte allerdings entschieden sich im Dezember 1918 mehrheitlich für Parlamentswahlen. Zuvor hatte Rosa Luxemburg selbst angenommen, nun wäre die Zeit der Räte, d. h. des direkten Kampfes «*in jedem Betriebe, durch unmittelbaren Druck der Massen, durch Streiks*» (1918b). Die Konstitution einer neuen Ordnung im Kairós entstehe nicht durch die alten Organisationsformen, sondern vielmehr als «*Wechselwirkung zwischen den Volksmassen und ihren Organen, den A.[rbeiter]- und S.[oldaten]-Räten*» (1918a). Mit deren Selbstabschaffung stellte sich die Parteifrage allerdings von Neuem. Rosa Luxemburg setzte sich daher für die Wahlbeteiligung der KPD ein. Der Philosoph Georg Lukács fasste das Verhältnis von Rat und Partei 1920 so:

«*Wo ein Arbeiterrat [...] möglich ist, ist der Parlamentarismus überflüssig. (Lukács 1920/1968: 77) Die Aufnahme der parlamentarischen Tätigkeit bedeutet das Bewusstsein und das Geständnis, daß die Revolution in absehbarer Zeit undenkbar ist.*» (ebd.: 69)

Sogar der Rätekommunist Anton Pannekoek, (1873–1960), ab 1906 Mitglied der SPD und zeitgleich mit Luxemburg Dozent an der Parteihochschule, teilt das Argument vom Funktionswechsel der Partei. Zwischen 1870 und 1914 sei es für die Bewegung, um sich «*zuerst geistig zurecht zu finden*», notwendig gewesen, «*dass ihre Wortführer in die Parlamente, die Zentren der Bourgeoisherrschaft, eindrangen, dort ihre Stimme erhoben und sich an den politischen Parteikämpfen beteiligten*». Gleichwohl sei damit immer auch eine Integration ins System verbunden, die «*unvermeidliche Tendenz, die eigene, zur Revolution notwendige Aktivität der Massen zu hemmen*» (Pannekoek 1920/1974: 136f.). Letztendlich läuft es bei ihm auf eine Arbeitsteilung hinaus. Die Revolution, der Moment des Bruchs, ist selbst keine Parteisache. «*Sie bricht spontan aus den Massen hervor; Aktionen, die von einer Partei beschlossen werden, können bisweilen den Stoß geben.*» (ebd.: 129) Aber: «*Die Arbeiterräte sind die Organe der praktischen Aktion.*» (Pannekoek 1946/2012: 46) Parteiarbeit beschränke sich daher auf die Vorbereitung. «*Die Aufgabe einer revolutionären Partei besteht darin, dass sie im Voraus klare Erkenntnisse verbreitet.*» (Pannekoek 1920/1974: 129) War dies der Kurs von Luxemburgs KPD in der Weimarer Republik?

U. a. gegen Pannekoek, der nach 1918 auf die Rückkehr der Räte setzte, schrieb Lenin den Parteien der kommunistischen 3. Internationale ins Stammbuch, «*daß die Beteiligung an den Parlamentswahlen und am Kampf auf der Parlamentstribüne für die Partei des revolutionären Proletariats unbedingte Pflicht ist*» (Lenin 1920/1968: 48). Sein Verhältnis zum Parlamentarismus ist dabei, ähnlich wie bei Pannekoek und Luxemburg, instrumentell:

«Solange ihr nicht stark genug seid, das bürgerliche Parlament und alle sonstigen reaktionären Institutionen auseinanderzujagen, seid ihr verpflichtet, gerade innerhalb dieser Institutionen zu arbeiten.» (ebd.) Diese Position geht aus von der Erfahrung der Rätemacht in Russland 1917, Deutschland 1918/1919, Ungarn 1919, wo Lukács Volkskommissar war, und Italien 1919/1920. Gerade das Scheitern dieser Revolutionsversuche erklärte Lenin aus der ungenügend breiten Verankerung revolutionärer Parteien. So wie er zur parlamentarischen Arbeit aufrief, so forderte er auch die Mitarbeit in den großen Gewerkschaften und votierte gegen revolutionäre Gewerkschaften. *«Nicht in den reaktionären Gewerkschaften arbeiten heißt die ungenügend entwickelten oder rückständigen Arbeitermassen dem Einfluß der reaktionären Führer [...] überlassen.»* (ebd.: 41)

Auf die Gegenpositionen zu Lenins Avantgardetheorie kommen wir zurück. Er selbst erwähnt den rätekommunistischen Ansatz einer *«‹Arbeiter-Union›, die angeblich eine Massenorganisation werden soll»* (siehe Kapitel 5) und die Gründung neuer Gewerkschaften, *«wie manche Revolutionäre unter den amerikanischen ‹Industriearbeitern der Welt› [...] predigen»* (ebd. 43) (siehe Kapitel 4). Sowohl den rätekommunistischen Weg der Betriebsorganisation, z. B. der deutschen AAUE, als auch den syndikalistischen Weg der Basisgewerkschaften, wie z. B. der deutschen FAUD, kritisierte Lenin hart, zumal beide einen strikt antiparlamentarischen Kurs fuhren. Dies ist das Unterscheidungsmerkmal, das sie schon früher von der Sozialdemokratie unterschied und das nun den Unterschied zur KPD markiert. Da über die Gewerkschaftspolitik der KPD in Kapitel 3 zu reden sein wird, kommen wir nun zu ihrer Rolle als Wahlpartei und Fundamentalopposition nach dem Scheitern der Sozialdemokratie .

Für Lenin war entscheidend, Revolutionen nicht zu früh zu versuchen. Er definierte den Kairós folgendermaßen: *«Erst dann, wenn die ‹Unterschichten› nicht mehr wollen und die ‹Oberschichten› in der alten Weise nicht mehr können, erst dann kann die Revolution siegen.»* (ebd.: 79) Eine objektive Krise der Gesellschaft muss in eine Regierungskrise umschlagen, damit Revolutionär*innen überhaupt eine Gelegenheit haben zum Zuge zu kommen. Bis dahin steht laut Lenin die Arbeit der Verankerung und Vorbereitung an. In der jungen KPD war diese Lehre keineswegs selbstverständlich.

Bis 1923 sah sich die KPD selbst in einer revolutionären Situation. Nach dem Januaraufstand 1919 in Berlin gab es noch 1919 zwischen Januar und April die Räterepubliken Bayern, Bremen und Braunschweig. Als der Parteivorsitzende Paul Levi im Herbst die Partei auf den Parlamentarismus verpflichten wollte, verlor sie die Hälfte ihrer 100.000 Mitglieder (vgl. Zehetmair 2014: 256 f.). Beim Aufstand der Roten Ruhr-Armee 1920 spielte die KPD nur eine Rolle neben der stärkeren USPD und der FAUD. Nach der Niederlage an der Ruhr wurde im April 1920 als linke Konkurrenz die KAPD gegründet (ebd.). Erst als sich Ende 1920 die USPD spaltete, kamen zu den mittlerweile wieder 100.000 KPDlern 300.000 Genoss*innen hinzu (vgl. Bornost 2014: 28). Dennoch fluktuierten die Mitgliedszahlen beträchtlich. Paul Levi trat bereits im Februar 1921 zurück, im März wurde ein Aufstand in Mitteldeutschland versucht, der wie die früheren Revolten zerschlagen wurde. Die KPD verlor erneut die Hälfte ihrer Mitglieder und sank auf 150.000, stabilisierte sich aber im Laufe des Jahres bei 300.000. 1922 vereinigten sich SPD und USPD. 1923 gab es unter der neuen KPD-Leitung von Heinrich Brandler (1881–1967) und August Thalheimer (1884–1948) unter Mitwirkung sowjetischer Berater noch einmal Pläne für einen Aufstand, der aber im Oktober nur in Hamburg stattfand. Die Mitgliederzahlen der KPD fielen wieder auf knapp über 100.000 (vgl. Schmidt 2014: 183). Ende 1923 übernahmen Vertreter*innen der Parteilinken, Ruth Fischer, Arkadi Maslow, Arthur Rosenberg, Werner Scholem und Ernst Thälmann die Führung, bei den Wahlen 1924 kam die KPD auf 12%. Erst ab 1924 und dann vor allem unter dem alleinigen Vorsitz von Ernst Thälmann, zwischen September 1925 und seiner Verhaftung 1933, betrieb die KPD parlamentarische und gewerkschaftliche Oppositionsarbeit im Sinne Lenins. Die Mitgliederzahlen zwischen 1925 und 1929 lagen um die 120.000, zwischen Wirtschaftskrise 1929 und Parteiverbot 1933 stiegen sie wieder auf 300.000 (vgl. ebd.).

Was erreichte die KPD bei den Wahlen von 1924 (zwei Reichstagswahlen), 1928, 1930, 1932 (zwei Reichstagswahlen) und 1933? Wie reagierte sie auf das Aufkommen der Nationalsozialistischen Deutschen Arbeiterpartei (NSDAP), die ihren Stimmenanteil von 6,5% 1924 auf 43,9% 1933 ausbaute? Eine linke Mehrheit aus KPD, USPD und SPD gab es nie. Zum einen blieb die SPD der Hauptgegner der KPD, zum anderen kam die Linke zwar 1928 zusammen auf 40,5%, die Mitte aus Zentrum, Bayrischer Volkspartei und Deutscher Demokratischer Partei (1928 zusammen 21%) und die Rechte aus Deutscher Volkspartei, Deutsch-Nationaler Volkspartei und NSDAP (1928 zusammen bei 25,5%) war aber immer zu stark für eine, ohnehin von SPD und KPD ausgeschlossene, Linksregierung.

Es gibt im Parteikommunismus zwei grundlegende Strategien: Einmal die antifaschistische Volksfront mit der Mitte, einmal die sozialistische Einheitsfront. Antifaschistische Volksfronten gab es erst 1936/1937 in Frankreich und Spanien, wobei die französische Volksfrontregierung, die von den Kommunist*innen toleriert wurde, sich gegenüber dem Kampf der spanischen Volksfront gegen den Faschismus für neutral erklärte und versagte. In Deutschland betrieb die KPD hingegen bis 1933 die Einheitsfrontstrategie. Der Historiker Marcel Bois relativiert: «*Allerdings verfolgte die KPD die Einheitsfrontstrategie nur phasenweise (1921, 1923, 1926).*» (Bois 2014: 31) Zentral war die vom zeitweiligen KPD-Vorsitzenden Ernst Meyer formulierte Taktik, Forderungen durch eine parteiübergreifende «*Aktion der Arbeiterschaft*» (Meyer 1922, zit. n. ebd.: 35) durchzusetzen. Das erfolgreichste Beispiel ist die Kampagne zur entschädigungslosen Enteignung des deutschen Adels 1926. «*Die Resonanz unter SPD-Mitgliedern war so groß, dass die Parteiführung unter Druck geriet. […] In Kooperation mit dem ADGB erarbeiteten Sozialdemokraten und Kommunisten einen Gesetzentwurf.*» (ebd.: 41) Eine solche linke Einheitsfront sollte aus Sicht der KPD ihren Einfluss unter der Anhängerschaft der reformistischen SPD ausweiten, aus Sicht der SPD machte sie die putschistische KPD gefährlicher. Praktisch war es so nur möglich sich gegenseitig proletarische Wähler*innen abzujagen, aber nicht in Schichten des Bauerntums oder der kleinbürgerlichen Angestellten vorzudringen, die sich oft konservativ oder liberal orientierten. Der KPD aber ging es praktisch ausschließlich um die Arbeiter*innenschaft. Florian Wilde bemerkt dazu: «*So entwickelte die KPD die Forderung nach einer Arbeiterregierung, also Kabinetten aus SPD und USPD, unter Einschluss oder toleriert durch die KPD. Als taktische Forderung diente sie […] zunächst hauptsächlich der Diskreditierung der SPD.*» (Wilde 2014: 58) Auf parlamentarischem Weg kam es zu keinen Durchbrüchen.

Über die Organisationsform der Wahlpartei hinaus gab es Ansätze zu anderen Organisationsformen. In diesem Zusammenhang zitiert Volkhard Mosler wiederum Ernst Meyer: Eine «*Verbindung von Wohnbezirk und Betriebszellenorganisation hat sich nicht lange gehalten*» (Meyer 1925, zit. n. Mosler 2014: 115). Stadtteilorganisation oder Betriebsorganisation war die KPD nur im Ansatz. In den Stadtteilen führten Initiativen zur Gründung von «*Arbeiterkontrollausschüssen zur Verhinderung von Wucherei*» (Schmidt 2014: 198), weiterhin «*hielt die KPD mit der Einrichtung von Anlauf- und Beratungsstellen der Internationalen Arbeiterhilfe in den Arbeitervierteln der Städte Kontakt zu den Hausfrauen*» (ebd.). Schwerpunkte blieben aber Gewerkschaften und Parlamente.

Parlamente nutzte die KPD, im Sinne von Luxemburg und Lenin nur taktisch. Yussuf Timms zitiert dazu den KPD-Vorsitzenden Heinrich Brandler: «*Unser Eintritt in die sächsische Landesregierung eröffnet uns die Möglichkeit, unsere Kräfte neu zu gruppieren und uns auf den Bürgerkrieg vorzubereiten*» (zit. n. Timms 2014: 241). Das Ziel war keine Einheitsfrontregierung mit der SPD, sondern die Ausrüstung der KPD-Anhänger mit Waffen. Was der KPD, wie vielen anderen kommunistischen Parteien fehlte, war eine Strategie, die sich weder allein auf legale Wahlen noch auf illegale Aktion stützt. Luxemburg war sich während ihrer Tätigkeit in der SPD bewusst gewesen, wie wichtig die Verankerung der Partei – von Kindergruppen über Konsumgenossenschaften bis zu Gesangsvereinen und Parteilokalen – war. Eine solche breite Aufstellung, die über Parlamentarismus und Gewerkschaften hinausgeht, ist für die Philosophin Frigga Haug die Bedingung für die «*Teilhabe an der Gestaltung von Politik und Gesellschaft*» (Haug 2007: 180). Eine Strategie dafür entwarf Antonio Gramsci (1891–1937). «*Insofern lässt sich auch Gramsci als ‹Luxemburgist› lesen.*» (ebd.) Von den Faschisten 1926 verhaftet, schrieb Gramsci seine Gefängnishefte als Reflexion zum Scheitern seiner Kommunistischen Partei in Italien.

Gramsci ging es nicht nur um Politik als Bürgerkrieg. So richtig die Gründung des Roten Frontkämpfer Bundes im Mai 1924 war, so wenig genügt die militante Schutzorganisation, die 1928 150.000 Mitglieder umfasste (GDV 1999: 52) und selbst in der Illegalität ab 1929 aktiv blieb (ebd.: 54), um linke Hegemonie aufzubauen. Hegemonie meint bei Gramsci Führung und gehört zu jeder herrschenden Klasse. «*Sie ist führend gegenüber den verbündeten Klassen und herrschend gegenüber den gegnerischen Klassen. […] Es kann und muß eine politische Hegemonie auch vor dem Regierungsantritt geben.*» (Gramsci 2013: 21) Demnach war es ein Fehler der KPD, sich ausschließlich auf Proletarier zu orientieren, während die NSDAP Arbeitslose und Arbeiter*innen, Bauern und Beamte, Angestellte und Bürger*innen ansprach. Was also folgt aus den Überlegungen von Luxemburg und Lenin, Bieligk, Eckstein, Laumann und Gramsci für Parteien in Fundamentalopposition?

Luxemburg betonte immer wieder, dass die Sozialdemokratie «*überall vordringen muß*» (1899/2005: 135), außer in die Regierungsverantwortung. Lenin forderte energisch den «*Kampf auf der Parlamentstribüne*» (1920/1968: 48) und selbst die Mitarbeit «*in den reaktionären Gewerkschaften*» (ebd.: 41). Gramsci erweitert dieses Spektrum noch mit seiner Hegemonie-Theorie. Revolutionen sind demnach keine raschen Eroberungen mehr, sondern nur noch die Perspektive in einem langwierigen «*Stellungskrieg*»: «*Die massive Struktur der modernen Demokratien als staatliche Organisationen, als Komplex von zivilen Vereinigungen, sind für die politische Kunst die ‚Schützengräben'*» (Gramsci 1967: 356).

Freilich war für Lenin eine solche Arbeit in halböffentlichen Institutionen im russischen Zarismus noch gar nicht möglich, für Gramsci war sie es im faschistischen Italien nicht mehr. Hegemoniekämpfe sind Parteikämpfe auf dem Terrain des demokratischen Staates. Revolutionen erfolgen hier weniger rasch, haben komplexere Bedingungen, u. a. Hegemonie. So weit kam die KPD, die erst 1933 und dann 1956 verboten wurde, aber nie. Im letztgenannten Jahr reflektierte der Kritische Theoretiker Max Horkheimer die vollkommen neue Lage in den westlichen Nachkriegsgesellschaften. «*Unsere Frage ist: Aus welchem Interesse heraus schreiben wir, nachdem es keine Partei mehr gibt, nachdem die Revolution unwahrscheinlich geworden ist? Darauf wurde ich antworten: Damit es gut werden soll.*» (Horkheimer im Gespräch mit Adorno 1956: 51)

Dieser kritische Anspruch der Theorie, dass es gut werden soll, wurde nach dem Ende der alten linken Parteien wieder praktischer in den neuen linken Bewegungen der 1960er Jahre. Hier wurden Luxemburg, Lenin und Lukács fleißig gelesen. Gramsci hingegen noch kaum. Damit mag auch zusammenhängen, dass sich zunächst keine hegemoniefähige Partei gründete, sondern lediglich sektiererische Kleinstparteien entstanden. Der vom SDSler Rudi Dutschke (1940–1979) 1967 vorgeschlagene «Marsch durch die Institutionen» ähnelt allerdings den Konzeptionen Antonio Gramscis vom «Stellungskrieg». Herbert Marcuse stellte klar, was für eine Taktik Dutschke vorgeschlagen hatte: «*Sie besteht darin gegen die etablierten Institutionen zu arbeiten, während man in ihnen arbeitet*», also Subversion, dies schließe aber auch «*die gemeinsame Anstrengung ein, Gegeninstitutionen aufzubauen*» (Schriften 9a: 60). Zunächst gingen Dutschke wie Marcuse davon aus, es brauche dafür keine Partei klassischen Typs. Dutschke allerdings revidierte diese Position in den 1970er Jahren und engagierte sich zum Schluss für die Gründung der Grünen Partei. Diese dachte er sich freilich als eine Anti-Parteien-Partei auf einem langen Marsch durch die feindlichen Institutionen. 1985 hieß es, über die Ernennung von Jospeh Fischer zum hessischen Umweltminister: «*Der erste ist durchgekommen: Der grüne Marsch in die Institutionen*»[1]. Bezeichnenderweise ist aber hier auch nicht mehr die Rede vom Marsch «durch» die Institutionen, als ein Kampffeld, sondern als Marsch «in» die Institutionen. Entgegen dem Rat von Rosa Luxemburg, nämlich keine Regierungsverantwortung für den Kapitalismus zu übernehmen, sondern fundamentale Opposition zu bleiben, haben sich die Grünen, spätestens 1998 mit ihrem Eintritt in die SPD-geführte Bundesregierung, für eine kritische Integration entschieden. Interessanterweise fiel die Kritik der grünen Basis sehr zurückhaltend aus. Warum?

Auch für dieses Phänomen hat Gramsci eine organisationstheoretische Vorlage gegeben:

«*Ein kollektiver Organismus wird von einzelnen Individuen gebildet, indem sie sich eine Hierarchie und eine bestimmte Führung gegeben haben und diese akzeptieren. Wenn sich jede einzelne Komponente den Kollektivorganismus als eine ihr fremd gewordene Wesenheit vorstellt, so ist offensichtlich dieser Organismus nicht mehr existent, sondern ist zu einem […] Fetisch geworden. […] Erstaunlich und charakteristisch ist, daß sich ein derartiger Fetischismus gegenüber ‹freiwilligen›, nicht ‹öffentlichen› oder staatlichen Organisationen, wie den Parteien und Gewerkschaften, wiederholt. […] In jedem Fall handelt*

1 https://www.1000dokumente.de/index.html?c=dokument_de&dokument=0074_tur&object=context&l=de

es sich um ein fetischistisches Verhältnis. Der einzelne erwartet, daß die Organisation schon handeln wird, auch wenn er es selbst nicht tut.» (Gramsci 1967: 356)

Gramscis Kritik des Partei-, Gewerkschafts- und Organisationsfetischismus ist in mehrfacher Weise bedeutsam, betrifft sie doch Rote wie Grüne gleich. Beide politische Strömungen leben davon, dass sie sich auf Bewegungen, ob Arbeiterbewegung oder Neue Soziale Bewegungen, beziehen, die selbst nicht in der Organisationsform Partei aufgehen. Gramsci fordert daher, gegen die fetischistische Verselbständigung, es müsse «*die Partei immer in Kontakt mit der handgreiflichen Wirklichkeit des Klassenkampfs bleiben, [...] um die Einheit aus der Verschiedenheit zu deduzieren.*» (Gramsci 1967: 59) Zentral ist die Einsicht, dass es kein objektives, einheitliches Interesse der sozialen Bewegung gibt, das lediglich einer Partei als Sprachrohr bedürfen würde, sondern die (Partei-)Organisation eine aktive Rolle spielen muss, um Interessen zu einer Hegemonie zu bündeln.

Was die Partei als Organisationsform für gesellschaftliche Hegemonie angeht, so betonen Thomas Barfuss und Peter Jehle den Versuch Gramscis, zwischen reiner Reformorientierung und reiner Revolutionsorientierung den Mittelweg zu finden, denn auch Grabenkämpfe in Institutionen können borniert sein. «*Der Reformismus bekommt das Grabensystem so wenig in den Blick wie der Radikalismus: Wer im Graben sitzt, sieht nicht in die Weite; wer im Flug darüber hinwegsetzt, sieht nicht in die Nähe*» (Barfuss/Jehle 2014: 135). Orientierte die KPD, entgegen Luxemburgs Rat, nur auf den großen, radikalen Bruch ohne eine umfassende Hegemonie vorzubereiten, so konnten die Grünen zwar einige Vorstellungen hegemonial machen, vergaßen aber die Revolution. Um diese Entwicklung zu verstehen, die ja auch mit einer Abkehr von Fundamentalopposition zu tun hat, sind verschiedene Ebenen von Partei zu beachten. Harald Neubert nennt in seiner Einführung zu Gramsci die repräsentierte Gruppe, die Mitgliedschaft, die Parteibürokratie und die Parteiführung (vgl. Neubert 2001: 79). Die Einheit von Basis und Partei, von Mitgliedschaft, Apparat und Führung ist keineswegs selbstverständlich. «*Man zieht nie genügend in Betracht, daß viele politische Handlungen inneren Notwendigkeiten organisatorischen Charakters entspringen, [...] einer Partei, einer Gruppe, einer Gesellschaft Zusammenhalt zu geben.*» (Gramsci

1967: 201) Dieser Zusammenhalt ergäbe sich nicht naturwüchsig, weder aus Klassen noch Bewegungen.

Nach der Theorie der reinen Klassenpartei des 19. Jahrhunderts waren eine verbürgerlichte Sozialdemokratie, ein linksliberales Bürger*innentum oder rechter Radikalismus undenkbar. Erst im frühen 20. Jahrhundert thematisierte Georg Lukács in seiner Aufsatzsammlung mit dem gleichnamigen Titel «Geschichte und Klassenbewusstsein» (1923). Er selbst war vom bürgerlichen Philosophen zum Sozialisten geworden. Andererseits gab und gibt es Proletarier*innen, die dies nicht sind. «*Noch inmitten der tödlichen Krise des Kapitalismus erleben breite Massen des Proletariats Staat, Recht und Wirtschaft der Bourgeoisie als einzig mögliche Umwelt ihres Daseins.*» (Lukács 1923/1970a: 410) So die Problemstellung. Wie also kann das Proletariat «*als Klasse zugleich Subjekt und Objekt der Erkenntnis sein*» (Lukács 1923/1970b: 60)? Lukács Lösung: Durch die Partei!

Zwar sei es die Besonderheit des proletarischen Klassenbewusstseins, dass die Arbeitenden erkennen können, wie alles, inklusive sie selbst, zur Ware wird. Ein solches Klassenbewusstsein versteht Lukács aber nicht als empirisches Bewusstsein der einzelnen Proletarier*innen, sondern als ihren Gesamtwillen. «*Die organisatorische Selbstständigkeit der kommunistischen Partei ist notwendig, damit das Proletariat sein eigenes Klassenbewusstsein, als geschichtliche Gestalt, unmittelbar erblicken könne.*» (Lukács 1922/1967: XXXVI) Die Partei wäre demnach für Lukács die Offenbarung des Wesens der Klasse für die Klasse, das «*Gewissen seiner geschichtlichen Sendung*» (Lukács 1923/1970c: 114). Die Partei, Luxemburgs orientierende Führungsinstanz, Lenins leitende Avantgarde und auch Gramscis neuer Hegemon, wird wiederum geführt von Intellektuellen, die auch persönliche Wünsche auf ihre Organisation projizieren. Dies gilt gerade für Lukács, wie Rüdiger Dannemann kritisiert: «*Lenins Partei wird bei Lukács zu einer Utopie der Entverdinglichung […] Die KP soll eine ‹Gemeinschaft› sein, in der die Trennung von Rechten und Pflichten verschwindet.*» (Dannemann 2015: 63) Sogar seine späteren Schüler*innen zweifeln hier am Meisterdenker: «*Agnes Heller hat sicher recht, wenn sie ihrem Lehrer vorwirft, er rechtfertige die Opferung von Individuen im Namen eines Kollektivsubjekts.*» (ebd.: 64) Andererseits ist freilich zuzugeben, dass Luxemburg, Lenin und Lukács in einer Situation offenen Kampfes agierten, nicht nach den Modi von Politik in friedlichen Zeiten. In seinem Todesjahr 1971 sagte Lukács dazu in einem Interview: «*Man konnte nur in den Reihen der kommunistischen Bewegung wirkungsvoll gegen den Faschismus kämpfen.*» (Lukács 1971/1981: 10) Bevor er zum wirkungslosen Außenseiter würde, unterwarf er sich lieber seiner Partei. Ihren Kampfwert beweise die Partei, sofern sie «*ein tatkräftiges Eingreifen in die Ereignisse, ein Ausnützen der von ihnen gebotenen Chancen ermöglicht*» (Lukács 1922/1967: XLI).

Die Partei soll organisierendes Zentrum sein, in dem Wissen überregional zusammenkommt und in Handlungen umgesetzt wird. «Geschichte und Klassenbewusstsein» ist daher, wie Rüdiger Dannemann sagt, «*eine politische Philosophie des revolutionären Kairós.*» (Dannemann 2018: 45) Wie jede Kairóstheorie ist auch die von Lukács sowohl gegen den Determinismus, denn «*die Anschauung von der abstrakten «Notwendigkeit» führt zum Fatalismus*» (ebd.: VI), als auch gegen den Voluntarismus, das abstrakte Wollen, und die «*übertriebene Bedeutung, die eine solche Betrachtung den einzelnen Personen gibt*» (ebd.). Befreiung entspringt nicht automatisch einer Krise, sie kommt auch nicht bloß, weil Menschen es wollen, sondern aus Krise und Tat. Dazwischen vermittelt die Organisation als aufklärende Instanz, die hilft, dass «*der richtige Entschluß des Proletariats in die Waagschale fällt*» (ebd.: XIX), die der Kairós trägt. Weil Lukács als Wissenschaftler die Parteipolitik als Wissenschaft deutet, fordert er Disziplin gegenüber den Weisungen der Partei (vgl. ebd.: XXIV), sogar wenn sie «*zuweilen gezwungen [ist], gegen die Massen Stellung zu nehmen*» (ebd.: XXXVIII). Die Partei hat immer Recht?

Tatsächlich ging Lukács davon aus. Seine Frage blieb: Wie kommt die Theorie durch die Partei zu den Massen und damit in die Praxis? Einerseits kritisierte er zunächst Wahlkämpfe als Pseudo-Praxis, «*denn die Abgabe der Stimme ist nicht nur keine Tat, sondern was viel schlimmer ist: eine Scheintat, die Illusion einer Tat*» (Lukács 1920/1968: 73). Andererseits sah er, nachdem er 1919 als Volkskommissar für Unterrichtswesen an Ungarns Räterepublik mitgewirkt hatte, bald ein, dass die Räte die Parlamente noch nicht ersetzen konnten. «*Die Aufnahme der parlamentarischen Tätigkeit bedeutet also für jede kommunistische Partei das Bewußtsein und das Geständnis, daß die Re-*

volution in absehbarer Zeit undenkbar ist.» (Lukács 1920/1968: 69) Parlamentarische Tätigkeit soll hier aber kein konstruktives Mitwirken bewirken, sondern ein Kommunist müsse nach Lukács «*das Parlament im Parlament bekämpfen*» und zwar im Sinne einer «*Entlarvung*» (ebd.: 70).

Ebenso wie das Parlament ist aber auch die Partei für ihn zunächst nur eine Übergangsform, eine «*Formation des Übergangs*» (Lukács 1919: 32) zu einer höheren Stufe: «*Diese höhere Einheit ist das einheitliche Proletariat.*» (ebd.: 33) Auch Gramsci erwähnt diese Utopie, «*daß für die Partei, die sich die Überwindung der Klassentrennung vornimmt, ihre Vervollkommnung und Vollendung darin besteht, nicht mehr zu existieren, da es Klassen und folglich ihren Ausdruck nicht mehr gibt*» (Gramsci 2013: 265). Bis dahin aber ist die Partei für Luxemburg und Lenin, Lukács und Gramsci vor allem ein Vehikel der Bewusstwerdung. Gerade zu Lukács Motiv der «Entlarvung» des Systems im Parlament, als Opposition, finden wir auch Parallelen bei den frühen Grünen, die sich als Anti-Parteien-Partei gründeten.

2.2 Kritische Integration: Die Grünen

Hatte Antonio Gramsci seiner Kommunistischen Partei geraten, sie solle nicht nur den Staatsapparat erobern, sondern auch die Zivilgesellschaft und ihre Institutionen, so konstituierte sich die Grüne Partei in Deutschland quasi in der umgekehrten Richtung. Die Gründungsmitglieder Thomas Ebermann und Rainer Trampert verweisen auf zwei Bewegungen, die der Gründung der Grünen vorangingen, die Frauen- und die Ökologiebewegung (vgl. Ebermann/Trampert 1984: 116f.). Beide konnten sich schon in den 1970er Jahren zivilgesellschaftlich breit verankern. Zu ihnen standen die Grünen in ihren Anfängen in einem politischen Wechselverhältnis: «*Die Grünen werden geprägt von den sozialen Bewegungen, und sie prägen sie durch ihr Verhalten.*» (ebd.: 273) Als dritte Bewegung wäre die in den 1980er Jahren erstarkende Friedensbewegung zu nennen. In der Tradition der Bewegung gegen Wiederbewaffnung und Atomrüstung in den 1950er Jahren, der Ostermarschbewegung der 1960er und der Proteste gegen den NATO-Doppelbeschluss zur Raketenrüstung 1979 konnte sie z. B. 1982 500.000 Menschen gegen einen Besuch des US-Präsidenten Reagan mobilisieren (vgl. Klein/Falter

2003: 22). Im Anklang an ihre Wurzeln in der Ökologie- und Friedensbewegung, die beide, z. B. mit der Deutschen Friedensunion, schon frühere parlamentarische Gehversuche hinter sich hatten, wurden die Grünen auch als «Ökopaxe» bezeichnet, was sich in ihrem Gründungsprogramm zeigte: «*Als die vier wichtigsten programmatischen Grundsätze grüner Politik wurden in der Präambel des Bundesprogramms von 1980 die Prinzipien, ökologisch, sozial, basisdemokratisch und gewaltfrei genannt.*» (Klein/Falter 2003: 73)

Die Prinzipien sozial und basisdemokratisch verweisen auf weitere Wurzeln. Als ökologisch und sozial verstanden sich die Ökosozialist*innen, von denen viele in den 1970er Jahren in kommunistischen Gruppen organisiert waren. Basisdemokratie war ein Grundwert der antiautoritären Linken der 1970er. Gerade diese linken Strömungen haderten lange mit der Parteiform. Kritik an der Organisationsform Partei, die einen älteren Linksradikalismus wiederentdeckt, war typisch für Teile der Neuen Linken der 1960er Jahre. Diese reagierte damit auch auf eine Wandlung der westdeutschen Parteien. Nicht zuletzt die Entwicklung der SPD, die sich seit ihrem Godesberger Programm von 1959 nicht mehr als Arbeiter- sondern als Volks-Partei verstand, gehört zu einem veränderten Verständnis politischer Parteien. Das Ende der Klassenparteien brachte 1965 der Kritische Theoretiker Otto Kirchheimer (1905–1965) als Allerweltspartei auf den Begriff (Kirchheimer 1965).

Der Politikwissenschaftler Johannes Agnoli (1925–2003), der 1957 in die SPD eingetreten war und 1961 ausgeschlossen wurde, bezeichnete dies als «Transformation der Demokratie», wie das Buch von ihm und Peter Brückner (1922–1982) aus dem Jahre 1967 heißt. Das Parlament sei nur noch «*Transmissionsriemen der Entscheidungen politischer Oligarchien*» (Agnoli 1967/2004: 74), die Parteienvielfalt nur noch die «*plurale Fassung einer Einheitspartei*» (ebd.: 47) und die «*Verselbständigung politischer Macht*» (ebd.: 123). Agnoli misst an einem hohen Maß der menschlichen Emanzipation, wenn er schließlich Politik selbst als kapitalistische Form sieht.

«*Politik wird so zur Fortsetzung und Bestätigung der Ökonomie, der Staat zur zusammenfassenden Form wirtschaftlichen Zwangs […] Gegen die Möglichkeit der Emanzipation aus diesem Zwang soll das politische System die ökonomischen und sozialen Forderungen der Klasse zur Verwechslung und Iden-*

tifikation mit Repräsentanten der Herrschaft verleiten.» (ebd.: 124)

Die Rolle von Parteien im Allgemeinen wird also systemischkritisch erklärt. Die Rolle der SPD im Besonderen hat ebenso auch objektive Hintergründe. Diese beschreibt Herbert Marcuse 1972:

«*Die Integration des größten Teils der Arbeiterklasse in die kapitalistische Gesellschaft ist kein Oberflächenphänomen, [sie] profitiert von den Überprofiten, von neo-kolonialer Ausbeutung, der Rüstung und den ungeheuren Subventionen der Regierung.*» (Schriften 9a: 15)

Nicht nur die SPD integrierte sich in den 1950er Jahren in den Kapitalismus und übernahm in den 1960ern bis hinein in die 1980er Jahre die Regierung, die Arbeiter*innenklasse selbst wurde in Sozialstaat und Konsumkapitalismus integriert. Erst als die SPD in den 1990er Jahren erneut an die Macht kam, wurde der aufgebaute Sozialstaatskompromiss rigoros wieder abgebaut. In den 1960ern hingegen hatte die Kritik an der sogenannten Sozialstaatsillusion (vgl. Müller/Neusüß, auch: Neupert 2013) noch einen Sinn zur Positionierung links von der SPD.

Diese Position führte allerdings lange Zeit nicht zu einer befriedigenden Organisationsform. Optionen waren: Rückkehr zur SPD, Alternativ-Szene, Linksterrorismus und Parteigründungen (vgl. Rucht 1998: 123). Parallel zur Deutschen Kommunistischen Partei (DKP), die als Nachfolgeorganisation der 1956 in der BRD verbotenen KPD gelten kann, wurde fleißig gegründet: Die KPD/ML (1968–1986) mit höchstens 800 Mitgliedern 1975 (vgl. Benicke 2019: 21), ähnlich die KPD/AO (1970–1980) (ebd.: 24), Die KPD/AB von 1973 mit wenigen hundert Mitgliedern (ebd.: 33). Aus dem KABD von 1972 wurde 1982 die MLPD, die heute noch 2.000 Mitglieder hat (ebd.: 25), der KBW (1973–1985) umfasste 1978 immerhin 3.000 Mitglieder (ebd.: 29). Eine erfolgreiche Teilnahme an Wahlen gelang nirgends.

Einen fünften Weg schlug laut Rucht (s. o.) das Sozialistische Büro ein, das als Organisation in Kapitel 5 behandelt wird. Der Kommunistische Bund (1971–1991) mit 1.700 Aktiven um 1977 (ebd.: 30) war zeitweilig eher Bewegungs-Organisation als Sekte und wird daher in Kapitel 6 behandelt werden. Schließlich war aber die Zeit der K-Gruppen mit Gründung der Grünen Partei 1980 vorbei, die sich zunächst als Anti-Parteien-

Partei, als parlamentarisches Spielbein außerparlamentarischer Bewegungen, gab. Agnoli warnte damals:

«*Nicht dass ich sage, die Linken sollten die Grünen verlassen, aber die Linken sollten zusehen, in welche widersprüchlichen Situationen sie sich hineinbegeben. Vor allem dürfen sie nicht vergessen, daß einer der großen Vorzüge bürgerlicher Institutionen ihre Klebrigkeit ist.*» (Agnoli 1983: 124)

Die Grünen waren angetreten, um im Parlament die sozialistischen Ansprüche der K-Gruppen, aus denen sich große Teile ihres Führungspersonal rekrutierten, in soziale Politik umzusetzen. Der basisdemokratische Anspruch war ein Erbe der antiautoritären Spontis, die in den 1970er noch der linke Gegenpol zu den K-Gruppen gewesen waren. Im Sinne der Umwelt- und Friedensbewegung sollte der Militärisch-Industrielle Komplex (Angela Davis) von der Bühne des Parlaments aus angegriffen werden. Worauf Agnoli zu Recht hinwies, ist die Tatsache, dass die Rollen in diesem Stück den beteiligten Parlamentarier*innen nicht nur gute Gagen bringen, sondern ihnen die Systemlogik des Parlamentarismus vorgibt, was zu spielen ist. Thomas Ebermann, der seit 1970 im KB organisiert gewesen war, 1980 zu den Grünen wechselte und zwischen 1987–1989 im Bundestag war, erinnert sich:

«*Wir wollten eine Parlamentspolitik machen, die Sand im Getriebe war: Lust am Enthüllen, Lust am Vorführen, große Sorgfalt mit dem imperativen Mandat, große Sicherheit, dass die Rotation dafür sorgen wird, dass wir alle nur kurze Zeit in diesem Feindesland sind. […] Wir lagen deutlich darunter.*» (Ebermann 2014)

Im Rückblick ist es freilich auch leicht, es besser gewusst zu haben. «*Ich kann ja nicht behaupten, dass ich Johannes Agnoli nicht kannte. Aber wir dachten damals, wir könnten den Tiger reiten.*» (ebd.) Zwar räumt er Liberalisierungen als grüne Erfolge ein, das Fernziel des Systemwandels ging aber verloren.

Es sind drei Aspekte, die interessant sind, um grüne Politik einzuordnen. Erstens gibt es systemische Grenzen, die für Politik in Staaten im Kapitalismus gelten. Zweitens stellt sich die Frage, welche Maßnahmen die Grünen selbst ergriffen hatten, um nicht der von Agnoli kritisierten Klebrigkeit des Parlamentarismus auf den Leim zu gehen, sondern eine fundamentale Opposition zu bleiben. Drittens gibt es freilich auch im Rahmen von Kapital und Staat Spielräume: Inwiefern konnten diese für eine ökologisch, soziale, basisdemokratische und gewaltfreie Politik genutzt werden? Als deren Rahmen ist kritisch einzusehen:

«*Durch die Besteuerung des produzierten Mehrwerts und der Löhne eignet sich der Staat seine materielle Grundlage an […] Das strukturelle Problem für emanzipative Politik besteht darin, daß der Staat, sobald seine politischen Maßnahmen eine derartige Quantität und Qualität annehmen, daß sie tatsächlich als Beitrag zur Emanzipation verstanden werden […] sich tendenziell seine eigene Basis entzieht.*» *(Grigat 2007: 150).*

Zu dieser ökonomischen Logik des Kapitals und des Staates kommt die Logik der Politik:

«*Die Periodizität von allgemeinen Wahlen macht es politisch kostspielig, den Wählern Opfer und Anstrengungen abzuverlangen, die vielleicht erst in der übernächsten Wahlperiode beginnen, Erträge abzuwerfen. […] Insofern tendiert die Logik des politischen Prozesses dazu, die Zukunft zu diskontieren (wenn nicht auszubeuten) […] und den richtigen Zeitpunkt (Kairós) für Weichenstellungen zu verpassen.*» (Offe 2001: 478)

Staatliche Politik setzt eine erfolgreiche kapitalistische Wertschöpfung voraus, parlamentarische Politik neigt zu kurzfristigen Orientierungen, die mit einer sozial-ökologischen Nachhaltigkeit kaum zu vermitteln sind. An entsprechende Grenzen stößt auch der Versuch, gewaltfrei und basisdemokratisch zu wirken. Wie aber wollten die Grünen den Tiger reiten?

Thomas Ebermann und Rainer Trampert hatten damals durchaus hohe Erwartungen an «Die Zukunft der Grünen» (1984). Sie sahen zunächst einmal fünf wesentliche Träger*innengruppen dieser Partei. Im Rückblick auf den Beginn der Neuen Linken in den 1960er Jahren konstatieren sie, es «*haben radikale Bedürfnisse oder das ‹enorme Bewusstsein› keinen organisierten politischen Ausdruck gefunden*» (ebd.: 226). Dies darf durchaus auch als (Selbst-)Kritik am Kommunistischen Bund verstanden werden, dem beide Autoren in den 1970er Jahren angehörten. «*Wir erleben aber bei vielen Jugendlichen einen Ausbruch aus dem nur materiellen Denken. […] Die Grünen haben wieder gewagt, diese Bedürfnisse zu thematisieren.*» (ebd.) Freilich handelte es sich hier nicht nur um einen Generationenkonflikt, gerade die Grünen entstanden als eine Bündnispartei aus verschiedenen Milieus, da «*der Anteil der beschäftigten Arbeiter bei den Grün-Wählern bei 16 Prozent, der Anteil der Ange-*

stellten bei 20 Prozent und der Anteil der Beamten bei 6 Prozent liegt» (ebd.: 28), was den Anteilen an der Bevölkerung entspricht. Die übrigen 56% machten Arbeitslose mit 5% aus (3 % Bevölkerungsanteil), 36% der Grün-Wähler*innen befanden sich noch in Ausbildung (vgl. ebd.: 256). Die übrigen 15% entfielen dann auf Hausfrauen und Rentner*innen, die in der Gesamtwählerschaft allerdings 41% ausmachten und Selbstständige (7% Bevölkerungsanteil) (vgl. ebd.: 255). Selbstständige, Hausfrauen und Rentner*innen waren also bei den Grünen unterrepräsentiert. Über solche quantitativen Aspekte hinaus betonen Ebermann und Trampert vor allem die Bedeutung von Frauen- und Anti-AKW-Bewegung, die ökologische Bewegung und die Bürgerinitiativen. «*Auf diesem Fundament erst konnte die Grüne Partei entstehen.*» (ebd.: 254)

Was aber kann eine solche Bewegungs-Partei als deren parlamentarisches Standbein erreichen? «*Ob diese ökologische Linkspartei hauptsächlich als Faktor im kapitalistischen System fungieren oder zu einer Kraft zu seiner Überwindung wird, ist offen.*» (ebd.: 245) Im April 1990 hatte sich diese Offenheit erledigt, mit 44 Genoss*innen erklärten Ebermann und Trampert ihren Austritt aus der Partei, die bei der ersten Bundestagswahl nach DDR-Anschluss im Dezember aus dem Bundestag flog:

«*In den Grünen gibt es heute nur noch wenig Zustimmung für eine Kritik des Parlamentarismus oder eine Ablehnung von Regierungsbeteiligungen im Rahmen des Kapitalismus. Daß damit auch die kulturrebellischen Momente bei den Grünen verschwinden – Rotation, imperatives Mandat, Begrenzung der Einkünfte von Abgeordneten – liegt in der Logik der Entwicklung. Wer diesen Staat und seine parlamentarischen Institutionen schätzt, braucht die einst zur Abwehr der Integrationsmechanismen entworfenen Schutzmaßnahmen nicht länger.*» (zit. n. https://www.konkret-magazin.de/aktuell/435-40-jahre-gruene)

Da hier sowohl eine bestimmte Entwicklung der Grünen von 1980 bis 1990, die für viele Linke Grund zum Austritt gegeben hat, als auch die weitere Integration ins System bis 2020 reflektiert wird, bietet es sich an, die Wechselwirkungen zwischen Programmatik und Organisationsform zu untersuchen. Auffällig ist nämlich, dass die Basisdemokratie als erstes fallen gelassen wurde, noch ehe die Gewaltfreiheit aufgegeben wurde und schließlich auch ökologische und soziale Ansprüche heruntergefahren wurden.

Zweifel an der Verträglichkeit von Basisdemokratie und Partei gab es schon 1980. Wolf Dieter-Narr prognostizierte: «*Wer sich kollektiv auf dieses Parlament einläßt, erliegt seiner verwalteten Form.*» (1980: 26) Joachim Hirsch stellte sich angesichts der Sozialen Bewegungen zwar «*die Frage einer politischen Synthese der heterogenen Partikularbewegungen [...]. [...] Allerdings nicht nach herkömmlichen Mustern, also etwa durch Parteigründung.*» (Hirsch 1980: 136) Oskar Negt hielt «*für fast unvermeidbar [...] die Abtrennung einer mehr oder minder bürokratisierten und zum Parteiapparat aufgeschwemmten Parlamentsfraktion von den Basisaktivitäten*» (Negt 1980: 153), wobei es ihm zufolge «*durchaus möglich ist, daß die Grünen ins Parlament kommen. Ein Erfolg wäre auch das nicht, wenn ich es am Maßstab der Notwendigkeit einer langfristigen sozialistischen Politik messe.*» (ebd.: 157) Worin bestand die Antwort der Grünen auf diese Kritiken? Wie geht Basisdemokratie? Jutta Ditfurth war 1980 Gründungsmitglied der Grünen, 20 Jahre später schreibt sie über die Basisdemokratie der Anfangszeit, «*dass wir uns einige Maßregeln, die wir in der Grünen Partei durchsetzten, bei der Pariser Kommune von 1871 abgeschaut hatten. Keine Partei, auch keine linke, besaß demokratische Strukturen wie diese neuen Grünen: Trennung von Amt und Mandat, Rotation, kein Abgeordneteneinkommen höher als ein Facharbeitergehalt, also Abgabe von Diäten.*» (2011: 64)

Hinzu kamen am Anfang die Frauenquote und die Öffentlichkeit der Parteisitzungen. Nichtsdestotrotz blieben die Versuche hinter der Kommune zurück, da die Delegierten der Pariser Stadtteile 1871 auch noch wieder abberufbar waren. Solche Regulierungen widersprechen der Form des bürgerlichen Parlaments und konnten daher nur als freiwillige Selbstverpflichtungen gelten. Zwar konnten die Grünen regeln, dass Abgeordnete keine Parteiämter haben sollen, aber zur Rotation, also zum Ausscheiden aus Parlamenten nach zwei Jahren, oder zur Diätenabgabe konnten sie legal nicht gezwungen werden. Klein und Falter verweisen auf diese Spannung zwischen Idee und Rechtsrahmen: «*In der Politikwissenschaft sowie der Rechtswissenschaft wurde diskutiert, inwieweit das imperative Mandat und die Rotation mit den Regelungen des Grundgesetzes überhaupt in Einklang zu bringen sei, meist mit negativem Ergebnis.*» (Klein/Falter 2003: 92)

Abgeordnete sind, so will es der Staat, nur ihrem Gewissen verpflichtet. Jutta Ditfurth würde ergänzen: und ihren späteren Arbeitgebern nach der Mandatszeit. So wurde der Straßenkämpfer a. D. und Außenminister a. D. Fischer, Ökologie hin oder her, politischer Berater beim Atomkonzern RWE (vgl. Ditfurth 2011: 102), so wie Rezzo Schlauch bei der EnBW AG und Margareta Wolf, grüne Abgeordnete und Staatssekretärin a. D., beim Informationskreis Kernenergie (vgl. ebd.: 240). Andrea Beer, zunächst Gruppe Internationaler Marxisten, dann Bundesgesundheitsministerin a. D., arbeitete danach, Klassenkampf hin oder her, als Pharma-Lobbyistin (ebd.: 218). Einzelfälle? Die einstmals mit einem pazifistischen und antimilitaristischen Mandat der Friedensbewegung aufgestiegene Bundestagsfraktion der Grünen veranstaltete 2010 eine Berliner Konferenz mit dem NATO-Generalsekretär zur Osterweiterung (vgl. ebd.: 203).

Die Bedingung dafür, dass sich eine Parlamentsfraktion so sehr verändert und dass Minister*innen und Abgeordnete Lobbyist*innen ihrer Gegner werden, ist sicherlich nicht nur eine Sache des persönlichen Verrats, sondern der Struktur. Je nach Wahlglück und unter dem Druck des Parteinachwuchses ist irgendwann ein Ausscheiden aus der Berufspolitik naheliegend. Mit dem Insiderwissen aus Parlament, Fraktion und Regierung sind Ex-Politiker*innen interessante Leute für die Kapitalseite. Aber kann die Partei sie nicht kontrollieren? Die Grünen verzichteten nach und nach darauf. 1991 schaffte der Grüne Parteitag, nach dem Ausscheiden des linken Flügels, die Rotation nach zwei oder vier Jahren, komplett ab (vgl. Falter/Klein 2003: 96). 10 Jahre später wurde 2001 zwar beschlossen, die grünen Minister*innen einer möglichen Regierung ab 2002 müssten ihre Bundestagsmandate zurückgeben, aber diese taten es schlicht nicht (vgl. ebd.: 97). Woran scheitert die Basisdemokratie in der Parteiendemokratie?

Laut Falter und Klein «*erwies es sich aber auch als gar nicht sinnvoll, die Abgeordneten zur Rotation zu zwingen, da auch innerhalb der grünen Partei die politischen Talente und Begabungen nicht beliebig vermehrbar waren*» (ebd.: 93). Sicherlich haben Menschen unterschiedliche Befähigungen, weshalb es bei basisdemokratischer Rotation darum gehen müsste, mehr Menschen für verschiedene Aufgaben zu befähigen. Politisches Talent meint hier aber gar nicht die Fähigkeit, sich selbst entbehrlich zu machen, sondern ein öffentliches Auftreten, das zur Wiederwahl führt. Zwar bemühten sich die Grünen lange um einen Wahlkampf ohne Gesichter und mit Inhalten, aber dies ist in einer Medien-Demokratie schwer durchzuhalten. Parteien sind Waren auf dem politischen Markt, keine Basisorganisationen. Gewählt wird im politischen Spektakel häufig nach bekannten Namen, daher wussten auch die erfolgreichen Politiker*innen der Grünen, dass sie für die Partei unverzichtbar werden und die Basisdemokratie kippen können.

Grüne Basisdemokratie ging zunächst davon aus, dass die Partei über eine Basis verfügt, die mehr sein will als Anhängsel eines Wahlvereins. In den 1980ern: «*Halten die Grünen an diesem Weg fest, den sie bisher mit basisdemokratisch beschrieben haben, dann ist ihr Ziel nicht die Staatsmacht, sondern sie kämpfen für Entfaltungsmöglichkeiten der Massenbewegungen.*» (Ebermann/Trampert 1984: 270) – und dies nicht aus Idealismus, sondern «*weil wir wissen, daß staatliches und parlamentarisches Handeln bei den gegebenen gesellschaftlichen Machtverhältnisse weitgehend den Entscheidungen der wirtschaftlich Mächtigen untergeordnet ist*» (ebd.). Bis sich solche Machtverhältnisse, sowohl schrittweise als auch in Brüchen, verschieben, braucht es politische Geduld. Diese fehlte offenbar, was auch mit der Schwächung sozialer Bewegungen zu tun hatte.

Ein Beispiel für den ökologischen Anspruch der Grünen bietet die Anti-Atom-Bewegung. 1984 war noch klar, es geht um «*eine sofortige Abschaltung der Atommeiler*» (Ebermann/Trampert 1984: 31). 2003 halten Falter und Klein fest: «*Der im Jahr 2000 geschlossene Atomkompromiß, der den Betrieb der existierenden Reaktoren für über dreißig Jahre auf eine sichere Grundlage stellte, liegt insofern meilenweit von dem entfernt, was die Grünen ursprünglich forderten.*» (Falter Klein 2003: 171) Die CDU/FDP-Regierung wollte den Ausstiegszeitraum 2010 sogar noch um weitere zwölf Jahre verlängern, beschloss aber 2011 nach der Katastrophe von Fukushima einen Ausstieg aus der Atomkraftnutzung sogar bis 2022. Innerhalb weniger Jahre hatten wir also Ausstiegsdaten von 2030 (Rot-Grün) über 2042 (Schwarz-Gelb) bis 2022 (Schwarz-Gelb). Zumindest Bundesumweltminister Jürgen Trittin war 2000 ehrlich, wenn er sagte: «*Die außerparlamentarische Bewegung und die Grünen haben die Stilllegung von Atomanlagen nicht erreicht.»* (Trittin, zit. n. Ditfurth 2011: 11)

Wer an der Regierung ist, ist im Kapitalismus noch lange nicht an der Macht. Für Öko-Sozialist*innen wie Ebermann und Trampert oder eine Radikalökologin wie Ditfurth mag dieser Ausgang angesichts der Konstellation von großer Konzernmacht und kleinerer Regierungsmacht nicht verwunderlich sein, da Energiepolitik eben auch Wirtschaftspolitik ist. Seltsam ist nur das stillschweigende, kampflose Aufgaben der Grünen, wenn z. B. Claudia Roth zu Protesten gegen Castortransporte 2001 meinte, es «*konterkariert diese Demonstrationsform tatsächlich den gefundenen Konsens*» (Roth, zit. n. Ditfurth 2011: 9). Spätestens dies ist der Bruch mit der Anti-Atom-Bewegung und dem eigenen ökologischen Prinzip.

Was den sozialen Anspruch der Grünen angeht, haben wir es hier sicherlich mit der kompliziertesten Sachlage zu tun. Von 1982 bis 1987 war der Ökosozialist Rainer Trampert Sprecher der Grünen. 1984 bis 1988 war auch die Linke Jutta Ditfurth eine Sprecherin (Falter/Klein 2003: 58). Orientierungen waren der Öko-Sozialismus und Internationalismus: «*Im Rahmen einer gerechten Weltwirtschaftsordnung streben die Grünen gleichberechtigte Beziehungen mit den Ländern der Dritten Welt und den Abbau der wirtschaftlichen Abhängigkeit an.*» (Ebermann/Trampert 1984: 274) Weiter zitieren sie aus dem Sindelfinger Programm der Grünen: «*Eine Wirtschaftsordnung mit selbstverwalteten Betrieben ohne hierarchische Strukturen muß gewährleisten, daß die betrieblichen Entscheidungen den gesamtgesellschaftlichen Interessen in sozialer und ökologischer Hinsicht gerecht werden.*» (zit. n. ebd.) Soziale und ökologische Standards sind hier keine Auflagen für marktwirtschaftlich agierende Unternehmen, sondern direkt mit der Aufhebung von Eigentum und der Selbstverwaltung verbunden. Mit einem solchen Programm war unter kapitalistischen Bedingungen zunächst einmal nichts anderes möglich, wie Jutta Ditfurth schreibt, als «‹*Fundamentalopposition*› *im Sinne von Johannes Agnoli*» (Ditfurth 2011: 73). Nachdem konservative Umweltschützer*innen 1981 die Grünen zu Teilen verlassen hatten, dominierten die Linken die 1980er Jahre. Nach den Wahlen 1983 (5,6%) und 1987 (8,3%) war das Ausscheiden aus dem Parlament 1990 ein Einschnitt. Die Partei, nun vereinigt mit dem ostdeutschen Bündnis 90, stellte sich neu auf. Zwischen 1990 und 1992 verließen viele Linke die Partei. Aber nicht nur die Mitgliedschaft der Grünen, auch ihre Basis veränderte sich. 1980 sahen 30% der Wähler*innen der Grünen ihre wirtschaftliche Lage kritisch, nur 40% schätzen sie als gut sein. 2001 hingegen waren 60% mit ihrer wirtschaftlichen Situation zufrieden, nur 10% unzufrieden. Längst liegt deren Durchschnittseinkommen über dem der Wähler*innen von FDP, CDU, SPD (vgl. Falter/Klein 162f.).

Die Frage, ob sich die Jugend der 1980er schlicht bis in die 2000er hinein beruflich etabliert hat oder ob sich die Klientel änderte ist nicht besonders interessant, da es ja um aktuelle Orientierungen geht. Und die ist im grünen Umfeld nicht mehr der Ökosozialismus der 1980er. Studien aus dem Jahr 2000 zeichnen das folgende Bild:

«*Befand sich die Wählerschaft der Grünen 1980 in wirtschaftspolitischen Fragen noch deutlich im linken Spektrum, so ist sie im Jahr 2000 dem gemäßigt rechten Spektrum zuzurechnen. Hinsichtlich der Wertachse bleibt die Wählerschaft hingegen stabil im libertären Bereich des politischen Wettbewerbs.*» (Falter/Klein 2003: 174)

Wirtschaftspolitisch eher rechts soll hier bedeuten: Ein Liberalismus, der mehr auf Eigenverantwortung denn auf einen solidarischen Sozialismus setzt. Libertär meint hier nicht anarchistisch, sondern tolerant und multikulturell. Für das bürgerlich-großstädtische Milieu, das die Grünen nun vertreten, sind die Bewegungen der 1970er und 1980er Jahre eine Erinnerung, keine Tradition aufgrund der an Basisdemokratie als Utopie festzuhalten wäre. Die Sozialpolitik der Regierungsbeteiligung 1998 bis 2005 trifft sie weniger. Rente mit 67, weniger Kündigungsschutz, Arztpraxisgebühr, Begrenzung des Arbeitslosengeldes auf ein Jahr und Förderung von Zeitarbeit (vgl. Ditfurth 2011: 213-221) sind Teil eines Sozialabbaus, Teil einer neuen sozialen Frage, die aber kaum die soziale Lage grüner Wähler*innen und Mitglieder betrifft. In dieser Hinsicht unterscheidet sich auch die Einschätzung grüner Politik: Ist die ökologische Umweltpolitik auch an der Macht des Kapitals gescheitert und erwies sich basisdemokratische Organisierungspolitik als schwer vereinbar mit dem Spektakel des Parlamentarismus, so entspricht die unsoziale Arbeitsmarktpolitik durchaus auch den Vorstellungen heutiger Grüner vom Fordern und Fördern gegenüber den Ausgebeuteten und Armen. So oder so: Als Standbein der Umwelt-, Alternativ- und Sozialismusbewegung haben die Grünen versagt bzw. das Ziel selbst ist bei ihnen fragwürdig geworden.

Es folgte der Bruch mit der Friedensbewegung, wie er sich aus den von Rot-Grün verantworteten Kriegen von 1999 und 2001 ergab. Auch hier drei Perspektiven aus drei verschiedenen Jahrzehnten. Ebermann und Trampert kritisierten in den 1980ern den «*Nationalstaat, der die Arbeiter als Inländer und Kulturangehörige im Rahmen einer kolonialistischen und rassistischen Diskriminierungspraxis privilegiert, und zum anderen die Absicherung des Patriarchats durch steuer-, lohn- und familienpolitische Maßnahmen*» (Ebermann/Trampert 1984: 142). Eine Zustimmung zur innen- wie außenpolitischen Gewaltfunktion des Staats liegt fern. Was das westliche Staatenbündnis der NATO angeht ist der Wandel der grünen Bundestagsabgeordneten Angelika Beer exemplarisch. Aus dem KB der 1970er kommend forderte sie noch in den 1990er Jahren den NATO-Austritt: «*Für den Frieden kämpfen, das geht mit Waffen nicht.*» (Beer, zit. n. Ditfurth 2011: 199) 2002 unterstütze sie den Krieg gegen Afghanistan (vgl. ebd.: 200). Die Abkehr der Grünen vom Pazifismus begann freilich schon früher, nämlich 1999 mit der Zustimmung zum Kosovokrieg. Ab dem Winter 1997/1998 gab es Anschläge der kosovarischen Terror-Organisation UCK, die für eine Unabhängigkeit von Jugoslawien kämpfte. Sie wurde dabei von NATO-Staaten unterstützt (vgl. Ditfurth 2011: 161). Bereits 1992 hatten sich Kroatien, Bosnien-Herzegowina, Mazedonien und Slowenien von Jugoslawien gelöst, es blieben Serbien und Montenegro. Als deren Polizei gegen die UCK eingesetzt wurde, positionierte sich die NATO (ebd.: 162). Zwischen März und Juni 1999 fand der Kosovo-Krieg gegen Serbien statt. Im April erklärten die NATO-Staaten dann auch öffentlich, sie würden «*sich nicht mehr auf die Verteidigung der territorialen Integrität ihrer Mitgliedsstaaten beschränken*» (zit. n. ebd.: 175). Außenminister Joseph Fischer fiel die Aufgabe zu, die Grünen auf die Ereignisse einzustimmen. «*Das Problem ist, dass von der Politik der Bundesrepublik Jugoslawien [...] eine dauerhafte Kriegsgefahr in Europa ausgeht. Und diese Kriegsgefahr können wir nicht akzeptieren.*» (Fischer, zit. n. ebd.: 153) Aus einem lokalen Konflikt machte Fischer eine europäische Bedrohung: «*Die Bomben sind nötig, um die serbische SS zu stoppen.*» (Fischer zit. n. ebd.: 178) Welche Kriegsverbrechen von kosovarischen oder serbischen Einheiten auch begangen worden bzw. von kosovarischer Seite vorgetäuscht wurden, für die Grünen musste es ein antifaschistischer Krieg der NATO gegen Serbien sein. Im Mai 1999 entschied dann ein Sonderparteitag der Grünen über die Frage, ob ein Ende des NATO-Angriffs oder eine Feuerpause zu fordern sei, wobei sich mit der Forderung nach einer Feuerpause begnügt wurde (vgl. Falter/Klein 2003: 192). Zwischen dem Regierungseintritt 1998 und 2001, also in der Zeit des Kosovo- und Afghanistankrieges, verließen, ähnlich wie 1990, ca. 6000 Mitglieder die Partei (vgl. ebd.: 100).

Für die Wissenschaftler Markus Klein und Jürgen W. Falter kommt damit eine achte Phase in der Geschichte der Grünen an ihr Ende. Zwischen 1980 und 1990 verorten sie erstens die Gründung, zweitens die «Ökosozialistische Dominanz», drittens die «Fundi-Realo-Kontroverse» und viertens die Wende zur Realpolitik der 1980er Jahre. Es folgten demnach fünftens eine kurze Zwischenphase mit Austritten der Linken, sechstens eine Modernisierung der Grünen, dann siebtens kurzzeitig wieder Kontroversen im Wahlkampf 1998 und schließlich die Phase der Regierung 1998 bis 2005 (vgl. ebd.: 67). Damit hätten sich die Grünen als eine ganz normale Partei etabliert. Wie aber war dies möglich und was ist daraus zu lernen?

Nach wie vor stehen die Grünen im Ruf, irgendwie anders zu sein. Ihre Integration ist noch nicht zu vergleichen mit dem sozial- oder christdemokratischen Filz, der von Gewerkschaften und Bauernverbänden über Kulturbetrieb und Kirchen bis zu Verwaltungen hin integrativ wirkt. Die Integration der Grünen war und ist eine, die sich als Form von Kritik gibt. Diese Kritik ist aber nicht fundamentaloppositionell, sondern staatstragend. Um die rot-grüne Mehrheit für einen Bundeswehreinsatz in Afghanistan 2001 nicht zu gefährden, verabredeten acht grüne Kriegsgegner*innen eine Aufteilung ihrer Stimmen. Christian Ströbele erklärte hierzu: «*Die vier aus der Gruppe der acht, die mit Ja gestimmt haben, haben auch für diejenigen gestimmt, die mit Nein stimmten, und umgekehrt […] Das ist in gewisser Weise schizophren.*» (Ströbele zit. n. Ditfurth 2011: 189) Von acht Kriegsgegner*innen stimmen vier aus Staatsraison für einen Kriegseinsatz. Gewaltfreiheit und Kriegsbefürwortung begreift Ströbele als Schizophrenie. Auch 2003 erklärt er zusammen mit Claudia Roth, Winfried Hermann u. a.: «*Die Gesetzesentwürfe Hartz III und IV im Rahmen der Agenda 2010 sehen wir durchaus kritisch. Dennoch stimmen wir dem Geset-*

zespaket zu.» (zit. n. ebd.: 210) Auch das Soziale und der Sozialabbau sind Teil der Psychose. Zum einen ist es problematisch gegenüber tatsächlich psychisch Kranken die eigene politische Inkonsequenz mit Krankheitssyndromen zu vergleichen. Zum anderen ist es aber eine teilweise treffende Metapher, wenn wir an die Warnungen von Agnoli und Anderen denken, die davor warnten, die Grünen würden sich als Parlamentarier*innen mit den üblichen Berufskrankheiten der Parteipolitiker*innen anstecken.

Was wäre also zu holen gewesen, was war falsch und wie geht es besser? Ebermann und Trampert gingen 1984 davon aus, «*daß heute eine entschiedene oppositionelle Kraft keineswegs weniger an […] Reformen bewegen kann*» (Ebermann/Trampert 1984: 279). Als parlamentarischer Arm sozialer Bewegungen sollten die Grünen Reformen qua Opposition erreichen. Eine Synthese «*konkreter Politik und Utopie*» (ebd.: 205) wäre die Option, die Gefahr aber eine «*Integration*» (ebd.: 269) durch die Sozialdemokratie. Genau dies ist für Jutta Ditfurth das Ergebnis nach 20 Jahren Grüne Partei: Ein «*Green New Deal, der doch nur ein grüner Deal der sozialen Ungleichheit und der naturzerstörerischen Umwelttechnokratie ist.*» (Ditfurth 2011: 245) Statt im Ökosozialismus eine Synthese zu finden, fallen Klassen- und Umweltbewusstsein bei den Grünen heute auseinander: «*Menschen aus dem Proletariat und der Unterschicht erreichen die Grünen nicht. […] Soziale Revolten von unten können sie nicht befrieden.*» (ebd.) Das ist richtig, klärt aber noch nicht die Frage, wie solche praktischen Revolten von unten und theoretisch versierte Revolutionär*innen wie Ditfurth noch einmal in einer wirksamen Organisation zusammen kommen könnten.

Der Rückzug auf Rosa Luxemburgs Konzept der fundamentalen Opposition ist aus mehreren Gründen schwierig. Erstens neigen Parteiapparate, wie die SPD bewiesen hat, sowieso zur Integration ins Bestehende. Zweitens kann ein eindimensionaler Revolutionarismus auch in die Isolation führen, die angesichts faschistischer Tendenzen gefährlich ist, wie die KPD gezeigt hat. Wurde die KPD in Westdeutschland schließlich 1956 verboten, nahmen die Grünen als neue linke Kraft links von der SPD einen entgegengesetzten Weg. Statt sich vom Reformismus der Sozialdemokratie abzugrenzen, wurden sie zur eigentlichen Reformpartei, wobei sie aber jegliche Radikalität einbüßten. Wie nun wäre ein Ausweg aus diesem Dilemma von fundamentaler Opposition und kritischer Integration zu denken?

Soziale Bewegungen als Alternative zur Partei haben das Problem konjunktureller «*Ermüdung*» (Negt 1980: 163). Zudem führe die Vielfalt der Bewegungen auch zum «*Bedürfnis nach institutionellen Formen der Vereinheitlichung*», nach der «*Form einer Partei*» (Offe 1980: 41). Was aber kann eine solche Partei, jenseits von Opposition und Integration, dann leisten? Joachim Hirsch empfiehlt hier seit langem einen «Radikalen Reformismus» «*als konsequente Durchsetzung von Selbstorganisierung und autonomer Interessenswahrnehmung*» (Hirsch 1980: 141). Radikale Selbstermächtigung. Abgesichert werden müssten solche Reformen von unten aber auch, deshalb kann «*Politik mit und in den Institutionen der bürgerlichen Gesellschaft immer nur den Sinn haben, dafür Bedingungen zu schaffen oder zu erhalten*» (ebd.: 143). Bezugspunkte dieser Doppelstrategie sind Bewegung und Partei. Was aber ist, wenn eine linke Partei Teil der Regierung wird – und sei es um eine Regierungsbeteiligung rechter Kräfte wie der der AfD zu verhindern? Dann ist sie unmittelbar auch mit der Macht des Kapitals selbst konfrontiert. Ist es möglich rebellisch zu regieren, wie Teile der Linkspartei heute sagen?

2.3 Rebellisches Regieren: Die Linkspartei?

Die SPD hatte von ihrer Gründung unter diesem Namen 1875 bis zur Bewilligung von Kriegskrediten 1914 39 Jahre als Opposition durchgehalten. Die Grünen wandelten sich von Pazifist*innen (1980) zur kriegführenden Partei (1999) in 19 Jahren. Gegenüber der «Partei Die Linke» (PDL) wird gerne der Vorwurf erhoben, ihre Ablehnung von Militäreinsätzen im Ausland mache sie regierungsunfähig. Aber sollte sie überhaupt Regierungsfähigkeit anstreben? Oder gilt für sie Luxemburgs Mahnung, eine wirklich linke Partei dürfe «*als regierende [...] erst auf den Trümmern des bürgerlichen Staats auftreten*» (1899/2005: 137)?

Im vereinigten Deutschland übersprang die PDS erst 1998 mit 5,1% knapp die 5%-Hürde, auch wenn sie bereits 1990 und 1994 im Bundestag vertreten gewesen war. 2002 allerdings scheiterte sie mit 4,0% und war nur noch mit zwei

Direktmandaten im Bundestag vertreten. Zwar waren in den 1990ern einige Menschen in Westdeutschland von den Grünen zu den Linken gekommen, die PDS behielt aber den Charakter einer ostdeutschen Partei. Erst die Vereinigung mit der 2005 gegründeten Wahlalternative Arbeit und Soziale Gerechtigkeit (WASG) zur «Partei Die Linke» (PDL) verbesserte die Situation. Die Neumitglieder aus der WASG kamen überwiegend aus (dem Umfeld) der SPD und aus den Gewerkschaften. Die Kritik an Neoliberalismus und Sozialabbau schließt bei diesen nicht unbedingt auch Kapitalismuskritik als Ganzes mit ein. Praktisch war die Vereinigung für die Partei ein erfolgreicher Schritt, da die Stimmenanteile anstiegen: Von 4% 2002 über 8,7% 2005 auf 11,9% 2009. Auch wenn dieser Trend 2013 (8,6%) und 2017 (9,2%) eine Delle bekam, so ist doch deutlich, dass sich die Partei links von SPD und Grünen etabliert hat. Es bleibt die Frage, welche Rolle sie nun als organisierte Partei spielen soll.

Die Kritik im Parteiprogramm von 2011 ist grundsätzlich: «*Der Kapitalismus von heute ist räumlich und zeitlich entgrenzt, er hat sich die ganze Welt untertan gemacht. Das Verhältnis zur Natur und fast alle menschlichen Beziehungen werden zu Warenbeziehungen.*» (14) Die Alternative sei «*Utopie und Realismus zugleich. Unser Ziel eines demokratischen Sozialismus im 21. Jahrhundert ist eine herrschaftsfreie Gesellschaft.*» (28) Mit ihrem ersten Parteiprogramm nach der Vereinigung von PDS und WASG steht die PDL also den früheren Kritiken und Utopien bei SPD und Grünen nicht nach. Die entscheidende Frage aber bleibt, was dies für Praxis bedeutet. Gerne wird Rosa Luxemburgs Idee der revolutionären Realpolitik herausgestellt: «*Indem wir heute für linke Reformprojekte kämpfen, wirken wir zugleich für unser sozialistisches Ziel.*» (34) Allerdings glaubte dies auch schon Rosa Luxemburg von der SPD, deren Reformismus sich 1918 und bis heute eben nicht als vorbereitende Schrittfolge für eine sozialistische Transformation erwiesen hat. Das spricht nicht gegen Reformen, macht aber die Vorstellung bruchloser Übergänge fragwürdig. Strategisch versucht sich die PDL an einer schwierigen Synthese. Aus der sozialistischen Tradition der SPD Luxemburgs und der KPD kommt die revolutionäre Realpolitik, Einflüsse von Gramsci, der Neuen Linken und der Grünen finden sich beim Verhältnis von Partei und Bewegung. «*DIE LINKE [...] ist immer nur so stark, wie sie in der Gesellschaft verankert ist und gesellschaftliche Unterstützung erfährt. Linke Politik in Parlamenten braucht treibende Kritik, öffentlichen Druck und außerparlamentarische Mobilisierung.»* (ebd.: 76)

Ein wenig anders akzentuiert als bei den Grünen ist dieser Bewegungsbezug, weil sich die Partei nicht als Sprachrohr sozialer Bewegungen gibt, sondern selbst einräumt, dass auch auf ihre eigenen Parlamentsfraktionen außerparlamentarischer Druck ausgeübt werden muss. Sowohl die antikapitalistische Linke als auch die bewegungsorientierte und emanzipatorische Linke sind mittlerweile Strömungen innerhalb der PDL. Interessant bleibt die Frage nach der Rolle des früheren WASG-Spektrums. Was ist mit Menschen, die weder die theoretische Kapitalismuskritik teilen noch praktisch in sozialen Bewegungen aktiv sind, sondern z. B. in den Gewerkschaften? Gelingt es sozialistische Theorie und politische Praxis sinnvoll zu verbinden? Welche Idee präsentiert die PDL und wen repräsentiert sie in der BRD?

Was die Funktion der Repräsentation angeht, so zeigt Benjamin Immanuel Hoff, zur Zeit Minister in Thüringen, anhand von Studien zu Anhänger*innen und Wähler*innen der PDL, dass diese gerade aus Menschen besteht, «*die aus der Repräsentation gefallen sind*» (Hoff 2014: 32). Zweifellos ist diese Repräsentation eine andere als diejenige, für die SPD und dann KPD gegenüber dem Proletariat zuständig gewesen sein sollten. Die PDL hat z. B. ihre Anhänger*innen auch im oberen Drittel der Gesellschaft bei kritischen Bildungseliten (ebd.: 94/95), Leistungsträger*innen und Individualist*innen wählen in diesem Spektrum freilich anders. Aus der gesellschaftlichen Mitte unterstützen bedrohte Arbeiter*innen die PDL, Aufsteiger*innen und Kleinbürgertum eher nicht. Aus dem unteren Drittel der Milieueinteilung fühlen sich Prekarisierte angesprochen, Traditionalist*innen und Autoritätsorientierte jedoch nicht (ebd.).

Den heutigen Grad der Prekarisierung und der Bedrohung der Arbeiter*innen konnten Agnoli und Marcuse noch nicht kennen als sie ihre Theorien zur Integration der arbeitenden Klasse aufstellen mussten. Was aus Sicht der Parteitheorien von Luxemburg und Gramsci, Marcuse und Agnoli aber interessant wäre, ist nicht nur die Frage nach sozialen Milieus, sondern auch nach sozialistischer Utopie. Gelingt der PDL die parlamentarische Präsentation einer konkreten Utopie des demokratischen Sozialismus? Ist das überhaupt eine Aufgabe, die sich mit der Repräsentation von prekarisierten Schichten, die auf Reformen hoffen müssen, verträgt? Laut Hoff sind unter den Anhänger*innen der PDL die Bildungseliten «*offen für die Idee des Sozialismus*», auch Prekarisierte «*bewerten die Idee des Sozialismus eher positiv*» (ebd.: 98/99), während viele Arbeiter*innen noch sozialstaatlicher Integration nachtrauern. Was aber wird darunter verstanden? Soll Sozialismus nicht Staatssozialismus als besserer Sozialstaat bedeuten, so ist die zivilgesellschaftliche Eigenaktivität maßgeblich. Diese findet sich heutzutage mehr in zivilgesellschaftlichen Organisationen und sozialen Bewegungen als innerhalb der klassischen Organisationsform der Partei.

Hoff glaubt, die PDL könne eine «*aktive Mitgliederpartei*» werden und dann käme ihr auch eine «*Scharnierfunktion [...] zwischen den unterschiedlichen Organisationen und Bewegungen zu*» (Hoff 2014: 18). So wie Pannekoeks KAPD das Scharnier der Räte sein sollte, sieht Hoff die PDL als Scharnier bereits auftretender Bewegungen. Gegen die Autorität der Funktionär*innen helfe die Aktivität der Mitglieder. Fraglich bleiben, selbst wenn so ein Verhältnis von Partei, Basis und Bewegungen möglich ist, die Wünsche der Wähler*innen. Ohne ihre Stimmen keine Parteienfinanzierung in der BRD. Frigga Haug betont die Komplexität revolutionärer Realpolitik: «*Sie muss also die Arbeitenden gewinnen, gegen ihre spontanen Interessen, für ihre langfristigen zu kämpfen,*» (Haug 2007: 41) Mitglieder und Wähler*innen der PDL müssten also ihre spontanen Interessen (u. a. staats-)kritisch reflektieren. Der Staat des Kapitals ist kein neutraler Adressat! Weiterhin wäre es nötig, utopische Perspektiven zu entwickeln, die langfristige Interessen artikulieren. Die Weltrepublik ist ökologisch und sozial nötig! Da zwischen Kritik und Utopie aber auch Politik zu treiben ist, welche breite Schichten anspricht, bleibt die PDL notwendigerweise «*Sammlungsbewegung unterschiedlicher Traditionslinien*» (Hoff 2014: 134).

Freilich sind nicht nur Traditionslinien zu verbinden, sondern auch verschiedene Milieus. Die Vorsitzenden Katja Kipping und Bernd Riexinger formulierten 2013: «*Die LINKE will die politischen Verhältnisse nach links verschieben und die Kräfteverhältnisse in der Gesellschaft verändern, zugunsten von Gewerkschaften, sozialen Bewegungen, Bürgerinitiativen,*

Selbsthilfeorganisationen […] Die Partei DIE LINKE sieht sich so nicht als Stellvertreterpartei.» (2013) Wie aber ist mit so heterogenen Kräften umzugehen? Eine Gewerkschafterin kann durchaus politische Differenzen mit einer Umweltaktivistin haben, Bürgerinitiativen für einen Mietendeckel interessieren sich nicht automatisch für die Selbstorganisation von Refugees. Soll es eine milieuübergreifende Linke geben, wäre deren Klassenpolitik daher in allererster Linie eine verbindende Klassenpolitik. Ausführlich zitiert Riexinger daher in seinem Buch «Neue Klassenpolitik» von 2018 den Theaterregisseur Volker Lösch, der 2017 in einer Rede in Berlin ausführte:

«*Es geht darum zu verstehen, dass Niedriglohnjobber, Arbeitslose, prekär Beschäftigte, Asylbewerber*innen, Zeitarbeiter*innen, Taxifahrer*innen, Fabrikarbeiter*innen, Paketfahrer*innen, dass Pflegepersonal, Kassenpersonal, Kita-Personal, dass die meisten Dienstleister*innen, Erzieher*innen, Putzkräfte, auch die am Existenzminimum arbeitenden Freiberufler*innen und viele andere, dass diese Millionen von Menschen einer Klasse angehören. […] Wenn der Fahrradkurier nicht weiß, dass er derselben Klasse angehört wie der Arbeiter bei Amazon, dann kann der Arbeiter bei Amazon auch nicht solidarisch mit dem Fahrradkurier sein! […] Und jetzt seid ihr dran, liebe LINKE. Genau da müsst Ihr ansetzen! Die LINKE kann die Solidarität dieser Vielen füreinander wecken, indem sie vermittelt, wer alles zu dieser Klasse der Ausgebeuteten gehört.*» (Lösch, zit. n. Riexinger 2018: 126)

Riexinger schließt sich dem an und führt aus, «*dass es gerade in der Realität Beispiele gelungener Aktionen oder Kämpfe mit verbindender Solidarität gibt*» (ebd.: 127). Das Problem ist deutlich erkennbar: Fabrikarbeiter*innen in Fabriken, Asylbewerber*innen in Massenunterkünften und Freiberufler*innen in ihren Homeoffices begegnen sich im Alltag selten, sexistische, rassistische und andere ideologische wie reale Ungleichheiten (Gender pay gap, Zugang zu Arbeitsmärkten) erschweren ein Zusammenkommen zusätzlich. Wenn Lösch der PDL die Aufgabe zuschreibt, die Solidarität der Vielen zu wecken, so erinnert dies an die Funktion der Partei in der Theorie von Georg Lukács, der die Partei als sichtbare Verkörperung von Klassenbewusstsein in der Geschichte verstand. Solche Sichtbarkeit braucht zuerst Aufmerksamkeit.

Riexinger hofft, eine solche mit Forderungen zu erreichen, die für Viele attraktiv sein könnten, wie z. B. eine 30-Stunden-Woche, also der 6-Stunden-Tag (vgl. ebd.: 54). Sicherlich können damit nicht alle der oben genannten Gruppen in ein solidarisches Zusammenwirken eingebunden werden, da Arbeitszeitbeschränkungen für Hausarbeitende nichts ändern, prekäre Selbstständige sich das Maß ihrer Selbstausbeutung weiter von Markt vorgeben lassen würden und Geflüchtete überhaupt nicht arbeiten dürfen. Andererseits würde eine solche Forderung Beschäftige unterschiedlicher Bereiche, ob Industrie oder Dienstleistung, zusammenbringen. Letztlich ist die Klassenfrage immer auch eine Frage von Klasseninteressen: Wem nützt es? Ebenso aber auch eine Frage von Klassenmacht: Wer kann es durchsetzen? Arbeitszeiten in der Industrie wären ein Kampffeld der Gewerkschaften. Was eine Partei dazu beitragen kann, sind das Streikrecht betreffende Forderungen. Aus der Kritik am bestehenden Streikrecht kann demnach folgen: «*Verbesserung des Streikrechts bis hin zur Legalisierung politischer Streiks*» (ebd.: 139), was in letzter Zeit auch ein Thema der Klimabewegung war. Weiterhin bedarf es zur Orientierung der Konkretisierung von Utopie, z. B. durch «*konkrete Vorschläge zur Wirtschaftsdemokratie*» (ebd.), also um «*Transformationsvorstellungen, die über den Kapitalismus hinausweisen*» (ebd.).

Bei der Entwicklung solcher Perspektiven gibt es zwei Grundprobleme. Einerseits ist kritisch an der grundsätzlichen Systemfrage selbst festzuhalten. «*Genossenschaftlicher oder öffentlicher Wohnungsbau, bedarfsgerechte Gesundheitsversorgung, mehr Mitbestimmung und eine stärker auf den Binnenmarkt orientierte und ökologische Wirtschaft, sind immer noch kein Sozialismus. Das stimmt.*» (ebd.: 154) Würde die PDL nur erstarken, indem sie ausschließlich solche Forderungen aufstellt, können SPD und Grüne dies durchaus wieder integrieren, kann sich der Kapitalismus als flexibel erweisen. Andererseits ist die Utopie des Sozialismus nur glaubwürdig ist, wenn viele Menschen sich zutrauen sie zu erreichen. Gerade aus Reformkämpfen, so Luxemburg und Riexinger, gewinnen sie «*das Selbstbewusstsein, sich selbst als Subjekte und Akteure dieser Veränderung zu sehen.*» (ebd.: 155) Die Frage bleibt aber auch im Hinblick auf solche Kämpfe: Was wird gelernt? Besteht die Erfahrung nur darin, dass selbst die größte Protestbewegung der Nachkriegszeit, die Demos gegen die Sozialpolitik von SPD und Grünen, scheitert, so wird ein Ohnmachtsgefühl lediglich verstärkt. Es muss also, auch bei Kämpfen um Reformen, darum gehen, diese zu gewinnen, wenn verbindende Klassenpolitik vorankommen soll. Wie tragen Parteien dazu bei?

Aus den bisherigen Abschnitten zu roten und grünen Parteien wissen wir, dass es Grenzen für Reformen im kapitalistisch-staatlich-patriarchalen System gibt. Riexingers Hoffnung wäre nun, dass Reformbewegungen an diese Schranken stoßen und sie in Richtung einer Transformation des Systems überschreiten. Damit stellt sich erneut die Gretchenfrage der Organisationsform Partei: Wie sehr verstricken sich die Akteure als Parteipolitiker*innen in das Bestehende? Dies ist durchaus auch eine Frage der Theoriebildung einer Organisation. Da parlamentarische Parteien mit dem Staat des Kapitals zu tun haben, ist materialistische Staatskritik zentral. Laut Joachim Hirsch «*bildet die Besonderung des Staates die entscheidende Grundlage des ‹Staatsfetischs›, d. h. der Vorstellung, im Staat verkörpere sich ein über die gesellschaftlichen Ungleichheits-, Ausbeutungs- und Herrschaftsverhältnisse hinausgehender ‹allgemeiner Wille›*» (Hirsch 2005: 59). Da diese Neutralität als ein naheliegender Fetischismus kritisiert werden kann, ist eine davon ausgehende nüchterne Parteipolitik denkbar. Diese wüsste, so Hirsch, der Staat kann «*kein Instrument emanzipativer Gesellschaftsveränderung sein, aber zugleich beeinflussen staatliche Kämpfe gesellschaftliche Kräfteverhältnisse und die Bedingungen politischen Handelns.*» (Hirsch 2010) Es wären also verschiedene Ebenen zu betrachten: Staat sei, «*nicht nur ein abstrakter Fetisch, sondern ein gesellschaftliches Kampffeld*» (Hirsch 2003). Dies ist für eine Parteitheorie sehr viel verlangt. Zu wissen, und dies auch gegenüber Wähler*innen zu vertreten, dass der Staat alleine nicht das Instrument zur Besserung ihrer Lage sein kann, ist komplex. Zumal wenn im gleichen Atemzug dafür geworben werden soll, sich trotzdem auf das Kampffeld des Staates zu begeben, um auch die Bedingungen außerstaatlicher Bewegungen zu fördern, Transparenz zu schaffen usw. Eine Kraftquelle, zumindest was die Aktiven einer linken Partei angeht, sind die klassischen linken Utopien der «*‹Assoziation› und ‹Föderation›. Diese zielten auf eine Art und Weise des Zusammenlebens, die sich von ‹Gesellschaft› und ‹Staat› grundlegend unterscheiden.*» (Hirsch 1998.: 105) Gemessen an solchem utopischen Maßstab hätte eine Partei sich aber auch einzugestehen, dass sie, wie Georg Lukács meinte, nur eine Übergangsform sein kann.

Die repräsentative Parteiendemokratie ist nicht das letzte Wort der Demokratie. Joachim Hirsch rät durchaus zur Bescheidenheit, wenn er taktisch empfiehlt: «*Durchsetzung institutioneller und rechtlicher Verhältnisse [...], in denen sich gesellschaftsveränderndes Verhalten erst breiter entwickeln kann*» (Hirsch 2011: 235). Sicherlich hilft ein politisches Streikrecht den Gewerkschaften, helfen Bürger*innenrechte gegen die Polizei den sozialen Bewegungen, aber der Fluchtpunkt der linken Hegemonie bleibt zunächst Zukunftsmusik. Womit also, gerade wenn der ungeheure Abstand von Sein und Sollen erkannt ist, die Zeit verbringen? Wie handeln, um in Kämpfen lernen zu können?

Innerhalb der PDL werden beide klassische Positionen vertreten: Gemäß der Linie Luxemburg-Agnoli-Ebermann gibt es Kräfte, die bei einer fundamentalen Opposition bleiben wollen, das Parlament bleibt Tribüne. Andere Kräfte streben, wie einst bei SPD und Grünen, an die Regierung, häufig mit dem Argument, hier echte Reformpolitik betreiben zu können. Dagegen verweisen Marc Treude von der PDL Aachen und Wolfram Klein von der PDL Stuttgart darauf, dass «*der gesetzliche Mindestlohn [...] durch jahrelange parlamentarische und außerparlamentarische Oppositionsarbeit erreicht wurde*» (Treude/Klein 2016: 16). Er wurde also, im Sinne Rosa Luxemburgs, nicht dadurch erkämpft, dass Linke Regierungsverantwortung übernehmen, sondern indem der Druck auf die bürgerlichen Parteien durch die Linke erhöht wird. Claus Ludwig, aus dem Landesrat der PDL in NRW, ergänzt zur Flexibilität: «*Die Haltung einer radikalen Opposition gegen alle bürgerlichen Parteien, die aber jeder noch so bescheidenen Verbesserung im Sinne der Arbeiterklasse zustimmt, tut der LINKEN gut.*» (Ludwig 2016: 163) So würde die PDL von vielen auch und gerade als Oppositionspartei gewählt, die zudem unabhängig genug sein könnte, um auch Gesetzesvorhaben zu unterstützen, die von anderen Regierungskoalitionen eingebracht würden. Gerade in der Legislaturperiode von 2013 bis 2017, als PDL, Grüne und SPD über eine Mehrheit im Bundestag verfügten, aber die SPD mit der CDU regierte, gab es solche Vorschläge in der parlamentarischen Praxis der PDL. Die Linie von Treude, Klein und Ludwig, die auch in der trotzkistischen Gruppe «Sozialistische Alternative» (SAV) organisiert sind, wäre also eine Reformpolitik durch Fundamentalopposition.

Edeltraut Felfe vom Ältestenrat der PDL hält dagegen, es sei durchaus möglich Koalitionen einzugehen, «*wenn Mobilisierungen breiter gesellschaftlicher Kräfte, vor allem auch aus Gewerkschaften, für sofortige Verbesserungen wesentlicher Lebensverhältnisse [...] möglich würden*» (Felfe 2016: 137). Für sie gäbe es also auch einen Kairós der Koalition, der nicht nur von parlamentarischen, sondern von gesellschaftlichen Kräfteverhältnissen abhängt, wie sie momentan noch nicht bestehen. Tun sie das nicht, so kann sich die PDL in Regierungen auch blamieren, z. B. als sie in der Berliner Landesregierung, 2002 bis 2011, die Privatisierung von 100.000 Wohnungen mittrug (vgl. Redler 2016: 142) oder in Thüringen Abschiebungen durchführen ließ (vgl. Lieberam 2016: 187). Der Berliner Landeshaushalt mag knapp sein und das Asylrecht eine nationale Frage, nichtsdestotrotz werden so «Recht auf Stadt» und «Recht zu Bleiben» mit Füßen getreten.

Wie aber kann eine Partei ein solches Abkommen vom Kurs vermeiden? Organisationstheoretisch ergeben sich zwei möglich Antworten. Zum einen durch die immer wieder geforderte Rückbindung der Funktionär*innen und Abgeordneten an die Parteibasis, woran schon SPD und Grüne scheiterten, zum anderen durch eine andere Haltung zum Regieren, die der Wissenschaftler Thomas E. Goes und die Kasseler Stadträtin Violetta Bock als «Rebellisches Regieren» beschreiben. Demnach würde eine Regierungsbeteiligung nicht bedeuten, nun Verantwortung für Staat und Kapital zu tragen, also die reguläre Funktion einer Regierung anzunehmen, sondern die eigene Position im Sinne heftiger Kämpfe rebellisch zu stärken. Beide Überlegungen sollen abschließend skizziert werden. Wichtig ist eine logische Verschränkung: Wenn Abgeordnete oder gar Minister*innen Rebellinnen sein sollen, so braucht es auch eine rebellische Parteibasis.

Vier Aspekte wären wichtig, um eine solche Verbindung aufzubauen. Erstens berichten Hanna Mamat, Farina Brohaska und Nicolas Stuhlfauth von der PDL Essen über die «*Orientierung auf eine aktive Mitgliedschaft, die zusammen mit den sozialen Bewegungen politische Aktivität vor Ort entfaltet*». Konkret bedeutet dies, nicht Anhängsel von Fraktionen zu sein, sondern offene «Aktiventreffen», eine «Linke Abendschule» und «kleine Freizeitangebote» zu organisieren (Mamat/Brohoska/Stuhlfauth 2018: 156f.). Eine aktive Basis schütze, so die Hoffnung, auch vor starrer Parteibürokratie. Zweitens wäre für eine durch Aktiventreffen, Schulung und Feiern aktivierte Basis die Partei kein Selbstzweck, sondern Teil einer breiteren Linken. Drittens ist es die inhaltliche Absage an den Reformismus, die eine Integration von Funktionär*innen und Abgeordneten als Rädchen des Systems zumindest behindern kann. Dirk Spöri und Daniel Anton von der PDL Freiburg empfehlen Systemopposition: «*Wir sollten keine Angst haben, über Sozialismus zu sprechen.*» (Spöri/Anton 2018: 149) Als aktive, vernetzte und klar sozialistische Partei soll die PDL demnach handlungsfähig sein. Was in dieser Debatte innerhalb der Partei allerdings fehlt, ist ein weiterer Aspekt. Viertens wäre nämlich auch zu fragen, was von den frühen grünen Experimenten zu innerparteilicher Basisdemokratie neu zu bedenken wäre. Schließlich waren imperatives Mandat, Rotation und Diätenbeschränkung keine schlechten Ideen, wenn es darum geht, gerade die Verselbständigung einer Parlamentsfraktion zu verhindern. Klar ist dabei, dass sich bei solchen Versuchen, wie wir es von SPD, KPD und Grünen kennen, die Partei selbst als ein Kampffeld herausstellt, auf dem um Positionen gerungen werden müsste.

Neben diesen internen Organisationsfragen steht die Wirkung nach außen, allein schon da die Parteienfinanzierung von Wähler*innenstimmen abhängt. Lucia Schnell und Irmgard Wurdack verweisen auf die Besonderheit, dass Wahlparteien eben nicht nur ihrer, möglichst aktiven, Basis verpflichtet sind, sondern auch Millionen Wähler*innen, die organisatorisch anonym bleiben. Sie folgern daraus z. B. für Berlin: «*Es wäre im Wahlkampf falsch, eine Regierungsbeteiligung der Linken von vorneherein auszuschließen. Denn ihre Wählerinnen und Wähler erwarten von einer eventuell möglichen rot-roten oder rot-rot-grünen Regierung, dass diese die drängenden Probleme der Stadt angeht.*» (Schnell/Wurdack 2018: 90) Offen bleibt: Mit wem regieren? Und vor allem: Wie?

Harald Wolf von der PDL Berlin hebt am Beispiel der dortigen Debatten um die Sozialisierung von Wohnraum hervor, was Rollenverteilung sein kann. Erstens sei eine starke Bewegung der Anfang, dann habe zweitens die Partei «*in der Regierung […] konkrete Forderungen der Bewegung aufgenommen*» (Wolf 2019: 126). Drittens bleibe die Parteibasis als «*Korrektiv außerhalb der Kabinettsdisziplin*» (ebd.), d. h. Linke können und sollen gerade linke Regierungen kritisieren. Berlin gilt Wolf daher als Beispiel, «*wie man in der Regierung arbeiten kann, ohne die Illusion zu erwecken, wir regeln das alles*» (ebd.), kurz gesagt: Eine Politik im Staat ohne Fetischismus der Staatsform. Mit diesem Ansatz ist freilich noch nichts darüber entschieden, wie z. B. eine Kraftprobe zwischen Immobilienkapital und Landesregierung ausgehen wird. Ihn aufzunehmen wäre aber ein Schritt in Richtung rebellischer Regierung:

«Eine rebellische Regierung weiß, dass sie sich mit den Mächtigen anlegen muss, sie weiß um die Notwendigkeit, den Staat selbst zu demokratisieren und außerhalb des Staates neue Einrichtungen popularer Macht (Volksmacht) entstehen lassen zu müssen. Natürlich ist uns klar, dass diese Überlegungen heute unrealistisch erscheinen, weil das gesellschaftliche Kräfteverhältnis in Deutschland so schlecht ist – und wer möchte glauben, dass eine solche rebellische Regierung mit der heutigen Linkspartei, mit der SPD und den Grünen möglich wäre? Wir nicht! Aber Hand aufs Herz: Wer hätte 2007/2008 geglaubt, dass sich Linke in Griechenland, Spanien und Portugal nur wenige Jahre später mit der Machtfrage auseinandersetzen müssen.» (Bock/Goes 2017: 121).

Zum Kairós der Koalition gehören hier auch die Transformation des Staates und die Konstitution von neuen Institutionen aus der Gesellschaft, die das Handeln der rebellischen Regierung begleiten und anleiten sollen. Sicherlich, Syriza musste sich in Griechenland der EU beugen, die Rebellion unterlag. Aber: «*Dass die Chance nicht genutzt wurde, bedeutet nicht, dass sie nicht hätte genutzt werden können.*» (ebd.) Kairószeit ist ein Krisenphänomen, aber worauf es ankommt ist die Konzentration der handlungsfähigen Kräfte.

Violetta Bock und Thomas E. Goes erkennen diese in PDL, Grünen und SPD im Moment nicht. Dies hat einerseits mit dem Zustand der Parteien zu tun, andererseits mit ihrem Verhältnis zueinander. Schwer vorzustellen, dass daraus eine Rebellische Regierung werden könnte, die erstens Selbsttätigkeit in der Bevölkerung fördert (vgl. ebd.: 123), zweitens Reformkämpfe als Vorbereitung für Transformationskämpfe nutzt (vgl. ebd.: 124) und drittens in der Lage wäre Widerstand gegen Gegenmobilisierungen zu leisten, die selbst gegen demokratisch gewählte Linksregierungen faschistische Formen annehmen können, wie die Geschichte Chiles in den 1970ern lehrt (vgl. ebd.: 125). All dies ist ohne die Verbindung einer Parteilinken mit einer Bewegungslinken nicht denkbar, beides muss gleichzeitig aufgebaut werden. Bock und Goes unterscheiden hierfür eine Bewegungslinke, «*die von außen in verschiedene Kämpfe eingreift*» und «*eine organisierende Linke*» der Betroffenen selbst (ebd.: 99). Ob sie damit die Spontaneität von Betroffenen überschätzen oder die Rolle von Basisorganisationen unterschätzen, wird in späteren Kapiteln dieses Buches diskutiert werden müssen. Ihre Fragen jedenfalls sind spannend: «*Wie kann eine solche Arbeit in Stadtteilen aussehen? Wie in Betrieben, Schulen und Universitäten?*» *(ebd.).*

Sicherlich ist solche Basisorganisierung nicht in erster Linie eine Parteisache. Auch kann schon gesagt werden, dass solche Organisationsformen keineswegs einfacher auf die Beine zu stellen sind. Die Erfahrung lehrt, zu unterscheiden. Unter den widrigen Verhältnissen entwickelt nur ein kleiner Teil von Menschen, «*eigene Visionen einer besseren Gesellschaft und ist längere Zeit in Kämpfen und im politischen Leben aktiv*» (ebd.: 101f.). Ein größerer Teil ist politisch aktiv, «*verbindet dieses Engagement aber nicht mit einer alternativen Gesellschaftsvision*» (ebd.: 102). Hier gilt es Utopien zu nennen. Die meisten Menschen sind nur gelegentlich und anlassbezogen politisch aktiv, bei vielen beschränkt sich dies auch auf den regelmäßigen Wahlakt. Davon zu unterscheiden sind weiterhin einerseits diejenigen in völliger Apathie und Ohnmacht, andererseits jene, die sich bewusst für die Integration ins Bestehende entscheiden. «*Ihr Alltagsbewusstsein ist stark durch regressive Vorstellungen geprägt (sozialchauvinistische, rassistische und sexistische Einstellungen).*» (ebd.: 103) Träger*innen von Basisorganisationen sind freilich zumeist die Visionär*innen, ihr Resonanzfeld bilden Aktivist*innen. Gemeinsame Zielgruppe können sowohl die gelegentlich Aktiven als auch die bisher noch Apathischen sein, was aber einiges an Aufwand erfordert. Am Schwersten zu erreichen sind die regressiven, oft aggressiven, Akteure. Für Bock und Goes ist es wichtig, solche Organisierungen als weiteres Korrektiv zu möglichen linken Regierungen zu begreifen. Aber wie möglich sind diese?

Tom Strohschneider schrieb 2014 ein Buch mit dem Titel «linke mehrheit?». Bei der Bundestagswahl 2013 wurden nur vier Parteien ins Parlament gewählt: Die SPD mit 25,7%, die Linke mit 8,6%, die Grünen mit 8,4%, zusammen also 42,7%, während die CDU auf 41,5% kam. Die FDP mit 4,8% und die

AFD mit 4,7% scheiterten an der 5%-Hürde. War dies eine Gelegenheit? Strohschneider zitiert Frieder Otto Wolf, der 1997 eine dritte Chance sah: Die erste sei der Aufbruch von 1968, die zweite Reformalternativen der 1980er. 1998 schließlich führte zwar zu einer Rot-Grünen Bundesregierung, diese betrieb aber eine Neoliberalisierung der Innen- und eine Militarisierung der Außenpolitik (vgl. Strohschneider 2014: 14f.). Nicht zuletzt vor diesem Hintergrund entstand 2007 die PDL, mit der niemand koalieren will. Zwar hat die SPD 2013 auf einem Parteitag zukünftige Koalitionen nicht ausgeschlossen, formulierte aber zwei Bedingungen, nämlich zum einen die «*Finanzierbarkeit von Vorhaben*», zum anderen eine «‹*verantwortungsvolle Europa- und Außenpolitik*›» im Rahmen von EU und NATO (ebd.: 74). In dieser Hinsicht hatten sich 1998 schon die Grünen durch ihren Verzicht auf soziale und gewaltfreie Politik als Regierungspartei qualifiziert, indem sie 1999 den Kosovokrieg und 2004 die Hartz-IV-Reform «kritisch» mittrugen. Strohschneider kommt daher zu dem Schluss, dass für die PDL eine Fortführung dieser Politik nicht Basis für Rot-Rot-Grüne Regierungen sein kann. «*Nie und nimmer wird das zu einem gemeinsamen Projekt.*» (ebd.: 82)

Daher komme es darauf an, dass «*nüchterner betrachtet wird, was eine parlamentarische Zusammenarbeit auf Bundesebene bedeutet, welche Grenzen sie hat*» (ebd.). Diese Grenzen werden nicht einmal nur durch die Parteien selbst aufgezeigt. Zur Form Staat und zur Form Politik gehört die Beschränkung durch «*Gesetze, Traditionen, Verträge, Handlungslogiken, das Nicht-Wissen um die langfristige Wirkung eigener Projekte, die Beharrungskraft der Bürokratie*» (ebd.: 83). Linke Regierungen zu bilden bedeutet feindliches Terrain zu betreten. Zugleich besteht Strohschneider darauf, dass das, was anstehen müsste, «*nicht bloß ein Regierungswechsel wäre, sondern Einstieg in eine sozial-ökologische Transformation*» (ebd.: 80). Wie aber sollen drei Parteien, die sich kaum über die Richtung von Reformen einig sind, darüber hinaus zur Transformation von gesellschaftlichen Verhältnissen beitragen?

Das Plädoyer geht in die Richtung, dass eine linke Regierung die eigenen Widersprüche benennen und aushalten müsste. Zentral sind dabei die folgenden: Der Widerspruch zwischen Regierenden und ihrer Parteibasis, der Widerspruch zwischen Regierung und Kapitalmacht, der Widerspruch zwischen Regierung und sozialen Bewegungen, der Widerspruch zur Utopie. Alle diese Widersprüche wären zu thematisieren und zu bearbeiten.

Gegen die Verselbstständigung der Regierenden erinnert Strohschneider an grüne Ideen: Erstens «*mögen Rotationsmodelle, die Trennung von Amt und Mandat oder andere institutionelle Gewichte gegen Tendenzen der Bürokratisierung und Beutementalität helfen*» (Strohschneider 2014: 84). Zweitens gelte es, gegen den «*Druck starker Interessengruppen*» (ebd.: 83) rebellisch zu regieren. Drittens: «*Eine linksreformerische Regierung müsste ein völlig neues Verhältnis zu sozialen Bewegungen einnehmen, diese als Antreiber und Verteidiger zugleich betrachten.*» (ebd.: 84) Anders als die SPD, die der außerparlamentarischen Opposition seit jeher skeptisch gegenübersteht, aber auch anders als die frühen Grünen, die sich als Sprachrohr von Bewegungen missverstanden, wäre also etwas Neues zu versuchen, nämlich einerseits Kritik anzunehmen und andererseits müsse «*eine linksreformerische Koalition […] das auf der Straße und in den Betrieben entstehende Druckpotenzial […] als Motor begreifen*» (ebd.). Viertens würde eine linke Koalition, so sie denn entstünde, «*Projekte anschieben müssen, in denen ‹Utopie wohnt›*» (ebd.: 85), d. h. selbst einen Widerspruch entfalten zwischen dem was momentan möglich ist und der Transformation, die eigentlich nötig wäre. Aber welche Utopie ist gemeint? Hier gibt es einen Teufelskreis. Um überhaupt in eine Richtung gehen zu können, braucht eine breite Linke bereits Utopien, sie selbst muss sich aber gemeinsam bemühen, «*anziehungskräftige Utopie zu formulieren*» (ebd.: 88). Mir erscheint es wichtig, dass nicht nur Kritik sondern auch Utopien von den sozialen Bewegungen und zum Teil auch von Gewerkschaften bezogen werden können, diese wären von den Parteien aufzugreifen, zum Teil wird auch im Rahmen von Genossenschaften mit Umsetzungen experimentiert.

Ob die Parteien ihre wie gezeigt beschränkte Rolle spielen werden ist offen. Obwohl die SPD nach Großen Koalitionen in der Wähler*innengunst verliert, 2009 kam sie nur auf 23%, 2017 unterbot sie dies mit nur noch 20,5%, bleibt die SPD bisher unfähig aus ihren Fehlern der 1990er, 2000er und 2010er zu lernen (vgl. ebd.: 62). Die Grünen hingegen geraten in die komfortable Lage sich zu einer liberalen Partei zu mausern (vgl. ebd.: 51f. und 75), die wie früher die FDP in der Lage sein wird, sowohl mit der SPD als auch der CDU zu koalieren. Ob es also jemals eine Linksregierung geben wird, hängt vielleicht nicht so sehr von den Leuten in den Parteiapparaten selbst ab, sondern vom inner- und außerparlamentarischen Druck. Die PDL trägt zur Zeit als teilweise fundamentale Opposition mehr dazu bei als die Grünen mit ihrer kritischen Integration. Ob es aber jemals, zumal unter Einschluss der SPD, zu einer Rebellischen Regierung kommen wird, steht in den Sternen. Gegen ein ewiges Warten richtet sich der Geist des Beginnens in Genossenschaften, wie ihn der Anarchist Gustav Landauer verkörperte.

3. Genossenschaft – Gustav Landauer und das Mietshäusersyndikat

Jetzt oder nie – Anarchie!
(Cochise 1981)

Wenn es etwas gibt, das der libertäre Sozialist und Anarchist Gustav Landauer (*1871, ermordet 1919) der Sozialdemokratie vorzuwerfen hatte, dann war dies ihre stetige Ermahnung zur Geduld. Er selbst war seit 1892 Mitglied des Vereins unabhängiger Sozialisten, der sich 1891 von der SPD gelöst hatte (vgl. Bock 1969/1993: 2).

«*Da die Diktatur des jetzigen Parteivorstandes jedes selbstständige Denken erstickt und die Organisationsform der heutigen Partei die freie Bewegung der proletarischen Gesellschaftsklassen einschränkt, fordern wir die Genossen, die […] eine freie Gestaltung der Organisation anstreben, auf, gemeinsam mit uns einen ‚Verein unabhängiger Sozialisten' zu bilden.*» (1891, zit. n. ebd.: 349)

Landauer wurde mit gerade erst 21 Jahren ihr Redakteur. Nach der Abspaltung eines anarchistischen Flügels vertrat Landauer diesen 1893 auf dem Kongress der Zweiten Internationale, wo allerdings die Anarchist*innen ausgeschlossen wurden. Von 1895 bis 1899 gab er in Berlin die Zeitschrift «Der Sozialist – Organ für Anarchismus-Sozialismus» heraus, lebte als Dichter und Übersetzer. 1908 schließlich wurde, unter Beteiligung u. a. von Erich Mühsam (*1878, ermordet 1934) und Martin Buber (1878–1965) der Sozialistische Bund gegründet, der bis 1916 bestand. Der SB war keine Partei und nahm nicht an Wahlen teil, seine Organisationsform war die Siedlungs-Genossenschaft.

Landauers Verhältnis zur Sozialdemokratie war sehr klar. «*In der ganzen Naturgeschichte kenne ich kein ekelhafteres Wesen als die sozialdemokratische Partei.*» (Landauer, zit. n. Haffner 1991: 210) Es ist daher kein Wunder, dass der Anarchosozialist Landauer schon im VUS mit dem späteren Anarchosyndikalisten Rocker zusammentraf, der kurz zuvor die SPD verlassen hatte.

Waren auf der Gründungsversammlung noch 5.000 Menschen gewesen und startete die Zeitschrift des Vereins mit 20.000 Exemplaren[2], so dauerte es doch nicht lange, bis ein Großteil 1894 in die Partei zurückkehrte. Für Landauer war dies ein Grund, seine organisationstheoretische Alternative zu schärfen. Dabei setzte er sich gekonnt zwischen die Stühle. Die Anarchistische Föderation Deutschlands (1903–1914), aus der 1919 die Föderation kommunistischer Anarchisten Deutschlands (FKAD) hervorging, warf Landauer vor, den Boden des Anarchismus zu verraten, da dieser einen «*Austritt aus dem Staat*» (Landauer 1911, zit. n. Wolf 1988: 17), stattdessen Zerstörung, anstrebe.

Landauer antworte auf diesen Vorwurf:

«*Einen Tisch kann man umwerfen und eine Fensterscheibe zertrümmern, aber die sind eitle Wortemacher [...], die den Staat für so ein Ding oder einen Fetisch halten, den man zertrümmern kann, um ihn zu zerstören. Staat ist ein Verhältnis, ist eine Beziehung zwischen den Menschen, ist eine Art, wie die Menschen sich zueinander verhalten; und man zerstört ihn, indem man andere Beziehungen eingeht.*» (Landauer zit. n. Wolf 1988: 60)

Die Fetischisierung des Staates zum Ding ist die Bedingung für die sozialistische Idee, dieses Instrument in die Hände zu bekommen, wie für die anarchistische Idee, ihn zu zerschlagen. Wartete die SPD also auf ihre Regierungsübernahme, so die AFD auf die Revolution. Der Sozialistische Bund, so Landauers Grundidee des Genossenschaftssozialismus, sollte nicht warten. Im «Aufruf zum Sozialismus» heißt es 1911: «*Sozialismus ist zu allen Zeiten möglich, wenn eine genügende Anzahl Menschen ihn will.*» (Landauer 1911/1978: 61)

Landauer verwarf damit jeglichen Determinismus, wie er für den Marxismus typisch ist. Dabei differenziert er durchaus zwischen Marx und dem Marxismus. «*Marx und die besten seiner Schüler hatten immerhin das Ganze unsrer Zustände in ihrem geschichtlichen Zusammenhang ins Auge gefaßt*» (ebd.: 110), also eine Kritik der politischen Ökonomie geleistet. Erst die Marxisten hätten aus dieser Kritik eine Wissenschaft der Zukunft herausgelesen, was dazu führte, dass «*sich die Massen unter dem Einfluß dieser Wissenschaftsnarretei aufs Warten verlegten*» (ebd.: 111). Wurde der Marxismus eine Theorie «*ge-*

2 http://www.geschichtevonunten.de/01_seklit/organisationen/vus/d_vus.htm

schichtlicher Entwicklungsgesetze, die die Kraft von Naturgesetzen haben sollen», so ergibt sich, dass die organisatorische Praxis die Arbeit an einer «*Partei ist, die nichts anderes kann als [...] Einzelnes umwandeln*» (ebd.: 25).

Wenn die Geschichte ihren Gang geht, darf die SPD nichts übereilen und macht daher nichts. Dagegen postulierte der SB: «*Wir warten nicht auf die Revolution, damit dann Sozialismus beginne, sondern wir fangen an, den Sozialismus zur Wirklichkeit zu machen, damit dadurch der große Umschwung komme!*»[3] Allein die Gründung von Genossenschaften sei hilfreich. Und die «*Politik der Arbeiterpartei*»? Das «*Kassenwesen der Gewerkschaften*»? Sie sind nur sinnvolle Organisationsformen, «*solange es die Arbeiter nicht verstehen aus dem Kapitalismus auszutreten*» (ebd.: 77). Wie aber sollen sie das tun? Landauer sieht den Genossenschaftssozialismus als Alternative zum «*Entwicklungssozialismus der Marxisten*» (ebd.: 57). Im Folgenden unterscheiden wir zwischen Siedlungsgenossenschaften mit revolutionärem Anspruch und eher reformistischen Produktions- bzw. Konsumgenossenschaften. Schließlich bleibt zu fragen: Können gewisse Nischenprojekte, die nach Reformismus aussehen, nicht auch große Transformationen befördern?

3.1 Siedlungsgenossenschaften

Über Debatten zum Internationalen Hamburger Genossenschaftskongress schreibt Gustav Landauer 1910: «*Es ist ganz richtig, daß gesagt wurde, es sei Proudhons Sozialismus, der da zu siegen beginnt; nur hätte vor allem auch an Robert Owen erinnert werden sollen*», denn nun komme «*Genossenschafts–Sozialismus*», dessen Organisationsform die produktive ökonomische Vereinigung ist.[4] In Robert Owen (1771–1858), der geraten hatte, es sollten «*die Menschen in kleinen Gemeinwesen oder großen Familien versammelt werden*» (1827: 24) und Pierre-Joseph Proudhon (1809–1865), findet er Vorbilder. Dabei wird häufig übersehen, dass Frühsozialisten wie Owen oder Anarchisten wie Proudhon nicht nur theoretisch tätig waren.

---

3 https://www.anarchismus.at/anarchistische-klassiker/gustav-landauer/103-gustav-landauer-drei-flugblaetter

4 https://www.anarchismus.at/anarchistische-klassiker/gustav-landauer/7142-gustav-landauer-sozialismus-und-genossenschaft

Owen probierte in seiner Praxis als Fabrikmanager eine ganze Reihe von Reformen aus. Einerseits beendete er die Kinderarbeit, verbesserte die Hygiene, schaffte Strafen bis auf jene für Trunkenheit ab und eröffnete einen Laden mit fairen Preisen (vgl. Gellenbeck 2017: 101). Andererseits optimierte er das Arbeiten: «*Über jeden Arbeiter ließ er ein vier mal zwei Zentimeter großes Holzplättchen hängen, welches durch seine Farbe die Leistung des Arbeiters am vorigen Tag signalisierte.*» (ebd.) An Owens Fabrik zeigt sich etwas, das alle Produktionsgenossenschaften trifft: Sie müssen konkurrenzfähig sein. Marx und Engels hatten daher den utopistischen und räumlich beschränkten Charakter solcher Insellösungen kritisiert, was auch auf Owens sozialistische Siedlungen in den USA zutraf, sogenannte Siedlungs-Utopien (vgl. ausführlich Neupert-Doppler 2015).

Landauer hingegen betont in seiner Kritik die zeitliche Komponente des Parteisozialismus und stellt diesem den Genossenschaftssozialismus entgegen. Anstatt zu glauben sich von Wahl zu Wahl und von Fortschritt zu Fortschritt dem Sozialismus zu nähern, habe Proudhon in seinem Werk gezeigt, wie die Armen, «*sofort, ohne erst den sauberen Fortschritt des Großkapitalismus abzuwarten, zum Sozialismus hätten kommen können*» (Landauer 1911/1978: 43). Hinsichtlich seiner Kritik am Reformismus ist er sich mit Luxemburg einig. Während sie aber auf Spontaneität, Massenstreik und Revolution wartete, empfahl er den Sozialismus jetzt! 1907 hatte er schon die Theorie und riet Sozialist*innen, sich «*in Bünden zusammenschließen und ihre Arbeit in den Dienst ihres Verbrauchs stellen. In Siedlungen, in Genossenschaften, unter Entbehrungen*» (Landauer 1907/2003: 115). 1908 gründete er mit dem SB die Organisation, die damit ernst machen sollte.

12 Artikel des Sozialistischen Bundes von 1908 (G. Landauer)

«*1. Die Grundform der sozialistischen Kultur ist der Bund der selbständig wirtschaftenden, untereinander in Gerechtigkeit tauschenden Wirtschaftsgemeinden.*

2. Dieser sozialistische Bund tritt auf den Wegen, die die Geschichte anweist, an die Stelle der Staaten und der kapitalistischen Wirtschaft.

3. Der Sozialistische Bund akzeptiert für das Ziel seine Bestrebungen das Wort Republik im ursprünglichen Sinne: die Sache des Gemeinwohls.

4. *Der Sozialistische Bund erklärt als Ziel seiner Bestrebungen die Anarchie im ursprünglichen Sinne: Ordnung durch Bünde der Freiwilligkeit.*
5. *Der Sozialistische Bund umfaßt alle arbeitenden Menschen, die die Gesellschaftsordnung des Sozialistischen Bundes wollen. Seine Aufgabe ist weder proletarische Politik noch Klassenkampf, die beide notwendiges Zubehör des Kapitalismus und des Gewaltstaates sind, sondern Kampf und Organisation für den Sozialismus.*
6. *Die eigentliche Wirksamkeit des Sozialistischen Bundes kann erst gelingen, wenn sich ihm größere Massenteile angeschlossen haben. Bis dahin ist seine Aufgabe: Propaganda und Sammlung.*
   Die Mitglieder des Sozialistischen Bundes wollen ihre Arbeit in den Dienst ihres Verbrauches stellen.
7. *Sie vereinigen ihre Konsumkraft, um die Produkte ihrer Arbeit mit Hilfe ihrer Tauschbank zu tauschen.*
8. *Sie schicken Pioniere voraus, die in Inlandsiedlungen des Sozialistischen Bundes möglichst alles, was sie brauchen, auch die Bodenprodukte, selbst herstellen.*
9. *Die Kultur beruht nicht auf irgendwelchen Formen der Technik oder der Bedürfnisbefriedigung, sondern auf dem Geiste der Gerechtigkeit.*
10. *Diese Siedlungen sollen nur Vorbilder der Gerechtigkeit und der freudigen Arbeit sein: nicht Mittel zur Erreichung des Ziels.*
11. *Das Ziel ist nur zu erreichen, wenn der Grund und Boden durch andere Mittel als Kauf in die Hände der Sozialisten kommt.*
12. *Der Sozialistische Bund erstrebt das Recht und damit die Macht, im Zeitpunkt des Übergangs durch große, grundlegende Maßnahmen das Privateigentum an Grund und Boden aufzuheben […].»*
    (Quelle: Der Sozialist, 15.06.1910)

Marx hätte Kleinstaaterei (Artikel 1), Revolutionsverzicht (Artikel 5) und Unterschätzung der Technik (Artikel 9) kritisiert, wobei gegen die Überwindung von Staat und Kapital (Artikel 2) zugunsten von Republik (Artikel 3) und Anarchie (Artikel 4) nichts zu sagen ist, er teilte auch den Genossenschaftsgedanken der Artikel 6, 7, 8 und 10, 11, 12, allerdings realistischer:

«Die Kooperativfabriken der Arbeiter selbst sind, innerhalb der alten Form, das erste Durchbrechen der alten Form, obgleich sie natürlich überall, in ihrer wirklichen Organisation, alle Mängel des bestehenden Systems produzieren und reproduzieren müssen. Aber der Gegensatz zwischen Kapital und Arbeit ist innerhalb derselben aufgehoben, wenn auch zuerst nur in der Form, dass die Arbeiter als Assoziation ihr eigener Kapitalist sind, d. h. die Produktionsmittel zur Verwertung ihrer eigenen Arbeit verwenden.» (MEW 25: 456).

Wieso behauptet Marx, dass die Arbeiter*innen in den eigenen Betrieben ihre eigenen Kapitalist*innen sind? Weil er davon ausgeht, dass sie sich weiterhin an den jeweiligen Märkten beteiligen. Dann wären die Genoss*innen eines Kneipenkollektivs gegebenenfalls gezwungen, sich selbst ihre Löhne zu kürzen, wenn sie ihre Bierpreise der kommerziellen Konkurrenz anpassen müssen. Dann steht z. B. eine Wohnungsbaugenossenschaft in direkter Konkurrenz mit Wohnungsbauunternehmen und es wird eine Frage des Preises, ob die Menschen Genoss*innen oder Mieter*innen sein wollen. Auch Landauer sieht dieses Problem und kritisiert diejenigen Genossenschaften, «*die immer noch den Gedanken an die Konkurrenz mit den kapitalistisch geleiteten Betrieben nicht loswerden*» und, wie auch Marx sagt, «*sich zu Arbeitgebern machen*» (1911/1978: 50).

Landauer denkt aber an Genossenschaften, die nicht etwa nur Produktions- oder Konsumgenossenschaften sind, die sich auf dem Markt behaupten, sondern autark werden: «*Siedlungen, in denen sich die Sozialisten nach Möglichkeit abschließen vom kapitalistischen Markt*» (ebd.: 148). Eben deshalb ist ihm die Frage der Landwirtschaft so wichtig. Seine (abstrakte) Utopie ist «*erneuertes Bauerntum*» (ebd.: XIII, Vorwort von 1919), wenn auch als «*Vereinigung von Industrie, Handwerk und Landwirtschaft*» (ebd.: XVI). Tatsächlich erreichte der von Landauer geprägte Sozialistische Bund nie mehr als etwa 1.000 Beteiligte, vorwiegend Intellektuelle aus der Mittelschicht (vgl. Wolf 1988: 68). Sein Freund Martin Buber kommentierte die Entwicklung der Siedlungsgenossenschaften im Rückblick: «*Ihr Schicksal ist ihrem Willen entgegen: sie wollten sich zunächst nicht isolieren, aber sie haben sich isoliert, sie wollten wirkende Vorbilder werden, aber sie wurden nur interessante Experimente.*» (Buber 1945/1967 123)

Einen Unterschied zu Europa macht für Buber im 20. Jahrhundert, wie im 19. die sozialistischen Siedlungen in den USA, die israelische Kibbuzbewegung (vgl. ebd.: 220). In deren Siedlungszionismus wirke Landauers Utopie, vermittelt durch Buber, am stärksten nach (vgl. Wolf 1988: 8). Buber übernimmt dabei Marxens Kampfbegriff vom utopischen Sozialismus, um diesen positiv zu wenden. Es «*will der ‹utopische› nicht-marxistische Sozialismus den mit seinem Ziel artgleichen Weg*» (Buber 1945 ebd.: 29). Buber kennt, wie Landauer, keine zwei Phasen der Revolution im Sinne eines gewaltsamen Aufstands, gefolgt von friedlichem Aufbau. Seine Unmittelbarkeit des Aufbaus ergibt sich, wie schon für Owen, aus der Neuansiedlung in Übersee.

Landauer hingegen will die Auflösung des Kapitalismus durch Genossenschaften vor Ort. Entscheidend ist hier die Differenz von Weg und Ziel. Marx kannte Genossenschaften durchaus als Zielperspektive: «*Wenn aber die genossenschaftliche Produktion nicht eitel Schein und Schwindel bleiben, wenn sie das kapitalistische System verdrängen […] soll – was wäre das andres, meine Herren, als der Kommunismus?*» (MEW 17: 343) Den Weg denkt Marx sich als große Revolution. Hier liegt die Differenz zu Landauers Organisationstheorie: «*Im Kleinen muß der Bau begonnen werden.*» (1911: 116)

Landauers kulturelle Grundannahmen erscheinen heute besonders fraglich. «*Bauernblut rauscht noch in den Adern vieler Stadtproletarier*» (ebd.: 145) mystifizierte Landauer vor dem Krieg. An dessen Ende, in der Russischen Revolution, war es der Anarchist Pjotr Kropotkin (1842–1921), der Lenin die Genossenschaftsidee nahelegte. Ein Zeuge des Gesprächs 1919 notierte Lenins Erstaunen darüber, «*dass jemand angesichts des ungeheuren Aufschwungs und der mitreißenden Bewegung der Oktoberrevolution nur von Genossenschaften und immer wieder von Genossenschaften sprechen konnte*» (Gellenbeck 2017: 94). Kropotkins Utopie: Landwirtschaftliche Genossenschaften für Russland!

Heute sind die Bedingungen in der BRD andere. Der Anteil der Beschäftigten in der Landwirtschaft in Deutschland sank von 44% 1882 auf 2% 2010. Aber auch derjenigen in der Industrie fiel von 46% 1970 auf 24%. Stattdessen nahm der Beschäftigtenanteil im Dienstleistungsbereich von 23% um 1882 auf 74% zu.[5] Es ist also ein Unterschied, ob Landauer 1910,

5 https://studlib.de/5474/sozial/wirtschaftssektoren

als die Landwirtschaft 25% und Dienstleistuneng 32% (mit viel Handwerk) des Wirtschaftslebens ausmachten (und Industrie erst 37%), an ländlich-handwerklich-industrielle Siedlungen dachte oder ob wir dies heute tun würden. Wobei Siedlungs-Genossenschaften auch heute noch für agrarische Länder des globalen Südens bedeutsam sein könnten. Was aber wurde in den Industrieländern aus den Genossenschaften?

3.2 Produktions- und Konsumgenossenschaften

Victor Agartz (1897–1964) hoffte, dass Genossenschaften hier einen Beitrag zum «*Emanzipationskampf*» (1923/1985: 102) leisten. Agartz erlebte verschiedene Organisationsformen aus erster Hand mit. 1915 trat er in die SPD ein (vgl. Weinzen 1985: 6). 1958 wurde er wegen Kritik an ihrem Programm aus der Partei ausgeschlossen (vgl. ebd.: 18). Ab 1919 arbeitete er in den ADGB-Gewerkschaften, von 1948 bis 1955 leitete er das Wirtschaftswissenschaftliche Institut des DGB (vgl. ebd.: 21), aus dem, bzw. der IG Druck und Papier, er 1960 ausgeschlossen wurde. Vor dem Zweiten Weltkrieg arbeitete er seit 1925 für eine Kölner Konsumgenossenschaft und wurde später Vorstandsmitglied, wo er zuerst 1934 gefeuert wurde, aber doch bis 1938 arbeiten konnte (vgl. ebd.: 8f.). Danach ist er im Widerstand aktiv (vgl. ebd.: 13). Anders als Landauer, für den es stets um «*Konsumproduktivgenossenschaften*» (1911: 141) ging, legt Agartz das Hauptaugenmerk auf Konsumgenossenschaften.

Auch Agartz kennt aber eine doppelte Funktionsweise. Zwar sei das Interesse zu gering – «*60 Prozent aller Sozialisten versorgen sich über den Privathandel*» (Agartz 1923/1985: 103) – was auch den «*Ausbau der Eigenproduktion verhindert*», aber dennoch: «*Das genossenschaftliche Tätigkeitsfeld liegt in der Bekämpfung des Händlerprofits.*» (1923/1985: 102) 40% der SPD-Wähler*innen nutzen im Umkreis von Köln 1923 Konsumgenossenschaften. Nach der Befreiung Europas von Nazi-Deutschland betonte Agartz noch stärker eine von ihm erwartete zweite Funktion. So werde «*die Genossenschaft die neue Form einer neuen Ordnung sein*» (Agartz 1947/1985: 111). Vor allem sollte die Form der Verteilung genossenschaftlich sein, die

Kontrolle der Herstellung im Sozialisierungsprozess durch politische und gewerkschaftliche Gremien erfolgen. Anders als für Landauer ist die Genossenschaft für Agartz niemals eine Alternative zu Partei und Gewerkschaft. Die Partei bleibt ihm, trotz Ausschluss, die politische Form. Gewerkschaften kümmern sich um Produktionsbedingungen, Genossenschaften um Konsumbedingungen.

Die Überlegungen von Agartz entsprechen einer Korrektur der Theorie durch die Praxis. 1864, im Gründungsdokument der Ersten Internationale, lobte Marx vor allem die Produktionsgenossenschaften: «*Der Wert dieser großen Experimente kann nicht überschätzt werden.*» (MEW 16: 11) Zur Forderung der SAP von 1875 wurden sie durch Ferdinand Lassalle (1825–1864): «*Die deutsche Arbeiterpartei verlangt [...] die Errichtung von sozialistischen Produktionsgenossenschaften mit Staatshilfe.*» (Gothaer Programm) Der Staat aber leistete, wie Gisela Notz bemerkt, diese Hilfe nicht, was Folgen für die Produktionsgenossenschaften der 1870er bis 1890er Jahre hatte. «*Überwiegend mussten sie aus Kapitalmangel aufgeben.*» (Notz 2012: 57) «*Anders verhielt es sich mit den Konsumgenossenschaften. Seit Beginn der 1890er Jahre kam es zu einer Welle von Gründungen [...]. Sie brachten unmittelbare ökonomische Vorteile für ihre Mitglieder und führten dazu, dass die Genossenschaftsbewegung zur unbestrittenen «dritten Säule» neben der gewerkschaftlichen und politischen Arbeiterbewegung wurde.*» (ebd.)

Zu Agartz' Zeit in der Genossenschaftsbewegung organisierten Konsumvereine vier Millionen Haushalte bis zum Verbot 1935 (ebd.). Nach 1945 wurden staatliche Produktivgenossenschaften in der DDR zu einer tragenden Größe, in der BRD trat eine Spezialisierung ein (ebd.: 59f). Heute betreiben laut Gisela Notz in der BRD 7.600 Genossenschaften, mit 20 Millionen Mitgliedern, überwiegend Banken oder Wohnungsbau. Aber sind diese Genossenschaften, die gesetzlich in Prüfungsverbänden organisiert sein müssen, noch sozialrevolutionäre Organisationsformen im Sinne von Owen, Lassalle, Marx, Landauer und Agartz, die sich bei allen Unterschieden viel von ihnen versprachen? Sicherlich sind Genossenschaften gerade in Zeiten der Prekarisierung ökonomisch klug und politisch sinnvoll. Die allermeisten dürften sich aber kaum noch als dritte Säule der (Alten) Linken verstehen.

Eine größere Bedeutung hatten genossenschaftliche Konzepte für die Neue Linke seit den 1960ern. Hans Willi Weinzen schreibt 1985 über «*genossenschaftliche Lösungen in der alternativen Szene*» (ebd.: 11), womit er sich auf das Umfeld der Bewegungen um und nach 1968 bezieht. Feministische und ökologische Genossenschaften spielen nun eine größere Rolle, wobei auch hier das Verhältnis von Widerstand und Transformation, von Reform und Revolution schwierig ist. Abschließend werden zum Schluss dieses Kapitels zwei Projekte vorgestellt, die zum Teil an Landauer erinnern. Zum einen das von Horst Stowasser (1951–2009) 1985 entwickelte Projekt A (Projektanarchismus), bei dem es darum ging, durch Zuzug in eine Kleinstadt beispielhafte anarchistische Strukturen im Alltagsleben aufzubauen. Weiterhin kann das 1999 gegründete Mietshäusersyndikat, das die Überführung von Immobilien in Gemeineigentum fördert, als genossenschaftliche Organisationsform mit gesellschaftsveränderndem Anspruch gelten. Beide Ansätze müssen dabei mit der Frage umgehen, wie viel Einfluss solche ökonomischen Nischenprojekte entfalten können, bzw. wie sie mit anderen Organisationsformen kooperieren können.

Zuvor aber noch generelle Einschätzungen, die eher zwischen dem Optimismus Landauers und der Bescheidenheit von Agartz stehen. Gisela Notz knüpft an Rosa Luxemburgs Organisationstheorie an, wenn sie zitiert, Genossenschaften seien ein «*Zwitterding […] eine im kleinen sozialistische Produktion bei kapitalistischem Austausche*» (Luxemburg 1899/2009: 45, zit. n. Notz 2012: 51). Eine solche Ambivalenz kennzeichnet von Anfang an die linke Debatte um die Organisationsform Genossenschaft. Forderte Ferdinand Lassalle (1825–1864) «*Produktivgenossenschaften mit Staatshilfe*» (ebd.: 55), so waren Genossenschaften Landauers Alternative zum Staat.

Neben der Staatsnähe oder Staatsferne steht die Frage der Produktiv- und/oder Konsumgenossenschaften. Während Produktionsgenossenschaften häufig nicht mit der großen Industrie mithalten können, wurden Konsumvereine schon im Kaiserreich «*zur unbestrittenen dritten Säule neben der politischen und gewerkschaftlichen Arbeiterbewegung*» (ebd.: 57), in der Weimarer Republik beteiligten sich zu Hochzeiten vier Millionen Haushalte (ebd.). Heute sind neben tausenden Wohnungsbaugenossenschaften, vor allem Dienstleistungsgenossenschaften relevant, die Tagesstätten, Schulen oder Pflegeangebote organisieren (ebd.: 62). Trotz demokratischen Regeln, d. h. einer Stimme pro Mitglied, bleibt aber die Tendenz zum kapitalistischen, kurzfristigen Wirtschaften.

Langfristig müsste es um sozial-ökologische Transformation gehen. Aber: «*Darauf wollen die Vertreter*innen der alternativen Ökonomie nicht warten.*» (ebd.: 13) Sie machen dadurch zum einen praktische Erfahrungen mit Alternativen. Zugleich gilt aber: «*Auch die meisten Betriebe der Alternativökonomie müssen auf dem Markt erfolgreich sein.*» (ebd.: 165) Sie können sogar zu erfolgreich werden. Die Erkenntnisse des Soziologen Franz Oppenheimer (1864–1943) wurden als Oppenheimersches Transformationsgesetz bekannt. «*Nur äußerst selten gelangt eine Produktionsgenossenschaft zur Blüte. Wo sie aber zur Blüte gelangt, hört sie auf eine Produktionsgenossenschaft zu sein.*» (Oppenheimer, 1896 zit. n. Notz 2012: 63) Auf eine Phase der Gründung folge ein harter Konkurrenzkampf auf dem Markt. Erreicht die Genossenschaft die Stabilitätsphase, so sei dies mit einer doppelten Anpassung verbunden: Geschäftsführungen ersetzen gewählte Vorstände, Lohnarbeitende werden angestellt, Kapital aufgebaut (vgl. ebd.: 64). Was für Produktionsgenossenschaften im industriellen Sinne zumindest wahrscheinlich ist, muss aber nicht für Genossenschaften im kleineren Ausmaß gelten. Ist Franz Oppenheimer der Pessimist unter den Genossenschaftstheoretiker*innen, so finden wir im Sammelband der Publizistin Konny Gellenbeck optimistische Positionen, kritische Abwägungen bei der Historikerin und Volkswirtin Friederike Habermann.

Mathias Bröckers beschreibt Genossenschaften, in Gellenbecks Sammelband, als Alternative zum Kapitalismus: «*Grundsätzlich bieten die Prinzipien der Genossenschaften gute Voraussetzungen, unsere Produktion oder Ressourcennutzung sinnvoller zu organisieren als Staatskollektivismus und Raubtierkapitalismus.*» (Bröckers 2017a: 94) Gegen Lenins Staatskollektivismus wird Kropotkin Recht gegeben. Allerdings zweifelt Gellenbeck an dessen Genossenschaftssozialismus. Als Alternative zu einem Kapitalismus der Raubtiere sollten Genossenschaften vielmehr zu einem fairen Kapitalismus beitragen. «*Es hat sich historisch als falsch erwiesen, eine Wirtschaft ohne Markt und Konkurrenz zu denken und aufzubauen.*» (Gellenbeck 2017: 8) Es bleibe nur ein Genossenschafts-Kapitalismus. So gesehen wäre die Alternativbewegung, die sich in den 1960er, 1970er und 1980er Jahren an den Genossenschaftssozialismus erinnerte – und in den 1980ern noch 24.000 Menschen beschäftigte – einem Selbstmissverständnis erlegen (Neumann 2017: 137). Arndt Neumann ist optimistisch nicht trotz der oppenheimerschen Prognose einer Integration von Genossenschaften ins kapitalistische System, sondern gerade wegen dieser Tendenz. «*Die Emanzipation im kleinen stieß auf die Zwänge des Marktes*» (ebd.: 140) und führte zur Professionalisierung der Projekte (vgl. ebd.: 145). Gellenbeck behauptet als Herausgeberin des Bandes sogar, die Organisationsform Genossenschaft sei letztlich unpolitisch, da sie für alle politischen Richtungen interessant ist.

In der Tat finden wir Genossenschaften ebenso im Sozialismus, z. B. bei Robert Owen (vgl. Gellenbeck 2017: 8, 11) als auch im Liberalismus, z. B. bei Hermann Schultze-Delitzsch, der 1867 Genossenschaften legalisierte, wie im Konservatismus, z. B. bei Friedrich Wilhelm Raiffeisen (1818–1888), dem es um christliche Armenhilfe ging, wie Bröckers zeigt (vgl. Bröckers 2017a: 85-88). Losgelöst von Politik, ob es also um Emanzipation oder Integration der Armen bzw. die Konservation der Verhältnisse geht, bleiben aber einige Grundprinzipien. Dazu gehört die Regelung, dass alle Beteiligten eine Stimme haben (vgl. Bröckers 2017b: 50), es braucht kein Mindestkapital (ebd.: 52). Es ist die Ausbreitung dieser Unternehmensform, die ein Regulativ kapitalistischer Märkte sein soll. 800 Millionen Menschen in 100 Ländern profitieren heute von Genossenschaften, 5644 gibt es in der BRD (vgl. ebd.: 11), Die «International Cooperative Alliance» fungiert als Dachverband (vgl. ebd.: 15f.). Was aber bleibt in dieser Perspektive von Genossenschaften als politischer Organisationsform? Sind sie nur noch ein Marktsegment?

Friederike Habermann verortet die Genossenschaften stärker gesellschaftstheoretisch. Auch sie geht ein auf das beliebte Argument von Karl Marx gegen Robert Owen, von Karl Kautsky gegen Gustav Landauer, von Theodor W. Adorno zu Pseudopraxis :

«‹Es gibt keine Inseln im Falschen!› Nein, aber Halbinseln: Räume – seien es geographische (wie Kommunen) oder soziale (wie Netzwerke) –, in denen Menschen miteinander versuchen, etwas Besseres zu leben. Räume, in denen Menschen sich ein Stück weit eine andere Wirklichkeit erschaffen und auspro-

bieren, wohin es gehen könnte. Räume, die es den Menschen durch die darin gelebten Selbstverständlichkeiten erlauben sich anders zu entwickeln, als dies außerhalb solcher Halbinseln möglich ist.» (Habermann 2009: 9)

Anders als bei Gellenbecks Raubtierkapitalismus, der am Gemeinwohl scheitert, ist es für Habermann so, «*dass der Kapitalismus hierin versagt*» (ebd.: 12). Er ist nicht bloß durch Genossenschaften zu zähmen, sondern sie sollen etwas zu seiner Überwindung beitragen, «*einen utopischen Überschuss*» (ebd.). Wie hält es Habermann mit Oppenheimers Gesetz? Sie zitiert Ulrich Steinmeyer, der 1995 an der Gründung des ökologischen Baustoffhandels Biber in Verden beteiligt war, aus einem Artikel mit Oppenheimer-Bezug: «*Diese Befürchtung, dass ein selbstverwalteter Betrieb entweder nicht konkurrenzfähig sei oder aber sich in ein ganz normales Unternehmen verwandele, so fährt er fort, ‹können wir im Biber nicht teilen›*» (ebd.: 152). Allerdings gab es hier Bedingungen mit denen Oppenheimer 1896 nicht rechnen konnte. Ab 1998 erhielten die Verdener Genoss*innen Förderung als sozialer Betrieb, z. B. bei der Einstellung von Langzeitarbeitslosen (vgl. ebd.). Förderung für Genossenschaften durch kapitalistische Staaten kann sicherlich taktisch nützlich sein, aber langfristig kann sich eine sozialistische Strategie darauf nicht verlassen. Zudem handelt es sich um einen recht kleinen Nischenbetrieb.

Für Landauer, der den Genossenschaften seiner Zeit vorgeworfen hatte, diese würden «*den Gedanken an die Konkurrenz mit den kapitalistisch geleiteten Betrieben nicht loswerden*» (1911/1978: 50), ist die Nutzung von marktfreien Nischen freilich grundlegend, um anzufangen. Auch Habermanns Beispiele stehen oftmals außerhalb der Marktkonkurrenz. Selbstorganisierte Bildungsprojekte wie die Offene Universität Berlins von 2004 bis 2008 (vgl. ebd.: 177-179), das Institut für vergleichende Irrelevanz von 2003 bis 2013 (vgl. ebd.: 183) oder Unitopia Bremen (vgl. ebd.: 180), wären als Bildungseinrichtungen Alternativen zum offiziellen Bildungssystem. Sie sind, wie Marcuse es nennt, «*Gegeninstitutionen*» (Schriften 9a: 60). Welche Rolle können sie im Prozess gesellschaftlicher Transformation spielen?

Auf den ersten Blick wirken Habermanns Halbinseln oft recht bescheiden. Tauschringe ohne Verrechnung wie in Wuppertal (vgl. ebd.: 95ff.) oder Umsonstläden wie in Trier (vgl. ebd.: 65ff.) organisieren einen solidarischen Zugang zu Dienstleistungen und Waren, wobei letztere aus kapitalistisch Betrieben stammen. So lange die Geschenke dieser Verschenkökonomie durch Lohnarbeit und mit Profitabsicht produziert worden sind, kann kaum von einem Austritt aus dem Kapitalismus gesprochen werden. Solidarische Praktiken können das Leben erleichtern, von Kampagnen zum Ticketteilen in Berlin (vgl. ebd.: 212) bis Hausbesetzungen (vgl. ebd.: 99), aber wann wirken sie transformatorisch?

Habermann orientiert sich hier an dem Theoretiker Robert Kurz (1943–2012), der festhält: «*Als in den bürgerlichen Revolutionen «die feudale Hülle gesprengt» wurde, war die bürgerliche, warenförmige Gesellschaftlichkeit schon praktisch da.*» (Kurz 1996, zit. n. ebd.: 206) Müsste deshalb auch die nächste Gesellschaft in der Schale der Alten entstehen? Dies ist der Kern der Keimformtheorie, die gesellschaftlichen Wandel in fünf Schritten modelliert:

«*Der erste Schritt ist durch die Entstehung der Keimform gekennzeichnet. […] Der zweite Schritt besteht darin, dass die dominante Form in eine Krise gerät. […] Im dritten Schritt wird die Keimform zu einer wichtigen Entwicklungsdimension innerhalb der noch dominierenden alten Form. […] Erst im vierten Schritt wird die Keimform zur dominanten Größe und im fünften Schritt ordnet sich die jetzt dominant gewordene Keimform den Gesamtprozess unter.*» (Oekonux, zit. n. ebd.)

Für die Durchsetzung der Warenform lässt sich dies historisch nachvollziehen. Lange Zeit bestanden die feudale Selbstversorgungs-/Abgabenwirtschaft und kapitalistische Warenwirtschaft in Europa parallel. Ein Irrtum wäre es aber anzunehmen, dass hier ein friedlicher Wettbewerb ausgetragen wurde. Schon Thomas Morus kritisierte den Wandel von Adligen zu Wollhändlern, der im 16. Jahrhundert durch die Vertreibung von Bauern vom Weideland geschah. Die Bevölkerung sollte der Aufzucht von Schafen weichen, die nun «*so gefräßig und böse werden, daß sie sogar Menschen fressen*» (Morus 1516/1998: 26).

Wie später auch Marx in seinen Ausführungen zur ursprünglichen Akkumulation gezeigt hat, keimt die Warenform nicht friedlich wie eine Sonnenblume, sondern wurde mit Staatsgewalt durchgesetzt. Nichtsdestotrotz ist richtig, dass sie sich historisch ausweitet. In einem solchen Prozess der Ausweitung denkt auch Habermann ihre Keimform: Commons. Beruht die Warenform auf Tauschwirtschaft, Lohnarbeit und der Trennung von Ökonomie und Politik, so ließen sich Commons dadurch definieren, dass sie diese Formbestimmungen durch drei neue Praxisformen abgestreift hätten: «*Erstens beitragen statt zu tauschen (wie Christian Siefkes dies in der [...] Peer-Ökonomie als Grundsatz bezeichnet); zweitens auf unbekannter sozialer Anerkennung zu beruhen [...]. [...] Und drittens ginge es um die Einheit von Ökonomie und Politik durch Formen partizipativer Planung.*» (ebd.: 88)

Commonismus als Utopie würde also bedeuten, dass Menschen nach ihren Fähigkeiten beitragen und ungeachtet von Arbeitsleistungen teilhaben können. Außer den kapitalistischen Fetischformen Ware und Geld stellt dies auch die staatlichen Fetischformen Recht und Politik in Frage (vgl. Neupert 2013). Wo auch das wirtschaftliche Zusammenleben demokratisch geregelt wird, fielen Politik und Ökonomie zusammen. Beziehungen würden weder durch formal gleiche Rechte noch durch real ungleiche Einkommen bestimmt sein, sondern Teil eines partizipatorischen Prozesses, in dem Individualität entstehen kann. Dieses Bild von der utopischen Insel der Zukunft möchte Habermann in Ansätzen bereits auf ihren Halbinseln der Gegenwart verwirklicht sehen. Es ist klar, dass der Commons-Ansatz über die Praxis gewöhnlicher Produktions- und Konsumgenossenschaften weit hinausgeht, die ja durchaus mit staatlicher Förderung agieren und auf Geld und Markt bezogen bleiben. Ist die Commons-Theorie also die Wiederkehr des Genossenschaftsgeistes als Organisationsform?

Habermann nennt verschiedene Bedürfnisse und dazu passende Commons. Gebrauchsgegenstände in Umsonstläden, Dienstleistungen in Tauschringen Bildungsangebote in Gegeninstitutionen und Mobilität durch Mitfahrgelegenheiten wurden bereits erwähnt. Im Halbinseln-Buch ergänzt sie Freizeitgestaltung, Kommunikations- und Gesundheitsprojekte. Abschließend soll vor allem auf die Grundbedürfnisse Nahrung und Wohnen, sowie deren Finanzierung in kapitalistischen Systemen eingegangen werden. Habermann erwähnt den Karlshof als Projekt nichtkommerzieller Landwirtschaft. Er bestand in dieser Form von 2005 bis 2012, wobei einer ihrer Interviewpartner betont: «‹*Betriebswirtschaftlich hatten wir eh keine Chance*›» (Nils, zit. n. ebd.: 25). Stattdessen braucht es Solidarität und Staatsknete: «‹*Zur Sicherung der Produktionskosten für die NKL als auch unserer Lebenshaltungskosten werben wir Spenden und Patenschaften ein, vorerst sind wir aber noch abhängig von staatlichen und privaten Unterstützungsleistungen.*›» (zit. n. ebd.: 27)

Vor allem Spenden und Patenschaften sollten es erlauben, frei verfügbare Kartoffeln herzustellen. Den Aktiven war klar: «*Wir müssen also vorläufig mit dem Widerspruch leben, die Überschüsse vergangener Wertproduktion zu vernutzen, um eine andere Produktionsweise experimentell zu entwickeln.*» (ebd.) Sowohl der Erwerb von Produktionsmitteln, also z. B. Hof und Land, kosten, sofern diese nicht durch Enteignung von oben oder Aneignung von unten kollektiviert werden, Geld. Auch der eigene Lebensunterhalt kostet Geld. Sofern dieses durch Patenschaften aufgebracht wird, kann das Tauschverhältnis partiell ausgesetzt werden, dies bleibt aber ein Nischenphänomen. Ob eine Krise von Waren- und Staatsform, Wirtschaftskrise oder Krieg, zur Dominanz von Commons führen könnte?

Ist aber der von Landauer empfohlene Austritt aus dem Kapitalismus in einer post-industriellen, urbanen Dienstleistungsgesellschaft eher erschwert, so gibt es doch Halbinseln. Im Bereich der Lebensmittel finden sich hier Volxküchen oder Obstbaum-Nutzungsgemeinschaften, im Bereich des Wohnens immer noch zahlreiche Kommunen. Diese beanspruchen nicht, so autark zu sein wie es für die Siedlungsgenossenschaften des Sozialistischen Bundes vorgesehen war, sie wollen aber auch nicht so entpolitisiert werden wie herkömmliche Produktions- oder Konsumgenossenschaften. Habermann gibt als Beispiel die Bremer Stadtkommune Alla Hopp. 1998 wird eine ehemalige Bonbonfabrik durch die Genossenschaft «Wohnen in Selbstverwaltung» gekauft (vgl. ebd.: 117). Anders als auf dem Karlshof entsteht hier keine Produktions-, sondern eine Wohngemeinschaft. Dennoch soll eine Entlastung vom kapitalistischen Alltag erreicht werden. «*Nicht mehr als 20 Stunden pro Woche sollen die einzelnen möglichst erwerbsarbeiten müssen, und darüber hinaus ist es das Ziel, dass nicht alle KommunardInnen ständig erwerbstätig sein müssen.*» (ebd.: 120) Denkbar wären somit eine geschlechtergerechtere Aufteilung von Hausarbeitstätigkeiten und vielleicht sogar mehr Zeit für politische Kämpfe in unterschiedlichen Organisationsformen. Dieser Ansatz verzichtet auf die anarchistische Utopie der Siedlungsgenossenschaft, die nach 1910 und nach 1970 inspirierte. Er ist nicht so massenwirksam wie die großen Konsumgenossenschaften, denen Agartz in den 1920er und 1950er Jahren eine doppelte Bedeutung bei der «*Bekämpfung des Händlerprofits*» (1923/1985: 102) und als «*Form einer neuen Ordnung sein*» (1947/1985: 111) zuschrieb. Es geht weder um einen «Austritt aus dem Kapitalismus» noch um einen erfolgreichen «Eintritt in die Marktkonkurrenz», sondern um eine Organisationsform, die im Alltag entlastet und diesen politisiert. Bernhard, Gründungsmitglied der Bremer Kommune, «*hatte gerade Horst Stowasser von Projekt A in Neustadt an der Weinstraße kennengelernt. ‹Dessen Ansatz: Wir wollen nicht nur etwas anderes, wir machen es einfach› fand ich gut.*» (ebd.: 116) Wie sollte dies aussehen?

3.3 Alternativprojekte als sozialrevolutionäre Infrastruktur?

Horst Stowasser (1951–2009) ließ ab 1985 sein Buch «Projekt A» in anarchistischen Kreisen zirkulieren. Anders als die Siedlungssozialisten Landauer und Oppenheimer, aber auch im Gegensatz zu zeitgenössischen Landkommunen, dachte er «*an eine mittlere Kleinstadt, eher etwas größer als kleiner, denn das Projekt kann politisch und ökonomisch sehr leicht ‹mangels Masse› verkümmern*» (1985/2019: 141). Auch wenn sich Stowasser von Landauer abgrenzt (ebd.: 36, 194), teilen beide einen Grundimpuls: «*Wir beginnen die Revolution hier und heute bei uns.*» (ebd.: 185) Nur wie? Selbstversorgung ist anstrengend, Industrie teuer.

«*Mein Grundgedanke sieht daher vor, dass das Projekt zunächst aufbaut auf einem ganzen Netz von Doppelprojekten. Darunter verstehe ich eine feste Kopplung von zwei Projekten, von denen eines Geld abwirft, das andere Geld verbraucht.*» (ebd.: 55) «*Im Regelfall sollte jedes Doppelprojekt auch an eine gemeinsame Wohngruppe gekoppelt sein.*» (ebd.: 65)

Seine Beispiele sind kleinstädtisch und dienstleistend. Eine Haus-WG, die in ihrem Wohnhaus einen Copy-Shop betreibt und damit am selben Ort eine Anarchismus-Bibliothek finanziert (vgl. ebd.: 60). Oder eine Kommune mit profitablem Kiosk und politischem Kino. Zusammen leben, zusammen wirtschaften und zusammen kämpfen. Ausdrücklich geht es dabei aber nicht um Enklaven, sondern darum mit vielen Leuten «*zu siedeln*» (vgl. ebd.: 149). Das Projekt A sollte, mit ausreichend Beteiligten, einen doppelten Netzwerkcharakter haben, nämlich einerseits als koordinierende Vernetzung nach innen, andererseits als Vernetzung von Anarchist*innen mit ihrem Umfeld. Intern würde ein Projektverbund (vgl. ebd.: 66) mit gemeinsamer Bilanz (vgl. ebd.: 71) in der Lage sein, die Projekte ökonomisch abzusichern und immer neue Projekte zu gründen. Ein Delegiertenrat (vgl. ebd.: 81) könnte zunächst im lokalen Format Entscheidungen treffen, z. B. Ober- und Untergrenzen für individuelle Einkommen festlegen (vgl. ebd.: 83). Das Private ist hier politisch. «*Wir wollen unsere Netze durch die ganze Gesellschaft legen.*» (Pro-A-Gruppe/2019: 223) In bildreichen Ausmalungen illustriert Stowasser, wieso ein Kioskprojekt, welches neben der Bildzeitung eigene Zeitungen anbietet, die Grundlage für politisierende Gespräche sein kann. Solche kleinen Beispiele bleiben dabei Mosaiksteine im Leitbild des Projekt A. Soll die Veränderung der Gesellschaft kein avantgardistischer Putsch sein, muss sie im Alltagsleben der Menschen populär werden. Soll das Projekt nicht in Reformismus abgleiten, gelte es Fehler der «*Kommune- und Kooperativenbewegung*» zu vermeiden: Wie schon für Marx und Buber heißt der Grundfehler gelebter Alternativen für Stowasser: «*Isolation [...] Bei ihnen waren die Bereiche Politik/Ökonomie/Privatleben eben nicht gleichwertige Komponenten.*» (Stowasser 1985/2019: 173)

Kritisch betrachtet wird klar, was dieser Ansatz für das große Ganze und die einzelnen Individuen bedeuten kann. Landauers Projekt von 1910 und Stowassers Projekt von 1985 leben von der Romantik der Gemeinschaft. Anarchismus heißt hier, wie schon bei Pierre-Joseph Proudhon, Gemeinschaft von Gemeinschaften auf der Basis handwerklicher bzw. dienstleistender Kleinproduktion. Die versprochene soziale Freiheit ist nicht die individuelle Freiheit, wie sie der Kapitalismus dem Einzelnen verspricht. Fallen WG, Arbeitsplatz und Gruppe in eins, folgt daraus: «*Berufswechsel darf natürlich nicht wild-chaotisch und ohne Absprache geschehen. Schließlich hat ja jeder gegenüber seinem Projekt und seinen Freunden darin Verpflichtungen.*» (ebd.: 105).

Persönliche Bindungen gehören zum Leben notwendig hinzu, bei den Genossenschaften des Siedlungssozialismus und Projektanarchismus sind diese besonders eng. Denn es ist eben ein Unterschied, ob Solidarität strukturell und anonym durch gesamtgesellschaftliche Institutionen geschieht oder im engen Rahmen lokaler Gemeinschaften. Damit verwickelte sich das Projekt A auch in Widersprüche. Einerseits kritisiert Stowasser 1985: «*Heute weist der Anarchismus […] so ziemlich alle Kriterien einer Sekte auf. […] Die meiste Zeit verwenden wir auf die Verbreitung von Ideen.*» (ebd.: 43) Aber Sekten haben nicht nur Ideen, sie haben auch, wie das Projekt A, einen sehr direkten Zugriff auf das private und ökonomische Leben der Einzelnen. Und sie grenzen sich strikt von der restlichen Gesellschaft ab. Der Projektanarchismus will das zwar nicht, muss es aber auch tun. Denn zunächst schicken die Anarchist*innen «*‹Spione› für unser Projekt*», wie Stowasser sagt, um geeignete Kleinstädte auszukundschaften (ebd.: 146). Gegenüber den Menschen vor Ort verschwören sich die Siedelnden, auch wenn sich die Struktur später einmal wieder öffnen soll. Zudem ist die Grundlage nicht primär ein Interesse, sondern eine Idee. «*Um es noch einmal ganz klar zu sagen: Dies ist ein Projekt für Anarchisten.*» (ebd.: 75)

In einer Selbstkritik von 1992 bemerkt Stowasser über diesen Punkt im Text von 1985: «*Angesprochen waren damals hauptsächlich perspektivsuchende Linke und frustrierte Alternativler – heute beides keine sonderlich relevanten Gruppen mehr.*» (1992/2019: 198) Praktisch scheiterte das Projekt A von Stowasser und einigen hundert Genoss*innen ähnlich wie der Siedlungsplan von Landauer für die ca. 1000 Mitglieder des Sozialistischen Bundes: Die Leute zogen nicht mit. In einer Selbstkritik von 1993 schreibt Stowasser daher:

«*In Wirklichkeit hat das Projekt A nicht an einem Ort – der «Stadt X» – begonnen, sondern an drei Orten [Alsfeld, Leer, Neustadt], wobei gerade derjenige Ort am erfolgreichsten war, an dem bereits lokale Strukturen bestanden […]. Die Idee, ausschließlich mit ortsfremden Leuten quasi in eine unberührte Kleinstadt einzufallen, muss vor diesem Hintergrund wohl eher kritisch gesehen werden.*» (Stowasser 1993/2019: 232)

Interessant bleiben seine Überlegungen zur Kooperation verschiedener Organisationsformen. Die «*Mitwirkung in größeren Bewegungen*» scheitere oft (Stowasser 1985/2019: 38), weil die Arbeit der Intervention «*in keiner Hinsicht eine starke, gesunde Basis besitzt: weder organisatorisch, noch finanziell, noch strukturell»* (ebd.: 39). Projekte sollen daher den Aktiven Wohnraum und dem Aktivismus Geld zur Verfügung stellen. Menschen die über Projekte in Kontakt mit dem Anarchismus gekommen sind, könnten, so Stowasser, auch bei gewerkschaftlichen Fragen, leichter «*in unsere (syndikalistische? FAU-) Betriebsgruppe eingebunden werden*» (ebd.: 94). Zudem würden die Mittel aus der Alternativ-Ökonomie die Kämpfe von Bewegungen und auch Streiks von Gewerkschaften mitfinanzieren. Schließlich spielt sogar die Partei als Organisationsform eine lokale Rolle: «*Da böte sich eventuell eine Zusammenarbeit mit den «Grünen» an, oder eine eigene Liste zu den Ratshauswahlen*» (Stowasser 1985/2019: 103), als «*eine politische Lobby*» (ebd.: 191), die Projekte stützt. Stowasser argumentiert hier erfreulich wenig sektiererisch. Seine Wohn-, Einkommens- und Politik-Genossenschaften bleiben kompatibel mit Gewerkschaften und Parteien. Die Orientierung auf Dienstleistungsgewerbe nimmt Erfahrungen linker Bewegungen auf.

Karl Renner (1870–1950) schreibt 1929, es habe «*das Proletariat, selbst als es die alte Lieblingsidee der Produktivgenossenschaft dank den Erfahrungen von Jahrzehnten aufgeben mußte, immer und immer wieder zu der genossenschaftlichen Idee zurückgefunden*» (Renner 1929: 77). Zu erwähnen sind die reinen Konsum- und Einkaufsgenossenschaften, aber auch Produzentengenossenschaften, die Renner von den Produktivgenossenschaften abgrenzt. «*Produzenten vereinigen sich, um ihre eigenen Kaufleute zu werden und den Mehrwertanteil, der den letzteren als kommerzieller Profit zufließen müsste, selbst zu behalten.*» (ebd.: 82) In diesem Sinne wären z. B. diejenigen, die im Projekt A eine Kneipe betreiben, Produzent*innen, auch wenn die Kneipe keine Produktivgenossenschaft ist. Sind für Renner Produktivgenossenschaften der gescheiterte Versuch industrieller Produktivität auf genossenschaftlicher Grundlage, so sind für ihn Siedlungsgenossenschaften kleinbäuerlicher Natur. «*Die Heimatkolonien Owens […], Oppenheimers Siedlungsgenossenschaften und Hertzkas ‹Freiland› schließen den Reigen der Vorschläge und Versuche.*» (ebd.: 88) Wir haben es also mit einer großen Breite von Ansätzen und Verortungen zu tun: Agrarische Siedlungsgenossenschaften auf dem Land mit einer Tendenz zur politischen Isolation, industrieelle Produktivgenossenschaften in den Großstädten mit einer Tendenz zum ökonomischen Ruin, Konsum- und Wohnungsbaugenossenschaften als tatsächliche Macht (vgl. ebd.: 96ff.) und kleingewerbliche Produzentengenossenschaften als vierte Option.

Für Renner stellen Genossenschaften wie Gewerkschaften Organisationsformen des ökonomischen Kampfes dar, wo «*die Arbeiterklasse für den unmittelbaren ökonomischen Kampf nur zwei Organisationsformen entwickelt, die Gewerkschaften für den Kampf dort und die Genossenschaften für den Kampf hier*» (ebd.: 91). Dort kämpfen die Gewerkschaften in Betrieben um Entlohnung, hier kämpfen die Genossenschaften gegen Lebenshaltungskosten. Beides sind für den Sozialisten Renner Formen des Widerstandes, sowie der Transformation. «*Die Genossenschaft stellt demnach schon begrifflich eine Übergangsform dar, sie wird eine Übergangsform vom Kapitalismus zum Sozialismus auch geschichtlich sein.*» (ebd.: 90)

Sind Genossenschaften für Landauer, Stowasser und Habermann Formen der gelebten Alternative hier und jetzt, so betonen Agartz und Renner deren bloß unterstützende Funktion. Führt aber die revolutionäre Siedlungsgenossenschaft oftmals in die soziale Isolation, so gerät die erfolgreiche Konsumgenossenschaft oftmals in den Sog der Integration ins Bestehende. Mit Blick auf die Genossenschaftsprojekte der Alternativbewegung in den 1970er und 1980ern entwickelt der Politikwissenschaftler Joachim Hirsch eine dritte Option. Weder wären Genossenschaften ein Ausweg aus dem Kapitalismus noch nur ergänzende Nische. Im besten Fall wären sie eine «*sozialrevolutionäre ‹Infrastruktur›*» (Hirsch 1980: 136), die in Verbindung mit anderen Organisationsformen eine transformatorische Wirkung entfaltet. Im kleineren Rahmen, etwa als linke Buchläden oder Kneipenkollektive, leisten auch heute zahlreiche Projekte einen solchen Beitrag.

Ein gelungenes Beispiel ist in Zeiten von Gentrifizierung einerseits und Recht-auf-Stadt-Bewegungen andererseits, das Mietshäusersyndikat als genossenschaftliches Modell, wenn auch in der Rechtsform einer GmbH. Ziel ist es, Mietshäuser dem Markt zu entziehen und Genoss*innen mit Wohnraum zu versorgen. Dabei wird nicht auf eine Enteignung des Immobilienkapitals durch die revolutionäre Partei gewartet, sondern die Sozialisierung beginnt, «*nach Landauers zentraler Vision […] im Hier und Jetzt*» (Notz 2012: 39).

«*Das Mietshäuser Syndikat erscheint zunächst wie ein Sammelsurium von über 50 sehr verschiedenen Mietshausprojek-*

ten, die unregelmäßig über Städte und Dörfer Deutschlands verstreut liegen […] Auf den ersten Blick ist der normale Betrieb kaum anders als der einer Hausgenossenschaft: Die Versammlung aller Mietparteien (‹Hausverein›) entscheidet demokratisch im Rahmen der Satzung über Vermietung, Hausverwaltung, Bauvorhaben, Finanzierung und Miethöhe.» (Rost 2012: 286)

Solche Hausprojekte entstehen nicht, wie Landauers Siedlungsgenossenschaften, als Dörfer. Sie müssen sich nicht, wie Stowassers Doppelprojekte, auf eine Kleinstadt konzentrieren. Einerseits wird dadurch den Anspruch an Gemeinschaftlichkeit, die in den älteren Modellen das Leben, Arbeiten und Wohnen der Genoss*innen umfasst, deutlich reduziert. Andererseits weiß sich das Syndikat aber auch davor zu schützen, eine normale Genossenschaft zu werden.

Es wurde eine Antwort auf Oppenheimers Transformationsgesetz gefunden. Selbst wenn eine Immobilie im Wert steigt, ist eine Rekapitalisierung durch Verkauf geschickt verriegelt. Rost:

«*Wenn aber Commons Commons bleiben sollen, sind Regeln und Formen zu finden, die die Reprivatisierung und die Rückführung auf den Kapitalmarkt verhindern. Deshalb haben alle Hausprojekte des Mietshäuser Syndikats die Besonderheit, dass der Eigentumstitel der Immobilie nicht unmittelbar beim Hausverein, sondern bei einer Gesellschaft mit beschränkter Haftung liegt. Diese GmbH der Hauseigentümer hat genau zwei Gesellschafter, zum einen den Hausverein, zum anderen das Mietshäuser Syndikat als eine Art Wächterorganisation.*» (ebd.: 286f.)

Das Mietshäusersyndikat löst damit auch einen gängigen Widerspruch zwischen Interessensorganisationen, die häufig ihren politischen Anspruch verlieren, und Ideenorganisationen, die nur wenige Begeisterte interessieren. Der Einklang von Interesse (günstige Mieten) und Idee (solidarische Lösung) wird durch das Syndikat abgesichert. Zum politischen Selbstverständnis des Projektes gehört es auch, dass die Projekte durch Solidarbeiträge (einen stetig steigenden Teil der «Miete») und Direktkredite untereinander und für neue Häuser Unterstützung leisten. Das Ziel ist es, immer mehr Häuser vom normalen Markt zu nehmen. Die Bewohner*innen bleiben zwar für immer Mietende, aber die Miete liegt fest bei maximal 80% des Mietspiegels. Insofern politisch Aktive so entlastet werden, wäre auch dieses genossenschaftliche Projekt Teil einer sozialrevolutionären Infrastruktur.

Gegen die Hauptgefahr für erfolgreiche, politische Genossenschaften, die Reintegration empfiehlt Gisela Notz eine Eigenschaft, die auch das Mietshäusersyndikat auszeichnet: «,*Netzwerkfähigkeit' – das heißt, die Einbindung von Unternehmen und Projekten in interne und externe Netzwerke*» (2012: 173). Zwar deckt ein Hausprojekt nur einen bestimmten Bereich der Lebensbedürfnisse ab, darum ist es aber eben auch ergänzbar durch andere Projekte. Es sei daher, so Notz, müßig, genossenschaftlichen Organisationsformen «*immer wieder vorzuwerfen, dass sie in ihren Nischen verweilen*», denn es wären «*ohne solche Gemeinschaftsprojekte viele Einrichtungen wie Mitwohn-, Mitfahrzentralen, Kinderläden, Tauschringe etc. gar nicht entstanden.*» (Notz 2012: 161).

Freilich ist es unwahrscheinlich, dass Genossenschaften in der Lage sein werden, kapitalistische Betriebe aus eigener Kraft vom kapitalistischen Markt zu verdrängen und diesen sozialistisch umzumodeln. Dennoch können sie eine dreifache Bedeutung für umfassende Transformationsprozesse haben. Erstens bieten sie praktische Hilfe im Alltag, zweitens stehen sie exemplarisch für solidarische Lösungen, drittens können sie Unterstützung für politische Aktivist*innen oder sogar andere Organisationsformen anbieten. Ist (bürgerliche) Öffentlichkeit die Sphäre der Parteien ist, so verändern Genossenschaften den Alltag von Menschen. Betriebe, als dritte Sphäre, sind Aktionsfeld der Gewerkschaften.

4. Gewerkschaft – Rudolf Rocker und der 6-Stunden-Tag

The Union forever, defending our rights!
(Billy Bragg 1986)

Ähnlich wie bei Genossenschaften, die zwischen gesamtgesellschaftlichem Anspruch und ökonomischer Nischenexistenz schwanken, gibt es auch bei Gewerkschaften Tendenzen zu Revolution und Reform. Dabei ist grundsätzlich zwischen drei Organisationsweisen zu unterscheiden. Einen sehr weitreichenden Anspruch vertraten in der Geschichte erstens die revolutionären Richtungsgewerkschaften syndikalistischer oder kommunistischer Tendenz. Ihr Problem ist aber, wo sie sich nicht wie etwa in Spanien die syndikalistische Confederación Nacional del Trabajo (CNT) ab 1910 zur Mehrheitsgewerkschaft entwickeln, dass sie minoritär bleiben und daher keine Revolution anführen können. Einheitsgewerkschaften dagegen, die offiziell keiner Strömung zugeordnet sind, auch wenn sie häufig wie der 1919 gegründete (Allgemeine) Deutsche Gewerkschaftsbund ein enges Verhältnis zur Sozialdemokratie haben, neigten vor allem in der Zeit nach dem Ersten Weltkrieg zur Sozialpartnerschaft und damit zum Reformismus. Drittens entstand aus diesem Zwiespalt zwischen Richtungs- und Einheitsgewerkschaft in der Weimarer Republik die Revolutionäre Gewerkschaftsopposition (RGO, 1928–1933). Die RGO war zunächst keine kommunistische Richtungsgewerkschaft, wie die FAU eine syndikalistische gewesen ist, sondern eine Strömung innerhalb der sozialdemokratisch dominierten Einheitsgewerkschaft.

Alle drei Varianten finden wir auch heute noch in der Bundesrepublik Deutschland: Richtungsgewerkschaften wie die anarchosyndikalistische FAU (ab 1977), die Einheitsgewerkschaften bzw. ihr Dachverband DGB (seit 1949) und auch Gewerkschaftsoppositionen bzw. -strömungen im DGB. K-Gruppen wie die KPD-AO und die KPD/ML imitierten in den 1970ern erfolglos die RGO-Politik der 1920er Jahre. Erfolgreicher sind Ansätze wie Organisieren-Kämpfen-Gewinnen. «‹*Organisieren-*

Kämpfen-Gewinnen› ist ein neues Projekt, das zur Vernetzung von Aktivistinnen und Aktivisten in den Betrieben und Gewerkschaften beitragen möchte, um eine starke Stimme für eine bewegungsorientierte Gewerkschaftspolitik zu schaffen.» (http://www.organisieren-gewinnen.de/). Hier geht es um eine aktive Gewerkschaftslinke innerhalb der Einheitsgewerkschaft. Auch im deutschsprachigen Anarcho-Syndikalismus gibt es inzwischen Stimmen, die auf den Aufbau einer eigenen Richtungsgewerkschaft verzichten wollen (Bewernitz 2019) und für Oppositionsarbeit im großen DGB plädieren. Andere halten dagegen, damit ginge gerade der besondere Organisationsansatz der kleinen FAU verloren.

4.1 Richtungsgewerkschaft FAU(D)

Wenn es im Folgenden als erstes um die minoritäre Strömung des deutschen (Anarcho-)Syndikalismus geht, so ist dies damit zu rechtfertigen, dass sich der Syndikalismus idealtypisch um Vermittlungen bemüht: Tagesreform und Revolutionstag werden vermittelt. Wie schwer dies tendenziell ist, hat Georg Lukács früh bemerkt, weil «*gerade in der Elite der gewerkschaftlich organisierten Arbeiter starke opportunistisch-konservative Neigungen vorhanden sind*» (Lukács 1920/1967a: 112). Zum einen werden Gewerkschaftsfunktionär*innen kaum abgewählt, zum anderen verleitet der Kampf um Tariflöhne leicht zur Anerkennung des Lohnsystems. Aber wie Lukács diese Tendenz kritisiert, so hebt er Jahrzehnte später auch Potentiale hervor.

«*Gewerkschaften müssen einen Rest von Klassendenken erhalten, wenn sie existieren wollen. […] Daraus ergibt sich in allen kapitalistischen Ländern die merkwürdige Tendenz, daß generell die Gewerkschaftsbewegung radikaler ist als diejenigen politischen Parteien, die einst Arbeiterinteressen vertreten haben, aber inzwischen in das System eingeordnet sind.*» *(Georg Lukács 1967: 67).*

Eben diese Spannung von Tendenz und Potenz ist wichtig. Bernd Riexinger, erst Gewerkschaftsfunktionär bei ver.di, nun Parteivorsitzender bei der PDL, weiß das:

«*Gerade junge Menschen werden sich kaum für den Gewerkschaftsgedanken begeistern können, wenn man sich nur pragmatisch von Tarifrunde zu Tarifrunde hangelt. Überzeu-*

gend ist hingegen eine übergreifende Idee von einer besseren Gesellschaft, zumindest einer besseren Arbeitswelt, für die es sich zu kämpfen lohnt […] Die Orientierung der Partei DIE LINKE auf bessere gewerkschaftliche Verankerung trägt durchaus Früchte.» (2018: 140).

Vor hundert Jahren erschien hingegen Rudolf Rocker seine Gewerkschaft, die 1919 gegründete FAUD, als Alternative zur parlamentarischen Partei. Rocker wurde 1873 in Mainz geboren. Schon mit 18 Jahren trat er dort um 1890/1891 als Redner auf Versammlungen der Buchbinder auf (vgl. im Folgenden Wienand 1981: 53). Um dieselbe Zeit wurde er aus der SPD ausgeschlossen (vgl. ebd.: 59) und kam zum Verein Unabhängiger Sozialisten (vgl. ebd.: 91). Ende 1892 musste er wegen seiner Agitation unter Arbeitslosen Mainz verlassen und floh nach Paris (vgl. ebd.: 111). In Paris lernte Rocker die Theorie des Syndikalismus kennen (vgl. ebd.: 126), in London wirkte er ab 1895 als Redakteur einer jiddischen Gewerkschaftszeitung (vgl. ebd.: 127f.). Erst 1916, mit 43 Jahren, kehrte er nach Deutschland zurück und wurde zum führenden Theoretiker der FAUD (vgl. ebd.: 267). Die FAUD mag, bis zu ihrem Verbot im Nationalsozialismus bzw. ihrer rechtzeitige Selbstauflösung, eine Randerscheinung in der Geschichte der deutschen Gewerkschaftsbewegung gewesen sein. Interessant macht sie ihre Theorie, die vorwegnahm, wie Revolutionsperspektive und der Kampf um Reformen zusammen kommen könnten.

FAUD (Anarcho-Syndikalisten) - Unser Weg (1932)[6]

«1. Kontrolle der Produktion durch die Arbeiterklasse;

2. Kampf um die Erweiterung der Macht der Betriebs- und Arbeiterräte, um sie zu Instrumenten der Kontrolle der Produktion und der Organisierung des Widerstandes der Arbeiterklasse gegen den Kapitalismus und die fortschreitende Faschisierung zu machen;

3. Organisierung des Kampfes der Arbeiterklasse gegen die Folgen der Rationalisierung durch Erringung des Sechsstundentages bei vollem Lohnausgleich und unter gleichzeitigem Einsatz aller Klassenkräfte für die Erhöhung der Arbeitslöhne - Herstellung der solidarischen, praktischen Einheitsfront zwischen Arbeitenden und Arbeitslosen ist

6 anarchismus.at/texte-anarchosyndikalismus/die-historische-faud/694-freie-arbeiter-union-deutschlands-anarcho-syndikalisten-unser-weg

die Vorbedingung dieser Kämpfe - nicht politische Schaumschlägerei und Machtpolitik diktaturlüsterner Politikanten, sondern nur praktische Zusammenarbeit der Gesamtarbeiterklasse ist der Ausweg;

4. *Einheitslöhne als etappenweise lokal und industriell zu erkämpfendes Ziel;*
5. *Organisierung breiter Boykottbewegungen zur Unterstützung der Wirtschaftskämpfe und Einflußnahme der Arbeiterklasse auf die Preisgestaltung, um den Wirtschaftsaktionen sozialistischen Wert zu geben;*
6. *Organisierung von Mieterstreiks unter den Arbeitslosen;*
7. *Vorbereitung des Generalstreiks zur Überwindung des Kapitalismus und zur Niederschlagung der Reaktion;*
8. *Organisation der befreiten Arbeit aus den Betrieben, Werkstätten, Feldern und Industrien heraus, die in einem freien Rätesystem wurzeln muß.*

Die freie, räteorganisierte Gesellschaft ist unser Ziel. Um sie kämpfen wir. Für die freie Rätegesellschaft in einem freien Räte-Deutschland! Hinein in die FAUD. Arbeiter, werde Mitglied!»

Die FAUD ist hier 1932, kurz vor der zuvorkommenden Selbstauflösung 1933, noch auf dem Stand ihrer Prinzipienerklärung von 1919, die Rudolf Rocker verfasste. Charakteristisch für ihren (Anarcho-)Syndikalismus ist die Verbindung zwischen Nah-, Mittel- und Fernzielen. Ausgangspunkt ist die Einheitsfront der lohnabhängigen Klasse (Punkt 3), Fernziele sind die Kontrolle der Produktion (Punkt 1) und das Rätesystem (Punkt 8). Dazwischen liegen konkrete Forderungen: Machtausbau der Betriebsräte (Punkt 2) und Einheitslöhne (Punkt 4). Die Verbindung zwischen Forderungen und Fernziel stiften spezifische Mittel von Boykotten (Punkt 5) über Mietstreiks (Punkt 6) bis hin zum revolutionären Generalstreik (Punkt 7).

«*Die Syndikalisten sind der Überzeugung, daß die Organisation einer sozialistischen Wirtschaftsordnung nicht durch Regierungsbeschlüsse und Dekrete geregelt werden kann, sondern nur durch den Zusammenschluß aller Kopf- und Handarbeiter in jedem besonderen Produktionszweige: durch die Übernahme der Verwaltung jedes einzelnen Betriebes durch die Produzenten selbst und zwar in der Form, daß die einzelnen Gruppen, Betriebe und Produktionszweige selbständi-*

ge Glieder des allgemeinen Wirtschaftsorganismus sind, die auf Grund gegenseitiger und freier Vereinbarungen die Gesamtproduktion und die allgemeine Verteilung planmäßig gestalten im Interesse der Allgemeinheit. Die Syndikalisten sind der Meinung, daß politische Parteien, welchem Ideenkreis sie auch angehören, niemals imstande sind, den sozialistischen Aufbau durchführen zu können, sondern daß diese Arbeit nur von den wirtschaftlichen Kampforganisationen der Arbeiter geleistet werden kann. Aus diesem Grunde erblicken sie in der Gewerkschaft keineswegs ein vorübergehendes Produkt der kapitalistischen Gesellschaft, sondern die Keimzelle der zukünftigen sozialistischen Wirtschaftsorganisation.» (Rocker 1919)

Waren für Luxemburg Gewerkschaftsaktivitäten nur «*ökonomische Reformarbeiten*» (1906/1970: 147) und für Landauer nur nötig «*solange es die Arbeiter nicht verstehen aus dem Kapitalismus auszutreten*» (1911/1978: 77), so werden bei Rocker syndikalistische Gewerkschaften sogar zu Keimformen des Sozialismus. Berufsgewerkschaften sollten sich einerseits überregional in Berufsverbänden vernetzen und andererseits lokale Arbeiterbörsen bilden, die überregional zusammengeschlossen sind. Die Revolution wäre demnach kein Bruch, sondern eine Transformation:

«*Würden nun bei einer siegreichen Revolution die Arbeiter vor das Problem des sozialistischen Aufbaues gestellt, so würde sich jede Arbeiterbörse in eine Art lokales statistisches Büro verwandeln, und sämtliche Häuser, Lebensmittel, Kleider usw. unter ihre Verwaltung nehmen. Die Arbeiterbörse hätte die Aufgabe, den Konsum zu organisieren und durch die Allgemeine Föderation der Arbeiterbörsen wäre man dann leicht imstande, den Gesamtverbrauch des Landes zu berechnen und auf die einfachste Art organisieren zu können. Die Industrieverbände ihrerseits hätten die Aufgabe, durch die lokalen Organe und mit Hilfe der Betriebsräte sämtliche vorhandenen Produktionsmittel, Rohstoffe usw. unter ihre Verwaltung zu nehmen und die einzelnen Produktionsgruppen und Betriebe mit allem Notwendigen zu versorgen. Mit einem Worte: Organisation der Betriebe und Werkstätten durch die Betriebsräte; Organisation der allgemeinen Produktion durch die industriellen und landwirtschaftlichen Verbände; Organisation des Konsums durch die Arbeiterbörsen.*» (Rocker 1919)

Deutlich wird der dezentrale und föderalistische Kern dieser Idee. Kein Zentralbüro entwirft einen Plan für die Gesamtwirtschaft, sondern aufgrund der lokalen Statistik wird von unten her eine Nachfrage ermittelt, an der sich die selbstverwalteten Betriebe orientieren können. Genossenschaftliche Betriebe müssten nicht aufgebaut werden, weil die Gewerkschaft die bestehenden Betriebe übernehmen soll. Parlamentarische Arbeit werde durch direkte Aktionen (Streik, Boykott, Sabotage) überflüssig.

Die große Zeit direkter Aktion sind revolutionäre Situationen. Im Februar 1919 setzen im Ruhrgebiet die Bergleute den 6-Stunden-Tag, der 1932 von der FAUD gefordert wird, einfach selbst um: «*In wenigen Wochen breitet sich die Welle von Betriebsbesetzungen, Sechsstundenschichten und Selbstverwaltung über das ganze Revier aus. Die neue Arbeitszeit wird in fast allen Bergwerken zur Regel; an die vierzig Zechen sind dem Aufruf gefolgt und machen Nägel mit Köpfen. Das ist die Mehrzahl der Betriebe im Kohlebergbau, das ist das Herz der deutschen Industrie.*» (Stowasser 1986: 145) Nicht durch Neugründung von Bergbaugenossenschaften oder einen neuen Tarifvertrag oder ein Regierungsgesetz, einfach durch die direkte Umsetzung der 6-Stunden Schichten durch die Bergleute gelang Veränderung, obwohl es noch keine Selbstverwaltung war, sondern sich die Kumpels «*darauf beschränken, die Verwaltung, Wirtschaft und Bürokratie der Zechen zu kontrollieren*» (ebd.: 146). Die hier entstehende FAUD wird im Ruhrgebiet kurzfristig zur führenden Gewerkschaft (vgl. ebd.: 147).

Die Revolte um den 6-Stunden-Tag im Ruhegebiet kann, auch wenn sie nicht in eine Revolution führte, als Musterbeispiel für praktischen Syndikalismus gelten. Die direkte Aktion ist dabei auch die praktisch-organisatorische Vermittlung zwischen der anarchistischen Kritik am Staat als politische Form und der anarchistischen Utopie der Selbstverwaltung als erlebbare Alternative. Für Rocker ist Staatskritik zentral. Kritisch geht Rocker davon aus, «*daß das ganze parlamentarische System nur den Zweck verfolgt, dem System der Lüge und der sozialen Ungerechtigkeit den Schein des legalen Rechts zu verleihen*» (1919).

Was aber ist mit politischen Fragen, die nicht in Klassenpolitik aufgehen? Sicherlich lassen sich direkte Aktionen auch in Bereichen des Umweltschutzes und der Migrationspolitik durchführen, z. B. als Blockade von Kohleabbau oder Fluchthilfe beim Grenzübertritt. Dennoch wären Gesetze zum sofortigen Kohleausstieg oder Grenzöffnung besser bzw. zumindest weitreichender. Mehr noch gilt dies für Fragen des Eherechts oder der Schulpolitik. Sicherlich würden reine Anarchist*innen sagen, dass das Zusammenleben und Lernen von Menschen überhaupt nicht reguliert werden muss, was aber voraussetzt, dass patriarchale oder autoritäre Umgangsformen verschwinden. Erst dann müssten ja z. B. Kinder nicht mehr durch staatliche Behörden vor prügelnden Vätern oder Lehrern geschützt werden. Post-revolutionär, nach einer umfassenden gesellschaftlichen Transformation, kann es freilich auch andere Institutionen geben, die das Gemeinwohl sicherstellen. Aber dem Syndikalismus ist es ja gerade darum zu tun, heute eine Praxis anzubieten. Und heute gibt es eben auch Fragen, die nicht nur gewerkschaftlich sind. Anhänger*innen einer syndikalistischen Gewerkschaft sind nicht automatisch gegen Widrigkeiten wie den § 175 zu mobilisieren, der seit 1872 sexuelle Handlungen zwischen Männern unter Strafe stellte. Wie wäre so ein Gesetz auch zu bestreiken? Gut, es lässt sich unter Risiken missachten, aber einfacher wäre es allemal ein solches Gesetz durch eine Gesetzesinitiative zu kippen. Hier wäre das «nur» in Rockers Kritik am Politikfetischismus zu relativieren.

Als historisch falsch erwies sich seine Kritik am Staatsfetischismus: «*Monarchie und Republik, Despotie oder Demokratie – sie alle stellen nur verschiedene politische Ausdrucksformen des jeweiligen wirtschaftlichen Ausbeutungssystem vor, die sich zwar in ihrer äußerlichen Gestaltung, nie aber in ihrem innerlichen Wesen voneinander unterscheiden.*» (Rocker 1919) Sicherlich sind auch die stalinistische Bürokratie oder die faschistische Diktatur Ausdrucksformen von Ausbeutungssystemen, aber allein schon die Frage einer möglichen Existenz von Gewerkschaften, um bei der syndikalistischen Perspektive zu bleiben, fehlte in diesen Diktaturen.

Andere Anarchist*innen haben dies auch schon vor Rocker eingesehen. So veröffentlichte etwa Pjotr Kropotkin 1915, übrigens im Mitteilungsblatt der Freien Vereinigung Deutscher Gewerkschaften, der von 1897 bis 1919 existierenden Vorgängerorganisation der FAUD, folgende Erklärung zum 1. Weltkrieg: «*Die wahren Friedensfreunde müssen nunmehr, seit dem Augenblick, dass sie diese Tragödie nicht verhindern konnten –*

und ich für meinen Teil habe seit Jahren getrachtet, das zu tun, indem ich stets auf die deutsche Gefahr hinwies, mit aller Kraft für die vollkommene Zerschmetterung des preußischen Militarismus kämpfen, dessen Sieg den Frieden für mindestens ein Jahrhundert unmöglich machen würde.»[7] Bei der außenpolitischen Grundfrage von Krieg oder Frieden gibt es gravierende Unterschiede zwischen Staaten, auch bei innenpolitischen Grundrechten, z. B. der Gewerkschaftsfreiheit, unterscheiden sich Diktatur und Demokratie. Wenn Rocker dennoch seinen Antiparlamentarismus zwischen 1918 und 1933 vehement vertritt, so ist ihm zu Gute zu halten, dass es ihm um eine baldige Transformation der Gesellschaft ging, die er sich mit der reformistischen SPD oder der bald stalinisierten KPD nicht vorstellen konnte.

Rockers Schriften lassen sich in vier Phasen unterscheiden. Die Prinzipienerklärung von 1919 steht ganz unter dem Eindruck der Revolution. In Aufsätzen der 1920er Jahre betont er zunehmend die notwendige Verbindung von Revolution und Reform, z. B. in «Der Kampf ums tägliche Brot» (1925). Seine in englischer Sprache 1938 veröffentlichte Schrift «Anarcho-Syndikalismus» beinhaltet die Quintessenz seiner Theorie. In der Nachkriegsschrift «Die Möglichkeit einer anarchistischen und syndikalistischen Bewegung – Eine Einschätzung der Lage in Deutschland» (1947) zieht er eine Bilanz und orientiert sich von Neuem. Lesen wir Organisationstheorien als aufgespeichertes Wissen um frühere Erfahrungen, so verbietet sich für die Praxis jeder Versuch, einen Ansatz lediglich zu kopieren.

Beginnen wir also mit der Situation in den späten 1910er und frühen 1920ern. Bei der Gründung der syndikalistischen Internationalen Arbeiter-Assoziation in Berlin 1922 sahen die Mitgliederzahlen so aus: 500.000 Genoss*innen in Italien, 200.000 in Argentinien, 150.000 in Portugal, 120.000 in der FAUD. Danach folgen kleinere Verbände aus Schweden (32.000), Mexiko (30.000), den Niederlanden (22.500), Norwegen (20.000), Chile (20.000) und Dänemark (600), wobei sich die spanische CNT mit 705.000 Genoss*innen erst 1923 anschloss (vgl. Bock 1993: 338). Während aber die CNT bis 1926 nur auf 400.000 Mitglieder absank und dann in der Revolution 1936 auf 1,5 Millionen anstieg, war der Niedergang der FAUD kontinuierlich.

7 anarchismus.at/anarchistische-klassiker/peter-kropotkin/6569-peter-kropotkin-und-der-erste-weltkrieg

Von einem Höchststand von 150.000 1921 sank sie bis 1923 auf 100.000 ab (vgl. Wienand 1981: 294). Bis 1925 stürzte sie auf 25.000 Genoss*innen ab, 1932 waren nur noch einige tausend syndikalistisch organisiert (ebd.: 337/338). Laut Hartmut Rübner war die Rationalisierung der Industriearbeit in den 1920er Jahren, wobei mehr auf angelernte Arbeiter*innen statt auf gelernte oder ungelernte Kräfte gesetzt wurde, ein externer Faktor des Niedergangs, da Ungelernte mehr zum Radikalismus neigen würden und gerade gelernte Facharbeiter die Utopie der Selbstverwaltung vertraten (vgl. Rübner 1994: 72). Auch die politische Stabilisierung der Weimarer Republik, nach den heftigen Krisen und Kämpfen zwischen 1919 und 1923, führte zum Niedergang der FAUD.

Rocker betont in dieser zweiten Phase, Mitte bis Ende der 1920er, weniger die Kritik und Utopie aus der Prinzipienerklärung und mehr die geduldige Praxis. «*Erst allmählich entwickelt sich bei den aufständigen Massen das Bewußtsein der Kraft, die ihnen innewohnt, und drängt sie zu radikaleren Forderungen und kühneren Handlungen.*» (Rocker 1925: 3) Umso wichtiger ist die Vorbereitung auf die Kairós-Situation, denn es kommt oft vor, «*daß die Revolutionäre selber von den Begebenheiten überrascht werden und in der Regel auf nichts vorbereitet sind*» (ebd.). Im Hinblick auf einen kairologischen «Moment der Reife» spielt freilich die «Kritik der alten Lebensformen» eine bedeutsame Rolle, die «Erziehung der Massen» ist aber keine intellektuelle Einübung in syndikalistische Theorien und Utopien (ebd.: 4). Rocker geht es vielmehr um ein Learning by doing: «*Ihre eigentliche und entscheidende Bedeutung bekommt die revolutionäre Agitation erst, wenn sie in den Alltagskämpfen um die tägliche Existenz ihren Ausdruck findet und sich sozusagen in praktische Aktion umsetzt.*» (ebd.) Daher dürften die Syndikalist*innen, so Rockers Mahnung, «*die Bedeutung der alltäglichen Kämpfe im wirtschaftlichen und politischen Leben der Gesellschaft nie außer Acht lassen, wenn wir der Revolution die Wege bereiten und eine bessere Zukunft vorbereiten wollen.*» (ebd.: 5)

Es mutet merkwürdig an, dass ein Gewerkschaftstheoretiker andere Gewerkschafter*innen daran erinnern muss, den Gewerkschaftskampf nicht zu vernachlässigen. Aber genau dies war, wie sein Biograph Peter Wienand ausführt, Rockers Aufgabe nach der Konstitution der Freien Vereinigung deutscher

Gewerkschaften zur FAUD auf ihrem 12. Kongress nach der Gründung von 1897. Was Rocker schrieb war in den 1920er Jahren «*eine Art Dauerkommentar der auf dem 12. Kongreß angenommenen Richtlinien*» (Wienand 1981: 299). Je schwächer die FAUD wurde, umso mehr Genoss*innen wechselten die Organisation – entweder hin zum Reformismus von ADGB/SPD oder zum linken Radikalismus. Zwischen beiden Polen versuchte Rocker die syndikalistische Position zu verteidigen.

Die SPD denunzierte er als «*Wahlmaschine*» (Rocker 1925: 6), der KPD warf er immer wieder gerne die Parteidiktatur in der Sowjetunion vor. «*Die Gewerkschaften aber, die in ihrer Entwicklung vollständig von sozialdemokratischen Ideengängen beeinflußt waren, versandeten völlig im seichtesten Reformismus und bildeten lediglich noch Vermittlungsorgane zwischen Kapital und Arbeit, die jede revolutionäre Initiative weit von sich wiesen.*» (ebd.) Revolutionäre Initiative bedeutete für Rocker aber nicht einfach Aufrufe zur Revolution, sondern den Aufbau gewerkschaftlicher Macht gegen den Kapitalismus. Dazu ist auch der Kampf um Reformen notwendig, wie er immer wieder hervorgehoben hat:

«*Wir unterscheiden uns taktisch von den politischen Arbeiterparteien und den unter ihrem geistigen Einfluß stehenden Zentralverbänden keineswegs dadurch, weil diese schon heute Verbesserungen für die Arbeiter erstreben, die wir ablehnen, sondern lediglich dadurch, daß wir über die Mittel, durch welche solche Verbesserungen errungen werden, verschiedener Ansicht sind.*» *(1925: 10)*

Erst wenn der Druck von unten stark genug ist, würden auch Parteien Reformgesetze machen (vgl. ebd.: 11). Fast noch schärfer grenzte Rocker den Anarcho-Syndikalismus vom Rätekommunismus ab, denn die Abwanderung zu AAUD (vgl. Bock 1993: 138) bzw. IWW (vgl. Rübner 1994: 120) war gerade in den Anfangsjahren der FAUD stark ausgeprägt.

«*Eine der schlimmsten und verhängnisvollsten Erscheinungen innerhalb der radikal eingestellten Arbeiterbewegung besteht darin, daß man sich in manchen Kreisen daran gewöhnt hat, jeden Kampf für eine höhere Lebenshaltung oder für Verbesserungen wirtschaftlicher und politischer Natur aus angeblich prinzipiellen Gründen rundweg abzulehnen mit der Begründung, daß solche Versuche innerhalb der kapitalistischen Gesellschaft total aussichtslos seien und die Arbeiter nur auf*

Abwege leiten könnten. Man spricht in jenen Kreisen stets von einem ‹Kampf um das Ganze› und erblickt in jedem Eintreten für momentane und praktische Ziele ein von sozialreformistischen Erwägungen diktiertes Vorgehen, das nur dazu führen kann, in der Arbeiterschaft falsche Hoffnungen zu erwecken und sie ihrem revolutionären Endziel zu entfremden.» (Rocker 1925: 8).

In der Tat meinte die AAU 1922 in ihrem «Kampfruf»: «*Die persönliche Interessenvertretung des einzelnen Arbeiters innerhalb des Kapitalismus geht sie gar nichts an.*» (zit. n. Bock 1993: 207) Für Rocker hingegen war die revolutionäre Reformarbeit der Richtungsgewerkschaft der Mittelweg zwischen Revolutionarismus und Reformismus. Dabei räumt er der rätekommunistischen Kritik an der Organisationsform Gewerkschaft ein: «*Gewiß kann durch Lohnkämpfe die soziale Frage nicht gelöst werden.*» (Rocker 1925: 17) Zugleich verwirft er die von den Linksradikalen vertretene reine Orientierung an der Utopie. Diese ist nicht zu verwerfen, sondern in den realen Kämpfen der Gegenwart zu entwickeln. «*Unser sozialistisches Endziel wäre nicht mehr wie eine Schatzanweisung auf den Mond, wenn wir uns den fortgesetzten Kämpfen um diese Verbesserungen entziehen wollten.*» (ebd.: 13) Gesucht wird für die FAU ein Kurs, der Reformen beinhaltet, ohne in den Reformismus der SPD abzugleiten, und radikal ist, ohne in den Radikalismus der AAU zu verfallen.

Rocker stützt seine Theorie auf drei Voraussetzungen: Erstens, dass direkte Aktionen effektiver sein können als parlamentarische Gesetzgebungen. Zweitens, dass die FAUD in der Lage wäre, Kämpfe zu gewinnen und dadurch wieder zu erstarken. Drittens, dass es eine Krise sein wird, die eine günstige Gelegenheit (Kairós) für Revolution wie Reaktion schafft. In Deutschland sind es die Nazis, welche die unruhigen Jahre ab der Weltwirtschaftskrise 1929 zu nutzen wissen. Nach dem Reichstagsbrand flieht Rocker mit seiner Frau und Genossin Milly Wittkop-Rocker «*mit dem letzten noch unkontrollierten Zug über die Schweizer Grenze nach Basel*» (Wienand 1981: 364). Der mittlerweile 60jährige Rocker reist im September 1933 in die USA zu seinem Sohn, dem Künstler Fermin Rocker (vgl. ebd.: 387). Nach 20 Jahren in Mainz (1873–1893), einem Jahr in Paris (1894), 23 Jahren in London (1895–1918) und 14 Jahren in Berlin (1919–1933) durchdenkt er in seinen letzten 25 Lebensjahren in den USA (1933–1958) Theorie und Praxis der revolutionären, anarcho-syndikalistischen Richtungsgewerkschaften.

1938 schreibt er zunächst über die Unterschied zwischen Deutschland und Spanien:

«*Bei den letzten Wahlen vereinigten die sozialdemokratische und die kommunistische Partei über zwölf Millionen Wähler hinter ihren Kandidaten. Aber nachdem Hitler an die Macht gelangt war, rührten sechs Millionen organisierter Arbeiter nicht einen Finger [...] In Spanien aber, wo der Anarcho-Syndikalismus seinen Einfluß auf die organisierten Arbeiter seit den Tagen der Ersten Internationalen zu wahren wußte und sie durch unermüdliche libertäre Propaganda und heftiges Kämpfen im Widerstand trainiert hatte, war es die mächtige C(onfederacion) N(acional de) T(rabajadores), die durch die Kühnheit ihrer Aktion die verbrecherischen Pläne Francos zunichte machte.*» (Rocker 1938/1972: 4)

Zwar gingen auch Revolution und Krieg in Spanien zwischen 1936 und 1939 verloren. Anarchosyndikalist*innen der CNT traten sogar im November 1936 in die Staatsregierung ein und übernahmen vier wichtige Ministerien. Dennoch ist Spanien für Rocker der Beleg, dass soziale «*Transformation*» (ebd.: 3) im «*historisch entscheidenden Augenblick*» (ebd.: 11) nur gelingt, wenn die revolutionäre Gewerkschaftsbewegung große Teile der Klasse «*mit einer Basis versieht, von der aus sie in einer revolutionären Situation an die Neugestaltung des ökonomischen und sozialen Lebens gehen können*» (ebd.: 5). Wo die CNT in Betrieben und Dörfern verankert war, wurde ihr der faschistische Putsch zur Gelegenheit, die Selbstverwaltung einzuführen. Aber auch für Gelegenheiten unterhalb des großen Kairós ist Rocker in den späten 1930er Jahren sensibler, wenn er angesichts der faschistischen Gefahr betont, «*daß die Anstrengungen der Arbeiter innerhalb der bestehenden politischen Ordnung immer darauf gerichtet sein müssen, alle erreichten politischen und sozialen Rechte gegen jeden Angriff von Seiten der Reaktion zu verteidigen und den Spielraum dieser Rechte fortwährend zu erweitern, wann immer sich eine Gelegenheit hierfür bietet*» (ebd.: 9).

Rockers Kritik und Utopie aus der FAUD- Prinzipienerklärung von 1919, seine Mahnungen zur Gewerkschaftsarbeit in den mittleren 1920er Jahren und seine vorläufige Bilanz des Anarchosyndikalismus aus den späten 1930ern sind kohärent, wenn wir davon ausgehen, dass sein Ziel stets eine gewerkschaftliche Massenorganisation war. In Spanien war dies gelungen, in Deutschland nicht (für andere Länder: Döhring 2017). In den USA blieb Rocker Publizist, z. B. mit «Der Weg ins dritte Reich» (1933) und «Spaniens Tragödie» (1937), er findet aber auch Zeit für sein Hauptwerk «Nationalismus und Kultur» (1937) und Memoiren (1951). Neue Töne schlägt er 1947 im Grußwort an die «Föderation freiheitlicher Sozialisten» (FFS) an:

«*Die syndikalistische Bewegung Deutschlands, die sich in der FAUD zusammengefunden hatte, hat eigentlich nie den praktischen Zweck erfüllt, den wir von ihr erhofft hatten. Sogar in der Blütezeit ihrer Entwicklung, in den Jahren nach dem ersten Weltkrieg, als die FAUD über 150.000 Mitglieder zählte, blieb sie stets eine kleine Minderheit im Vergleich mit den sozialistischen Parteien und den Millionen Arbeitern, die dem Bunde deutscher Gewerkschaften angehörten. An selbstständiges Handeln war unter solchen Umständen wenig zu denken. [...] Das war gewiss nicht unsere Schuld, denn wir hatten in Deutschland mit Verhältnissen und Überlieferungen ganz besonderer Art zu kämpfen, wie sie in diesem Umfang in keinem anderen Lande vorhanden waren, und die auch durch die revolutionären Ereignisse nach dem ersten Weltkrieg nicht einfach ausgetilgt werden konnten. Heute aber wären die Aussichten einer Bewegung im Rahmen der FAUD, ohne Zweifel, noch viel geringer.*» (Rocker 1947)

Rocker zieht nun Konsequenzen für seine eigene Theorie und greift auf Kropotkin zurück:

«*In einer Artikelserie, die sich mit der zukünftigen Entwicklung des Munizipalsozialismus, der Gewerkschaften und der genossenschaftlichen Organisationen in England beschäftigte, erklärte Peter Kropotkin bereits vor achtundvierzig Jahren (Freedom, 1899), dass durch ein gemeinschaftliches Zusammenwirken dieser drei Bewegungen in einer kritischen Situation die Möglichkeit geboten sei, eine soziale Umgestaltung in die Wege zu leiten, ohne dabei auf diktatorische Massnahmen oder staatliche Eingriffe anderer Art angewiesen zu sein.*» (Rocker 1947)

Munizipalsozialismus meint einen Sozialismus kleinerer Gemeinden. Gemeinden, Gewerkschaften und Genossenschaften bilden hier ein organisatorisches Dreieck, Rocker gibt also das Primat der Gewerkschaft als alleinige Keimzelle auf. «*Wo ver-*

schiedene Organisationen sich durch föderative Abkommen einer gemeinschaftlichen Aufgabe unterziehen, ergänzen sie sich nicht nur gegenseitig; sie schaffen damit auch die beste Gewähr gegen Übergriffe und blinde Anmaßungsgelüste.» (ebd.) Von vielen Anarchosyndikalist*innen werden Rockers späte Überlegungen als Revisionismus verworfen. In der Tat unternimmt er eine kritische Rückschau auf die eigenen Erfahrungen. Grundlegend dabei ist die verpasste Gelegenheit, der nicht ergriffene Kairós von 1918: «*Die deutsche Arbeiterschaft hatte damals ihre große Stunde verfehlt und in wahnwitziger Verblendung dem zentralen Staat den Sozialismus geopfert.*» (Rocker 1947) Für 1947 nimmt er hin, «*dass an eine Wiederbelebung unsrer alten Bewegung in ihrer gewesenen Form unter den heutigen Umständen kaum gedacht werden kann, da alle Vorbedingungen dazu fehlen*» (ebd.).

Was bleibt? Der FFS, die von 1947 bis 1970 als Nachfolgeorganisation der FAUD bestand, empfiehlt er: «*Der genossenschaftlichen Bewegung sollten unsere Kameraden in der Zukunft viel mehr Aufmerksamkeit schenken, als dies bisher geschehen ist*» (ebd.). Statt revolutionärer Übernahme der Betriebe nun also Aufbau und Genossenschaftssozialismus. Zumindest auf der kommunalen Ebene akzeptiert Rocker nun auch ein politisches Engagement, «*wenn unsere Genossen an den administrativen Arbeiten der Gemeinden vollen Anteil nehmen.*» (ebd.) Statt politischer Abstinenz nun also kommunalpolitischer Munizipalsozialismus oder, wie Murray Bookchin (1921–2006) dies später nannte, ein libertärer Kommunalismus. Überraschender ist noch, dass Rocker, der den ADGB-Gewerkschaften vorgeworfen hatte, diese «*versandeten völlig im seichtesten Reformismus*» (Rocker 1925: 6), nun die Mitarbeiter in den Einheitsgewerkschaften für selbstverständlich hält. «*Dass wir als gewesene Mitglieder der FAUD an den Arbeiten der Gewerkschaften teilnehmen müssen, braucht wohl nicht erst betont zu werden.*» (Rocker 1947) Immerhin wäre mit der FFS eine Organisation vorhanden, die es ermöglichen sollte, auch hier gezielt oppositionellen Geist zu fördern.

Inwiefern spricht aus diesem kombinierten Organisationsmodell eine Resignation Rockers? Er selbst hält an der Utopie eines libertären Sozialismus fest, sogar als «*Weltföderation*» (ebd.). Deren Konzeption bleibt dezentral. «*Wenn der Sozialismus überhaupt durchführbar ist, so kann dies bloß von un-*

ten auf geschehen durch eine Föderation freier Gemeinden, die ihr Schicksal in die eigenen Hände nehmen.» (ebd.) Wie genau eine solche Weltrepublik zu verwirklichen sei, vermag Rocker nicht mehr zu sagen. Dennoch wird klar, dass er der Utopie nicht abgeschworen hat, sondern eine (Selbst-)Kritik des Anarchosyndikalismus leistet. Eine solche ist freilich auch dem älteren Anarchismus nicht fremd. Errico Malatesta (1853–1932), der italienische Anarchist und Freund Rockers, kritisierte bereits 1925 die Überschätzung von Richtungsgewerkschaften:

«*Die Gewerkschaft kann mit einem sozialistischen, revolutionären, anarchistischen Programm entstehen und mit einem solchen sind die verschiedenen Arbeiterorganisationen im Allgemeinen ja auch entstanden. Doch bleiben sie dem Programm treu, bis sie schwach und machtlos sind, das heißt bis sie nicht mehr aktionsfähige Organe, sondern nur noch Propagandavereinigungen sind, die von wenigen begeisterten und überzeugten Personen initiiert und gelenkt werden. In dem Maße jedoch, wie es ihnen gelingt, die Massen zu mobilisieren und die nötige Stärke zu erringen, um Verbesserungen zu fordern und durchzusetzen, wird das ursprüngliche Programm zu einer leeren Formel, auf die man nicht mehr achtet; die Taktik wird nebensächlichen Erfordernissen angepaßt und die Begeisterten der ersten Stunde passen sich entweder selber an oder müssen den ‹praktischen› Leuten Platz machen, die sich mit der Gegenwart befassen, ohne sich um die Zukunft zu kümmern.*» (Malatesta 1925/1980: Syndikalismus und Anarchismus)

Rockers FAUD war den ersten Weg gegangen, von einer Organisation die Interessen in solidarischer Weise durchsetzt zur reinen Ideenorganisation, die Solidarität propagiert.

Malatestas Alternative, für die er sich in Italien stark machte, war eine kleine Ideenorganisation, die bewusst den Kontakt zu großen Interessenorganisationen suchen soll. Richtungsgewerkschaften, die nur Anarchist*innen organisieren, enden als Sekte, Einheitsgewerkschaften, auch von Anarchist*innen gegründete, verlieren ihr utopisches Ziel. Notwendig sei daher die organisatorische Trennung von Anarchismus und Syndikalismus. Eine anarchistische Föderation, wie die Federacion Anarquista Iberica (FAI), wollte z. B. als Kaderorganisation den Kurs der Confederación Nacional del Trabajo (CNT) beeinflussen. Wo Malatestas Unabhängigkeit des Anarchismus von Interessenorganisationen sehr idealistisch klingt, wirkt das von Rocker empfohlene Engagement von Anarchist*innen in Gemeinden, Genossenschaften und DGB-Gewerkschaften sehr pragmatisch. Eine überzeugende Synthese von Ideal und Interessen, von Utopie und Praxis, wie sie Rocker 1919 vorgelegt hatte, gelingt nicht mehr.

Vielleicht ist dies ein Grund, warum Rockers Revolutionstheorie aus den Jahren 1919 bis 1938 heute immer noch stärker rezipiert wird als sein Revisionismus der 1940er und 1950er. Löste sich die FFS 1970 auf, so entstand 1977 mit der Initiative FAU eine Neuorganisierung. Eine personelle Kontinuität zur FAUD oder der FFS gab es nicht, größeren Einfluss hatten vielmehr Genoss*innen der CNT Spanien und aus Frankreich (vgl. AG 30 Jahre FAU 2007: 30). Als Grundsatzprogramm wurde 1978 Rockers bereits 59 Jahre alte Prinzipienerklärung der FAUD von 1919 angenommen (vgl. ebd.: 40). Der Politikwissenschaftler Hartmut Rübner hebt die Differenzen zwischen der Gründung der FAUD 1919 und der Gründung der FAU 1977 hervor. Der Schwung von 1918, der vor allem jüngere Menschen radikalisierte, und die beginnende Rationalisierung der Industrie in den 1920ern, die Widerstand hervorrief (Rübner 1994: 256f.), waren ein Resonanzboden, der die kurze Blüte erklären kann. Ähnlich, wenn auch bescheidener, verhält es sich später mit 1968 und der Entwicklung hin von einer Industrie- zur Dienstleistungsgesellschaft. «*Aus einer Initiative der ‹68er-Bewegung› entstand 1977 die ‹Freie Arbeiter Union›*» (ebd.: 262). Die Selbstbezeichnung «Initiative FAU» wurde 1983 durch FAU ersetzt (vgl. AG 30 Jahre FAU 2007: 48). Über internationale Solidaritäts- und Boykottkampagnen der 1980er hinaus (vgl. AG 30 Jahre FAU 2007: 15), entstanden in den 1990ern auch genossenschaftliche Versuche, etwa ab 1999 der Einfuhr von Kaffee aus rebellischen Gemeinden im mexikanischen Chiapas über Hamburg. 2007 folgte die FAU Hannover und importierte Kleidung einer Textilkooperative aus Nicaragua (vgl. ebd.: 141). In den 2000ern ging es um Profilierung: «*Für die FAU kristallisierte sich deswegen ab 2002 als Schwerpunkt ihrer bundesweiten Anstrengungen der Kampf gegen die Agenda 2010 […] heraus.*» (vgl. ebd.: 149)

Die Boykotte der 1980er, der solidarische Handel der 1990er und auch die Proteste der 2000er sind freilich noch keine Gewerkschaftsarbeit im eigentlichen Sinn. Sowohl die Beteiligung an den Montagsdemos gegen Hartz IV als auch die versuchte

Blockade der Arbeitsagenturen am 3. Januar 2005 waren freilich symbolische und keine direkten Aktionen. Einzelne betriebliche Aktionen der 1990er und 2000er, z. B. im Pflege- oder Gastronomiebereich, in Callcentern usw. blieben ebenso Besonderheiten wie die kurzzeitige Selbstverwaltung des Nordhausener Fahrradherstellers «Bike Systems» (vgl. ebd.: 170). Es besteht also nach wie vor eine Diskrepanz zwischen dem eigenen Anspruch und der Realität. Im Buch zum 30. Geburtstag der FAU heißt es über die Genoss*innen der 1970er Jahre: «*Zwar arbeiteten viele von ihnen aus taktischen Gründen noch in den DGB-Gewerkschaften mit, aber von Anfang an wurde der Anspruch, eine Konkurrenzorganisation zum DGB zu sein, offen formuliert.*» (ebd.: 29)

Die historische FAUD bleib dabei eine wesentliche Bezugsgröße für die spätere FAU. In einigen Punkten ist die heutige FAU aber auch deutlich prinzipienorientierter als die FAUD. Bei 150.000 Mitgliedern in 450 Ortsgruppen um 1920/1921 stellte die FAUD zumindest die Geschäftsleiter der Industrieföderationen Bergbau, Baugewerbe, Metall, Kommunales und Verkehr, Holz und Textil frei (vgl. Rübner 1994: 51f.), zudem hatten drei Mitglieder der Geschäftskommission bezahlte Stellen (vgl. ebd.: 56). Die FAU hingegen braucht heute für ihre knapp 1.000 Mitglieder keinen Funktionärsapparat und macht daraus ein festes Prinzip. Betriebsräte, die zwischen Belegschaft und Unternehmen vermitteln, lehnte die FAUD auf ihrem Kongress 1922 ab, schloss aber niemanden deswegen aus (vgl. ebd.: 134). Die FAU hingegen beschloss 1992, dass sie sich nicht an Betriebsräten beteiligt und freigestellte Betriebsräte ausschließt (vgl. AG 30 Jahre FAU 2007: 53).

Neben Funktionär*innen und Betriebsratsarbeit ist auch die Frage von Tarifverträgen zentral. Für die FAUD waren sowohl das Betriebsrätegesetz von 1920 als auch die Einführung staatlicher Schlichtungen 1923 ein großes Problem. Andererseits galten die Tarifverträge, welche die Anarchosyndikalist*innen ablehnten, ohnehin für alle, so dass bei ADGB-Streiks mitgestreikt werden konnte (vgl. Rübner 1994 ebd.: 137). Die Arbeitsgerichtsbehörden sprachen der FAUD seit 1926 die Tariffähigkeit ab, das Reichsarbeitsgericht betrachtete sie seit 1930 nicht mehr als Gewerkschaft (vgl. ebd.: 139). Bis heute ist es so, dass rechtlich in der BRD der Gewerkschaftsstatus an die Anerkennung als Tarifpartner durch das Kapital gebunden ist. Wer die Gegenseite zu Verhandlungen zwingen kann, beweist seine Gewerkschaftsmacht. Konnte die FAUD hier nicht mithalten, wurde andere Aktionen, wie z. B. Mietstreiks, für sie wichtig (vgl. ebd.: 156).

Bei all diesen Punkten stehen die Erfolgsaussichten revolutionärer Richtungsgewerkschaften zur Debatte. Für die historische FAUD kommt Hartmut Rübner zu dem Schluss: «*Wenn die FAUD (AS) mit ihrem Anspruch einer ‹sozialrevolutionären Klassenkampforganisation› auch scheiterte, so konnte die jedoch aufgrund ihrer Initiative in einigen wichtigen Kulturverbänden […] aktiv in die ‹gesellschaftlichen Auseinandersetzungen› eingreifen.*» (ebd.: 211) Ein Eingeständnis dieses Scheiterns, das bei dem Theoretiker Rocker spät erfolgte, ist bei anderen Mitgliedern der FAUD bereits für die 1930er Jahre nachweisbar. So schreibt 1930 G. Arendt in der FAUD-Gewerkschafts-Zeitschrift «Debatte»: «*Die Gesamtorganisation besteht heute aus etwas mehr als 10.000 Mitgliedern. […] Es ist beim besten Willen nicht möglich, bei dieser numerischen Schwäche der einzelnen Föderationen die Hauptaufgabe zu erfüllen, wirtschaftliche Aktionen zu führen.*» (zit. n. Rübner 1994: 54) Wenn aber schon ein Absinken der Mitgliederzahlen auf 10.000 Genoss*innen die Funktionsfähigkeit der FAUD als Gewerkschaft in Frage stellte, ist es nicht verwunderlich, dass die Frage des eigenen Gewerkschaftsanspruchs auch in der heutigen FAU diskutiert wird. Torsten Bewernitz, sowohl langjähriges FAU-Mitglied als auch Referent beim DGB-Bildungswerk, kritisiert 2019: «*Rund eintausend Syndikalist*innen in Deutschland schwimmen permanent in der eigenen Suppe.*» (Bewernitz 2019: 5)

Was also bleibt vom Konzept der revolutionären Gewerkschaft, über hundert Jahre nach der Gründung der FAUD und bald 44 Jahre nach der Gründung der FAU? Bleibt nur, wie Rocker 1947 meinte, die Rückkehr in die Einheitsgewerkschaften des DGB? Dazu Bewernitz: «*Fernab der Illusion, dass der DGB sich verändern ließe, vor allem nicht die hauptamtlichen, hierarchischen Strukturen, müssen wir nach 40 Jahren ebenso einsehen, dass der Aufbau einer oder mehrerer revolutionärer Parallelgewerkschaften nicht weniger illusorisch ist.*» (ebd.: 19) Von entscheidender Bedeutung ist, dass der Syndikalismus zwar in der Praxis vom Gegensatz zwischen Einheits- und Richtungsgewerkschaft geprägt war, dies aber in der syndikalistischen Theorie gar nicht vorgesehen ist. Die kritische Überprüfung theoretischer Vorstellungen anhand praktischer Probleme ist eine Notwendigkeit.

«*Wer ernsthaft Kleingewerkschaften als Lösung für klassenbasierte Problemstellungen vorschlägt, kann es gleich bleiben lassen. Die Grundidee des (revolutionären oder Anarcho-) Syndikalismus ist es gerade nicht, sich als Anarchist*in oder Anarchosyndikalist*in zu organisieren, sondern als Arbeiter*in. IWW, FAU und andere haben als Gewerkschaften insofern nur ein Existenzrecht, wenn sie Massenorganisationen werden wollen und können. […] Wir müssen endlich einsehen, dass der Syndikalismus, der revolutionäre Syndikalismus und der Anarchosyndikalismus, wie wir ihn kennen und benennen, ein historisches Phänomen ist, das so, wie es in der Vergangenheit konzipiert war zumindest in Deutschland und im deutschen Gewerkschaftssystem keine Erfolgschancen mehr hat.*» (Bewernitz 2019: 13)

Nun ließe sich einwenden, dass die Situation von 1977 nicht die von 2007 ist und nicht die von 2037 sein muss. 1977 war die sozialstaatliche Integration großer Teil der Arbeiter*innenklasse in der BRD noch intakt, um 2007 ängstigt der Sozialabbau nicht nur Erwerbslose, sondern auch die noch Beschäftigten und begünstigt die Gründung der PDL. Wie weit wird die Prekarisierung der Arbeit 2037 fortgeschritten sein? Solche Fragen sind interessant, die O-Frage aber muss stets in einer gegenwärtigen Situation beantwortet werden. Bewernitz nimmt diese Herausforderung an: «*Konkret möchte ich als Organisationsform eine Vernetzung von Worker Centers vorschlagen*», da diese angesichts von Prekarisierung mehr nützen würden, mehr Offenheit für migrantische und geschlechtliche Themen bieten und zudem tauglich sind für «*Stadtteilarbeit; Worker Centers können über Mieten und Wohnverhältnisse, Rechtsberatung und Kultur, Erwerbslosenberatung usw. nachdenken*» (ebd.: 18f.). Damit gehört diese Organisationsform zum Bereich der Stadtteilorganisation (Kapitel 7), ist aber mit syndikalistischen Grundideen vereinbar.

Letztlich denkt Bewernitz, und dies macht das Kontroverse an seinen Vorschlägen aus, an eine Art Arbeitsteilung von Ex-FAU und DGB: «*Aktionsorientierte* Worker Centers *können die Empörung auf die Straßen und in die Betriebe tragen, während die Gewerkschaften des DGB die institutionelle Karte spielen und den Rechtsweg beschreiten.*» (ebd.: 43) Würden aber von den Anhänger*innen der Einheitsgewerkschaft nicht auch die Workers Center, wie historisch die rätekommunistischen Betriebsorganisationen, als unerwünschte Einmischung angesehen werden? Nun waren die linksradikalen Betriebsorganisationen (siehe Kapitel 5) von sich aus gewerkschaftsfeindlich, die Föderation der Worker Centers soll dies nicht sein. Bewernitz erwartet eine größere Nähe zu solchen Prekarisierten, die Gewerkschaften ablehnen, aber auch weniger Skepsis von den Gewerkschaftsfunktionär*innen des DGB. Die Aufgabe des FAU-Anspruchs Gewerkschaft zu sein wird hierbei pragmatisch begründet. «*Warum nicht das Verhandeln mit der Kapitalseite den bestehenden Gewerkschaften überlassen?*» (ebd.: 29). Ähnlich wie Rocker 1947 empfiehlt aber auch Bewernitz 2019 «*ein Engagement in den entsprechenden Gewerkschaften*» (ebd.: 29), was ein Ende der in der BRD bestehenden Richtungsgewerkschaften, FAU und IWW, bedeuten würde.

Eine solche Konsequenz ziehen andere (Anarcho-)Syndikalist*innen nicht. Auch wenn die FAU sich heute mit 1.000 Mitgliedern nicht mit fast 6.000.000 DGBlern messen kann, sieht Holger Marcks eine positive Tendenz: «*Die FAU (http://www.fau.org/) selbst hat im letzten Jahrzehnt ihre Mitgliederzahl verdreifacht, und insbesondere in Berlin hat sie sich zu einer florierenden und medial viel beachteten Basisgewerkschaft entwickelt.*» (Marcks 2018: 1) Basisgewerkschaft steht hier gegen den Rückzug auf das Konzept der Stadtteilorganisation.

«*Nehmen wir etwa das Plädoyer von Kollektiv Bremen, ‹Stadtteilgewerkschaften› aufzubauen. Mit diesem (irreführenden) Ansatz will man Anlaufpunkte im Kiez bieten, um zu allen möglichen sozialen Problemen aktiv werden zu können. […] Ähnlich verhält es sich mit dem von Torsten Bewernitz vorgebrachten Vorschlag, die Worker Centers aus den USA zu importieren. Das klingt verlockend, zumal diese Zentren an die Arbeiterbörsen des alten Syndikalismus erinnern, in denen betriebsübergreifende Arbeitersolidarität organisiert wurde. Allerdings entstand beides tatsächlich aus einer Bewegung von ArbeiterInnen. Genau diese soziale Basis fehlt dem Vorschlag aber, der mit solchen Zentren ja ArbeiterInnen erstmal erreichen will.*» (ebd.: 4)

Dies ginge, so Marcks, besser über syndikalistische Gewerkschaften als Organisationsform.

«*Gewerkschaften sind dafür die geeignete Entwicklungsstätte, denn sie stellen ein besonderes ‹Zugangsvehikel› zur Realität dar. Weil sie an den konkreten Interessen von Menschen ansetzen, sind sie ideologisch nicht so voraussetzungsreich und damit über eine enge politische Affinität hinaus attraktiv.*» (ebd.: 18)

Marcks argumentiert dabei durchaus für eine pragmatische Perspektive im Syndikalismus. Basisdemokratie und der Verzicht auf Funktionär*innen könnten z. B. auch bedeuten, dass Zeitaufwand und Engagementerwartung die Mitglieder überfordern (vgl. Marcks 2019: 17ff.). Zugleich setzt er auch auf eine Erweiterung des klassischen Gewerkschaftsansatzes. «*Eine Gewerkschaftspolitik auf Höhe der Zeit kann sich daher nicht in Betriebsorganisationen erschöpfen, sondern muss auch Wohnraumorganisationen umfassen.*» (Marcks[8]) Als umfassende Organisierung könnte sich, so die Hoffnung, die Richtungsgewerkschaft FAU zur Massengewerkschaft entwickeln.

Inwiefern so etwas bei der anhaltenden Dominanz der Einheitsgewerkschaft DGB möglich ist, diskutiert der Historiker Helge Döring in seiner Einführung zum Syndikalismus von 2017. «*Das Ende syndikalistischer Entwicklung war stets dort erreicht, wo die Arbeiterschaft bereits in den Zentralgewerkschaften und politischen Parteien organisiert war.*» (Döring 2017: 203) Aus diesem Grund konnte sich die CNT im Spanien der 1920er und 1930er durchsetzen, während die FAUD im selben Zeitraum in Deutschland stagnierte und zerfiel. Für die heutige FAU sieht er zwei realistische Optionen: Große Krisen und kleine Nischen. «*Chancen in Großbetrieben kann der Syndikalismus [...] im Vertrauensverlust der Belegschaften in die Zentralgewerkschaften sehen.*» (ebd.: 208) Bis dahin bleiben Nischen. «*Der Schwerpunkt syndikalistischer Organisation und Aktivität wird daher in Kleinbetrieben und im Dienstleistungssektor zu finden sein.*» (ebd.) Bei einer Spartengewerkschaft für Prekarisierte entfiele freilich Rockers Transformationsperspektive durch Generalstreik. Bewernitz bleibt daher dabei: «*Historisch und theoretisch steht der Syndikalismus aber für eine klassenkämpferische Einheitsgewerkschaft und nicht für Richtungsgewerkschaften.*» (2019: 12) Sind aber klassenkämpferische Einheitsgewerkschaften überhaupt möglich?

8 https://adamag.de/miete-gewerkschaft-organisation

4.2 Einheitsgewerkschaft (A)DGB

Die Geschichte der Gewerkschaften im deutschsprachigen Raum ist älter als der Gegensatz zwischen revolutionären Richtungsgewerkschaften wie der FAUD und Einheitsgewerkschaften wie dem ADGB in den 1920er Jahren. Wie Roman Danyluk zeigt, haben auch FAUD und ADGB gemeinsame Wurzeln. Nachdem die ersten Gewerkschaften in Deutschland um 1868 entstanden (Vgl.: Danyluk 2012: 201) wurden diese nach der Staatsgründung 1871 schon 1878 beschränkt durch das «Gesetz gegen die gemeingefährlichen Bestrebungen der Sozialdemokratie». Nur lokale Tätigkeiten waren möglich. Als das Gesetz 1890 nicht mehr verlängert wurde, wollten die sogenannten Lokalisten am Föderalismus der Organisation festhalten und gründeten 1897 die «Freie Vereinigung deutscher Gewerkschaften» (FVDG) (vgl. ebd.: 202). Sie grenzten sich vom sozialdemokratischen Gewerkschaftsverband, der 1900 gegründeten «Generalkommission der deutschen Gewerkschaften», ab. So wie die FVDG 1919 in der FAUD aufging, so die Generalkommission im ADGB. Betrug aber schon die Mitgliederzahl der FVDG nie mehr als 20.000 (vgl. ebd.: 203), so erreichte der ADGB 1920 einen Höchststand von 8 Millionen, auch wenn diese Zahl bis 1932 auf 3,5 Millionen zurückging.

Nach heutigem Verständnis war der ADGB eigentlich eine Richtungsgewerkschaft. Gegenüber den Christlichen Gewerkschaften (DGB) und den liberalen Hirsch-Dunckerschen Gewerkvereinen, die aber in den 1920er Jahren nur 225.000 Mitglieder hatten, galt der ADGB als sozialistisch. Da aber weder rätekommunistische Unionen oder anarchistische Syndikate noch christliche Gewerkschaften und liberale Gewerkvereine eine auch nur annähernd vergleichbare Stärke gewinnen konnten, fungierte der ADGB faktisch eher als Einheitsgewerkschaft mit sozialistischer Ausrichtung. Zugleich war die Tendenz vorherrschend, die Politik der SPD zu überlassen und sich als zweite Säule der sozialistischen Bewegung auf wirtschaftliche Fragen zu beschränken.

Nichtsdestotrotz gab es auch im ADGB der Weimarer Republik, wie in der 1949 gegründeten Nachfolgeorganisation DGB weitergehende Debatten. Fritz Naphtali (1888–1961) leitete von 1927 bis 1933 die Forschungsstelle Wirtschaftspolitik beim ADGB. Mit Fritz Baade, Rudolf Hilferding, Erik Nölting und

Hugo Sinzheimer erarbeitete er die Konzeption der Wirtschaftsdemokratie, deren Thesen er auch auf dem ADGB-Kongreß vorstellte. 1933 zunächst verhaftet entkam er im selben Jahr nach Palästina, wo er von 1951 bis 1959 Ministerämter in Israel bekleidete.

Naphtali sieht Wirtschaftsdemokratie als Weg zwischen Kapitalismus und Sozialismus. «*Wenn die deutschen Gewerkschaften die Forderung nach der Wirtschaftsdemokratie aufstellen, so bedeutet das für sie keinen Verzicht auf das sozialistische Ziel.*» (Naphtali 1928/1977: 25) Anders als Rocker steht für Naphtali die Revolution von 1918 nicht für eine verpasste Gelegenheit, sondern beweise vielmehr die «*Unmöglichkeit, mit einem Schlage das Wirtschaftssystem zu ändern, ohne der Gefahr der Lähmung der bisher treibenden privaten Kräfte in der Wirtschaft ausgesetzt zu sein*» (ebd.: 52).

Freilich hätte die Vergesellschaftung von Produktionsmitteln das private Kapital gelähmt, da es ja abgeschafft worden wäre. Wenn dies für unmöglich angesehen wird, ergibt sich Wirtschaftsdemokratie als Übergangsform. Grundlage dafür sei der demokratische Staat in der Politik und die damit verbundene Mitwirkung der Gewerkschaften in der Wirtschaft. «*Diese Mitarbeit wird den Weg ebnen, um auch in der Wirtschaftsgestaltung zu jener Zusammenfassung der schaffenden Kräfte zu gelangen, auf der allein die demokratische Gemeinwirtschaft aufgebaut werden kann.*» (ebd.: 147) Was damit vom ADGB, im Gegensatz zu den revolutionären Richtungsgewerkschaften, anerkannt wird, ist ein Kräftedreieck von Gewerkschaften, Kapital und Staat.

Organisationstheoretisch weist Naphtali den drei Säulen der damaligen Linken, den Gewerkschaften, Parteien und Genossenschaften, jeweils bestimmte Aufgaben zu. In den Betrieben streiten die Gewerkschaften für das «*Mitbestimmungsrecht für die Arbeiter*», das zustande komme «*zunächst unter dem Druck der Arbeiterorganisationen [...], später auch gesetzlich festgelegt, wie z. B. im Betriebsrätegesetz*» (ebd.: 32). Lehnte der Syndikalist Rocker solche Mitbestimmung ab, so forciert der Sozialist Naphtali die Beteiligung an Betriebsratswahlen. Staat denkt er sich als Instanz der sozialistischen Transformation. «*Der Weg führt über die Übernahme der lebenswichtigen Betriebe durch die öffentliche Hand.*» (ebd.: 34) Die Gewerkschaften sollten dies befördern durch Mitwirkung in staatlichen

Institutionen, durch Vertreter z. B. im Zentralausschuss der Reichsbank oder den Kartellgerichten (vgl. ebd.: 145). Statt die Trennung von Staat und Gesellschaft, Politik und Wirtschaft, zu kritisieren, fetischisiert Naphtali den Staat zu einem Instrument des Wandels. «*Die Gewerkschaften können doch niemals auf die Mithilfe des Staates verzichten, um die Wirtschaft in ihrem Sinne zu gestalten.*» (ebd.: 171)

So wenig wie Gewerkschaften erscheinen ihm Genossenschaften als Alternative zur Partei. Während sich die Gewerkschaften im Betrieb auf eine «*Verwaltungsgemeinschaft zwischen Arbeitgeber und Arbeitnehmern*» (ebd.: 167) stützen könnten, sollen Staat und Genossenschaften den kapitalistischen Markt regulieren. Gemäß sozialdemokratischem Mainstream, wonach Siedlungsgenossenschaften an ihrer Isolation eingehen und Produktionsgenossenschaften an der Marktkonkurrenz scheitern, bleibt der Konsumansatz. «*Die wichtigste Gegenkraft neben dem Staat ist die Konsumgenossenschaft. Sie setzt der organisierten Monopolmacht die organisierte Verbrauchermacht entgegen.*» (ebd.: 105) Es geht also bei der Wirtschaftsdemokratie darum, Betriebsführung, Verbrauchermarkt und Wirtschaftspolitik zu reformieren.

Wirtschaftsdemokratie wäre somit weder das Ergebnis einer sofortigen Revolution, noch bloßer Vorschein einer Utopie, sondern ein Entwicklungsgang. Brüche will Naphtali vermeiden, indem er sich z. B. für die «*Erhaltung der Unternehmensfunktion in der Wirtschaftsführung bei Aufhebung der Herrschaftsgrundlage des Privateigentums*» (ebd.: 65) ausspricht. Zwar sollen Unternehmen nicht herrschen, aber der – mit Brecht gesprochen – Gegensatz von Unternehmenden und «Unternommenen» würde somit erhalten bleiben. Statt einer syndikalistischen Übernahme von Betrieben durch Gewerkschaften selbst, beschließt der ADGB mit der Wirtschaftsdemokratie eine Strategie der «*Selbstverwaltung unter Staatsaufsicht*» (ebd.: 60) bzw. der «*Einschränkung der Verfügungsgewalt der Unternehmer*» (ebd.: 65). Die Sozialpartnerschaft zwischen Arbeit und Kapital soll also unter staatliche Aufsicht gestellt werden, als sei der Staat eine neutrale Instanz.

Naphtali versteht Wirtschaftsdemokratie als Fortschritt zum Sozialismus, als «*den Weg, der zum Ziele führt, und auf dem der Kampf der Gegenwart, Schritt um Schritt, ausgefochten werden muß*» (ebd.: 199ff.). Zwar wird hier anerkannt, dass dies ein Kampf sein wird und kein automatischer Prozess, gleichwohl denken sich Naphtali, Baade, Hilferding, Nölting und Sinzheimer Transformation als einen bruchlosen, quasi evolutionären Entwicklungsgang.

«*Wenn also auch auf diesem Gebiete sich zeigt, daß ein vollendeter demokratischer Wirtschaftsumbau abhängig sein wird von dem grundlegenden Wandel der Eigentumsverhältnisse, so ergibt sich auf der anderen Seite, daß wir die wirtschaftliche Selbstverwaltung auch in ihrer heutigen Form, mit ihren heutigen Mängeln, als eine Entwicklungsstufe zur Demokratisierung der Wirtschaftsführung ansprechen können.*» (ebd.: 66)

Das Zauberwort der Entwicklung, über Entwicklungsstufen einer Entwicklungslinie, macht den qualitativen Unterschied zwischen Kapitalismus und Sozialismus zu einem graduellen. Im Kontext der 1920er Jahre sind es zwei Tendenzen, auf die sich Naphtali stützt: Einerseits der Fortschritt des Privat- zum Monopolkapitalismus, andererseits der Fortschritt vom Klassen- zum Sozialstaat. Beides hat Folgen für seine Gewerkschaftstheorie. Vom «*Fabrikbetrieb*» über die «*Aktiengesellschaft*» (ebd.: 35) kommt es zum «*Mengenkartell*» (ebd.: 39), also zu Absprachen zwischen Unternehmen, und letztlich zur monopolkapitalistischen «*Trustbildung*» (ebd.: 42).

Mit Recht lässt sich aus dieser Analyse folgern, dass isolierte Kämpfe in einzelnen Betrieben, wie sie z. T. im Rätekommunismus und Syndikalismus der 1920er Jahre propagiert wurden, wenig Erfolg versprechen. Dennoch geht Naphtali davon aus, «*daß die Struktur des Kapitalismus selbst veränderlich ist, und daß der Kapitalismus, bevor er gebrochen wird, auch gebogen werden kann*» (ebd.: 28). Mehrere Organisationsformen sollen an dieser Verbiegung des Kapitalismus beteiligt sein:

«*Wir sehen einerseits, wie die eigene Kraft der Arbeiterklasse im Wege der Selbsthilfe neue soziale Lebensformen begründet – man braucht nur an die Tarifverträge, die Konsumgenossenschaften, die gewerkschaftlichen Eigenbetriebe zu erinnern –, auf der anderen Seite sind es staatliche Kräfte, die durch die Arbeiterbewegung ausgelöst werden. Durch Arbeiterschutz und Arbeiterversicherung, durch den Aufbau wirtschaftlicher Selbstverwaltungskörper, durch die Beteiligung von Arbeitervertretern überall, wo es sich um Wirtschafts- oder Sozialpolitik handelt, betätigt sich der Staat im sozialen Sinne und wird somit zum Träger des Vordringens der neuen Wirtschaftsordnung.»* *(ebd.: 193).*

Tarifverträge der Gewerkschaften, Konsumgenossenschaften und der Sozialstaat sind zentral. Sicherlich sind tarifliche Absicherung, gegenseitige Hilfe und staatliche Garantien nützlich, Naptali aber leitet aus diesen erkämpften Errungenschaften eine historische Tendenz ab. «*Die Entwicklung dieser einzelnen Keimzellen und ihre organische Verbindung wird schließlich vom autokratischen Wirtschaftssystem des Kapitalismus zum demokratischen Wirtschaftssystem des Sozialismus führen.*» (ebd. 70f.)

Dieser Fortschrittsoptimismus ist allgemeinener Mainstream der damaligen Sozialdemokratie.

Besonders naiv ist Naphtalis Zustimmung zum Artikel 165 der Reichsverfassung von 1919: «*Die Arbeiter und Angestellten sind dazu berufen, gleichberechtigt in Gemeinschaft mit den Unternehmen an der Regelung der Lohn- und Arbeitsbedingungen sowie an der gesamten wirtschaftlichen Entwicklung der produktiven Kräfte mitzuwirken. Die beiderseitigen Organisationen und ihre Vereinbarungen werden anerkannt.*» (zit. n. ebd.: 143) Im Lob dieses Gesetzes verfällt er dem Rechtsfetischismus. Der Klassenkampf würde gesetzlich fixiert und Sozialpartnerschaft im Kapitalismus soll dann als Keimform des Sozialismus gelten. Was sich in dieser Theorie ideologisch spiegelt, ist der wachsende Einfluss des Staates in der spätkapitalistischen Wirtschaft.

Wie aber sah die vermeintlich sozialistische Praxis der ADGB-Gewerkschaften konkret aus?

Der Historiker Manfred Buhl untersuchte 1983 deren Widersprüche in seiner Studie «Sozialistische Gewerkschaftsarbeit zwischen programmatischem Anspruch und politischer Praxis». Der ADGB verstand sich lediglich als Dachverband sozialistischer Gewerkschaften, für die Tarifpolitik blieben Einzelgewerkschaften zuständig, für Politik die Partei (vgl. Buhl 1983: 21) – was sich im Übrigen bis in die Nachfolgeorganisation DGB hinein gehalten hat. An der Spitze des ADGB stand bis zu seinem Tode Carl Legien (1861–1920), der schon 1890 Vorsitzender der Generalkommission der deutschen Gewerkschaften gewesen war (vgl. Schneider 1989: 75). Auch die Generalkommission war theoretisch eine sozialistische Richtungsgewerkschaft, praktisch entsprachen ihre Mitgliedszahlen aber einer Einheitsgewerkschaft, der gegenüber christliche, lokalistisch-syndikalistische und liberale Gewerkschaften weit zurückstanden. Waren es 1892 nur 215.000 Mitglieder, so 1904 schon 1,1 Millionen und vor dem Ersten Weltkrieg 2,5 Millionen (vgl. ebd.: 80). Statt aber diese Organisationsmacht gegen den Krieg zu nutzen und einen Generalstreik auszurufen, erklärte die Generalkommission die Einstellung aller Lohnkämpfe zugunsten des Krieges (vgl. Buhl 1983: 25f.). Streiks im und gegen den Krieg entstanden daher spontan bzw. wurden später vom informellen Netzwerk der Revolutionären Obleute organisiert.

Bereits wenige Tage nach dem Erfolg der Revolution am 9. November 1918, als die Macht kurzzeitig bei den Arbeiter- und Soldatenräten lag, trafen Legien und der rechtsnationale Unternehmer Hugo Stinnes ein Abkommen, das die Rolle der Gewerkschaften im neuen Staat vorwegnehmen sollte. Punkt eins: «*Die Gewerkschaften werden als berufene Vertretung der Arbeiterschaft anerkannt.*» (zit. n. Schneider 1989: 426) Vorgesehen waren Koalitionsfreiheit, Kollektivvereinbarungen und der Acht-Stunden-Tag. Während im Land die Räte der Arbeiter*innen dominierten, die sich erst im Dezember der SPD unterwarfen, einigten sich Gewerkschaften und Unternehmer bereits auf einen «*Centralausschuß auf paritätischer Grundlage*» (ebd.: 426). Für die Kapitalseite ist klar, dass hier gerettet werden sollte, was zu retten war. Legien formulierte als Ziel dieses Paktes, «*daß wir in ganz kurzer Zeit dazu kommen werden, wieder ordnungsgemäße Verhältnisse in den Betrieben zu erhalten unter dem bestimmenden Einfluß der Gewerkschaftsorganisationen*» (zit. n. Buhl 1983: 29). Legien, der 1914 dem Krieg zugestimmt hatte, lehnte 1918 die Revolution ab. Ähnlich wie die sozialdemokratische Partei erlag er dem kapitalistischen Staatsfetischismus und lobte die formale Neutralität der demokratischen Politik gegenüber den Klassen. Recht bald zeigte sich aber, dass Politik eine Machtfrage ist. Unmittelbar nach den revolutionären Unruhen zwischen 1919 und 1923 stellte die Kapitalseite bereits tarifliche Kollektivvereinbarungen wieder in Frage. «*Die Tendenz, durch Angriffe auf das Tarifvertragswesen als Zwangstarifsystem [...] zeichnete eine ganze Reihe von unternehmerischen Stellungsnahmen der ersten Monate 1924 aus.*» (Buhl 1983: 61) Sozialpartnerschaft erwies sich als Waffenstillstand. Sobald die Macht der Gewerkschaften nachließ, etwa sanken die Mitgliederzahlen des ADGB von 8 Millionen

1922 auf 4 Millionen Ende 1924 ab (vgl. ebd.: 134), starteten die Unternehmerverbände ihre Angriffe.

Ein Hauptangriffsziel war der 8-Stunden-Tag und tatsächlich galt die 48-Stunden-Woche 1924 in der Praxis nur noch für knapp die Hälfte der Arbeiter*innen (vgl. Schneider 1989: 170, Buhl 1983: 205). Einerseits nahm die Macht der Unternehmer durch Kartelle zu, andererseits verloren Gewerkschaften an Mitgliedern und Handlungsmacht. Im Bewusstsein der Gewerkschaftsführer schlug sich dies widersprüchlich nieder. Zum einen wurde bezüglich einer kämpferischen Antwort vertreten, «*die eingetretene Schwäche der Organisationen lasse keinen Kampf zu*» (Buhl 1983: 53). Zum anderen versprachen gewerkschaftsnahe Intellektuelle wie Julius Hirsch, «*daß sich die Situation der Arbeitnehmerschaft in wenigen Jahren zu ihren Gunsten ändern würde*» (Hirsch 1925, zit. n. ebd.: 235). Das alte Lied vom kommenden Fortschritt wurde immer noch gerne angestimmt.

Neben der organisatorischen Schwäche und dem falschen Optimismus waren es aber auch Ängste vor Unruhen, welche die ADGB-Führung lähmten. Im Krisenjahr 1923 forderte der ADGB seine Mitglieder auf, nicht an Kundgebungen teilzunehmen, da dies den Kommunisten nütze (vgl. Buhl 1983: 47ff.). Kam es doch zu Unruhen, etwa zu einem vom ADGB abgelehnten Streik von 400.000 Ruhrbergleuten 1923 (vgl. ebd.: 45), wurde zum Abwarten ermahnt. Deutlich wird hier aber nicht nur eine reale Gefahr für Gewerkschaften, wenn diese die Kontrolle der Basis verlieren, sondern auch eine bestimmte Ausrichtung. Gegenüber den Kommunist*innen wurde 1924 vertreten, es sei «*das eigentliche Wesen der Gewerkschaften, innerhalb der kapitalistischen Gesellschaft das Los der Arbeiter zu verbessern*» (zit. n. ebd.: 143). So pragmatisch dies klingt, so unpraktisch ist es doch. Denn beschränken sich nominal sozialistische Gewerkschaften freiwillig auf den kapitalistischen Rahmen, so wirken sie für die Unternehmerseite sogleich unweigerlich harmloser. Manfred Buhl befindet daher über die ADGB-Gewerkschaften: «*Sie verzichteten in dieser Phase völlig auf das Vokabular, das ihnen als sozialistischen Gewerkschaften gerecht geworden wäre.*» (ebd.)

Sicherlich ist der Reformismus des ADGB nicht nur eine Frage der Wortwahl. So wie die Utopie einer Organisation die gesellschaftliche Wirklichkeit spiegelt, so prägt sie Strategien.

Ist die eigene Utopie, wie sie Naphtali 1928 als Wirtschaftsdemokratie umriss, eine «*Selbstverwaltung unter Staatsaufsicht*» (Naphtali 1928/1977: 60), so ist es konsequent, dass der ADGB nicht auf revolutionären Kampf setzte, sondern laut dem Historiker Michael Schneider auf «*die staatliche Schlichtungspraxis, auf deren Hilfe die Gewerkschaften bei aller Kritik an der Eingrenzung des Streikrechts – nach eigenem Eingeständnis – kaum verzichten konnten*» (Schneider 1989: 169). Die Begrenzng der Utopie auf den Sozialstaat ist wiederum auch eine Folge der materiellen Kräfteverhältnisse in der Weimarer Republik. Theodor Leipart (1867–1947), ADGB-Vorsitzender von 1921 bis 1933, erklärte, die Kapitalseite mache in Tarifverhandlungen «*gar kein ernstes Angebot mehr*», denn sie wüssten ja, «*daß die Streitfragen doch vor den Schlichter kommen*» (zit. n. Buhl 1983: 306). Damit aber läuft gewerkschaftliche Praxis ins Leere und es mangelt den Aktiven an Kampferfahrung in Streiks. Was konnte der ADGB, in seiner misslichen Zwickmühle zwischen kommunistischer Opposition und staatlicher Neutralisation von Streiks, erreichen?

Der harte Kern der Organisierung blieben ausgebildete Facharbeiter (vgl. Buhl 1983: 172), für die Lohnforderungen erhoben wurden, die in der Stabilitätsphase ab 1924/1925 Erfolge brachten (vgl. ebd.: 182ff., 193). Wenig Einfluss konnte auf innerbetriebliche Entwicklungen wie Fließbänder und Akkordarbeit genommen werden, zum Teil wurden Rationalisierungsmaßnahmen sogar befürwortet (vgl. ebd.: 167ff.). Den revolutionär erkämpften 8-Stunden-Tag konnte der ADGB nicht verteidigen, schon Ende 1923 gab es wieder Vereinbarungen zwischen Gewerkschaften und Kapital über 10-Stunden-Tage in der Schwerindustrie (vgl. ebd.: 100). Wie in vielen anderen Bereichen, litt der ADGB unter einem «*Auseinanderfall von Theorie und Praxis in den Organisationen*» (Buhl 1983: 18). In der Theorie herrschten Staatsvertrauen und Optimismus für einen schrittweisen Fortschritt, in der Praxis war staatlicherseits «*durch die Arbeitszeit-VO vom 21.12.23 der allgemeine Achtstundentag abgeschafft worden*» (ebd.: 195). Massivere Kampfmaßnahmen hätten hier vielleicht eine Wende gebracht. Solche aber wurden vom ADGB abgelehnt, der im Gegensatz zu syndikalistischen Richtungsgewerkschaften und kommunistischer Opposition auf Verhandlungslösungen im Dreieck Staat-Kapital-Gewerkschaft setzte. Internationale Vorschläge zum

Warenboykott gegen Unternehmen, die den Achtstundentag nicht einhalten, wurden vor der Basis geheim gehalten. Direkte politische Maßnahmen wie Volksbegehren wurden auch abgelehnt bzw. der Partei überlassen, um stattdessen allein auf die übliche «*Praxis des ADGB, wenn irgend möglich lieber auf Fühlungsnahme mit Regierung und Gesetzgebung zu bauen*» (ebd.: 212).

Naphtalis Lehre von der Tendenz der Wirtschaft zum organisierten Kapitalismus bedeutet an sich zunächst nur einen noch größeren Einfluss der großen Trusts. Diese lehnten ihrerseits bald sogar staatliche Schlichtungen ab. «*Wenn irgendeiner der Gewerkschaftsführer die Ausführungen Naphtalis wegen ihrer Stimmigkeit in sich für bare Münze genommen hatte – hier wurde er sofort wieder auf den Boden der Tatsachen, d. h. der Kräfteverhältnisse geholt.*» (ebd.: 323) Leider wollte die sozialistische ADGB-Führung keine zu offensiven Aktionen, «*wegen der zu befürchtenden Radikalisierung der Mitglieder, die auch eine Gefährdung der eigenen Position bedeuten konnte*» (ebd.: 273).

Es zeigt sich also zweierlei: Wichtig ist eine breitere Basis als Richtungsgewerkschaften sie erreichen können, dann aber auch eine tatsächliche Aktivierung dieser Basis. Diese wurde vermieden. Der ADGBler Miesbach formulierte dies z. B. so: «*Bei einem Generalstreik bekommen wir die Arbeiterschaft wohl aus den Betrieben heraus. Fraglich ist aber, ob wir sie bei dem Verfall der Wirtschaft wieder hineinbekommen und ob wir am zweiten Tag noch die Bewegung in der Hand halten*» (zit. n. ebd.: 54). Organisationsfetischismus zeigt sich in dieser Besorgnis zweifach: Zum einen steht die Gefährdung der eigenen Organisation im Mittelpunkt, zum anderen dürften die «unwissenden Massen» nicht anderen Organisationen ausgesetzt werden. Gemeint ist damit, so Buhl, die im nächsten Abschnitt zu behandelnde «*von der KPD unterstützte Gewerkschaftsopposition*» (zit. n. ebd.: 54). Der ADGB-Vorsitzende sah die Aktivitäten der RGO «*mit tiefstem Schmerz*» (Leipart 1924, zit. n. ebd.: 110). Praktisch gab es sowohl Ausschlüsse einfacher Mitgliedern als auch Beschlüsse, wonach Mitglieder der kommunistischen Gewerkschaftsopposition keine Funktionen im ADGB innehaben können (vgl. ebd.: 111ff.). Als positives Gegenbild zur sogenannten kommunistischen Wühlarbeit, in der Gewerkschaft wie im Staat, und zur revolutionären Perspektive per se, stand im Gewerkschaftsbund die Mitbestimmung, die aber gegen Staat und Kapital nicht erreicht werden konnte.

Gerade hinsichtlich des Ziels wirtschaftlicher Mitbestimmung unter dem Kapital besteht eine Traditionslinie zwischen dem ADGB der Weimarer Republik und dem 1949 gegründeten DGB. Im Hinblick auf den Nationalsozialismus begründete der DGB den Anspruch, in der BRD Einheitsgewerkschaft zu sein. Dabei hatte gerade der ADGB, der dies faktisch schon in der Weimarer Republik war, angesichts der Machtübertragung an die NSDAP versagt. Statt zu einem Generalstreik aufzurufen, verlautbarte die ADGB-Führung zum Ersten Mai 1933: «*Wir begrüßen es, daß die Reichsregierung diesen unseren Tag zum gesetzlichen Feiertag der nationalen Arbeit, zum deutschen Volksfeiertag erklärt hat. [...] Der deutsche Arbeiter soll am 1. Mai standesbewußt demonstrieren, soll ein vollberechtigtes Mitglied der deutschen Volksgemeinschaft werden.*» (Bundesvorstand ADGB 1933, zit. n. Schneider 1989: 448) Aus dem internationalen Tag der Arbeiter*innen wird der Tag der nationalen Arbeit, aus Klassenbewusstsein wird Standesbewusstsein, aus Sozialismus wird Volksgemeinschaft. Im DGB-Grundsatzprogramm 1981 wird dagegen geschichtsklitternd behauptet: «*Die Einheitsgewerkschaft ist aus den Erfahrungen der Arbeitnehmer vor und während der Weimarer Republik und der Verfolgung in der Nazidiktatur entstanden.*» (DGB 1981, zit. n. ebd.: 471) Gewerkschaftliche Einheit, die hier antifaschistisch begründet wird, setzte der DGB, wie schon der ADGB seinerseits auch mit repressiven Methoden durch.

So arbeitete der DGB in den 1960ern und 1970ern, wie Schneider zeigt, «*durch Unvereinbarkeitsbeschlüsse gegen den Zustrom neuer Mitglieder aus den Reihen der APO, aber auch der Deutschen Kommunistischen Partei (DKP), die 1968 (für die 1956 verbotene KPD) gegründet worden war*» (Schneider 1989: 363). Der DGB-Vorsitzende Heinz Oskar Vetter (1917–1990) erklärte dazu 1980: «*Mitglieder der Deutschen Kommunistischen Partei werden als Gewerkschafter akzeptiert, jeder Versuch einer Kaderbildung oder -politik in den Gewerkschaften werden jedoch zurückgewiesen.*» (ebd.: 391) Die Einheit des DGB solle also nicht durch Parteipolitik untergraben werden. Vetter war zu diesem Zeitpunkt für die SPD im Europaparlament.

Neben der Abwehr anderer als sozialdemokratischer Netzwerke und Seilschaften, bemühte sich der DGB um eine Art

Gewerkschaftsmonopol. So forderte der DGB-Vorsitzende Ernst Breit von Bundeskanzler Helmut Kohl die Verhinderung einer Novellierung der Betriebsverfassungsgesetzes, die allen Gewerkschaften in einem Betrieb das Vorschlagsrecht bei Betriebsratswahlen zugebilligt hätte (vgl. ebd.: 369). Die angestrebte Einheit der Einheitsgewerkschaft ist also eine doppelte: Einheitlichkeit ohne organisierte Opposition und Alleinvertretungsanspruch. Im Grundsatzprogramm von 1981 heißt es dazu, die Einheitsgewerkschaft habe die Traditionen «*vor allem der freiheitlich-sozialistischen und der christlich-sozialen Richtungen in eine gemeinsame Organisation zusammengeführt. Sie erübrigt konkurrierende Gewerkschaften.*» (DGB 1981, zit. n. ebd.: 471)

Trotz seiner behaupteten Überparteilichkeit agierte der DGB nach dem Nazismus durchaus auch politisch in einem positiven Sinn. 1945 wurden Entnazifizierung, Gemeineigentum an Schlüsselindustrien, Wirtschaftsplanung und Mitbestimmung gefordert. 1947 waren sich die westdeutschen Gewerkschaften einig, dass die Einheit Deutschlands, Vergesellschaftung der Schlüsselindustrien und eine geplante Wirtschaft notwendig seien (vgl. ebd.: 242). 1949 formulierte der DGB als Grundsätze eine planvolle Wirtschaftspolitik, Mitbestimmung, Sozialisierung der Schlüsselindustrien und einen gerechten Anteil am Wirtschaftsertrag (vgl. DGB 1949, zit. n. ebd.: 457). Alles politische, also überbetriebliche Forderungen. Die Durchsetzung des Sozialismus erhoffte sich der im Oktober 1949 mit 4,9 Millionen Mitgliedern begründete DGB (vgl. ebd.: 255) von der SPD. Diese erreichte 1949 bei den Bundestagswahlen allerdings nur 29,2%, 1953 nur 28,8% und 1957 kam sie zwar auf 31,8%, aber die CDU holte mit 50,2% sogar die absolute Mehrheit. Auf diesem Weg lag Sozialisierung fern. 1959 wandelte sich die SPD ihrerseits von der Klassen- zur Volkspartei und verabschiedete sich mit dem Godesberger Programm vom Sozialismus. Steigende Wähler*innenzahlen schienen den Erfolg des Kurswechsels zu bestätigen. 1961 schon bei 36,2 %wurde die SPD 1965 mit 39,9% Teil der Großen Koalition, 1969 übernahm sie mit 42,7% die Regierung und wurde 1972 mit 45,8% sogar stärkste Partei. Angesichts einer regierenden SPD erklärte allerdings der DGB-Vorsitzende Vetter, es habe nun der DGB, da es keine Arbeiterparteien «*Alten Stils*» mehr gebe, «*als Zusammenschluß der Arbeit-*

nehmer Ziele zu entwickeln und zu verfolgen» (Vetter 1971, zit. n. ebd.: 332).

Während das Ziel der Sozialisierung also bisher gescheitert ist, wurde das Ziel der Wirtschaftsplanung im bestimmten Rahmen zum Teil bundesdeutscher Politik. Ein drittes Ziel, auf das der DGB immer wieder zurückkam ist die Mitbestimmung. Schon in Naphtalis Wirtschaftsdemokratieentwurf von 1928 stand das «*Mitbestimmungsrecht für die Arbeiter*» (Naphtali 1928/1977: 32), 30 Jahre später rückte die «*Mitbestimmungsforderung*» nun «*Mitte der 60er Jahre eindeutig zum zentralen Ziel auf, über das es innerhalb der Gewerkschaften kaum Unstimmigkeiten gab*» (Schneider 1989: 317). 1968 gründete der DGB die Kampagne «Aktion Mitbestimmung» (vgl. ebd.: 324), 1981 im Grundsatzprogramm scheint Mitbestimmung die Lösung zu sein. Aber für welches Problem? «*Die Konzentration des Kapitals schreitet ständig fort.*» (DGB 1981, zit. n. ebd.: 472) Die Lösung: «*Die Gewerkschaften kämpfen um die Ausweitung der Mitbestimmung. Damit wollen sie eine Umgestaltung von Wirtschaft und Gesellschaft einleiten, die die Arbeitnehmer […] gleichberechtigt beteiligt.*» (ebd.) Mitbestimmen lässt sich nur, wenn andere bestimmen. Es geht also um Sozialpartnerschaft, nicht um Überwindung des Kapitalismus. Aber wenn Mitbestimmung nur die Einleitung in einen Übergang sein soll? Dann mutet es seltsam an, wieso die Arbeiter*innen in einer sozialistischen Gesellschaft «gleichberechtigt» sein sollen. Gleichberechtigt mit wem? Mit Unternehmer*innen? Was heißt das? Sollen dann die Unternehmer*innen auch arbeiten, die Arbeiter auch planen? Würden sich dann also alle Menschen in Angestellte verwandeln? Mitbestimmung und Gleichberechtigung sind offenbar nicht gerade konkrete Utopien.

Erfolgreicher als der ADGB war der DGB lange Zeit bei Arbeitszeitfragen. Noch in der ersten Hälfte der 1950er Jahre galten in der BRD 48 Stunden an 6 Arbeitstagen (vgl. Schneider 1989: 281). Die 40-Stunden-Woche wurde 1967 zuerst von der Industrie-Gewerkschaft Metall (IGM) erkämpft, aber noch 1973 galt sie erst für 69% der Arbeiter*innen, 1978 für 92,6% (vgl. ebd.: 284). Forderte der DGB die Rente mit 60, so wurde 1972 zumindest ein mögliches Renteneintrittsalter von 63 eingeführt (vgl. ebd.: 334). Unterhalb von weitreichenden Tarifverträgen und Sozialgesetzen liegt der Kampf um die «*Humanisierung der Arbeitswelt*» und «*Rationalisierungsschutz*» auf der Ebene einzelner Konzerne und Betriebe, die in den 1960er und 1970er Jahren bedeutsamer wurde (ebd.: 345).

Zur Durchsetzung gewerkschaftlicher Ziele kennt die Gewerkschaftsforschung ein dreifaltiges Modell der Machtausübung. Produktionsmacht bezeichnet die Macht, die Arbeiter*innen durch ihre Stellung in der Produktion haben. Organisationsmacht beruht auf dem gewerkschaftlichen Organisierungsgrad. Institutionelle Macht ist diejenige, die gesetzlich verankert worden ist. Letztere war stets das Ziel des DGB bei der Zusammenarbeit mit Regierungen, z. B. in der Konzertierten Aktion der 1960er (vgl. ebd.: 322f.). Als Einheitsgewerkschaft ist der DGB dafür ein attraktiver Partner, muss aber eine bestimmte Balance halten, muss sich positionieren «*gegen hochgespannte Gesellschaftsreform oder Revolutions-Erwartungen wie gegen die korporatistische Verpflichtung auf den Boden der gegebenen Verhältnisse*» (ebd.: 333). Als revolutionäre Gegenmacht wäre die Einheitsgewerkschaft kein attraktiver Partner für Staat und Kapital, als reiner Ordnungsfaktor aber auch nicht bedrohlich genug, um überhaupt Zugeständnisse aushandeln zu können. Diese Balance hat der DGB im Laufe der Zeit perfektioniert. War sein Wirtschaftsprogramm 1949 noch offen sozialistisch, so ist das Grundsatzprogramm von 1963 ein Zwischending: «*Thesenhafte Kapitalismuskritik einerseits, Anerkennung der marktwirtschaftlichen Ordnung andererseits.*» (ebd.: 315) Wichtiger noch als die Theorie ist freilich die Praxis. Solange es in den 1940ern, 1950ern, 1960ern und 1970ern soziale Zugeständnisse gab, beförderten diese die «*Integration in die bestehende Gesellschaftsordnung*» (ebd.: 390). Befristung und Prekarisierung von Arbeitsverhältnissen, Privatisierung und Sozialabbau seit den 1980er Jahren (vgl. ebd.: 369) und anhaltend durch die 1990er, 2000er und 2010er können Partnerschaften lockern und auch innergewerkschaftliche Opposition fördern.

Was seine Mitgliedschaft anging, so veränderte sich zwar im DGB die Bedeutung der verschiedenen Branchengewerkschaften, die Entwicklung war aber lange Zeit konstant. Von 6,5 Millionen Mitgliedern 1966 stieg die Anzahl auf 7,4 Millionen 1976 (vgl. ebd.: 347) und 7,7 Millionen 1986. Nach dem Anschluss der DDR an die BRD waren es 1990 sogar 11,8 Millionen, 2003 blieben davon lediglich 7,4 Millionen übrig (vgl. Negt 2004/2016: 107). Was die Kontinuität trug war lange Zeit eine Art erfolgreiches Scheitern. Zwar kam es weder 1920 noch

1949 zu der geforderten Sozialisierung der Wirtschaft, zwar ging in den 1950ern der Kampf gegen die Wiederaufrüstung ebenso verloren wie der in den 1960ern gegen die Notstandsgesetze (vgl. ebd. 144ff.), aber dies Alles war begleitet von ökonomischen Verbesserungen. Die 1980er Jahre stellen in dieser Hinsicht leider einen Wendepunkt dar. Der Liberale Ralf Dahrendorf schreibt 1984 in «Die Zeit»: «*Die Gewerkschaften sind zu Verteidigungsorganisationen absteigender sozialer Gruppen geworden.*» (Dahrendorf 1984, zit. n. ebd.: 159)

Der Soziologe und Sozialphilosoph Oskar Negt sieht in dieser Krise auch eine Gelegenheit. «*Es ist deshalb [...] nicht in erster Linie eine Krise der Gewerkschaften [...], sondern eine Krise der Gewerkschaftspolitik und der gegenwärtigen Ausdrucksformen, mit denen das Führungspersonal dem Gewerkschaftsgedanken in der Öffentlichkeit Gehör zu schaffen versucht.*» (ebd.: 162) Gegen die Verengung auf sozialpolitische Verhandlungen empfiehlt Negt drei Erweiterungen: «*Die Erweiterung des Interessenmandats, die Erweiterung des kulturellen Mandats und die Erweiterung des politischen Mandats.*» (ebd.: 170) Neben den Interessen von Lohnempfänger*innen wären auch die Interessen von Mieter*innen oder Eltern einzubeziehen. Nicht nur die Entlohnung produktiver Arbeit, auch politische Debatte über die Produktion wäre wichtig. Ebenso nicht nur Teilhabe an der Konsumkultur, sondern eigene Gegenkultur. Als organisatorischer Vorschlag wird an die DGB-Ortskartelle erinnert: «*Anders als in den formalisierten und meist ausreichend mit Geld ausgestatteten Verbandsstrukturen der Gewerkschaften ist hier in den Ortskartellen viel stärker das Problem artikuliert worden, wie Lebensverhältnisse der Familien, der Umgebung, der Schule mit betrieblichen Verhältnissen vereinbar sind.*» (ebd.: 183) Entwickelten sich Gewerkschaften im 19. Jahrhundert aus der Lebenswelt der Arbeiter*innen, so hatten sie im 20. Jahrhundert ihre Hochzeit im Rahmen der Großindustrie. Sofern sie dabei mehr Institution wurden als Organisation blieben, wäre nun nach Wegen einer Rückbindung an die Alltagswelt in der Dienstleistungsgesellschaft zu suchen.

Hans-Jürgen Urban von der IG Metall teilt Negts Einschätzung von der Krise. Von den 1920ern bis in die 1980er und 1990er Jahre verließen sich ADGB bzw. DGB auf den Sozialstaat als auszugestaltende Form von Politik. Der Rückschlag von Privatisierung, Sozialabbau und Neoliberalismus war nicht einkalkuliert. Dennoch meint Urban: «*Aus gewerkschaftlicher Sicht kann der Rückzug des Staates aus wichtigen Feldern der Arbeits- und Sozialpolitik zweifelsohne auch als eine ‹Chance zur organisationspolitischen Festigung› (Trampusch 2007: 264) gesehen werden.*» (Urban 2019: 49) Gibt es, wie schon Vetter in den 1970er meinte, keine Parteien mehr, die Politik für Arbeiter*innen machen, würde der DGB laut Negt zum Träger einer Politik der Arbeit. Diese zu gestalten bezeichnet Urban als ein Programm für «Gute Arbeit». Aber haben die Gewerkschaften, deren institutionelle Macht abnimmt, dazu noch ausreichend organisatorische Macht? «*Mittlerweile sind in der Kernzone des dualen Systems der Interessenvertretung (Betriebe mit Branchentarifvertrag und Betriebsrat) in der Privatwirtschaft nur noch knapp ein Viertel (24%) der Beschäftigten in Westdeutschland und gerade noch ein Siebtel (14%) in Ostdeutschland beschäftigt.*» (ebd.: 93)

Die wirtschaftliche Entwicklung geht am DGB vorbei. Zwar sind in der Industrie noch 41% der Arbeitenden organisiert, wobei es auch hier im Osten nur 19% sind, aber im wachsenden Bereich der Dienstleistung sind es nur 19% bzw. 14% im Osten (vgl. ebd.). Dabei ist heute nicht davon auszugehen, dass sich beide Bereiche sauber auftrennen. Vielmehr sind 42,5% der Dienstleistungen in der BRD Teil der Produktion (vgl. ebd.: 197). Es wäre also davon auszugehen, dass auch hier Produktionsmacht besteht, die aber schwieriger in Organisationsmacht umzusetzen ist. Negt bezweifelt daher, «*ob die Gewerkschaften […] ihre Organisation ausschließlich auf jene halb ausgegliederten Schichten stützen können, deren Not größer ist als die Fähigkeit, den gesellschaftlichen Betrieb ernsthaft zu stören*» (Negt 2004/2016: 166). Die Notwendigkeit einer sozialen Transformation kann also mitunter gerade da am größten sein, wo die Möglichkeit sie durchzusetzen am geringsten ist.

Neben den Fragen, welche Gruppen einen Wandel brauchen und welche ihn durchsetzen können, steht die Frage, welche Gruppen ihn wollen. Als Strategievorschlag betonte Urban deshalb schon 2002 mit Pickshaus, «*dass die konkrete Utopie einer ‹Guten Arbeit› auch heute, allem Wertewandel zum Trotz, weitreichende Ausstrahlungskraft erzeugen könnte.*» (zit. n. Urban 2019: 27) Um die Utopie der «Guten Arbeit» aber mit Leben zu füllen, bräuchte es eine «*stärker basisorientierte Ausrichtung auf eine umfassende* «*Beteiligung der Betroffenen*» *als Exper-*

ten in eigener Sache» (ebd.: 27), also Demokratisierung der Gewerkschaften. Geeignete Themen wären, nach der 2007er Initiative «Gute Arbeit» der IG Metall, Schutz vor Entgrenzung der Arbeitszeit, altersgerechte Arbeitsgestaltung, Vermeidung von Prekarität und Befristung, Mitgestaltung betrieblicher Restrukturierung (vgl. Urban 2019: 103). Manche gewerkschaftliche Kampffelder wie die Arbeitszeit werden heutzutage problematisch, weil sich Interessen ausdifferenzieren. Von Seite der Unternehmen gibt es Flexibilisierungsdruck, um Arbeitskraft nach Bedarf einsetzen zu können (vgl. ebd.: 96). Von Seiten einiger Beschäftigter gibt es Souveränitätswünsche, das heißt auch flexibel zu arbeiten. Hier zeigt sich eine Polarisierung. Für ungelernte Kellner*innen ist die Aufweichung von Arbeitszeitnormierung eine Bedrohung, für hochqualifizierte Ingenieur*innen ein Versprechen (vgl. ebd.: 150). Eine «*inklusive Klassenpolitik*» (vgl. ebd.: 205) müsste daher Forderungen entwickeln, anhand derer auch Bündnisse von Klassenfraktionen entstehen. Wogegen? «*Seit der Jahrtausendwende haben unterschiedliche Regierungskoalitionen die Überalterung der Gesellschaft zum Anlass genommen, um einen weitreichenden Umbau der Sozialsysteme zu begründen. Die Stichworte lauten: Leistungskürzungen, Teilprivatisierung und Verschiebung der Finanzlasten zugunsten der Unternehmen und zulasten der Beschäftigten.*» (vgl. ebd.: 47)

Am Sozialabbau war die SPD, die alte Bündnispartnerin des DGB, maßgeblich beteiligt. Urban rät daher zu einer neuen Mobilisierung für die Wirtschaftsdemokratie. Mit Hensche warnt er dabei vor einer «‹*Reduktion der Wirtschaftsdemokratie auf die geltende gesetzliche M. (Mitbestimmung)*›» (ebd.: 229). Wichtig seien die Ökologisierung und Demokratisierung der Arbeit als Etappenziele (vgl. ebd.: 232). Die Bestimmung von Etappen braucht ein Ziel. Urban schlägt daher den Gewerkschaften vor: «*Kombination aus privatem, staatlich/öffentlichem und genossenschaftlichem Eigentum. […] Die historischen Erfahrungen sprechen für eine Nutzung marktlicher Verfahren […] aber auch dafür, Märkte in einer Rahmenplanung zu integrieren.*» (Urban 2019: 226) Also Marktsozialismus?

Die Verfügung über Produktionsmittel würde dann privat, kommunal, staatlich oder genossenschaftlich, aber im Gegensatz zu syndikalistischen Konzepten nie gewerkschaftlich. Das Leitbild ist eine regulierte Wirtschaft mit «*Investitionszulagen* *für erwünschte und Abgaben für unerwünschte Investitionen»* (ebd.: 202). Durchaus auch mehr Demokratie: «*Schließlich müsste im Bedarfsfall über Einflusskanäle von betrieblichen Interessenvertretungen, Aufsichtsräten und regionalen Wirtschafts- und Ökologie-Räten auf die unternehmerischen Investitionsentscheidungen nachgedacht werden.*» (ebd.) Wenn Gewerkschaften zu Organisationen werden wollen, die diese Interessen bündeln, müssten sie mehr sein als «*nur Interessenvertreter der Arbeitsplatzbesitzer und darunter auch nur der qualifizierten Arbeiter*», wie Negt den Gewerkschafter Hans Preiß zitiert (vgl. Negt 2004/2016: 185). Sicherlich sind qualifizierte Industriearbeiter*innen für Gewerkschaften eine dankbare Gruppe, da die Produktionsmacht für Eingriffe in Abläufe groß ist und die Organisationsmacht aufgrund der Verankerung der Gewerkschaften in Großbetrieben stark. Wenn aber Institutionsmacht im demokratischen Staat nicht aufgegeben werden soll, muss es darum gehen, breitere Bevölkerungsgruppen einzubinden. Dies können Gewerkschaften nicht als gefühlte Versicherungsanstalt, sondern nur als eine Organisation, die mit dem «*Druck einer ‹sozialen Bewegung im Betrieb› (Rolf Rosenbrock)*» (Urban 2019: 126) arbeitet.

Anlässe dafür gibt es, gerade was die gesundheitlichen Rahmenbedingungen von Arbeit betrifft, auf betrieblicher Ebene genug. Die Kritik daran aber muss organisiert werden. Unzufriedenheit ist mit der Unmittelbarkeit vom Kämpfen und Utopien zu verbinden, wenn die «*Orientierung auf eine partizipative Bewegung im Betrieb*» (ebd.) gelingen soll. Unzweifelhaft, dass damit auch eine Politisierung des DGB selbst gemeint ist, was die Kontrollfunktion von Funktionär*innen schwächen und die Kampfbereitschaft steigern würde. Der ADGB verzichtete zugunsten seiner konterrevolutionären Ordnungsrolle oft auf Kampfmaßnahmen. Könnte eine revolutionäre Gewerkschaftsopposition hier Druck machen?

4.3 (Revolutionäre) Gewerkschaftsopposition?

Gewerkschaftsopposition ist als Konzept eine Art Mittelweg zwischen der revolutionären Klarheit von Richtungsgewerkschaften und der reformistischen Einheit von Einheitsgewerkschaften. Es sieht vor, dass sich auch diejenigen, die eine radikalere Transformation wünschen, in Einheitsgewerkschaften engagieren: als innere Opposition. Interessant für die Entstehung dieses Organisierungsansatzes ist die kommunistische Gewerkschaftspolitik in der Weimarer Republik. In der Frühphase der KPD war ein Großteil der Mitglieder gegen die Mitarbeit im ADGB. Ebenso richteten sich linkskommunistische Gewerkschafter*innen gegen die FAUD. Im Ruhrgebiet entstand im März 1919 die Allgemeine Bergarbeiter-Union, die von der KPD gefördert wurde. Sie beteiligte sich im September 1919 an der FAU (Syndikalisten). Dann aber, gemeinsam mit Bergarbeiter-Unionen Mitteldeutschlands und Oberschlesiens, «*vollzog die FAU Gelsenkrichener Richtung einen Trennungsstrich zur FAUD. […] Vom 4. Bis 9. September fand dann in Halle (Saale) der Vereinigungskongreß der FAU Gelsenkirchener Richtung, des 1919 entstandenen Freiern Landarbeiter-Verbandes und des 1919 geschaffenen Verbandes der Hand- und Kopfarbeiter zur Union der Hand- und Kopfarbeiter Deutschlands (Räteorganisation) statt.*» (Weichhold 2005: 100f.) In den folgenden Jahren erging es der UdHuK ähnlich wie der syndikalistischen FAUD oder der rätekommunistischen AAUD/AAUE: Von 162.000 Mitgliedern 1922 blieben 1923 noch 150.000, 1924 noch 100.000 und 1925 nur noch 20.000 (vgl. ebd.: 102f.). Während sich aber die AAUD an der KAPD orientierte und die FAUD parteilos blieb, orientierte sich die UdHuK, trotz Spannungen, an der KPD (vgl. ebd.). Bereits 1919 propagierte die KPD aber die «*Revolutionierung der [alten] Gewerkschaften*», d. h. den Eintritt in die ADGB-Gewerkschaften (ebd.: 105). Dieser Widerspruch führte zu Debatten. Nach entsprechenden Beschlüssen der Roten Gewerkschafts-Internationale 1924 und der KPD 1925 wurde die UdHuK aufgelöst. Die Mitglieder sollten sich dem ADGB anschließen, es mangelte aber zunächst an einem Konzept, was nun in diesen Gewerkschaften zu tun sei. Vom «*EKKI*», dem Exekutiv-Komitee der Kommunistischen Internationale, «*wurde beschlossen und auf einer weiteren Plenarsitzung im Februar/*

März 1926 ‹bestätigt›, daß die Kommunisten feste Fraktionen in den Gewerkschaften zu bilden hätten» (Müller 1988: 51). Die KPD setze dies mit einem Parteitagsbeschluss 1927 um, wonach es die Aufgabe der kommunistischen Fraktionen im ADGB sei, «*die Gewerkschaften auf den Boden des Klassenkampfes zurückzuführen*» (ebd.: 54).

Die Kommunist*innen teilten also die Kritik der Syndikalist*innen an Reformismus und Staatsnähe des ADGB, aber sie zogen daraus nicht den Schluss sich zu separieren, sondern sich in die Massengewerkschaft zu integrieren. Laut dem Historiker Werner Müller lassen sich dabei vier Phasen unterscheiden: 1928 bis Mitte 1929 fand ein Klärungsprozess statt, bei dem Parteimitglieder auf einen Oppositionskurs in den Gewerkschaften verpflichtet wurden. Zwischen Sommer 1929 und Mai 1930 wurde dann versucht ein «*von den Gewerkschaften unabhängiges Organisationsnetz aufzubauen*», das auf «*parallele Leitungen*» und «*Betriebsrätekonferenzen*» setzte (ebd.: 45). Nur im Jahr 1930 und Anfang 1931 wurde versucht, «*ohne und gegen die Gewerkschaften Tarifkämpfe und Streiks, möglichst Massenstreiks, zu führen*» (ebd.: 46). In dieser Phase schwankte die Revolutionäre Gewerkschafts-Opposition (RGO) zwischen der Mitarbeit in ADGB-Gewerkschaften und dem Aufbau paralleler Industrieverbände. Von 1931 bis 1933 musste diese Offensive zurückgefahren werden. Paul Merker (1894–1963), RGO-Leiter von 1929 bis 1930, rief im Kontext eines Reichs-Gewerkschafts-Kongresses der RGO 1929 wiederum zur «*Niederkämpfung der Agenten der sozialfaschistischen Gewerkschaftsbürokratie und der Hitler-Banden im Betrieb*» auf (Merker, zit. n. Müller 1988: 106). Die sozialdemokratische ADGB-Leitung wurde als sozialfaschistisch gebrandmarkt und so mit der faschistischen NSDAP gleichgesetzt. Um aber tatsächlich die Basis der Gewerkschaften gegen die Gewerkschaftsbürokratie zu mobilisieren, wurde ab 1930 versucht, Streiks und Organisierung voranzutreiben. So waren es vier Streikaktionen, in denen die RGO sich bemühte, eine tragende Rolle einzunehmen und sich durchzusetzen. «*Im Einzelnen handelte es sich um den Streik im Mansfelder Kupferschieferbergbau, den Streik in der Rhein-Ruhr-Metall-Industrie im Tarifgebiet ‹Nordwest› im Juli, den Berliner Metallarbeiterstreik im Oktober 1930 und zuletzt den Bergarbeiterstreik an der Ruhr und in Oberschlesien im Januar 1931.*» (Müller 1988: 140f.)

Die Bedingungen und Resultate waren allerdings sehr unterschiedlich. Zu den Streiks im Kupferschieferbergbau und in der Berliner Metallindustrie rief auch der ADGB auf, die Streikbewegungen im Ruhegebiet trug die RGO alleine. In Mansfeld intervenierte die RGO in den Streik mit direkten Aktionen. «*Sie organisierte nach dem Streikbeschluss des BAV Streikposten, die Betriebsteile besetzten, unter anderem die Hochöfen, um eine Weiterarbeit zu unterbinden. Dazu zog sie auch Erwerbslose und Betriebsfremde heran.*» (ebd.: 141) Die RGO brachte somit in syndikalistischer Manier Aktionen ein, die der ADGB als Verhandlungspartner der Gegenseite so nicht hätte verantworten können. Besetzungen erweiterten den Aktionsradius, der Einbezug von Erwerbslosen und anderen Militanten förderte die Klassensolidarität. Im Ruhrgebiet folgten zwischen 15.000 und 50.000 Streikende direkt dem Aufruf der RGO, es konnten Teilerfolge erzielt werden (vgl. ebd.: 143). Kompliziert waren die Wechselwirkungen von ADGB und RGO in Berlin. Zunächst setzte der Deutsche Metall-Arbeiter-Verband (ADGB) auf staatliche Schlichtungen in Tariffragen, nachdem aber die RGO für einen Streik im November 1930 mobilisierte, rief der DMV schon im Oktober zum Streik auf. In der KPD-Zeitung «Rote Fahne» wurde diese antreibende Wirksamkeit der RGO gedeutet als «*der günstige Augenblick zur Schaffung einer mächtigen Massenorganisation der RGO*» (Rote Fahne vom 21.10.1930, zit. n. ebd.: 145).

Dies war ein Rollenwechsel von der Gewerkschaftsopposition zur Richtungsgewerkschaft. Noch im November 1930 entstand der «Einheitsverband der Metallarbeiter» in Berlin. Es folgten im Januar 1931 im Ruhrgebiet der «Einheitsverband der Bergarbeiter Deutschland», im Februar 1931 der «Einheitsverband der Hafenarbeiter, Seeleute und Binnenschiffer», der «Rote Eisenbahnerverband» und der «Einheitsverband der Land- und Forstarbeiter», im März dann der «Einheitsverband der Textilarbeiter» und der «Einheitsverband für das Baugewerbe» (vgl. Müller 1988: 154ff.). Unter der Leitung von Franz Dahlem (1892–1981), RGO-Leiter von November 1930 bis Juni 1932, wurde nun also der Versuch unternommen, aus der Opposition in den ADGB-Gewerkschaften heraus eigene RGO-Gewerkschaften aufzubauen. Werner Müller dazu: «*Nur der Metall-, Berg- und Bauarbeiterverband erreichten eine gewisse Publizität.*» (ebd.: 156) Bereits im März/April 1931 kritisierte der KPD-Vorsitzende

Ernst Thälmann, daß «*die roten Verbände Sektenorganisationen wurden*» (Thälmann 1931 zit. n. ebd.: 163). So hatte der Einheitsverband der Metallarbeiter in Berlin nur etwa 13.000 Mitglieder, der Bergarbeiterverband der RGO nach eigenen Angaben nur 20.000 Mitglieder, auch wenn sich im Ruhegebiet z. B. bei Betriebsräten eine Drittelung zwischen ADGB, RGO und den Christlichen ergab. Mit einem erneuten Kurswechsel war daraufhin die Absetzung von Franz Dahlem und die Übernahme der RGO-Leitung durch Fritz Schulte (1890–1943) verbunden. Als RGO-Leiter hatte Schulte zwischen 1932 und 1933 die neue Empfehlung Thälmanns umzusetzen, nämlich «*einen wirklichen und energischen Kampf um alle wählbaren Funktionen in den Gewerkschaften*» (Thälmann 1932, zit. n. ebd.: 187). Insgesamt zeigen die von Müller untersuchten Phasen der kommunistischen Gewerkschaftspolitik, dass diese eine geringe Kontinuität aufwies. 1928/1929 innergewerkschaftliche Oppositionsarbeit, 1930/1931 der Aufbau von Parallelstrukturen und roten Gewerkschaften, 1932/1933 wieder die Rückkehr zur Opposition. Dieser Zickzack erleichterte sicherlich nicht die Verankerung einer revolutionären Opposition in der Einheitsgewerkschaft. Auch wehrte sich der ADGB mit Ausschlüssen gegen die innergewerkschaftliche Opposition (vgl. ebd.: 69).

Was für die RGO vielleicht am spezifischsten war, ist der Bereich der direkten Aktionen zur Flankierung von Streikaktionen, was auch ihre Mittelstellung zwischen Syndikalismus und Reformismus unterstreicht.

«*Im Dezember 1930 […] zeigt sich im Streik der Chemnitzer Straßenbahner ein weiteres Spezifikum der RGO-Streiks: eine zu der Zeit in Deutschland ungekannte Militanz. Eine von der RGO dominierte Minderheit der Straßenbahnarbeiter in der traditionellen KPD-Hochburg Chemnitz rief angesichts eines drohenden Lohnabbaus zu einem Streik auf, den der Gesamtverband nicht sanktionierte. Als dessen Anhänger den Fahrbetrieb aufrechterhalten wollten, demolierten RGO-Anhänger die Fahrzeuge und errichteten Barrikaden.*» (ebd.: 146)

Wo der ADGB auf Schlichtungen setzte und damit durchwachsene Ergebnisse hatte, propagierte die RGO den Klassenkampf, der allerdings beim chemnitzer Beispiel harte Repressionen nach sich zog. Ein konstruktives Verhältnis zwischen vorantreibender Basisopposition und Gewerkschaftsführung entstand in dieser Zeit gar nicht, was auch nicht zu erwarten gewesen wäre, da der parteipolitische Konflikt von KPD und SPD eben auch RGO und ADGB prägte. Aus Sicht der RGO war der ADGB ab 1928 weniger Organisation als Arena: «*Die Parolen ‹Hinein in die freien Gewerkschaften!› und ‹Hinweg mit den reformistischen Verbandsführern!› wurden nebeneinander genannt.*» (Müller 1988: 70) An einer Revolutionierung des reformistischen ADGB ist die RGO ebenso gescheitert wie die FAUD mit dem Aufbau revolutionärer Alternativgewerkschaften. Eine «*Stärkung des revolutionären Flügels innerhalb der Gewerkschaften*», wie sie Paul Merker 1928 forderte (zit. n. ebd.: 63), wäre nur denkbar gewesen, wenn sich die RGO konsequent als Flügel und nicht als Alternative verhalten hätte.

In der RGO selbst waren nie mehr als 300.000 Menschen organisiert (vgl. ebd.: 412). Die Taktik, auf Massenstreiks statt Verhandlungen zu setzen, wäre ein Weg gewesen, die Kampferfahrung der deutschen Arbeiter*innenklasse zu verbessern, die 1933 relativ widerstandslos vor dem Faschismus kapitulierte, was auch für die Selbstunterwerfung des ADGB gilt. Die im Vorjahr 1932 von der KPD zu spät gegründete «Antifaschistische Aktion» wurde aber nicht mehr rechtzeitig zur Einheitsfront aufgebaut. Im Jahr vor der Machtübertragung an die NSDAP hielt Fritz Schulte eine Rede auf der Plenartagung der RGO im November 1932, bezeichnenderweise unter dem optimistischen Titel «RGO im Angriff». Seine Einschätzung zur Lage: «*Wir erleben, daß in Deutschland die Bourgeoisie mit Hilfe ihrer Regierungen und besonders auch der SPD- und ADGB-Führer verzweifelte Anstrengungen unternimmt, einen Ausweg aus der Krise durch Abwälzung der Krisenlasten auf die werktätigen Massen zu finden.*» (Schulte 1932: 4) Gegen die «*sozialfaschistische Politik der SPD- und ADGB-Führer*» (ebd.: 5) verweist er auf 800 RGO-geführte Streiks und die Stimmenzuwächse der KPD.

Was Schulte unter Einheitsfront versteht ist die «*Einheitsfront von unten*» (ebd.: 6), d. h. die Aktionseinheit von kommunistischen, sozialdemokratischen, christlichen und anderen Arbeiter*innen, aber keine antifaschistische Zusammenarbeit zwischen RGO und ADGB bzw. KPD und SPD. Stattdessen beansprucht Schulte quasi ein organisatorisches Monopol: «*Die RGO ist die einzige Kraft, die berufen und imstande ist, die Kämpfe der deutschen Arbeiterklasse zu führen.*» (ebd.: 8) Zugleich räumt er ein, dass zwischen dem Einfluss der RGO im

ADGB und der tatsächlichen organisatorischen Bindung an die RGO eine Kluft bestehe (vgl. ebd.: 9). Einfluss lässt sich leicht behaupten, Schultes Optimismus aber wird durch die Organisationsmacht der RGO nicht gedeckt. «*Entlarvung*» der Bürokratie und «*Kampf um jede wählbare Funktion*» sind letztlich Schultes Antworten in der Krisenzeit der RGO (ebd.: 21). Auch empfiehlt er bessere Organisierung, die Nutzung von Betriebsratswahlen, die Einbeziehung von Vertrauensleuten, Erwerbslosen, Frauen, Jugendlichen und Angestellten (vgl. ebd: 24-28), aber für alle diese Aufbau- und Verankerungsmaßnahmen fehlte Ende 1932, Anfang 1933 schlicht die Zeit. In dieser entscheidenden Situation wie Schulte zu fordern: «*Die RGO muß eine Millionenorganisation werden*» (ebd.: 31), verkennt die Zeichen der Zeit, die drohende Gefahr und die tatsächlich marginale Position innerhalb des ADGB.

Was aber lässt sich aus dem schlussendlichen Scheitern der RGO lernen? Ihr Schwanken zwischen Opposition in den Gewerkschaften und Separation von den Gewerkschaften verhinderte, dass in den 1920er und 1930er Jahren spürbarer Einfluss entstanden wäre. Rosa Luxemburgs Frage, wie die Gewerkschaften vor Borniertheit und Selbstbeschränkung zu bewahren wären, konnte die RGO nicht beantworten. Nach dem Faschismus gingen die meisten der überlebenden ehemaligen Anhänger*innen von FAUD und RGO zum DGB. Auch die KPD hielt von 1945 bis zu ihrem Verbot 1956 und später ab 1968 als DKP an der Einheitsgewerkschaft fest. Ein Anknüpfen an die Idee der Gewerkschaftsopposition gab es erst in der Neuen Linken. Nach der Auflösung des antiautoritären SDS 1970 gab es unter den autoritären K-Gruppen zwei, die sich um eine Wiederbelebung der RGO bemühten, die KPD/ML (1968–1986) und die KPD/AO (1970–1980). Hatte die historische RGO allerdings immerhin hunderttausende KPD-Mitglieder mobilisiert, so war diese Oppositionsarbeit eher vergebliche Liebesmüh. Die wichtigste Gemeinsamkeit zur historischen RGO ist wohl die Idee, dass eine Partei die Gewerkschaft(sopposition) anzuleiten hätte, was schon die historische KPD/RGO von FAUD und AAUE unterschied. Die RGO-Versuche der KPD/ML und der KPD/AO in den 1970ern blieben sektiererisch und konnten nicht die Etablierung einer Gewerkschafts-Opposition im DGB bewerkstelligen.

Echte Opposition im DGB ist hingegen die Gewerkschaftslinke, die seit 1999 um die Plattform «www.labournet.de» organisiert ist, die «*Gewerkschaftsopposition im Internet*» (SOZ 2000 http://vsp-vernetzt.de/soz/001706.htm). Seit 2014 organisiert auch die Gruppe «Organisieren-Kämpfen-Gewinnen» Workshops und Konferenzen in Kassel. Das Ziel der Gewerkschaftslinken, die sich in solchen Projekten organisiert, ist nicht die Orientierung der Einheitsgewerkschaft an einer revolutionären Partei (wie bei KPD, KPD/ML und KPD/AO), aber auch nicht die Separierung in Richtungsgewerkschaften (von der FAUD bis zur FAU), sondern die Aktivierung der DGB-Gewerkschaften als soziale Bewegung. Um diesen Unterschied zu verstehen, ist der Vergleich zwischen den 1920er, den 1970er und den 2020er Jahren geboten. Zu den 1920ern wurde schon viel gesagt, daher nun ein kurzer Blick in die 1970er Jahre.

1969 veröffentlichten Frank Deppe, Jutta von Freyberg, Christof Kievenheim, Regine Meyer und Frank Werkmeister von der Universität Marburg ein Buch zur «Kritik der Mitbestimmung». Deppe war 1965–1967 im SDS-Vorstand, Kievenheim in der DKP, von Freyberg und Werkmeister später bei der PDL. 1972 erschien das Buch bereits in dritter Auflage bis zum 28.000sten Band. Sie untersuchen hier «*Erscheinungsformen der proletarischen Integration*» (Deppe et. Al. 1972: 157), wozu für sie auch die Mitbestimmungspolitik des DGB gehört. Im Kern ginge es darum, Konflikte zu vermeiden. «*Die Integration muß sich vielmehr friedlich, in der Form von wirtschaftlichen und sozialpolitischen Zugeständnissen an die Arbeiter vollziehen. Das Ziel solcher Maßnahmen ist eindeutig die planvolle Bindung der großen Interessenverbände, vor allem aber der Gewerkschaften, an die Politik des Staates.*» (ebd.: 161) Wenn dies gelingen soll, so die Analyse, ist nicht nur der Inhalt der Zugeständnisse wichtig, sondern auch die Form, in der diese erreicht werden. Reagieren Kapital und Staat auf Streiks und Demonstrationen mit Zugeständnissen, so könnten die Arbeiter*innen zu weiteren Aktion ermutigt werden. Im Gegensatz dazu sei Mitbestimmung eine Form der Beteiligung, die den Gewerkschaftsvertreter*innen eine sozialpartnerschaftliche Verantwortung aufbürdet.

«*Die Übertragung von Kapitalfunktionen auf die Vertreter der organisierten Arbeiterschaft im Unternehmen, die durch das Mitbestimmungsgesetz und z. T. auch durch das Betriebsverfassungsgesetz geregelt wird, verfolgt daher auch im Bewußtsein der Herrschenden eine doppelte politische Zielsetzung; die Vertreter der Belegschaften und der Gewerkschaften, die Gewerk-*

schaften sollen als ‹Ordnungsfaktoren›, ja als Staatsorgane dem bestehenden System unterworfen werden.» (ebd.: 167)

Gewerkschafter*innen in Betriebs- und Aufsichtsräten sind laut Betriebsverfassungs- und Mitbestimmungsgesetz keine Vertreter*innen der Arbeiter*innen, sondern juristisch «*an das Wohl des Unternehmens*» gebunden und müssen den «*Betriebsfrieden*» wahren (ebd.: 123). Sie unterliegen der Treuepflicht (vgl. ebd.: 114), erhielten aber als Aufsichtsräte auch weit über 5000 DM im Monat (vgl. ebd.: 120). Aus Kapitalsicht wird Mitbestimmung somit zur passenden Integrationsformel. Die Kritik der Mitbestimmung ist letztlich eine Kritik des Staatsfetischismus. Der «*Reformismus*» erliege dieser Illusion, denn «*dieser begreift den Staat ja gerade nicht als Machtinstrument der herrschenden Klasse, sondern – zumal in seiner bürgerlich-parlamentarischen Gestalt – als eine über den Klassengegensätzen schwebendes ‹unparteiisches› Gebilde.*» (ebd.: 162f.) Sicherlich ist der Staat formal von den ökonomisch Mächtigen getrennt, aber eben diese Trennung erlaubt die politische Formierung des Klassenkampfes. Als Kampf um Mitbestimmung wird Kampfkraft geschickt kanalisiert. Dadurch geht die Utopie verloren, die in bestimmten Forderungen steckt. «*Kontrollforderungen, die sich aus dem solidarischen Widerstand gegen die innerbetriebliche technologische Entscheidungsgewalt des Management entwickeln, zielen auf die Änderung von Machtstrukturen.*» (ebd.: 263)

Statt nur in Aufsichts- und Betriebsräten mitzubestimmen, sollten Gewerkschaften das Ziel verfolgen, den Belegschaften mehr Kontrolle über die Arbeit selbst, aber auch Einblick in die Geschäftsführung der Betriebe zu erkämpfen. Im DGB aber sind die Kräfteverhältnisse nicht eindeutig für den Kontrollgewinn. Deppe et.al. zitieren z. B. Georg Leber aus dem DGB-Bundesvorstand, demzufolge «*Eigentum eine tragende Säule unserer Lebensart ist […] Wir halten nichts von einer revolutionären Änderung dieses Zustandes.*» (Leber, zit. n. ebd.: 225) Andere, wie Willi Michels von der IG Metall vertraten die Mittelposition, «*daß die Mitbestimmung nur ein Instrument zur Demokratisierung der Wirtschaft ist*» (Michels, zit. n. ebd.: 229). Dagegen warnte der Linke Eugen Loderer, ebenfalls IGM: «*Hüten aber müssen wir uns, als Mitbestimmung anzuerkennen, was keine ist*» (zit. n. ebd.: 232). Zwischen falscher und echter Mitbestimmung, zwischen Bewahrungspolitik und Veränderungsschritten bewegt sich die Debatte im DGB in dieser Zeit. Deppe et.al. verweisen darauf, dass es sehr wohl auch eine Gewerkschaftsopposition gab, die für entschiedene Demokratisierung eintrat. 1969 gewann sie z. B. die Betriebsratswahlen beim Stahlbetrieb Klöckner in Bremen. «*Die ‹Liste der Opposition› (Liste 2) siegte mit 39%. Die Kandidaten aller Listen waren Mitglieder der IG Metall.*» (ebd.: 270) Insofern war die Oppositionsliste innergewerkschaftliche Opposition gegen die Vorstandsliste. Eine solche Opposition aber wollte sich die IGM hier nicht bieten lassen, es wurde «*ein Verfahren wegen gewerkschaftsschädigendem Verhalten (Ausschlußverfahren) eingeleitet*» (ebd.). Es zeigt sich hier exemplarisch, wie schwierig es sein kann an der Basis und in den Apparaten des DGB Opposition zu organisieren. Der Anspruch der Einheitsgewerkschaft wird oft genug mit disziplinierter Einigkeit verwechselt.

Die Versuche der 1970er Jahre eine organisierte Gewerkschaftsopposition aufzubauen, waren vom Primat der K-Gruppen geprägt. Die 1968 von Ernst Aust (1923–1985) gegründete KPD/ML gründete 1978 ihre RGO. Im Rückblick auf die eigene Parteigeschichte ist 2008 von RGO-Gruppen in 50 Betrieben die Rede. Es gab auch eine Zeitschrift, die «RGO-Nachrichten» (vgl. Berger/Kesten 2012). In der Satzung der KPD/ML-RGO heißt es:

«*Sie will die Interessen und Forderungen der Arbeiter und Angestellten gegen die Unternehmermacht durchsetzen. Dabei kämpft sie als Opposition in den DGB-Gewerkschaften gegen die reaktionäre DGB-Führung, die mit den Kapitalisten zusammenarbeitet, und gegen den von den unternehmerhörigen DGB-Bonzen geführten und kontrollierten Gewerkschaftsapparat. Die RGO kämpft für die Einheit der Arbeiter und Angestellten gegen die Spalter der Gewerkschaftsbewegung.*» (ebd.: 29)

Es liegt auf der Hand, dass dies bei einer Verankerung in nur 50 Betrieben lediglich eine Absichtserklärung bleibt. Ähnlich verhält es sich bei der KPD/AO, die 1970 unter Führung von Jürgen Horlemann (1941–1995), Peter Neitzke (1938–2015) und Christian Semler (1938–2013) gegründet wurde. Jürgen Schröder schreibt 2008 über die Gewerkschaftsopposition der KPD/AO, dass es seit 1972 eine RGO-Zeitschrift gab und 1973 einen RGO-Kongress (vgl. Schröder 2008). Am 24.5.1972 hieß es in der Parteizeitschrift «Rote Fahne»: «*Unser Ziel ist der Aufbau der revolutionären Gewerkschaftsopposition unter politi-*

scher Führung unserer Partei.» (zit. n. ebd.) Dieser Führungsanspruch, den sich KPD/ML und KPD/AO, mehr noch als die Bünde KB, KBW und KABD, von ihrem Vorbild, der historischen KPD, abschauten, machte ihre RGO zur Farce. Über den 1973er RGO-Kongress der KPD/AO schreibt Schröder durchaus kritisch: «*Die langen Listen der Betriebe, von denen Teilnehmer stammten, mögen beeindruckend erschienen sein, es bleibt allerdings fraglich, wie zahlreich die jeweiligen Belegschaften vertreten waren, bei über 500 Anwesenden aus 120 Betrieben kann es im Durchschnitt ja kaum zu mehr als einer Handvoll gereicht haben.*» (Schröder 2007) Dennoch beschloss die IGM 1973 einen Unvereinbarkeitsbeschluss mit der KPD/AO (vgl. ebd.). Im selben Jahr schrieben Elmar Altvater, Gerd Armanski, Hajo Funke, Siegfried Heimann, Jürgen Hoffmann, Christel Neusüß und Bernd Rabehl einen Artikel in der Zeitschrift «Probleme des Klassenkampfes» zur RGO der KPD/AO. Als Autor*innenkollektiv sehen sie, nach den Krisenschüben von 1966/1967, durchaus Bewegung an der Gewerkschaftsbasis, bei der es vor allem um die «*Erkenntnis von der Notwendigkeit der Demokratisierung der Gewerkschaften*» ging (ebd.: 155). Die RGO-Politik der K-Gruppen sei aber kontraproduktiv.

«*In dieser Situation kommt die KPD/AO mit ihrer RGO-Propaganda der Gewerkschafsführung bei deren Disziplinierungsversuchen gerade recht; sie bietet der Gewerkschaftsführung die Handhabe, gegen die ‹Verschwörung an der Gewerkschaftsbasis› vorzugehen.*» (157)

Wie gezeigt wiederholten sich hier in den 1970er Jahren zwei Phänomene, die wir aus den 1920ern kennen: Die Revolutionäre Gewerkschaftsopposition RGO orientiert sich parteilich, eben an der Partei KPD bzw. den Sekten KPD/ML und KPD/AO. Die Einheitsgewerkschaft ADGB bzw. DGB reagiert darauf mit Ausschlüssen. So erklärte der DGB-Vorstand 1973, «*dass die Tätigkeit für oder die Unterstützung von linksextremen Parteien, Vereinigungen oder Gruppierungen unvereinbar mit der Mitgliedschaft in einer DGB-Gewerkschaft ist*», dazu werden gezählt: Die KPD/AO, die KPD/ML «*und die von ihnen gegründete ‹Revolutionäre› oder ‹Rote Gewerkschaftsopposition›*» (DGB 1973, zit. n. Bergmann 2013: 53). Abgewehrt werden sollte, wie in der Weimarer Republik, ein Einfluss von Parteien links der SPD. Für (A)DGB-Gewerkschafter*innen an der Basis war dieser Einfluss nie attraktiv. Auch die erste RGO scheiterte daran, Einfluss über die Parteimitglieder hinaus zu erlangen. «*Die Mitgliederzahl der RGO war fast identisch mit der Zahl der KPD-Mitglieder: sie betrug 1929: 106.000, 1931: 150.000 und 1932: 250.000-320.000 eingeschriebene RGO-Mitglieder.*» (ebd.: 150) Auch die RGO der 1970er gab bald auf, KPD/ML und KPD/AO zerfielen in den 1980er Jahren.

Eine tatsächliche Gewerkschaftsopposition von der Basis her ist hingegen die Vernetzung «labournet». Sie entstand 1999 als Onlineauftritt von Gruppen, die als «Initiative zur Vernetzung der Gewerkschaftslinken» (IVG) aktiv sind. Nachdem die Rosa-Luxemburg-Stiftung 2017 eine Konferenz der Initiative «Organisieren-Kämpfen-Gewinnen» in Kassel gefördert hatte, entstand nach einer weiteren RLS-Konferenz 2019 in Braunschweig 2020 nun auch eine weitere «Vernetzung für kämpferische Gewerkschaften» (VKG). 2005 schreibt die IVG eine Plattform, die bei labournet veröffentlicht wird. Den DGB-Gewerkschaften wird vorgeworfen, Lohnsenkungen zu akzeptieren, Privatisierung von Sozialversicherungen und Abbau von Sozialleistungen zu dulden und den Kampf um Arbeitszeitverkürzung aufzugeben (vgl. IVG 2005). Konkrete Forderungen der IVG dagegen: Rente mit 60, eine einheitliche Krankenversicherung und Vermögenssteuern. Über das Selbstverständnis der IVG ist in ihrer Plattform von 2005 zu lesen: «*Wir sind ein Zusammenschluss von GewerkschafterInnen. Wir wenden uns aktiv gegen alle Bestrebungen, gewerkschaftliche Aktivitäten den Interessen und Zielen des Kapitals unterzuordnen. Stattdessen wollen wir dazu beitragen, über die Grenzen des kapitalistischen Systems hinaus zu denken und Alternativen zu entwickeln.*» (ebd.) Kritik am Kapitalismus ist Ausgangspunkt, ein Überschreiten des Kapitalismus die Utopie. Dazwischen steht die Organisierung als Gewerkschaftsopposition in den DGB-Gewerkschaften. 2013 fand schon der 14. Bundesweite Kongress der Gewerkschaftslinken statt (Vgl.: www.labournet.de/wp-content/uploads/2012/10/gewlinke2013.pdf).

2015 gab es eine Konferenz in Kassel zu der neben der IVG auch Aktion Arbeitsunrecht e.V., die Zeitung express, Netzwerk für eine kämpferische und demokratische ver.di, tie-Germany, ver.di-Linke NRW und die AG Betrieb und Gewerkschaft der Linkspartei aufriefen. Zudem gibt es seit Mitte der 2010er Workshops und Konferenzen von «Organisieren-Kämpfen-Gewinnen» (OKG) in Kassel. In der Abschlusserklärung zur Strategiekonferenz 2020, an der Gewerkschafter*innen aus IGM, ver.di, EVG und GEW teilnahmen, heißt es auf der Homepage der VKG: «*Die Gewerkschaften haben keine konsequente Gegenwehr organisiert. Die Politik unserer Gewerkschaftsführungen besteht in Sozialpartnerschaft und Co-Management.*» (https://www.vernetzung.org/abschlusserklaerung-der-strategiekonferenz-fuer-Kaempferische-gewerkschaften) Das Ziel ist eine andere Gewerkschaftspolitik. Aber welche?

Der Sozialwissenschaftler Thomas E. Goes, der sich bei OKG für Anregungen bedankt (vgl. Goes 2016: 11), unterscheidet zwei Typen von Gewerkschaften. Zum einen *die «sozialpartnerschaftlichen Gewerkschaften in Westdeutschland»* (Goes 2016: 9), zum anderen Ansätze, die man international als «*Social Movement Unionism» bezeichnet, worunter man im Deutschen ‹Gewerkschaft als Bewegung› verstehen kann*» (ebd.: 166). Bietet dieses Konzept einer Gewerkschaft neuen Typs Perspektiven für die heutige Gewerkschaftsopposition, wie sie sich in IVG, OKG und VKG herausbildet? Könnte eine Veränderung der DGB-Einheitsgewerkschaften in diesem Sinne auch eine Attraktivität für die FAU-Richtungsgewerkschaften entfalten?

Für Goes ist klar, «*dass die Routinen und Institutionen sozialpartnerschaftlicher Gewerkschaftspolitik […] nicht mehr ausreichen, um Lohnabhängigeninteressen erfolgreich und solidarisch zu vertreten*» (ebd.: 10). Er betont den Bedeutungsverlust der Tarifpolitik, denn statt einer Tarifbindung von 66% in West- und 48% der Betriebe in Ostdeutschland nach der Wiedervereinigung liegt diese 2014 nur noch bei 47% bzw. 28% (vgl. ebd.: 14). Von 8 Millionen Mitgliedern 1989 blieben den DGB-Gewerkschaften 2015 nur 6 Millionen (vgl. ebd.: 171). Zur Wiederbelebung der Gewerkschaften werden «*Netzwerke*» empfohlen, «*die gegenseitige Unterstützung ermöglichen (z.B. mit Parteien, kirchlichen Einrichtungen oder sozialen Bewegungen)*» (ebd.: 40). Diese Solidaritätsnetzwerke würden vielfältige außerbetriebliche «*Druckkampagnen*» (ebd.: 121) gegen Konzerne erlauben. Erfolgreich wurde z. B. bei der Drogeriekette Schlecker durch die Kooperation von Gewerkschaften, Frauengruppen und Kirchen, die Öffentlichkeit z. B. durch wöchentliche Pressekonferenzen erzeugten, ein Tarifvertrag erkämpft (vgl. ebd.: 153). Druckaufbau brauchte hier feministische Ansprüche und menschliche Würde, kein gewerkschaftliches Co-Management.

Was in den 1990ern bei Schlecker gelang, klappte in den 2010er bei H&M (vgl. ebd.: 155). Um nach Außen hin kämpferischer auftreten zu können, müssen sich gewerkschaftliche Binnenstrukturen ändern. Funktionär*innen sollten sich nicht als Vertreter*innen betrachten, sondern als «*Katalysatoren*» (ebd.: 128), die Aktivitäten an der Basis nicht abwürgen, sondern beratend begleiten. Es gilt, «*Gewerkschaftsöffentlichkeit*» (ebd.: 161), Gewerkschaftsopposition und Basisdemokratie zuzulassen. Ein gutes Beispiel sind die Streikbewegungen im Sozial- und Erziehungsbereich 2015. Ver.di, GEW und Beamtenbund experimentierten hier mit «*Delegiertenstrukturen [...], die die normalen Tarifkommissionen ergänzten*» (ebd.: 157). Die Mobilisierung basierte auf Beteiligung statt Stellvertretung. Wie realistisch ist es, dass eine moderne Gewerkschaftsopposition um IVG und labournet, um OKG und VKG, den DGB nachhaltig verändern kann?

Die Zeit dafür wäre günstig. In den 1940er bis 1960er Jahren waren die meisten Arbeitsplätze in der BRD in der Industrie, nun sind sie im Dienstleistungsbereich. Hier fanden 2014 80% der Streiks statt, obwohl der Organisierungsgrad niedrig ist (vgl. ebd.: 18). Während von den 16 bis 65-jährigen heute 77,5% lohnarbeiten, sind von diesen nur noch 21,5% Gewerkschaftsmitglied (1950: 42,9%) (vgl. ebd.: 115). Neue Bündnisse wären nötig. Goes nennt z. B. Erwerbslosenorganisationen oder Mieter*inneninitiativen, wobei es bei solchen Netzwerken nicht einfach um Aufsummierung gehen kann, sondern nur um ein «*Transformatives Organisieren*» bei dem es Ziel ist, «*sowohl das System als auch die Menschen zu verändern*» (ebd.: 174). Sind die DGB-Gewerkschaften ein Bündnispartner im Transformationsprozess?

Für die Idee, dass sie sich durch Druck einer Gewerkschaftsopposition dahin bewegen könnten, spricht ihre eigene schwierige Situation. Der Soziologe Klaus Dörre meint 2008: «*Die gewerkschaftliche Organisationsmacht reicht nicht mehr aus, um die Chancen, die das Institutionensystem bietet, interessenpolitisch zu nutzen.*» (zit. n. Bewernitz 2019: 42) Organisationsmacht, also die Stärke einer Gewerkschaft, wächst nicht notwendigerweise mit ihrer Einbindung in Institutionen. Grundlage ist vielmehr, so Goes, die Macht, die den Arbeitenden aufgrund ihrer Rolle im Produktionsprozess zufällt. «*Je höher die Produktions- und Arbeitsmarktmacht ist, desto größer ist auch die Konfliktfähigkeit.»* (Goes 2016: 37) Besondere Qualifikationen, historisch von Handwerkern und Facharbeitern, heute z. B. von Pilotinnen und IT-Expertinnen, bedeuten solche Macht. Auch in Logistik und Just-in-time-Produktion liegen Drohpotentiale. Großbetriebe waren stets Orte gewerkschaftlicher Machtkonzentration (vgl. ebd.: 38). Niederigqualifizierte hingegen sind ersetzbar, Produktionsketten heute umleitbar und Kleinbetriebe keine gute Basis für Massenkämpfe.

Auf einen besonderen Aspekt, der die Produktionsmacht heute schwächt, verweist Mag Wompel von labournet, dem Netzwerk der Gewerkschaftsopposition: «*Die Globalisierung der Wirtschaft hat längst nicht nur die Konzerne, sondern auch den Mittelstand erreicht. Lohnabhängige aller Länder empfinden sich nicht erst seit der Krise als austauschbar und erpressbar. […] Gewerkschaften stehen dem immer noch ohnmächtig gegenüber.*» (Wompel 2013: 155) Staaten, die sich als Kapitalstandort anbieten, können Gewerkschaften kaum noch als Partner betrachten. Aus diesem Grund bezeichnete Bundeskanzler Gerhard Schröder in seiner Autobiographie die Industrie-Gewerkschaft Metall und die Vereinte Dienstleistungs-Gewerkschaft als seine hauptsächlichen politischen Gegenkräfte (vgl. Deppe 2013: 115). Aber diese Feindbestimmung ist allzuoft einseitig. Theodor Bergmann kritisiert in diesem Zusammenhang als Beispiel «*das Pforzheimer Abkommen von 2004, in dem die IGM sich zur Mitverantwortung für die internationale Wettbewerbsfähigkeit der deutschen Industrie bekennt*» (Bergmann 2013: 56). Für die IGM, die immer mehr Industriegewerkschaften in sich vereint, ist der Weltmarkt wichtiger als für eine Dienstleistungsgewerkschaft. Frank Deppe wirft der IGM daher «*Wettbewerbskorporatismus*» (Deppe 2013: 112) vor: Um die deutsche Exportmacht zu erhalten bilden Gewerkschaft und Kapital eine Korporation. Dies wird zum Thema für die Gewerkschaftsopposition. Wompel schreibt, «*dass selbst dem LabourNet-Germany kein einziger Fall faktischer internationaler Solidarität bekannt ist, in dem miteinander konkurrierende Belegschaften dem Kampf um das Nullsummenspiel ‹Arbeitsplatz› widerstehen konnten*» (Wompel 2013: 156). Gegen transnationale Konzerne sähen nationale Gewerkschaften alt aus: «*Von den Weltgewerkschaften sind wir […] weit entfernt.*» (ebd.: 157) Die Aufgabe der Gewerkschaftsopposition sieht sie im Kampf für einen «*Abschied von der deutschen Integrations- und Mitbestimmungskultur*» (ebd.: 158).

Um von einer kämpferischen Gewerkschaftsopposition im DGB zu einem kämpferischen DGB zu gelangen käme es freilich auf zwei Ebenen an: Erstens muss Veränderung an der Basis beginnen. Der Betriebsrat Achim Bigus hebt hervor, dass dies eine selbstbewusste Basis bereits voraussetzt. Schädlich sei die hier verbreitete «‹*Kunden*›-*Haltung*», die Betriebsrat und Gewerkschaften als eine Art Versicherung betrachtet (Bigus 2013: 131). Hilfreich ist, wenn es «*eine Basisstruktur der zuständigen Gewerkschaft [...] im Betrieb gibt. Je nach Struktur der Einzelgewerkschaft und je nach Betriebsgröße können dies Vertrauensleute oder Betriebsgruppen sein.*» (ebd.: 135) Zweitens müssten diese Basisstrukturen, die oft lokal oder regional orientiert sind, international vernetzt werden. Was aber könnten Aktionsformen und Ziele sein, mit denen eine Gewerkschaftsopposition den strukturellen Standortnationalismus vieler DGB-Gewerkschaften aufbrechen würden?

Sarah Bormann und Jenny Jungehülsing nennen als eine niedrigschwellige Form von Solidarität, wenn sich eine Belegschaft symbolisch mit Belegschaften anderer Standorte solidarisiert. Ein weiterer Schritt sind koordinierte Aktionen, wie z. B. dezentrale Aktionstage. Gemeinsame internationale Aktionen, z. B. bei Jahreshauptversammlungen, sind am voraussetzungsvollsten, haben aber oft multiplizierende Effekte (vgl. Borman/Jungehülsing: 31). Auszugehen wäre auch hier von der gegebenen Produktionsmacht. Es liegt nahe, wie Michael Fichter betont, «*dass die Konzernzugehörigkeit eine gemeinsame Plattform für den Aufbau einer transnationalen Kooperation bietet*» (Fichter 2015: 113). Latente Produktionsmacht an entscheidender Stelle ist dann zu übersetzen in akute Organisationsmacht: «*Durch die Vermittlung und Beteiligung von globalen Gewerkschaftsverbänden kann die Zusammenarbeit und Vernetzung der einzelnen Mitgliedsgewerkschaften an den wichtigsten Knotenpunkten solcher globaler Wertschöpfungsketten realisiert werden.*» (ebd.)

Gerade die internationale Organisationsmacht von Gewerkschaften ist schwach ausgeprägt. Nachdem sich der Weltgewerkschaftsbund 1949 gespalten hatte, in staatsnahe Gewerkschaften sozialistischer Länder und den Internationalen Bund freier Gewerkschaften (IBFG), schloss sich der IBFG erst 2006 mit dem vor allem in Trikont-Ländern vertretenen Weltverband der Arbeitnehmer (WVA) zum Internationalen Gewerkschafts-Bund (IGB) zusammen (vgl. Nastovski 2015: 189).

Gemeinsamen Aktionen stehen nach wie vor vielfältige Hindernisse entgegen. Dazu gehört die national unterschiedliche Einbindung von Gewerkschaften. Aus Sicht eines englischen Gewerkschafters lässt sich über den DGB sagen: «*Unser Eindruck ist, dass in Deutschland die Gewerkschaften ein verlängerter Arm des Management sind.*» (zit. n. Knirsch 2015: 132) Nina Knirsch nennt ein Beispiel, wo deutsche Gewerkschafter*innen aufgrund ihrer Einbindung in einen Aufsichtsrat Informationen nicht an englische Kolleg*innen weitergeben durften (vgl. ebd.: 131). Bodo Zeuner benennt auch die Gefahr, dass nationalistische, rassistische und sexistische Ideologie Klassenbewusstsein zerstört (vgl. Zeuner 2015: 59).

Ziele gemeinsamer Aktionen könnten hingegen sogenannte Globale Rahmenvereinbarungen (GRV) sein, die transnationale Konzerne mit transnational agierenden Gewerkschaften abschließen. Andrew Herod nennt als Beispiel eine Vereinbarung, «*in der sich BMW verpflichtet, bestimmte Arbeiterrechte in all seinen Betrieben auf der Welt zu beachten und Umweltschutzmaßnahmen einzuführen*» (Herod 2015 ebd.: 101). Auch Michael Fichter betont: «*Seit den 1990er Jahren sind GRV das wichtigste Instrument dafür, das die globalen Gewerkschaften haben.*» (Fichter 2015: 109)

Grundsätzlich stehen Gewerkschaften, und dies betrifft Richtungs- wie Einheitsgewerkschaften gleichermaßen, vor einer Reihe struktureller Probleme. Um auch nur alle multinationalen Konzerne einer Branche zu Abkommen zwingen zu können – und dies im Unterschied zur nationalen Ebene ohne staatliche Regularien – wäre eine gewaltige Organisationsmacht erforderlich. Diese entsteht leichter in Groß- und Logistikbetrieben, wo die Beschäftigten auch über die Produktionsmacht verfügen, globale Produktionsketten zu unterbrechen. Aber auch hier besteht für jede einzelne Belegschaft eine große Problematik. «*Aufgrund der strukturellen Abhängigkeit der Beschäftigen von der Akkumulation des Kapitals […] findet diese Gegenmacht auf betrieblicher Ebene ihre Grenze i. d. R. in der Wettbewerbsfähigkeit.*» (Goes 2016: 168)
Um einen Beitrag zur sozialen und ökologischen Transformation zu leisten, müssten sich Gewerkschaften auf mehreren Ebenen

verändern. Erstens müsste im nationalen Rahmen die Fixierung auf Institutionsmacht beendet werden, um dem Klassenkampf von oben Paroli zu bieten. Zweitens müssten Gewerkschaften ihre ideologische wie praktische Trennung überwinden und am Aufbau einer echten (gewerkschaftlichen) Internationale mitwirken. Für eine kämpferische und solidarische Ausrichtung streiten die Gewerkschaftsoppositionen. Selbst wenn diese die Massen- und Einheitsgewerkschaften verändern könnten, vielleicht mit Hilfe der bisher in Richtungsgewerkschaften organisierten Gewerkschafter*innen, blieben Gewerkschaften an sich, wie Rosa Luxemburg sagt, nur eine organisierte Defensive gegen das Kapital. Bissiger ausgedrückt haben dies um 1968 die Situationisten mit ihrem Slogan: «Gewerkschaften sind Bordelle» (vgl. Viénet 1968/2012: 17). Der Vergleich ist schief, da Prostitution eine besondere Form von Ausbeutung ist. Der Vergleich ist richtig, da dieser Slogan eine Wirkungsweise beschreibt: Straßenstrich ist in der Regeln schlimmer als Bordell, Ausbeutung ohne Tarif schlimmer als mit Gewerkschaften. Um Tarifverträge abzuschließen, braucht es auch das Interesse der Gegenseite, welches dann besteht, wenn Gewerkschaften «*in einem Mindestmaß eine ordnngspolitische Funktion für das Kapital übernehmen können*» (Goes 2016: 53). Eine solche Funktion ist für das Kapital aber nur nötig, wo es bedroht wird. Ist der gewerkschaftliche und außergewerkschaftliche Klassenkampf zu zahm, fehlt auch die Bereitschaft zu Zugeständnissen. So konnte der DGB zwischen 1990 und 2009 das Sinken der Reallöhne nicht verhindern, erst 2014 erreichten sie den Stand von 1991 (ebd.: 80). Gewerkschaften alleine werden nicht von sich aus wieder in die Offensive kommen können. Drittens braucht es weitere Akteure, die mithelfen eine Offensive in Gang zu bringen. Eine weitere Organisationsform, jenseits von Parteien, Genossenschaften und Gewerkschaften, wird hier wichtig: Betriebsorganisation als eine oppositionellen Organisationsform.

5. Betriebsorganisation – Otto Rühle und die Arbeitsfelder

Es lebe hoch, Spartakus, Räterepublik!
(Lied aus der Ruhrrevolte 1920)

Anders als die Anhänger*innen von Partei, Genossenschaft und Gewerkschaft, die ihre Ansätze positiv vertreten, lebt der Gedanke der Betriebsorganisation zunächst von deren Ablehnung. Nur so ist zu erklären, dass die Allgemeine Arbeiter Union/Einheitsorganisation (AAUE) 1921 sagt: «*Die nächsten Aufgaben der AAU […] Die Zertrümmerung der Gewerkschaften und der politischen Parteien.*» (s.u.) Wie kamen Rätekommunist*innen zu Beginn der Weimarer Republik zu ihrer Position, Parteien und Gewerkschaften abzulehnen?

Otto Rühle (1874–1943) war in Deutschland einer ihrer wichtigsten Stichwortgeber. Er sprach aus Erfahrung. Ab 1907 war Rühle Wanderlehrer für die SPD, ab 1912 sogar im Reichstag. 1915 stimmt er hier, zusammen mit Karl Liebknecht, gegen die Finanzierung des Weltkriegs. 1918 beteiligte er sich an der Gründung der KPD, wurde aber schon 1919 ausgeschlossen, weil er sich strikt gegen eine Beteiligung an Wahlen aussprach. Im April 1920 gehörte er dann zu den Gründungsmitgliedern der antiparlamentarischen «Kommunistischen Arbeiter-Partei Deutschlands» (KAPD) und ihrer Betriebsorganisation der «Allgemeinen Arbeiter-Union Deutschlands» (AAUD). Die KAPD umfasste im August 1920 etwa 40.000 Mitglieder (vgl. Bock 1993: 239), die AAUD hatte 1920 etwa 80.000 Mitglieder. Nach einem kurzen Höhenflug, bei dem die AAUD 1921 auf 200.000 Genoss*innen anwuchs, blieben ihr 1922 nur noch 70.000 übrig (vgl. ebd.: 196). Ins Gewicht fällt hier allerdings auch die Abspaltung der «Allgemeinen Arbeiter-Union Einheitsorganisation» (AAUE) im Oktober 1921. Die AAUE, zu der auch Rühle gehörte, lehnte nun auch die KAPD als Partei ab und setzte allein auf die Betriebsorganisation. Sie umfasste anfangs 60.000 bis 100.000 (vgl. ebd.: 216) Genoss*innen, verlor aber ebenso rasch an Bedeutung. Die programmatische Arbeit leisteten Franz Pfemfert (1879–1954), der 1915 schon die Antinationale Sozialisten-Partei gegründet hatte, und Otto Rühle. Rühles Schriften bieten sich an, um das Konzept der Betriebsorganisation zu verstehen, da es bei ihm am fundiertesten mit der Kritik an Parteien und Gewerkschaften verbunden ist.

Im Gegensatz zu anarchosyndikalistischen Gewerkschaften gab es nach dem Nationalsozialismus keine Wiedergründung rätekommunistischer Betriebsorganisationen. Allerdings vertraten in den 1970er Jahren operaistische Betriebsgruppen und auch das «Sozialistische Büro» (SB) den Ansatz einer Organisierung am Arbeitsplatz. In unabhängigen Betriebsgruppen lebt diese Tradition bis heute fort.

Was Anarchosyndikalismus (FAUD) und Rätekommunismus (KAPD/AAUD, AAUE usw.) gemeinsam hatten, war ihr rapider Bedeutungsverlust in der ersten Hälfte der 1920er Jahre. Eine ernsthafte Alternative zu KPD und SPD bzw. zu RGO und ADGB waren sie nur kurz. Was aber sind die Bruchstellen der Unionen mit den Parteien bzw. Gewerkschaften? Hermann Gorter (1864–1927), der 1920 Lenins taktischen Parlamentarismus kritisiert hatte und 1922 die «Kommunistische Arbeiter-Internationale» (KAI) mitbegründete, schrieb darüber 1921 in «Die Klassenkampf-Organisation des Proletariats»: «*Es sind die Betriebe, nicht mehr die Berufe, die die Kraft ausüben*» (Gorter, zit. n. Bock 1993.: 199). Räte, wie sie 1917 in Russland und 1918/1919 in Deutschland und anderen Ländern entstanden, sah er nicht nur als Organisationsform in einer Revolution, sondern als deren vorbereitende Vorwegnahme. «*Das Proletariat der Welt soll […] vor, während und nach der Revolution Arbeiter-Räte errichten.*» (Gorter, zit. n. ebd.: 267)

Hervorgehoben wird bei diesem Ansatz die revolutionäre Spontaneität der Arbeiter*innen. Mit bloßen Verbesserungen im Kapitalismus, wie sie Genossenschaften und Gewerkschaften anstreben, bräuchten sie sich nicht mehr abzugeben. Umstritten blieb die Frage der Partei. Syndikalisten wie Unionisten warf Georg Lukács vor, sie betrieben «*Propaganda gegen eine kommunistische Partei, die sie […] durch Gewerkschaften oder irgendwelche formlosen ‹allgemeinen Arbeiterunionen› ersetzen wollen*» (1920b: 123). Sein Argument dagegen lautet: «*Klassenkampf erfordert […] die zentrale Zusammenfassung und die gemeinsame Leistung der verschiedenartigen Formen der proletarischen Bewegung (Gewerkschaften, Konsumver-*

eine, Betriebsräte, Bildungsarbeit, Wahlen und dergleichen).» (ebd.)

Nun waren zwar alle Unionist*innen gegen Wahlen, nicht aber unbedingt gegen Parteien. Ein gutes Beispiel für ihre Überlegungen ist das Parteiprogramm der KAPD von 1920. Es ist bestimmt vom Eindruck der Dringlichkeit im revolutionären Kairós. Schließlich erkenne die Partei die Situation als «*Krise des Kapitalismus selbst*» (KAPD 1920: 5) und sieht die Weltrevolution als gefährdet an, wenn «*das deutsche Proletariat seine weltgeschichtliche Aufgabe nicht in kürzester Zeit erfüllt*» (ebd.: 6). Was steht dem, nach ihrer Analyse, entgegen? «*Wo eine katastrophale Zuspitzung eintritt, dieselbe vom Proletariat nicht bis zur letzten Konsequenz erfaßt und ausgewertet wird, müssen Gründe subjektiver Natur vorhanden sein.*» (ebd.: 7) Der wichtigste Grund sei der Reformismus der Leute gewesen. Um diesen zu überwinden, «*entscheidet sich die K.A.P.D. auch für die Ablehnung aller reformistischen und opportunistischen Kampfmethoden*» (ebd.: 8), z. B. «*Beteiligung am Parlamentarismus*» (ebd.: 9), und folgert, «*daß nur die Zertrümmerung der Gewerkschaften die Bahn frei macht für den Fortgang der sozialen Revolution in Deutschland.*» (ebd.: 10)

Die Ablehnung von Wahlparteien und Gewerkschaftsreformismus wird im KAPD-Programm damit begründet, dass sich längst eine organisatorische Alternative herausgebildet habe. «*Aus den Massenkämpfen heraus ist die Betriebsorganisation entstanden.*» (ebd.: 10) Deren Aufgabe sei «*Auslösung und politische Ausrichtung von Massenstreiks, fußend auf der jeweiligen politischen Situation*» (ebd.: 11). Für die KAPD war die Betriebsorganisation, als die sich die AAUD verstand, wichtiger als die Partei selbst. Dementsprechend wird im Programm ein bestimmtes Größenverhältnis und eine klare Aufgabenteilung definiert. Wachsen müsse vor allem die Betriebsorganisation als Keimform der kommenden Räte. Die Partei könne nur Ideen verkünden, im Betrieb werde hingegen aus Erfahrungen gelernt. «*Während eine politische Partei wie die Kommunistische Arbeiterpartei […] niemals quantitativ groß sein kann, werden in der Betriebsorganisation die revolutionären Massen geeint durch das Bewusstsein ihrer Klassensolidarität.*» (KAPD 1920: 12) Braucht es dann überhaupt noch eine Partei? Diese Frage war im Rätekommunismus umstritten. Die KAPD beantwortete sie, indem sie sich die Aufgabe stellte, die Unionen im Betrieb anzuleiten. «*In nimmermüder Propaganda wird die K.A.P. innerhalb der Betriebsorganisation arbeiten. […] Die Kadres im Betrieb werden zur beweglichen Masse der Partei.*» (ebd.) Die kleinere KAPD soll also führen, die größere AAUD folgen, um in der «*Weltrevolution das in Auflösung begriffene Weltkapital in Stücke zu schlagen*» (ebd.: 16).

Dieser Führungsanspruch wurde zum Spaltpilz. Der Politologe Hans-Manfred Bock bemerkt über die radikalere Tendenz, diese «*schied vor allem in Reaktion auf den faktischen Unterordnungsanspruch der Unionen unter die KAP im Oktober 1921 aus und verselbständigte sich in der ‹Allgemeinen Arbeiter-Union Einheitsorganisation (AAUE)›*» (Bock 1993: 195). Einheitsorganisation ist allerdings ein leicht missverständlicher Name. Ganz anders als KAPD/AAUD und AAUE beschrieb z. B. der Zeitgenosse Friedrich Schneider die «Einheitsorganisation der schweizerischen Arbeiterschaft»: «*Diese Organisation erblicken wir in einer schweizerischen Union, die Gewerkschaftsbund und Partei vereinigt.*» (Schneider 1920: 35) Für ihn sind «*die Arbeiterräte ein untaugliches Instrument*» (ebd.). Die Einheitsorganisation solle daher auch keineswegs Gewerkschaften oder Parteien ersetzen. «*Die Einheitsorganisation hat als solche keine Lohnbewegungen zu führen […]. Ebenfalls hat die Einheitsorganisation sich normalerweise mit Wahl- und Abstimmungskämpfen nicht zu befassen, das ist Sache der Partei.*» (ebd.: 37) Gemeint ist Dachorganisation. Wichtig ist, «*dass die Autonomie von Partei und Gewerkschaftsbund zugunsten der Einheitsorganisation beschränkt sind. Sie müssen sich den Beschlüssen der Einheitsorganisation fügen*» (ebd.: 40).

Davon unterscheidet sich das Selbstverständnis der AAUE als Betriebsorganisation.

5.1 Die AAUE als Betriebsorganisation

Richtlinien für die AAAUE[9]

«*1. Die AAU ist die politische und wirtschaftliche Einheitsorganisation des revolutionären Proletariats.*

2. Die AAU kämpft für den Kommunismus, die Vergesellschaftung der Produktion, Rohstoffe, Mittel und Kräfte und der aus diesen hervorgebrachten Bedarfsgüter. Die AAU will die planmäßige Produktion und Verteilung an die Stelle der heutigen kapitalistischen setzen.

3. Das Endziel der AAU ist die herrschaftslose Gesellschaft, der Weg zu diesem Ziel ist die Diktatur des Proletariats als Klasse. Die Diktatur des Proletariats ist die ausschließliche Willensbestimmung der Arbeiter über die politische und wirtschaftliche Einrichtung der kommunistischen Gesellschaft vermöge der Räteorganisation.

4. Die nächsten Aufgaben der AAU sind:

a) Die Zertrümmerung der Gewerkschaften und der politischen Parteien, dieser Haupthindernisse für eine Einigung der proletarischen Klasse und für die Fortentwicklung der sozialen Revolution, die keine Partei- oder Gewerkschaftssache sein kann.

b) Die Zusammenfassung des revolutionären Proletariats in den Betrieben, den Urzellen der Produktion, dem Fundament der kommenden Gesellschaft. Die Form aller Zusammenfassung ist die Betriebsorganisation.

c) Die Entwicklung des Selbstbewußtseins und des Solidaritätsgedankens der Arbeiter.

d) Alle Maßnahmen vorzubereiten, die für den politischen und wirtschaftlichen Aufbau notwendig sein werden.

5. Die AAU verwirft alle reformistischen und opportunistischen Kampfmethoden, sie wendet sich gegen jede Beteiligung am Parlamentarismus und an den gesetzlichen Betriebsräten; denn sie bedeuten eine Sabotage des Rätegedankens.

6. Die AAU lehnt das Berufsführertum grundsätzlich ab. Sogenannte Führer können nur als Berater in Frage kommen.

7. Alle Funktionen in der AAU sind ehrenamtlich.

8. Die AAU betrachtet den Befreiungskampf des Proletariats nicht als nationale, sondern als eine internationale Angelegenheit.»

9 https://www.marxists.org/deutsch/geschichte/deutsch/aaud-e/1921/richtlinien.htm

Der Anspruch der AAUE als Organisation wird in den Punkten 1 und 8 deutlich, in denen sich die Union als internationale Einheitsorganisation vorstellt. Abgesehen vom utopischen Moment zum herrschaftslosen Kommunismus in den Punkten 2 und 3 dienen die Punkte 4, 5, 6 und 7 ausschließlich der Abgrenzung von den alten Organisationsformen der Linken und Liberalen. Gewerkschaften und Parteien, Betriebsratsarbeit und Parlamentarismus sowie jegliches Funktionärstum werden abgelehnt. Was aber ist die Strategie der Unionist*innen? 1924 legte Otto Rühle seinen Text «Von der bürgerlichen zur proletarischen Revolution» vor, bevor er sich selbst 1925 wieder pädagogischen Fragen zuwandte und historische Studien betrieb. Anstoß dazu war auch die Einsicht: «*Die Massen bleiben in der Partei als Produkte und Opfer einer Erziehung, die sie in Familie, Schule, Fabrik, Kaserne, Partei und Staat erhalten haben.*» (Rühle 1924, Warum bleiben die Massen in der Partei, zit. n. Bock 1993: 222) Was aber war das Angebot, das die Massen zugunsten der Parteien ausschlugen?

Otto Rühle interessiert uns hier nur als rätekommunistischer Organisationstheoretiker. Seine Behandlung pädagogischer Themen in der Vorkriegszeit (vgl. z. B. «Aufklärung der Kinder über geschlechtliche Dinge» von 1907 oder «Grundfragen der Erziehung» von 1912), in der Revolutionszeit (z. B. «Erziehung zum Sozialismus» von 1919) oder seine gemeinsam mit seiner Frau Alice Gerstel, selbst Psychologin, Sozialistin und Feministin, verfassten Bücher («Die Sozialisierung der Frau» von 1921, «Die Seele des proletarischen Kindes» von 1925 und «Sexual-Analyse - Psychologie des Liebes- und Ehelebens» von 1929) bleiben außen vor. Wirksam waren seine Schriften zur O-Frage zunächst nur in den frühen 1920er Jahren. Noch in der Exilzeit, ab 1932 in Prag und 1935 bis 1943 in Mexiko, blieb er seinem Konzept treu.

«*Die Räteidee realisiert sich in der Räteorganisation. Diese entsteht unmittelbar in den Betrieben. […] Alle im Betrieb vereinigten Werktätigen gehören ihr an. Ohne Mitgliedsbuch, ohne Parteinummer, ohne Syndikatsabzeichen. Denn die Betriebsorganisation ist keine Parteizelle, keine Gewerkschaftsfiliale. […] Sie verkörpert auch die Keimzelle der künftigen Wirtschaftsorganisation.*» (Rühle 1940/1971: 170)

Freilich stimmt diese Engführung von Betriebs- und Räteorganisation höchstens im Kairós der revolutionären Gelegenheit.

Rühle vertritt aber die Idee, sich bereits in nicht- oder vorrevolutionären Zeiten so zu organisieren, wie es der Utopie am nächsten kommt. Es geht dabei nicht um Idealismus, sondern um die fundierte Kritik anderer Organisationsformen. «*Die alte Arbeiterbewegung hat versagt. Warum hat sie versagt?*» (ebd.: 167) «*Erstens bildete die alte Arbeiterbewegung als parteimäßig organisierte Formation nur einen verhältnismäßig kleinen Sektor des Gesamtproletariats.*» (ebd.) Abgesehen von der Anzahl der Parteimitglieder wird aber auch die Orientierung von Parteien an Öffentlichkeit kritisiert. «*Zweitens stand die alte Arbeiterbewegung außerhalb des Raumes, in dem das Proletariat sein Proletarierschicksal erlebt. […] Also in der Werkstatt, in der Fabrik, im Betrieb.*» (ebd.) Gegen die Vielfalt der Meinungen im Wahlkampf, setzt Rühle auf die Einigkeit der Interessen im Betriebskampf. Wohl überschätzt er als Rätekommunist die vermeintlich natürliche Einheit, aber er bemüht sich anzugeben, warum die Arbeiterparteien versagten. «*Drittens hatten die Führer der alten Arbeiterbewegung keine eigentliche, echte Beziehung zum Proletariat*», da sie als Parlamentarier*innen anders lebten, «*was die Klassenentfremdung stark begünstigte.*» (ebd.: 167f.) Die Frage, wieso Rühle selbst als Theoretiker, der in keiner Fabrik arbeitet, bessere Einsicht haben kann, spart er aus. Er thematisiert aber auch Veränderungen in den Betrieben, die der Rätebildung entgegen wirken. «*Viertens hat die arbeitsteilige Industrie den Arbeiter, der ehedem, als Handwerker oder Bauer, ein Vollarbeiter war, zum Teilarbeiter zerstückelt. […] Damit hat er jeden Überblick über das Ganze, den Gesamtprozeß und das Resultat seines Schaffens verloren.*» (ebd.)

Die Beobachtung ist richtig, aber die Darstellung zu schroff. Denn zwischen Handwerk und Fließbandarbeit fällt ja, gerade im ersten Drittel des 20. Jahrhunderts, noch eine Phase der industriellen Facharbeit, die zum Teil die Basis der Räteidee bildet. Wenn die Arbeitenden den Arbeitsprozess verstehen, liegt die Idee näher, ihn selbst verwalten zu können. Um aber aus dieser Utopie Realität werden zu lassen, bedarf es entsprechender Organisationsformen und einer revolutionären Situation. In einer solchen sei zwar die KPD entstanden, hätte aber umgehend versagt, da «*sie 1918 das revolutionäre Proletariat Deutschlands in die alten Partei- und Gewerkschaftskerker zurücktrieb*» (ebd.: 152). Wie viel Wut darüber ihn umtreibt, drückt ein Brief Rühles aus dem Jahre 1939 aus, wo er über SPD und KPD sagt:

«Die Zeit schaufelt ihnen das Grab und deckt sie mit dem Leichenstein der verpaßten Gelegenheit zu.» (Rühle 1939/1971: 188)

Warum aber blieben die Massen, nach dem verpassten Kairós von 1918, bei SPD/KPD und ADGB, statt in Rockers FAUD oder Rühles AAUE einzutreten? Bock differenziert hier zwischen Rätekommunismus und Anarchosyndikalismus: *«Der im ganzen verwirrende und tumultarisch sich gebärdende Entwicklungsprozeß der unionistischen Bewegung endete niemals in ein relativ stabiles Organisationsgefüge wie das der FAUD.»* (Bock 1993: 193) Ohne bezahlte Funktionäre wurde den Mitgliedern von KAPD/AAUD und AAUE ein hohes Maß an Eigenaktivität abverlangt (vgl. ebd.: 192). Statt eines verbindlichen Programms kam es ständig zu Spaltungen (vgl. ebd.: 193). Eckpunkte der Organisierung blieben ein strikter Föderalismus, der Vereinheitlichung unwahrscheinlich machte, Antiparlamentarismus und die antigewerkschaftliche Haltung (vgl. ebd.: 99). Ihre Absage an Reformen, ob durch Parteipolitik oder Gewerkschaftsaktivität, rechtfertigten die Unionisten durch Hermann Gorters These der kapitalistischen Todeskrise (vgl. ebd.: 343). Während sich KPD und SPD auf ruhigere Zeiten einstellten, forcierten KAPD/AAUD, geschwächt durch die Abspaltung der AAUE 1921, 1922 die Gründung einer Kommunistischen Arbeiter-Internationale. An einem Treffen in Berlin nahmen Delegierte aus den Niederlanden (KAN), Bulgarien, und Russland teil, *«die Führerin der englischen Linkskommunisten, Sylvia Pankhurst, hatte ein Grußschreiben geschickt»* (ebd.: 344). Die stärksten Parteien aus Deutschland und den Niederlanden zählten nur wenige hundert Mitglieder, die Partei Bulgariens immerhin 1000 (vgl. ebd.: 345). Ereignisgeschichtlich erwiesen sich die Betriebsorganisationen als Sackgasse, auch die KAI veranstaltete bereits 1924 ihren letzten Kongreß (vgl. ebd.: 347).

Kernproblem ist, dass die Betriebsorganisationen in der Praxis nie die Funktion erfüllten, die sie laut der Theorie haben sollten. Hieran zeigt sich ein Missverhältnis, dass auch die Rolle der rätekommunistischen Intellektuellen prägte, welche die Programme der Unionen schrieben. *«Für die mit der organisatorischen Ausformung der linksradikalen Tendenzen in unmittelbarerer Weise verbundenen Intellektuellen ist die Tendenz zu vermerken, daß sie, sobald sie eine programmatische Plattform errichtet hatten, von der sich emanzipierenden Bewe-*

gungen bald ausgestroßen wurden.» (Bock 1993: 327) Bock nennt hier z. B. «*Julian Borchardt, Dr. Heinrich Laufenberg, Fritz Wolffheim, Friedrich Wendel, Dr. Karl Schröder, Dr. Alexander Schwab, Otto Rühle, - um nur die wichtigsten zu nennen*» (ebd.). Blieben bei den reformistischen wie revolutionären Parteien (SPD/KPD) und den reformistischen wie revolutionären Gewerkschaften (ADGB/FAUD) Intellektuelle maßgeblich, so nicht bei den Linksradikalen (KAPD/AAUE). Das beste Beispiel bietet auch hier Otto Rühle, der immer wieder aus Organisationen ausgeschlossen wurde, die er mitbegründet hatte.

Beim Gründungsparteitag der KPD 1919/1920 meinte Luxemburg zu Rühles Radikalismus: «*Der Optimismus des Genossen Rühle ist ja ganz schön, aber so weit sind wir noch nicht. Was ich bisher sehe, ist die Unreife der Massen.*» (Luxemburg, zit. n. Bock 1993: 102) Aus der im April 1920 als Abspaltung von der KPD entstandenen KAPD wurde Rühle im Oktober 1920 ausgeschlossen, da er auch diese Partei als autoritär kritisiert hatte (vgl. ebd.: 287). Typisch ist hierfür sein wichtiger Text «Die Revolution ist keine Parteisache» von 1920. Rühle wurde dann 1921, zusammen mit Franz Pfemfert, Dr. James Broh und den Schriftstellern Carl Sternheim, Max Hermann-Neiße und Oskar Kanehl zum Redakteur der Zeitschrift «*‹Betriebsorganisation›, die ab 1922 den Kopf ‹Die Einheitsfront, Organ der AAUE› trug.*» (ebd.: 219)

1921 publizierte Rühle den Aufsatz «Grundfragen der Organisation». Im Sommer 1924 legte er auf einer Konferenz in Dresden noch seinen Statutenentwurf vor, dessen Grundlinie auch unter dem Titel «Von der bürgerlichen zur proletarischen Revolution» erschien, «*bevor er sich 1925 von der linksradikalen Tradition resigniert abwandte*» (Bock 1993: 222). Theoretisch hielt er allerdings noch in seinen «Perspektiven einer Revolution in hochindustrialisierten Ländern» (1939/1940) an seinen Grundideen fest. Ähnlich wie Pannekoek, Luxemburg und Lukács fasst er die O-Frage stets als historische auf. So entspräche die Arbeitsteilung zwischen politischer Partei und ökonomischer Gewerkschaft durchaus der vorrevolutionären Epoche. Zu beachten sei, «*daß alles in der Welt nur gut und richtig ist, in seiner Zeit*» (Rühle 1921/1970: 20). Eine zentralistische Partei sei für nationale Wahlkämpfe geeignet. «*Sie hat nur einen Fehler: daß sie in dem Augenblicke versagt, wo sie am nötigsten gebraucht wird. Wann wird sie am nötigsten gebraucht? In der*

Revolution. […] Da stehen die Eisenbahnen still, verkehrt keine Post, stockt der Telegraphen- und Telefonverkehr, versagt der Kurierdienst. Da können auch die Parolen und Befehle der Leitung nicht ins Land hinaus.» (ebd.: 25).

Was eine revolutionäre Organisierung daher kennzeichne, so Rühle, sei ihr föderaler Aufbau und die selbstständige Handlungsfähigkeit der Basis. Diese sei auch notwendig, weil Parteifunktionäre zwar mit der Staatsbürokratie umgehen könnten, nicht aber mit der Rätedemokratie (vgl. ebd.: 26). Analog dazu gilt für Rühle im Hinblick auf den ADGB: «*Diese Gewerkschaftsbürokratie ist das Produkt der zentralistisch-bürokratischen Organisationsform.*» (ebd.: 30) Staatspolitik und Tarifpolitik ergänzen sich, beide beruhen auf Verhandlungen im Rahmen des kapitalistischen Systems. Scharf verwirft Rühle aber nicht nur SPD und ADGB, sondern auch die spätere RGO-Strategie der KPD in den Gewerkschaften. «*Eine Revolutionierung dieser verrotteten und verwahrlosesten Gebilde ist unmöglich. […] Auch eine Reformierung ist eine Illusion. Sie würde unendliche Zeit erfordern, die revolutionäre Situation verpassen und brächte an Stelle der SPD-Bürokraten bestenfalls USP- oder KPD-Bürokraten.*» (ebd.: 31)

Die revolutionäre Situation, der Kairós von 1918 und den Folgejahren, markiert für Rühle die historische Trennlinie zwischen den Organisationsformen. Während Partei und Gewerkschaft als bürokratische Gebilde viel zu sehr mit den Bürokratien von Staat und Kapital verflochten seien, würde sich das Neue erst im Aufbruch konstituieren.

«*Neue Organisationen sind aufgekommen und setzen sich durch: Betriebs-Organisationen, die aus Massenkämpfen entstanden sind, und ihre Zusammenfassung auf der breiten Klassengrundlage des Proletariats, die Allgemeine Arbeiter-Union […]. Die BO erfaßt den Arbeiter dort, wo er am revolutionärsten ist: im Betrieb. Während er in seiner Behausung, in der Versammlung usw. mehr oder weniger Kleinbürger ist, durch die bürgerlichen Lebensformen der Ehe, der Familie, der Mietwohnung, des Besitzes usw. im kleinbürgerlichen Milieu festgehalten wird und sich, meist unbewußt, im Banne der bürgerlichen Ideologie bewegt, steht er im Betrieb als reiner Proletarier dem Kapitalisten gegenüber. Hier erfüllt ihn eine andere Stimmung, eine andere Erkenntnis, hier ist er revolutionär.*» (Rühle 1921/1970: 32f.)

Rühle stellt für die Jahre seit 1919 die Tendenz fest, dass sich selbst kleine Lohnkämpfe zu Unruhen aufschaukeln, dass auch bei politischen Fragen spontane Streiks entflammen, dass die Betriebsorganisation an der Zeit ist (vgl. ebd.: 35). Zugleich wird in dieser Broschüre 1921, nach Ausschluss Rühle aus der KAPD, deren Zentralismus kritisiert (vgl. ebd.: 37). Zwar habe die KAPD den Parlamentarismus der KPD, die äußere Orientierung auf bürgerliche Parlamente, überwunden, nicht aber den autoritären Aufbau innerhalb der Partei. Rühle verwirft auch die Anbiederung der KAPD/AAUD an die Moskauer Internationale. «*So sitzen in Rußland die glühendsten und hingebungsvollsten Revolutionäre zu Tausenden im Kerker.*» (ebd.: 44) Gegen die Herrschaft der Partei setzte die Union die Vorwegnahme. So demokratisch wie die Räterepublik sein soll, müsste bereits die Union sein. «*Räte können nur vorbereitet werden von Organisationen, die in den Betrieben wurzeln*» (ebd.: 47), schließt Rühle seine kurze Prinzipienerklärung zur Betriebsorganisation.

Was aber sollen die Betriebsorganisationen dafür tun? Zumal in nichtrevolutionären Zeiten? 1924 sieht Rühle die «Industrial Workers of the World» als ein Vorbild an[10].

«*Das Positive schwebte zunächst ziemlich unklar in der Luft und gewann erst mit der Zeit, im Verlaufe vieler Kämpfe und Diskussionen, Form und Gestalt. Die revolutionäre Gewerkschaft der amerikanischen Arbeiter I.W.W. (Industrial Workers of the World) tauchte, obwohl nur Wenigen bekannt, als Vorbild auf. Dazu kam, daß gerade in der Revolutionszeit der Gedanke des Rätesystems, der in Rußland eine große Rolle gespielt hatte, eifrig diskutiert wurde und im Mittelpunkt aller praktischen Sozialisierungsvorschläge und -versuche stand. […] Schließlich wuchs sich die Bewegung, zuerst im Ruhrgebiet unter den Bergleuten, zum Kampf um revolutionäre Betriebsorganisationen aus.*» (Rühle 1924: 19)

Der westliche Einfluss aus den USA und der östliche aus der UDSSR unterscheiden sich freilich sehr stark voneinander. In den USA erkämpften die IWW seit 1905 eine Reihe von Zugeständnissen, indem sie mit direkten Aktionen z. B. das Recht der öffentlichen Rede oder kürzere Arbeitszeiten durchsetzten. In der UDSSR wurden die Räte bald der Partei unterworfen. Radikaler Reformismus im Westen, institutionalisierte Revolution im

10 www.left-dis.nl/d/prolrev.pdf

Osten. Beides taugt für Rühles AAUE nicht als Vorbild. Wichtiger als die Bestimmung einer eigenen Praxis scheint ihm die Abgrenzung von der sozialdemokratisch dominierten Massengewerkschaft, dem ADGB, zu sein. «*Die BO ist weder Partei noch Gewerkschaft. Sie hat nichts mit Agitation und Betätigung der Gewerkschaften zu tun. Sie ist keine Arbeitsgemeinschaft, keine Unterstützungseinrichtung, sie schliesst keine Tarifverträge ab […]. Sie ist lediglich eine Stelle der Vorbereitung und Schürung der Revolution.*» (ebd.: 20) Ebenso wie Tarifverträge lehnt die Union Teilstreiks ab, kommt damit aber in Verlegenheit.

«*Da die Union gegenwärtig aber noch nicht in der Lage ist, die Entwicklung der Verhältnisse in ihrem Sinne zu beeinflussen, ergibt sich automatisch der Zustand, daß Unionsgenossen mit in die Tarifstreike der gewerkschaftlich orientierten Arbeiter hineingezogen werden. In solchen Fällen haben die in Arbeit stehenden Unionsgenossen die notwendigen Solidaritätsgelder auf dem Wege des Umlageverfahrens aufzubringen.*» (ebd.: 23f.)

An die Stelle der Gewerkschaftsstreikkasse tritt die Unionssammlung. Was aber die Betriebsorganisation selbst tun kann, außer Vorbereitung für Räte, bleibt bei Rühles Partei- und Gewerkschaftskritik nebulös im Hintergrund. KAPD und AAUD hatten sich 1923 vorgenommen, «*im Streikfalle im jeweiligen Betriebe die Politisierung des Streiks zu bewirken, dann einen Aktionsausschuss zu wählen und mit diesem die revolutionäre Situation so weit wie möglich voranzutreiben*» (Bock 1993: 249).

Für nicht-revolutionäre Zeiten hingegen fehlt es an Aktionskonzepten für die Betriebsorganisationen. Fixpunkte bleiben finaler Machtkampf, Diktatur und Gesellschaftsumbau (Rühle 1924: 26). Höchstens für eine offene Phase des Machtkampfs hat Rühle vage Ideen:

«*Vielleicht sind die Arbeiter-Unionen (man unterscheidet die Union der Hand und Kopfarbeiter, eine Gründung der KPD; die Arbeiter-Union der KAPD; die Freie Arbeiter-Union der Syndikalisten und die Allgemeine Arbeiter-Union, Einheitsorganisation, als die konsequenteste und einheitlichste in ihrer programmatischen und organisatorischen Verfassung) falls es noch in bürgerlich-kapitalistischer Zeit neben dem Parlament zu einem Rätekongreß, der natürlich nur eine Vorform des eigentlichen Rätekongresses sein könnte, kommen sollte, als Fraktionen dieses*

Rätekongresses denkbar. In dem Maße jedoch, in dem sie die Wirksamkeit des Rätekongresses durch ihre Tätigkeit beeinflussen und bestimmen, in dem ihr Wesen in das Wesen des Rätekongresses überfließt, erledigen sie sich selbst und machen sie ihre Existenz überflüssig. Einstweilen sind die Arbeiter-Unionen sozusagen Platzhalter des Rätesystems.» (Rühle 1924: 28)

Dieser kurze Absatz enthält drei Ideen, welche Betriebsorganisationen von den herkömmlichen Organisationsformen trennen. Zunächst ist für Rühle die AAUE nicht die einzig denkbare Union. Während sich SPD und KPD gegenseitig die Bedeutung als Arbeiterpartei absprachen, erkannte er auch die UdKuH, die AAUD und die FAUD als Unionen an. Zweitens kann er sich eine Art Doppelherrschaft von Parteienparlament und Unionenkongress vorstellen, was revolutionstheoretisch ebenso interessant ist wie der dritte Hinweis darauf, dass die Unionen selbst nach der Revolution aufhören können: Der Sinn der Organisation ist ihre Überflüssigkeit. Allein ist damit nach wie vor nichts über eine sinnvolle Praxis von Betriebsorganisationen in nicht-revolutionären Zeiten gesagt. Der Rätekommunismus der 1920er Jahre konnte dieses Problem nicht lösen. Zwar vereinigten sich AAUD und AAUE noch 1931 zur Kommunistischen Arbeiter-Union Deutschlands (vgl. Bock 1993: 251), aber diese umfasste unter der Führung von Jan Appel (1890–1985), von der niederländischen Gruppe Internationaler Kommunisten, nur noch wenige hundert Mitglieder. Ein Nachleben hatte der Rätekommunismus, von einigen Gruppen der Nachkriegszeit abgesehen, am ehesten bei den französischen Situationisten und im italienischen Operaismus. Am letzteren orientierten sich ab 1970 einige Gruppen in Westdeutschland, die sich um die Gründung von Betriebsgruppen bemühten. Parallel entstand mit dem Sozialistischen Büro eine neue linke Organisation jenseits von Parteien und Gewerkschaften.

5.2 Fabrikinterventionen in den 1970ern und das Sozialistische Büro

Otto Rühle erkannte früh, dass Interventionsmöglichkeiten nicht losgelöst sind vom Kairós. So ahnte er schon 1921: «*Die Revolution in Deutschland ist für lange Zeit verloren.*» (Rühle 1921, zit. n. Jacoby/Herbst 1985: 49) Als er 1925 aus der AAUE ausschied, widerrief er nicht seine theoretischen Positionen, zog aber praktische Konsequenzen, denn «*nicht der Zweck, sondern der Erfolg heiligt die Mittel*» (Rühle 1939/1971: 179).

Die Erfolglosigkeit des deutschen Rätekommunismus beweist die anhaltende Hegemonie von Parteien und Gewerkschaften als andauernde Organisationsformen der sozialen Linken. Zu Rühles Organisationstheorie gab es, abgesehen von einigen Gruppen wie den Internationalen Kommunisten Hollands, ab Mitte der 1920er keine relevante Praxis mehr. Seine psychologischen und pädagogischen Studien zum autoritären Charakter dienten in den 1920er und 1930er Jahren eher zur Reflexion der Niederlagen. In Deutschland, Ost wie West, gab es in der Nachkriegszeit zwar Gruppen, wie die «Gruppe Internationaler Sozialisten», die bis 1950 die Zeitschrift «Neues Beginnen» herausgab, oder die «Thomas-Münzer-Gruppe» um die Zeitschrift «Funken» bis Ende der 1950er Jahre, aber keine rätekommunistische Organisation (vgl. Bock 1993: 348). Erst in der Neuen Linken spielten Rühles Ideen wieder eine Rolle, wie Henry Jacoby und Ingrid Herbst aufgezeigt haben.

«*Wie sich durch die Nach- und Raubdrucke seiner Schriften belegen läßt, beschränkte sich die Rühle-Rezeption durch die Studentenbewegung auf zwei Aspekte: In der Debatte über demokratische Organisationsformen spielte Rühle als rätekommunistischer Theoretiker der zwanziger Jahre eine Rolle, und seine pädagogischen Schriften wurden im Zusammenhang mit Fragen einer antiautoritären Erziehung gelesen.*» (Jacoby/Herbst 1985: 7)

Es ist dabei typisch, dass mehr die Schriften Rühles studiert wurden als sich mit dem Misserfolg der AAUE als Organisation zu beschäftigen. Dieser gehört, so Roman Danyluk, unmittelbar zu dieser Organisationsform: «*Der Rätekommunismus [...] war schon aus einer grundsätzlichen Erwägung heraus nur für revolutionäre Zeiten bzw. Situationen konzipiert worden.*» (Danyluk 2012: 63) Nur als Parteien und Gewerkschaften akut versagten, hatten Betriebsorganisationen eine Chance. Wo dies später geschah, etwa im Pariser Mai 1968, zeigte sich erneut das Problem der Kurzfristigkeit der Betriebsorganisationen.

Jan Ole Arps beschreibt dies auch in seinem Buch über linke Fabrikintervention in den 1970er Jahren. Inspiriert vom italienischen Operaismus entstanden in der BRD kleine Betriebsorganisationen. So der «Revolutionäre Kampf» in Frankfurt, der sich 1970 gründete (vgl. Arps 2011: 49), seinen Schwerpunkt aber schon 1973 auf Hausbesetzungen verlegte (vgl. ebd.: 104). Zusammen mit «Arbeiterkampf Köln» (vgl. ebd.: 55), «Arbeitersache München», die 1969 entstand, und «Proletarische Front» Hamburg erschien ab 1973 die Zeitschrift «Wir wollen Alles!» (ebd.: 56). Diese Organisationsansätze waren allerdings nur sehr kurzfristig aktiv. Schon 1973 löste sich «Arbeiterkampf Köln» auf (vgl. ebd.: 99), ebenso die «Proletarische Front» Hamburg (vgl. ebd.: 125f.), der «Revolutionäre Kampf» Frankfurt endete 1975 (vgl. ebd.: 134). Was blieb sind Zeitschriften: Ab 1975 «Autonomie – Materialien gegen die Fabrikgesellschaft» (vgl. ebd.: 136) und ab 1982 die «Autonomie – Neue Folge» (vgl. ebd.: 191), 1985 kam die «Wildcat» hinzu (vgl. ebd.: 189).

Während aber das Umfeld der Wildcat eher Untersuchungen in Betrieben durchführte, war es den Betriebsgruppen der 1970er darum gegangen, selbst zu Kämpfen beizutragen. Arps zählt eine Reihe von Schwierigkeiten dabei auf: Zum einen gab es eine enge Kooperation zwischen Staat und Kapital, z. B. in Form von Verfassungsschutzanfragen bei Neueinstellungen (vgl. ebd.: 110). Selbstverständlich hielt auch der DGB nichts von Betriebsorganisationen.

«Im Fordstreik zeigte sich ein grundsätzliches Dilemma der linken Betriebsarbeit der frühen 1970er Jahre: Kamen spontane Kämpfe in Gang – und darauf richteten sich die Hoffnungen der Linken in der Fabrik – mussten sich die Aktiven exponieren, wollten sie den Lauf der Dinge beeinflussen. Doch wer als Wortführer bei nicht-offiziellen Aktionen auftrat, geriet auch ins Visier der Unternehmensführung (und der Gewerkschaft) und riskierte die Entlassung.» (Arps 2011: 100)

Für Betriebsorganisationen gibt es eine heikle Phase des eigenen Aufbaus: Sind die Gruppen zunächst sehr klein, bleiben sie unter dem Radar. Um aber offensiv auftreten zu können, wie etwa Lotta Continua oder Potere Operaio in Italien, müssen sie so groß sein, dass Verbote unmöglich sind. Was die Gruppen der 1970er Jahre entwickelten, war eine besondere Form von Praxis. Die Frankfurter Programmschrift hieß: «*Untersuchung Aktion Organisation*» (ebd.: 51). Informationen zur Lage in den Betrieben wurden gesammelt, bereits deren Verbreitung auf Flugblättern oder Betriebszeitungen konnte Druck ausüben und im Idealfall auch Selbstorganisierung anstoßen. «*Die Flugblätter des RK thematisierten die durch die Untersuchung bekannten Konflikte in einzelnen Abteilungen [...] Sie sorgten, wie die Betriebszeitungen der maoistischen Gruppen, für einigen Wirbel im Werk.*» (ebd.: 90)

Als es dann 1971 eine Demonstration von 2.000 italienischen «Gast»-Arbeiter*innen für eine DM mehr Lohn für alle bei Opel Rüsselheim gab, rief RK zum Streik auf. «*Am nächsten Tag wurden die beteiligten RKler entlassen.*» (ebd.: 91) Als eine Art des Umgangs entwickelte sich eine Arbeitsteilung von Innenkadern in der Fabrik, die Informationen beschafften, und Außenkadern außerhalb der Fabrik, die ohne Gefahr z. B. Flugblätter verteilen konnten. Ein solches Modell von Maulwürfen und Unterstützer*innen setzt freilich voraus, dass sich die Beteiligten bereits in entsprechenden Zusammenhängen bewegen. Eine Perspektive für Selbstorganisierung im Betrieb wird schwierig.

Die Arbeitersache München zog hieraus die Konsequenz, sich ganz auf die Unterstützung von Außen zu beschränken, sie publizierte eine Betriebszeitung auf Deutsch, Italienisch, Griechisch und Serbokroatisch (vgl. ebd.: 91). So oder so bleibt freilich das Problem, wie Aktionen erfolgreich sein können. Als es 1973 zu einem von migrantischen Arbeiter*innen getragenen Streik bei Ford in Köln kam, «*starteten Betriebsrat und IG Metall eine Kampagne gegen den Streik*» (ebd.: 97). Wie aber sollen Erfolge festgehalten werden, wenn nicht mit den gewerkschaftlichen Mittel von Betriebsvereinbarungen und Tarifverträgen?

Historisch setzten Betriebsorganisationen der IWW oder AAU höchstens auf Verbesserungen in einzelnen Betrieben und eben nicht auf Branchentarife. Gerade in den Bereichen wo sich operaistische Betriebsgruppen bildeten waren die allgemeinen Tarifverträge allerdings besonders bedeutsam. Der Historiker Sebastian Kasper verweist darauf, dass in München, Frankfurt und Köln die Werke von BMW und MAN (vgl. Kasper 2019: 37), Opel und Ford als Orte der Intervention ausgewählt wurden (vgl. ebd.: 53). Gerade hier war aber die Gegenwehr zu stark.

Als es bei BMW München 1972 zu spontanen Arbeitsunterbrechungen kam, gelang es der Arbeitersache «*eine spontane Versammlung von 2.000 Beschäftigten auf dem Werkhof zu initiieren. Nach kurzer Zeit konnte der Betriebsrat die Belegschaft jedoch dazu überreden, wieder zu ihrer Arbeit zurückzukehren. In den darauffolgenden Tagen kam es unter Mitwirkung des Betriebsrats zu mehreren Entlassungen.*» (ebd.: 59)

Betriebsorganisationen gegen Betriebsrat und Gewerkschaften durchzusetzen ist schwer. Bliebe entweder, sich anders auf diesem Kampffeld zu arrangieren oder die Orte der eigenen Organisierung zu verschieben. Für die zweite Option stehen Jobber*innen- und Erwerbslosen-Initiativen wie die Schwarze Katze Hamburg ab 1982 oder die Arbeitslosen-Selbsthilfe Oldenburg (vgl. Arps: 189). Fernab von Großbetrieben und Großgewerkschaften lassen sich auch für Jobber*innen zumindest kleine Konflikte gewinnen, für Erwerbslose lohnt sich das gemeinsame Auftreten bei den Behörden (vgl. ebd.: 193). Was aber können Betriebsgruppen im Großbetrieb, trotz den Gewerkschaften, tun? Im Großbetrieb hielt sich die «Gruppe oppositioneller Gewerkschafter/Gegenwehr ohne Grenzen» seit 1972 bei Opel Bochum, ebenso die Plakat-Gruppe bei Daimler Stuttgart (vgl. ebd.: 182). Beide stellten Listen zu Betriebsratswahlen auf, um sich abzusichern, was die klassischen operaistischen Gruppen nicht getan hätten. Die Betriebsgruppen in Bochum und Stuttgart positionierten sich hingegen eher neben als gegen die Gewerkschaften. Wir kommen darauf zurück.

Für den Rätekommunisten Paul Mattick (1904–1981) zeigt sich hier ein «*Dilemma der Radikalen: Um gesellschaftliche Veränderungen zu bewerkstelligen, müssen Aktionen organisiert werden; organisierte Aktionen aber nehmen immer auch Züge dessen an, wogegen sie sich richten.*» (Mattick 1949/1975: 43) Gewerkschaften entwickeln eine Bürokratie, welche die Basis lähmen kann, um gegen die Bürokratie der Unternehmerverbände anzugehen. Diejenigen, die aus dem Dilemma, nichts tun oder sich verstricken, ausbrechen wollten, wurden handlungsunfähig. «*Weder die Kommunistische Arbeiter-Partei noch die beiden Allgemeinen Arbeiter-Unionen konnten den Status ultra-linker Sekten überwinden.*» (Mattick 1945/1975: 30) Dieses Schicksal der frühen 1920er Jahre teilten die Operaist*innen der 1970er. Ähnlich sind auch die Endpunkte des Zerfalls: Terror und Theorie. Mattick nennt für die 1920er «*Illegalität*» und

«*Debattierklubs*» als Zerfallsprodukte (ebd.: 31). Er gibt Fehleinschätzungen der historischen Linksradikalen zu bedenken: «*Der Weltkapitalismus befand sich in einer Stabilisierungsphase*» (ebd.: 22) und ohne fundamentale Krise sei es egal, «*daß diese Gruppen die ‹richtige› Politik machen und die Kommunistische Partei die ‹falsche›*» (ebd.). Fehlt die Gelegenheit zur Praxis, nützt auch eine richtige Theorie wenig. Kurz gesagt: «*‹Puristischer› Antikapitalismus ist das Privileg von Einzelnen und Sekten; Organisationen müssen bis zu einem gewissen Grade opportunistisch sein, um gesellschaftliche Bedeutung zu erlangen.*» (Mattick 1949/1975: 43) Damit ist hier nicht die Aufgabe von Zielen gemeint, sondern ein Grad von Anpassungsfähigkeit, der es Organisationen erlaubt kritisch orientiert und praktisch wirksam zu werden. Selbst wenn, so Mattick 1949, «*Gewerkschaftspolitik heute nicht mehr die Artikulation der Interessen der Basis bedeutet, sondern Manipulationen zwischen Sozialpartnern*» und auch «*Parteien den Keim des Totalitarismus in sich tragen, sind zahlreiche Organisationsformen denkbar, die antikapitalistische Gruppen zu gemeinsamem Vorgehen zusammenzubringen.*» (ebd.: 63) In einer Revolte wie im Italien der 1960er und 1970er ist dies klar, die operaistischen Betriebsgruppen in der BRD standen hingegen verloren da.

Berni Kelb (1934–2011) formulierte 1973 dazu einige organisatorische Grundideen. Orientiert ist er, nach seinem Bruch mit der KPD, an einer Organisierung im Alltag, in «*dem Bereich, der für revolutionäre Politik am wichtigsten ist […] den Arbeitsplätzen.*» (Kelb 1973: 14) Sein Ideal ist weder die Isolation der Kleingruppe, noch die bloße Integration in bürokratische Organisationen. Seine Schlussfolgerung ist: «*Jede Gelegenheit, sich an der Basis einigermaßen selbstständig zu organisieren, muß wahrgenommen werden. […] Dazu bedarf es einer besonderen, allgemeinen (übergreifenden) revolutionären Organisation.*» (ebd.: 59) Betriebsorganisationen sollten nicht isoliert sein, sie sollten aber auch keine Avantgarde, wie die KAPD, benötigen. Die Aufgabe einer Organisation neuen Typs wäre daher nicht die Führung der Basis. «*Aufgabe einer Organisation ist es, verschiedenen Menschen eine Koordination ihrer Handlungen zu ermöglichen. […] Die Kommunikation zwischen Menschen ist die Daseinsweise der Organisation.*» (ebd.: 48) Besonders der Aspekt der Koordination verweist auf Zeitgebundenheit, das kairologische Moment einer jeglichen transformatorischen Politik. Kelb weiß: «*Eine Revolution trifft häufig gerade diejenigen völlig unerwartet, die sich Revolutionäre nennen. Das beweist nicht, daß man eine Revolution nicht vorbereiten kann.*» (ebd.: 27) Es bleibt aber stets die «*Unberechenbarkeit – was den Zeitpunkt, den Ort und das Ausmaß der Erhebung betrifft.*» (ebd.: 28).

Hat die Organisation vorbereitend eine Kommunikation zwischen Basisgruppen hergestellt, wäre es ihr dann möglich, zur Koordination spontaner Bewegungen erfolgreich beizutragen. Weder kann organisatorische Planung die Spontaneität ersetzen, noch kommen spontane Bewegungen ohne Organisationen aus. Kairologisch gefasst: «*Die ‹Gelegenheit› selbst besteht darin, daß im richtigen Augenblick ein funktionsfähiges Informations- und Kommunikationssystem vorhanden ist. […] Solche Gelegenheiten, selbst wenn sie der Möglichkeit nach vorhanden sind, werden aber nicht immer wahrgenommen.*» (ebd.: 38) Gerade die Trägheit bürokratischer Organisationen verhindert oft nötige Flexibilität. Für Kelb allerdings gehört gerade das Versagen der traditionellen Säulen einer sozialen Linken, also das Versagen von Parteien, Gewerkschaften und Genossenschaften, zum Kairós:

«*Die Führungen, die Apparate von Massenorganisationen, pflegen in einer revolutionären Situation ihrer Aufgabe, die Aktionen von Massen zu koordinieren, nicht nachzukommen (um es vorsichtig auszudrücken). Dann sind unsere Genossen da. Sie haben die notwendigen Verbindungen, Kontakte und Hilfsmittel.*» (ebd.: 78)

Erst wenn Parteien, Gewerkschaften und Genossenschaften offenbar versagen, schlägt die Stunde von gut vorbereiteten Betriebsorganisationen. Was revolutionstheoretisch stimmig klingt, ist in Transformationsprozessen, an denen multiple Akteure beteiligt sind, schwierig. Problematisch an Kelbs Organisierung in Lauerstellung ist auch, dass für ihn dafür nur hundertprozentig überzeugte Mitglieder in Frage kommen. «*Wir sind nicht gegen Massenorganisationen. […] Doch eine Organisation der Revolutionäre ist nur als Kaderorganisation denkbar.*» (ebd.: 77) Hier wiederholt sich das alte Muster der KAPD als eine halb-klandestine Avantgarde. Dabei will Kelb aber gerade auf die Stärken einer formalen Organisierung verzichten, so auf Mitgliedschaft (vgl. ebd.: 64), einen Apparat mit Hauptamtlichen, finanziellen Beiträge und Sachmitteln (vgl. ebd.: 65). Abgesehen von dem richtigen Hinweis auf die Gefahr der Verselbständigung von Apparaten ist es hier aber ein anderer Grund der angegeben wird, nämlich die drohende Repression: «*Die Organisation darf in legalen Zeiten keinen Arbeitsstil entwickeln, der sich in der Illegalität nicht durchhalten läßt. Das bedeutet, daß sie auf eine Menge Dinge verzichten muß.*» (ebd.: 85)

Wie aber soll eine klandestine Organisation, die z. B. darauf verzichtet eine Tageszeitung zu haben, im entscheidenden Moment das Vertrauen größerer Gruppen genießen? Kelbs Hoffnung auf eine Organisation ohne jeglichen Apparat ist eine Quadratur des Kreises. Die richtige Frage nach der Kontrolle der Organisationsmittel durch die Organisationsbasis wird nicht durch Verzicht auf solche Mittel gelöst. Während hier also hinter den Rätekommunismus zurückgefallen wird, finden wir andererseits eine bemerkenswerte Ausweitung von Aktionsfeldern. «*Irgendwelche Mißstände, die zu einer Bürgerinitiative führen, die Elternarbeit in der Schule, gemeinsame Mieteraktionen und ähnliches. Dort kann und soll man als Genosse mitarbeiten.*» (ebd.: 86) Über den Unionismus und Operaismus hinaus werden also auch die kommunale Öffentlichkeit, der Reproduktionsbereich und Stadtteile als Aktionsfelder für Organisierung entdeckt. «*Im Betrieb, im Büro, im Kaufhaus, an der Uni, in der Verwaltung oder auch im Apparat einer Organisation.*» (ebd.: 88) Auf den ersten Blick klingt dies nach klassischen Betriebsorganisationen. Es geht aber um die Koordination von Aktivitäten in sehr verschiedenen Lebensbereichen. Zu suchen sind «*Konflikte, die ein Erfolgserlebnis vermitteln*» (ebd.: 38), also sehr zielgenaue Interventionen. Gerade auf Arbeitsfeldern, wo subversive Maulwurfsarbeit geleistet wird, braucht der Einzelne «*die Verbindungen, die er mit seinen Genossen hält […]. Zum einen sollten sie ihm Rückhalt geben und ihm ‹Korrektiv für sein Handeln› sein. […] Darüber hinaus erfährt und leistet er gegenseitige Hilfe.*» (ebd.: 45) Ohne Subversions-Supervisions-Gruppe (Rosen 2010) kein Marsch durch die Institutionen.

Das «Sozialistische Büro» (SB) bezeichnete eine solche Organisierung als Arbeitsfelder-Ansatz. Gegründet wurde es, nach einem Rundbrief an 100 Genoss*innen im Dezember 1968 (vgl. Oy 2010: 207), von 30 Leuten im Februar 1969 in Offenbach. Schon im März desselben Jahres erschien die erste Ausgabe der «links. Sozialistische Zeitung» in einer Auflage von 20.000 Exemplaren (vgl. ebd.: 208). Hinzu kamen weitere Zeitschriften.

Seit 1970 gab es die «Sozialistische Betriebskorrespondenz», die 1972 mit dem «express international» zur heute noch bestehenden «express – Zeitschrift für sozialistische Betriebs- und Gewerkschaftsarbeit» (vgl. ebd.: 212) fusionierte. Gemeinsam mit dem Sozialistischen Lehrerbund wurde ab 1969 die Zeitschrift «Informationsdienst» herausgegeben, die ab 1976 «Informationsdienst Arbeitsfeld Schule (SLB) im sozialistischen Büro» hieß (vgl. ebd.: 209). 1981 kamen noch die «Widersprüche – Zeitschrift für sozialistische Politik im Bildungs-, Gesundheits- und Sozialbereich» hinzu. Das Ende der «links» fällt 1997 mit dem Zerfall des SB zusammen, das die Arbeitsfelder koordinierte.

In der Broschüre «Ansatzpunkte sozialistischer Politik in der Bundesrepublik – Thesen der Arbeitsgruppe Sozialistisches Büro» wurde 1971 die Organisationsform des SB vorgestellt. Grundlegend ist die Abgrenzung zu den klassischen Organisationsformen Partei und Gewerkschaft. «*Ein Kampf um parlamentarische Vertretung der Sozialisten könnte erst auf der Basis politischer Massenaktivierung einen Sinn erhalten [...] Sozialistische Gruppen können deshalb nicht dem Aufbau einer Wahlpartei Priorität geben.*» (SB/Ansatzpunkte 1971: 25) Gewerkschaften werden als organisierte Macht ernst genommen, aber auch kritisiert. «*Die Gewerkschaften sind jedoch weitgehend systemintergriert.*» (ebd.: 25)

Anders als maoistische Parteien, operaistische Betriebsgruppen und anarchistische Syndikate war das SB nicht gewerkschaftsfeindlich. «*Es ist falsch, die Gewerkschaften als Organisation der Lohnabhängigen in Frage zu stellen, sondern vielmehr richtig, in ihnen als sozialistische Fraktion zu arbeiten.*» (ebd.: 26) Ansonsten wird der DKP ihre Abhängigkeit von der Sowjetunion angekreidet (vgl. ebd.: 28), innerhalb der SPD gäbe es nur wenig Spielraum (vgl. ebd.: 29) und die K-Gruppen seien ein autoritärer Rückfall. Blieben lokale sozialistische Gruppen (vgl. ebd.). Zu deren Kommunikation und Koordination dient das SB.

Organisatorischer Rahmen des Sozialistischen Büros (1971)

«1. *Die Arbeitsgruppe Sozialistisches Büro leistet einen Beitrag zur Kommunikation unter Sozialisten und Organisierung sozialistischer Arbeit. Sie versteht sich als ein Element innerhalb der Bewegung für eine neue sozialistische Linke in der Bundesrepublik.*

2. *Wer an der politischen und organisatorischen Tätigkeit des Sozialistischen Büros teilnehmen will, kann Mitglied der Arbeitsgruppe Sozialistisches Büro werden. Die Mitgliedschaft muß gegenüber dem Arbeitsausschuß erklärt und von ihm bestätigt werden.*
3. *Sozialistische Gruppen können sich korporativ der Arbeitsgruppe Sozialistisches Büro als Mitglied anschließen. Sie nehmen an der Arbeit der Arbeitsgruppe des Sozialistischen Büros teil und haben in der Arbeitsgruppe eine Stimme.*
4. *Zur Finanzierung der Arbeit des Sozialistischen Büros zahlt jedes Mitglied monatlich einen Beitrag von mindestens 10 DM (Ausnahmen können vereinbart werden).*
5. *Der finanziellen Unterstützung dient der «Förderkreis Sozialistisches Büro». Förderer bestimmen ihren Beitrag selbst (jedoch mindestens 5 DM monatlich).*
6. *Die Arbeitsgruppe diskutiert ihre politische Funktion und Strategie mindestens zweimal jährlich auf einer Mitgliederversammlung. Die Mitgliederversammlung wählt einen Arbeitsausschuß und beschließt die Zusammensetzung der Redaktionskreise.*
7. *Der Arbeitsausschuß besteht aus mindestens vier Mitgliedern und dem Sekretär. Der Arbeitsausschuß ist ermächtigt, die im Rahmen der Aufgabenstellung erforderlichen und rechtlich notwendigen Regelungen zu treffen.»*

(Ansatzpunkte sozialistische Politik in der Bundesrepublik, SB 1971)

Die Kommunikationsarbeit des SB umfasste unterschiedliche Zielgruppen. An eine breite (linke) Öffentlichkeit wendeten sich verschiedene Kongresse wie der Angela-Davis-Solidaritätskongreß 1972 mit 20.000 Teilnehmenden, der Chile-Solidaritätskongreß 1973, die Portugal-Kampagne 1975 und der Anti-Repressionskongreß 1976 mit wiederum 20.000 Teilnehmenden. Der Kongress 1980 über Soziale Protestbewegungen und sozialistische Politik brachte es dann immerhin noch auf 5.000 Teilnehmende. Typischer für das SB war jedoch die interne Kommunikation, die über die Arbeitsfelder-Zeitschriften organisiert war. «*Mit dem Sozialistischen Lehrerbund, dem Arbeitskreis Kritische Soziale Arbeit und dem Schwerpunkt Betrieb und Gewerkschaften waren die Eckpunkte der SB-Ar-*

beit in den nächsten Jahren gesetzt» (Oy: 2010: 213), schreibt Gottfried Oy, der bis zur Einstellung der «links» hier Redakteur war.

Anders als die Betriebsorganisationen des Rätekommunismus der 1920er, aber auch im Unterschied zu operaistischen Betriebsgruppen der 1970er, vertrat das SB nicht die Vorstellung einer Todeskrise des Kapitalismus. «*Nicht wahrscheinlich ist allerdings, daß der Kapitalismus ökonomisch ‹zusammenbrechen› wird.*» (SB/Ansatzpunkte 1971: 9) Fehlt die große revolutionäre Gelegenheit, werden kleinere Gelegenheiten noch wichtiger. «*Sozialistische Strategie muß in nicht-revolutionären Situationen die Konfrontation mit dem herrschenden System auf taktisch günstigen Gebieten suchen.*» (ebd.: 19f.) Ausgehend von Bedürfnissen soll das Bewusstsein für Widersprüche im Kapitalismus gefördert werden. Als «*strategisch wichtige Felder*», weil systemrelevant und erfolgsversprechend, nennt das SB 1971 Großindustrie, öffentliche Erziehung und Massenmedien (vgl. ebd.: 22). Hinzu kommt der Internationalismus, was sich auch an den Kongressthemen ablesen lässt.

1972 hielt Oskar Negt, zu diesem Zeitpunkt schon Professor in Hannover, auf einer SB-Tagung sein Referat «Nicht nach Köpfen, sondern nach Interessen organisieren». Ziel der Organisierung sei demnach, «*zum einen die Zusammenfassung und Politisierung der spezifischen Lebensinteressen der Menschen, zum anderen die Aufhebung der Zersplitterung und Konkurrenz dieser Interessen*» (Negt 1972: 10). Als Interessen nennt Negt z. B. «*Wohnen, Kindererziehung, Sexualität, Arbeit, Freizeit*» (ebd.: 11). Gerade die gescheiterte linke Intervention in Betrieben habe gezeigt, dass weder revolutionäre Theorie noch revoltierende Praxis ohne weiteres die Menschen erreichen (vgl. ebd.: 12). Sinnvoll wäre es, wenn «*die vom ‹Sozialistischen Büro› zusammengefassten Basisgruppen in ihr inhaltliches Arbeiten Elemente von Räten aufnehmen*» (ebd.).

Es sind also drei Unterschiede zwischen dem Ansatz des SB und dem des historischen wie damaligen Linksradikalismus festzustellen: Erstens werden die Basisgruppen, anders als die Betriebsorganisationen der AAUE, nicht als unmittelbar revolutionäre Organe verstanden. Der Aufbau einer gesellschaftlichen Basis wird als langwieriger Prozess erkannt. Zweitens werden Arbeit und Freizeit, Produktion und Reproduktion angesprochen. Drittens glaubten SB und Basisgruppen nicht, anders als

DKP oder FAU, kurzfristig zur Alternative gegenüber SPD und DGB werden zu können.

Das SB hatte in den 1970er Jahren nur 1.000 bis 1.500 Mitglieder, wenn wir es aber als koordinierendes Gremium betrachten, dürften die Auflagenzahlen der Arbeitsfeld-Zeitschriften wichtiger sein. Die Leser*innenschaft der «links» steig von 8.000 (1969) auf über 12.000 (1974) und sank dann auf unter 6.000 (1984).[11] In seinem «Bericht über die Entwicklung des Sozialistischen Büros» von 1973 nennt Klaus Vack 850 Mitglieder, davon 30 Gruppen, und 8.000 «Express»-Abos. Der Informationsdienst für Lehrer*innen kommt auf eine Auflage von 5.000 (Vack 1973: 338). Zusammen mit Andreas Buro beschreibt er auch die konkrete Praxis des SB. Für die Bereiche Betriebs- und Gewerkschaftsarbeit, Lehrer*innen und Sozialarbeit, Universität und Dritte Welt wurden Arbeitstagungen geplant, angedacht waren auch regionale Kooperationsräte und ein zentraler Kooperationsrat, um Basisgruppen und Büro zu koordinieren (Buro/Vack 1973: 231). Inhaltlich wichtig sei vor allem Erfahrungsaustausch (vgl. ebd.: 232).

Aus der Praxis berichten in dem Band «Für eine neue sozialistische Linke» Genoss*innen über einzelne Projekte wie einen multinationalen Kindergarten, ein internationales Jugendzentrum in Rüsselsheim und eine Frankfurter Elterninitiative. Neben diesem Fokus auf den Erziehungs- und Reproduktionsbereich stehen politische Kampagnen, wie z. B. ein Lehrlingsstreik in Frankfurt und Obdachlosenarbeit in Köln. Was den Bereich der Arbeit angeht gibt es Thesen zur Situation und Aufgabe von sozialistischen Lehrer*innen und vom Informationsdienst Sozialarbeit. Die Express-Redaktion sieht ihre Aufgabe so: «*Ihre politische Funktion erfüllt diese Zeitung, wenn es ihr gelingt, beizutragen, die bestehenden sozialistischen Tendenzen in der Betriebs- und Gewerkschaftsarbeit zu stabilisieren.*» (vgl. ebd.: 281) Als Mittel werden Betriebszeitungen genannt, aber eben auch die Arbeit an der DGB-Basis. Wie gesagt bleibt das SB hier eine Stimme von außen und will weder Gewerkschaftsopposition (RGO) noch Alternativgewerkschaft (FAU) sein.

1975, auf dem Höhepunkt seiner organisatorischen Entwicklung, werden neue «Thesen des SB» veröffentlicht (hier

11 https://de.wikipedia.org/wiki/Liste_linkssozialistischer_Zeitungen_und_Zeitschriften_in_Westdeutschland

zit. n. der 4. Auflage von 1976). Für das SB «*ergeben sich besondere Schwierigkeiten aus der Tatsache, daß seine aktivsten Mitglieder Intellektuelle sind.*» (SB Thesen 1975: 8) Diese unterschätzen leicht den Unterschied zwischen Kritik und Politik. Nicht-Intellektuelle hingegen könnten mit Theorien nicht gewonnen werden. «*Erst die Erfahrung von Erfolgen von Gegenmacht und sozialistischer Solidarität kann die aus Ohnmachtserfahrungen sich ergebenden Abwehrhaltungen aufbrechen.*» (ebd.) Bei den meisten Menschen sind zudem Beruf und Politik nicht unmittelbar verbunden. Eine «*revolutionäre Berufspraxis*» diskutieren eher «*Sozialisten, die im Sozialisationssektor tätig sind*» (ebd.: 45), also Erzieher*innen, Lehrende, und Sozialarbeitende, wobei Widersprüche geradezu sprichwörtlich sind. In den Betrieben hingegen komme es für Sozialist*innen darauf an, «*eine konsequente Gewerkschaftsarbeit auf betrieblicher Ebene durchzusetzen*» (ebd.: 58), also den DGB durch Druck von der Basis her zu verbessern. «*Sozialistische Betriebsgruppen*» (ebd.: 61) wirken demnach eher als sozialistische Fraktion im DGB.

Eine Gemeinsamkeit arbeitender Sozialist*innen und linker Sozialarbeiter*innen im SB bleibt, «*daß die einzelnen Berufs- oder Arbeitsfelder von denen, die dort beschäftigt sind, zum Ausgangspunkt ihrer politischen Arbeit genommen werden*» (ebd.: 68). Für die Stärke des Arbeitsfeldansatzes spricht, dass auch nach dem Ende der SB-Zeitschrift «links» im Jahre 1997, die Arbeitsfeld-Zeitschriften «Widersprüche» und «Express» bis heute fortbestehen. Andere Perspektiven des SB, etwa die sozialistische «*Stadtteilarbeit*» (ebd.: 91) werden heute wieder aktuell. Was dem SB zudem, vielleicht auch aufgrund der Spezialisierungstendenz im Arbeitsfeldansatz, fehlte, waren – abgesehen vom Sozialistischen Zentrum in Stuttgart – lokale Zentren, die Gruppen hätten verbinden können. «*Heute können wir in der Organisation des SB noch nicht auf längere Erfahrungen einer Organisierung auf lokaler Ebene quer zu den Arbeitsfeldern zurückgreifen. Mit Ausnahme des SZ Stuttgart gibt es keinen derartigen Ansatz, der über einen längeren Zeitraum praktiziert wurde.*» (ebd.: 93) In all diesen Thesen der frühen und mittleren 1970er Jahre klingt eine optimistisch-pragmatische Grundhaltung des SB an, die sich von autoritär-ideologischen Positionen der K-Gruppen angenehm abhebt. Auch im Gegensatz zu operaistischen Gruppen setzt das SB auf geduldigen Aufbau.

Der Niedergang des SB fällt in die zweite Hälfte der 1970er und die 1980er. «*Die aufkommende Alternativbewegung und die neuen sozialen Bewegungen stützten sich anfangs zwar noch stark auf die organisationspolitischen Überlegungen und Konzepte des Sozialistischen Büros. Die sozialistischen Aspekte gerieten jedoch im Laufe der 1980er immer mehr in den Hintergrund.*» (Oy 2010: 220) Zwischen K-Gruppen und Spontis in den 1970ern bzw. Grüner Partei und Autonomen in den 1980ern konnte sich das SB nicht durchsetzen: Für die roten Mini-Parteien und dann die grüne Partei war der Ansatz der Alltagspolitik zu fern von staatlicher Macht, Spontis und Autonome hingegen lehnten feste Organisierung ab. In der Alternativbewegung wurde aus der Revolutionierung des Alltags dessen Reform. Hätte das SB, zumal in den Organisationsdebatten der damaligen Zeit, eine Alternative zwischen Sekten und Szene bzw. zwischen Bewegungen und Parteigründungen bieten können?

Nachdem die erste Organisationsdebatte aus dem SDS heraus 1967 bis 1970 geführt wurde, kam es 1975/1976 zu weiteren Debatten, die immer wieder auch um die Frage der Parteigründung kreisten, welche das SB ablehnte. Carsten Prien fragt daher 2019: Hätte das SB in den 1970ern die Basis einer Rätepartei werden können und wäre diese eine Alternative zur Gründung der Grünen in den 1980ern gewesen? 1972 wandte sich Oskar Negt im Spiegel-Interview gegen Parteigründung: «*Die Neue Linke muß, wenn sie mit ihrem ursprünglichen Anspruch überleben will – und das ist auch ein entscheidender Einwand gegen die traditionelle Organisationsform von Massenparteien […] – neue Organisationsformen bilden, und zwar, und das ist das Wichtige, von unten ausgehend.*» (zit. n. Prien 2019: 159) Also: Links, neben DGB und SPD. 1982 kritisierte SB-Mitglied Arno Klönne, dass die SPD so sehr zur «*amerikanischen Partei*» geworden sei wie die DKP zur sowjetrussischen (zit. n. ebd.: 19). Prien will daraus im Rückblick Konsequenzen ziehen: «*Einzig die Gründung einer eigenen Partei hätte in der damaligen Konstellation die äußeren Bedingungen für die Entwicklung auch der inneren Anlagen des Sozialistischen Büros schaffen können.*» (Prien 2019: 19)

Wollte also das SB nur das halbe Erbe des Rätekommunismus antreten, nur im Arbeitsfelder-Ansatz die Betriebsorganisationen der AAUD wiederbeleben ohne die nötige Avantgardefunktion der KAPD zu übernehmen, wie Prien meint? Oder setzte das SB konsequent auf die Idee der AAUE, wonach die Trennung in Räte und Partei abzulehnen sei? 1975 in Berlin und 1976 in Hannover fanden die Treffen statt, um die herum sich die zweite Organisationsdebatte, nach 1967–1970, entwickelte. Hier wurden auch die Thesen des SB ausgiebig diskutiert. Der Ex-SDSler und nun SBler Rudi Dutschke führte 1976 aus, es bedürfe «*mehr denn je der politischen Organisierung der bisher nicht organisierten antikapitalistischen Kräfte. […] Das SB in seiner jetzigen Form kann das nicht leisten.*» Zugleich: «*Allerdings werde ich jeden politisch bekämpfen, der die jetzige Diskussionsebene dazu benutzen will, ein ‹Konkurrenzunternehmen› dem SB gegenüber aufzubauen.*» (Dutschke 1976a: 107)

Entscheidend ist wohl das Jetzt: Die jetzige Situation biete noch keine Alternative zum SB, perspektivisch sei aber eine Parteigründung notwendig. Ursula Schmiederer vom SB kritisierte im März 1976 in der «links» den drohenden Zentralismus, der auch in kommunistischen Parteien zum Reformismus führe: «*Herbert Marcuse hat schon vor Jahren in seinem Buch über den Sowjetmarxismus die Vermutung geäußert, daß die kommunistischen Parteien als politische Vertreter nichtrevolutionärer Interessen der Arbeiterklasse die ‹Erben› der Sozialdemokratie des 19. Jahrhunderts würden.*» (Schmiederer 1976: 168) Dies war zwar für die DKP nicht anzunehmen, in Frankreich, Italien und Spanien aber realistisch. Damit befände sich das SB im Verhältnis zur DKP wie einst die KAPD zur KPD. «*Spontaneität, Basisaktivitäten, räteartige Organisationsansätze werden bei uns großgeschrieben. Die dezentralen Erfahrungs- und Interessenansätze (Arbeitsfelder) gelten uns als wichtige Ansätze einer sozialistischen Politik.*» (ebd.: 167)

Christian Kuls wandte dagegen ein, hier liege eine Selbstbeschränkung vor: «*Zu kritisieren ist die Tendenz, Basiskämpfe als die politischen Kämpfe auszugeben und die Auseinandersetzung mit dem bürgerlichen Staat, den bürgerlichen Parteien zu vernachlässigen. […] Auch und gerade in der heutigen nichtrevolutionären Situation kann eine sozialistische Partei (die genauer zu bestimmen wäre) entscheidenden Einfluss auf die öffentliche politische Diskussion ausüben.*» (Kuls 1976: 246) Es sind zwei Konzepte von Öffentlichkeit, die hier aufeinanderprallen. Im SB ging es darum, unmittelbare Interessen ausgehend von Arbeitsfeldern zu politisieren, also z. B. mit linken

Lehrer*innen sozialistische Perspektiven zu entwerfen. Kuls hingegen geht es um die öffentliche Formulierung linker Positionen. Richard Bünemann (1920–2009), 1975 aus der SPD ausgeschlossen, ging in dieser Organisationsdebatte am weitesten: «*Wir deutschen Sozialisten brauchen aber sobald wie möglich eine Partei, denn wer mit der Mehrheit der Wählerstimmen die politische Macht erringen will, kann dies nicht mit autonomen Gruppen tun.*» (1976: 141) 1975/1976 scheiterte eine solche Parteigründung. Zwischen Linkssozialisten der Alten Linken wie Richard Bünemann und Antiautoritären der Neuen Linken wie Johannes Agnoli gab es zu wenig Schnittmenge. 2007 wurde Bünemann Gründungsmitglied der Linkspartei.

Die Pole in den 1970ern blieben: Zentrale Partei hier, autonome Räte da. Peter Brückner, mit Agnoli Autor der «Transformation der Demokratie» von 1967, soll Bünemann zugerufen haben: «*Ich bin hier, um mich selbst zu organisieren, Du komischer Heini.*» (Brückner, zit. n. ebd.: 1976: 163) Dutschke war wieder in einer mittleren Position. Er kritisiert Bünemann: «*Für aufrecht und nicht gekrümmt, nicht Bünemansgemäß gehende Sozialisten ist Politik nicht das Wesen des Menschen.*» (Dutschke 1976b: 200) Zugleich spricht Dutschke im selben Jahr von den «*politischen Phantastereien, wo die soziale Phantasie verloren geht, des Kreises um P. Brückner*» (Dutschke 1976c: 172). Letztlich werden so aus vier Positionen nur drei Optionen. Agnoli, Brückner u. a. verorten sich als Antiautoritäre links vom SB, das ihnen schon zu zentralistisch ist. Bünemann, Klus u. a. erscheinen im Diskurs als rechts vom SB, als Parteigründungsplaner. Dutschkes Mittelposition für eine antiautoritäre Partei ist hier hoffnungslos, weshalb er gleichzeitig am SB festhalten muss und es doch auch kritisiert. Er will beides: «*Auf der einen Seite klar die Dominante außerparlamentarischer Widerstansdsgruppen, aber auch um Überleben zu können die Möglichkeit des Ausnutzens der parlamentarischen Seite.*» (Dutschke 1975: 46) Eine mögliche Lesart des Scheiterns der Debatte wäre es zu sagen, dass einige Teilnehmende wie Christian Ströbele, Otto Schily und Rudi Dutschke danach den Weg zu den Grünen einschlugen, während Antiautoritäre, SB und Linkssozialist*innen so weiter machten wie zuvor.

Carsten Prien schlägt hingegen 2019 in «Rätepartei – Zur Kritik des Sozialistischen Büros» eine andere Lesart vor: Eine Partei anderen Typs, wie Dutschke sie wollte, wäre möglich gewesen, scheiterte aber am SB. Prien sieht das SB in der Tradition des historischen Rätekommunismus. «*Auch baute die KAPD, ganz im Sinne des ‹Arbeitsfeldansatzes› eine einheitliche ‹Betriebsorganisation› auf […] Mit der Ablehnung ‹der Partei› als vorgeblich überholter Organisationsform sank die Betriebsorganisation als nunmehrige ‹Allgemeine Arbeiter Union/Einheitsorganisation› auf das Niveau des reinen Syndikalismus herab und verschwand auch bald in der Bedeutungslosigkeit.*» (Prien 2019: 81)

Analog stellt sich die Frage: Hätte das SB gegenüber den Arbeitsfeldern die Rolle einer Partei annehmen sollen, wie es die KAPD gegenüber der Betriebsorganisation gewesen ist? Prien macht sich hier Dutschkes Position von 1976 zu eigen, der da sagte: «*Ich meine, wenn das SB eine werdende politische Kraft sein will, dann muss auch die Frage der sozialistischen Perspektive gestellt werden und damit die Frage der sozialistischen Partei, die meiner Meinung nach untrennbar mit der Sozialismusfrage verbunden ist.*» (Dutschke 1976, zit. n. Prien 2019: 26) So eindeutig diese Ausrichtung auf die Partei ist, so vage bleibt Priens Analogie. War die KAPD strikt antiparlamentarisch, so will Dutschke ins Parlament (vgl. ebd.: 89). Zugleich will er, wie Prien herausarbeitet, eine Partei neuen Typs, in der die «*Autonomie-Strukturen […] der verschiedenen Bereiche, über Delegiertenschlüssel aufrechterhalten werden*» (Dutschke, zit. n. Prien: 30). Im Originaltext von Dutschke steht dies freilich als Frage, nämlich «*ob reale Autonomie-Strukturen […] aufrechterhalten werden können*» (Dutschke 1981: 115). Also doch Rätepartei?

Nicht einzelne Mitglieder, die in Ortsgruppen Delegierte für Parteitage wählen, sondern Gruppen in besonderen Arbeitsfeldern seien die Parteibasis. Von der britischen Labour-Party ist bekannt, dass eine Anzahl von Delegierten auf Parteitagen von den Gewerkschaften gestellt werden. Was Prien allerdings als Dutschkes Parteimodell zeichnet, wäre die vollständige Synthese von Räteorganisation und Partei. Praktisch würde diese wohl zunächst zu Problemen mit dem deutschen Parteirecht führen. Die Grüne «Bewegungspartei» sah Dutschke als Übergangslösung (vgl. Prien 2019: 33). Ihr außerparlamentarisches Spielbein aber sollten ja auch keine Arbeitsfelder/Betriebsorganisationen sein, sondern Bewegungen. Dutschkes Tagebuchnotiz von 1969 ist hier wichtig: «*Selbstorganisation, Parteiorganisation und Rätesystem müssen nicht notwendigerweise auseinanderfallen!*» (Dutschke 1969, zit. n. Prien 2019: 25) Dies kann nur als These angesehen werden, die das SB nie bestätigen wollte und die von der Grünen Partei erst recht nicht bestätigt worden ist. Selbstorganisation im SB oder Parteiorganisation als grüne Wahlpartei wurden die Alternativen der 1980er.

Prien, der hier eine verpasste Gelegenheit sieht, erinnert an die Entscheidung der KPD von 1919, entgegen dem Anraten Rosa Luxemburgs, auf die Teilnahme an den Parlamentswahlen zu verzichten und betont die «*Bedeutung dieses verpassten geschichtlichen Kairós*» (Prien 2019: 76). Ein weiterer Wahl-Kairós, so legt Prien mit Dutschke nahe, wäre dann 1969 gewesen: «*Da waren Umfragen gemacht worden 67–68, wo wir auf 25% kamen an Unterstützung bei Wahlen.*» (Dutschke 1970er, zit. n. Prien 2019: 91) Wieso also wurde der SDS 1967, wieso wurde das SB 1977 keine Partei? Für Prien «*ist der Arbeitsfeldansatz auf jenem historisch-logischen Niveau anzusiedeln, auf dem eine ‹Partei neuen Typs› aus der bestimmten Negation der opportunistischen Massenpartei hätte hervorgehen müssen*» (Prien 2019: 42). Prien wirft Negt daher vor, dieser habe die Weiterentwicklung des SB blockiert. In der Tat sah Negt das SB nicht als mögliche Alternative zu SPD und DGB. «*Solange die SPD Massen bindet [...] erscheint so etwas wie eine sozialistische Entwicklung ohne erhebliche Teile dieser SPD in der Bundesrepublik undenkbar.*» (Negt 1975, zit. n. Prien 2019: 35) 1979 hielt Negt daher auch die Gründung der Grünen für einen Fehler (vgl. Prien 2019: 33). 1986, nach seinem Rückzug aus dem SB nennt er den Bezug der Neuen Linken auf die Alte Linke sogar als deren Existenzbedingung. «*Erst das vorbehaltlose Eingeständnis, dass die radikale Linke in ihrem ganzen Reichtum an Projektionsphantasie und an eigensinnigem Widerstand den Tatbestand nicht umgehen kann, alle ihre politische Wirksamkeit auf die zentralen Machtblöcke Gewerkschaften und SPD beziehen zu müssen, ermöglicht ihr, so paradox das auch sein mag, ein autonomes politisches Selbstverständnis zu entwickeln.*» (Negt 1986, zit. n. Prien: 36)

Verstehen wir hier unter der radikalen Linken auch das SB, so wäre die Chance laut Negt nur eine Art Einflussnahme auf SPD und DGB. Immerhin aber wahrt Negt in den 1970ern und 1980ern noch Distanz. «*September 1998 trat Negt dann mit ‹Warum SPD? 7 Argumente für einen nachhaltigen Macht- und*

Politikwechsel› unverhohlen auf die Seite der Schröder-Blairschen New-Labour-Sozialdemokratie über.» (Prien 2019: 38) Ausgerechnet in dem historischen Moment in dem die neoliberal gewordene Sozialdemokratie ihre Bindekraft verliert, stellt sich Negt, nach dem Ende des SB, hinter die SPD. Gleichwohl unternimmt Prien hier eine sehe einfache Personalisierung: Mit Dutschke hätte aus dem SB eine Rätepartei werden können, mit Negt blieb das SB hinter dieser historischen Möglichkeit zurück. Überschätzt Prien hier nicht die Bedeutung des SB? Gottfried Oy gab 2007 einen wichtigen Abriss über dessen Organisationsgeschichte. Zunächst hebt er hervor, es sei der Arbeitsfeldansatz gewesen, der es *«für Viele in der Zeit nach der Revolte, die biografisch oft mit der Zeit der beruflichen Orientierung zusammen fiel, so attraktiv machte.»* (Oy 2007: 6)

Linke Lehrer*innen, linke Sozialarbeiter*innen und linke Gewerkschafter*innen fanden im SB eine Plattform ihrer Organisierung. Wie attraktiv war das SB aber über diese Zielgruppe hinaus? Hätte ein Organisierungsprozess über bereits Politisierte hinaus beginnen können? Die Thesen des SB von 1971 erreichten eine Auflage von 80.000, die Zeitschrift «links» zunächst 5.000 Exemplare (vgl. Oy 2007: 32). Klaus Vack besuchte im selben Jahr 100 Basisgruppen und warb für das Projekt (vgl. ebd.: 33). 1972 lag die «links»-Auflage bei 12.000, 600 Genoss*innen und 30 Gruppen waren Teil der Organisierung (vgl. ebd.: 38). 1973 sind es 60 Gruppen und 15.000 Zeitungen (vgl. ebd.: 39). Über die konkrete Arbeit dieser Gruppen ist bisher wenig geforscht worden, das SB selbst erreichte 1979 seinen Höchststand von 1.200 Mitgliedern. Im Vergleich zu einer SPD, die damals 956.000 Mitglieder hatte, ist durchaus Negt Recht zu geben, der im SB-Ansatz keine Konkurrenz zur Partei erkennen konnte (vgl. ebd.: 43).

Priens Vergleich mit dem Rätekommunismus der 1920er Jahre überschätzt zwar nicht die Theorie, aber die Praxis des SB. 1980 kamen noch 5.000 Genoss*innen zu einem Kongress über neue Protestbewegungen, es war aber klar, dass die Grünen dominant werden (vgl. ebd.). Ab 1981 beginnt dann eine Debatte um den «Abschied vom Arbeitsfeld» (vgl. ebd.: 45), der doch der Markenkern der Organisation war. Damit beginnt auch der Zerfall des SB. 1984 sind es noch 900 Mitglieder (vgl. ebd.: 47). Inhaltliche Debatten über linken Antisemitismus und dann 1990 im zweiten Golfkrieg über die Sicherheit Israels finden statt, führen aber zu Spaltungen (vgl. ebd.: 47ff.). Joachim Hirsch sieht die eigentliche Niederlage schon «*in der Aufspaltung der Neuen Linken in eine Grüne Partei und die Weiterführung vieler inhaltlicher Kernpunkte in der neuen autonomen Bewegung*» (zit. n. ebd.: 53). Das SB selbst stellt 1989, zum zwanzigjährigen Jubiläum, fest: «*Es gibt keine authentische Linke mehr, aber es gibt Linke. [...] Ihre politische Praxis findet in Initiativgruppen, in Gewerkschaften, der SPD oder bei den Grünen statt.*» (zit. n. ebd.)

Neben Gewerkschaften und Parteien bestehen Basisgruppen fort, die sich aber eher locker über soziale Bewegungen vernetzen und nicht länger über das SB. Es geht zu Ende. «*Zur letzten gemeinsamen Veranstaltung der links-Redaktion und des SB zum Thema ‹Perspektiven linker Politik› 1995 an der Frankfurter Universität finden sich gerade mal 100 Besucher ein.*» (ebd.: 56) Ist aber mit der Organisation SB auch der Arbeitsfeldansatz gestorben? Oy kommt zu dem Schluss, «*dass es der Neuen Linken, bzw. deren Überresten, nicht gelungen ist, sich angesichts der weltpolitischen Umbrüche in den Neunzigerjahren neu zu positionieren und das Projekt einer Linken jenseits von Partei und Staat weiterzutreiben*» (ebd.: 58). Trotzdem gehen von den Konzepten Betriebsorganisation/Arbeitsfeldansatz noch immer Impulse aus.

5.3 Betriebsgruppen, Organisations-Debatten und Betriebsbesetzungen

Die Antifa Kritik und Klassenkampf fragt sich 2015 in der Broschüre «Der kommende Aufprall», «*ob wir uns nicht zu sehr in den Formen von Events und Symbolpolitik verrennen, die in den 1990ern und 2000ern Refugium einer radikalen Linken waren*» (AKK 2015: 5). Nach den Bewegungen der 1960er, 1970er und 1980er erschien Kapitalismus nun als alternativlos. Mit der Krise von 2008 scheint zwar das Ende der Geschichte vorbei, aber «*inwiefern die Situation günstig ist, dem Staatsfetischismus entgegenzuarbeiten, bleibt allerdings abzuwarten*» (ebd.: 7). An zentraler Stelle im Abschnitt über Klassen wird aus den SB-Thesen von 1973 zitiert: «*Es geht als um das alte Problem, dass «die sozialistische Bewegung heute und hier nur dann reale gesellschaftliche Bedeutung gewinnen wird, wenn sie die chinesische Mauer zwischen isolierten Tageskämpfen einerseits [und] weitgespannten sozialistischen Zukunftsvorstellungen andererseits durchbricht.*» (SB 1973: 11) (ebd.: 13)

Die Lücke zwischen Protest und Utopie ist es, die zu überwinden wäre. Der Vorschlag der AKK geht, ähnlich wie seinerzeit beim SB, in die Richtung, dass nicht abstrakte Kritik sondern konkrete Bedürfnisse neue Kämpfe antreiben könnten. Aber: «*Gleichzeitig sind sie – mit H. Marcuse – zu verstehen als bereits von Herrschaftsinteressen der bestehenden Gesellschaft geformte und durch den Sozialisationsprozess vermittelte.*» (ebd.: 17) Mit Marcuse ließe sich freilich auch unterscheiden, ob die Befriedigung von Bedürfnissen im Rahmen des Bestehenden aufgeht, z. B. durch mehr Warenkonsum, oder wo Potentiale liegen, die über eine solche Integration hinausweisen. Der Konsumkapitalismus kann, trotz schrumpfender Kaufkraft, Zerstreuung bieten. Bedürfnisse nach einem angstfreien Leben, in Muße und kreativer Betätigung, verweisen hingegen auf eine nach wie vor utopische Bedürfnisbefriedigung, die objektiv möglich wäre, aber praktisch fehlt. Wie die AKK ausgehend von Marcuse weiß, «*vollzieht sich Integration nicht bruchlos. Materialistische, auf Befreiung zielende Kritik muss in der Lage sein, solche Bruchstellen zu sehen und die Verhältnisse von Immanenz und Transzendenz, von Aktualität und Potentialität, zu bestimmen und die bestehenden Widersprüche zu denken.*» (ebd.: 19).

Im Abschnitt «Praxis» wird dann wiederum der Sozialistische Lehrerbund zitiert, der schon 1969 kritisierte, dass die Trennung von Anpassung im Beruf und Protest in der Freizeit keine Basis für Organisierung sein kann (vgl. ebd.: 23). Was also wären die organisationstheoretischen Schlüsse aus diesen gesellschaftstheoretischen Überlegungen? Die AKK schlägt als drei Eckpunkte Basisorganisierung, Vernetzung und ein Büro, d. h. den «*Aufbau eines Büros zur organisatorischen Unterstützung der Beteiligten vor*» (ebd.: 25), also die Wiederbelebung des SB. Eine dazu passende Lehre aus der Kritik an traditionellen Organisationen lautet: «*Um Tendenzen der Verselbständigung des Büros vorzubeugen und es auf seine Funktion als Informations- und Kommunikationsdienstleister zu reduzieren, sind die jeweils dort handelnden Menschen mandatgebunden, jederzeit abwählbar und möglichst nach dem Rotationsprinzip besetzt.*» (ebd.: 25) Zu dieser Form der Organisierung gehört eine konkrete Utopie: «*Die unterschiedlichen Basisorganisationen, könnten als Keim einer sich herausbildenden Rätedemokratie und der umfassenden gesellschaftlichen Selbstverwaltung fungieren.*» (ebd.) Schließlich bräuchte es, je nach dem Öffnen und Schließen passender Gelegenheitsfenster, «*ein strategisches Verhältnis zu Links-Parteien und DGB-Gewerkschaften*» (ebd.).

Neue Vorschläge werden in dieser Broschüre kaum gemacht und das wird auch einsichtig. Vorausgesetzt wird allerdings, dass es Kämpfe gibt, die dann verbunden werden könnten. Wo solche heute stattfinden, wirkt sich allerdings in der Regel die Trennung von Ökonomie und Politik aus. Auf Unmut in Betrieben reagieren die Gewerkschaften, auf Unmut auf der Straße die Parteien. Eine Koordination der Selbstorganisierung als Alternative kann daher nicht bloß als Angebot hinzukommen, sondern diese Option setzt bereits Entscheidungen an der Basis voraus. Historisch hatten solche Konzeptionen, wie gezeigt, immer wieder ihre Hochphasen. Und so weiß auch die Antifa Kritik & Klassenkampf einzuordnen: «*An diesem Vorschlag ist vieles aufregend, aber wenig neu. Ansätze einer solchen Organisierung finden sich etwa bei der Allgemeinen Arbeiter-Union / Einheitsorganisation (AAUE) in den 20er Jahren oder beim Sozialistischen Büro (SB) in den 70ern, von dem vor allem sein sogenannter Arbeitsfeldansatz für die heutige Zeit wieder fruchtbar zu machen wäre.*» (ebd.: 26)

Einige Resonanz auf diese Broschüre finden wir 2016 in einer Sonderausgabe der diskus Nr. 216. Hervorgehoben werden sollen an dieser Stelle die Beiträge, die auf den Komplex «Sozialistisches Büro» eingehen. Einer von den «Freunden und Freund*innen der klassenlosen Gesellschaft» gibt zweierlei zu bedenken. Zum einen brauche es mehr Klassenanalyse, es «*müsste konkret aufgezeigt werden, wie und warum die Streiks der Prekären bei amazon, die Kämpfe von Mieter*innen, die Proteste von Refugees und der Streik der Lokführer*innen tatsächlich konvergieren – und wo eben nicht*» (diskus 216 2016: 9). Klasse als komplexes Verhältnis. Zu Fragen der Organisation heißt es im selben Text, dass Organisation heute nicht nur in Koordination und Kommunikation bestehen kann. «*Das mag für das SB und noch mehr für die AAU-E eine angemessene Funktion gewesen sein, muss aber im Zeitalter des Internets […] mehr und mehr obsolet erscheinen.*» (ebd.: 10)

Statt Kämpfe zu vernetzen wäre es, so die Quintessenz, zunächst notwendig die Kämpfe überhaupt zu verstehen. Dies aber nicht mit wissenschaftlicher Distanz, sondern im Handgemenge. Das «Kollektiv» aus Bremen ergänzt, dass es nicht, wie damals beim SB, nur um die Vernetzung von Basisgruppen gehen könne, sondern dieser Basis überhaupt erst Räume geöffnet werden müssten. «*Wir müssen Orte schaffen.*» (Kollektiv 2016 in ebd.: 32) Die Frage nach dem «Wo?» verweist auf das übernächste Kapitel zur Stadtteilorganisation, denn für die Bremer*innen «*spielt der Aufbau von selbstorganisierten Strukturen in Stadtteilen eine besondere Rolle*» (ebd.). Vom Hans-Jürgen-Krahl-Institut, ansässig in Seedorf (Schleswig-Holstein) wird zum Rückgriff auf das SB hervorgehoben: «*Die anhaltende Bedeutung des SB hat seinen letzten Grund darin, dass sein es kennzeichnender Arbeitsfeldansatz von ihm selbst nicht entfaltet wurde.*» (HJKI 2016 in ebd.: 39)

All diese Argumente sind verständlich. Kritische Klassenanalyse, praktische Selbstorganisierung vor Ort und das Aufgreifen der mit dem Scheitern des SB organisationslos gewordenen Räte-Utopie sind wichtig. Die AKK hat dann im selben diskus auf die Kritiken geantwortet. Über ihre eigene Broschüre wird eingeräumt: «*Sexistische, Rassistische und nationalistische Herrschaftsverhältnisse werden zwar erwähnt […] [aber] wie die Genoss*innen von translib […] gezeigt haben, ging das jedoch nicht so ganz auf.*» (AKK 2016 in ebd.: 55) Auch den anderen, oben angeführten Einwänden, wird weitgehend zugestimmt, wobei deren Klärung unter einen organisationspraktischen Vorbehalt gestellt wird: «*Letztlich braucht es irgendwann den Sprung ins (teilweise) ungeklärte Wasser, denn sonst folgt, wie auf so viele Organisationsdebatten – nichts.*» (ebd.: 56) Woran dieser Debattenanfang letztlich krankt, ist der fehlende Bezug auf praktische Beispiele. Das SB, dessen Arbeitsfeldansatz thematisiert wird, sammelte dieser in seiner Zeitungsrubrik «Modelle». Wo Beispiele gebracht werden, die keine theoretische Arbeit ersetzen, aber ihr Futter geben, sind es heute «*Stadtteilinitiativen*» (ebd.: 57) oder der «*Charite-Streik*» (ebd.: 59). Der Blick auf Arbeitsfelder/Betriebsorganisation geht aber, im Unterschied zu Stadtteilorganisationen und Gewerkschaften, etwas verloren. Dabei gibt es durchaus auch Bewegung in Betrieben. Bevor wir uns im nächsten Kapitel Organisationsansätzen rund um die Straße, den Ort politischer und sozialer Bewegungen kümmern, soll zunächst auf ein Phänomen verwiesen werden, dass europäischen Leser*innen oft unbekannt ist. Sowohl Dario Azzellini als auch Daniel Kulla schreiben über Betriebsbesetzungen, vornehmlich in Lateinamerika, aber auch in Europa. Eine solche Organisationsform steht oft in Spannung zu Gewerkschaften, besetzte Fabriken sind auch etwas anderes als gegründete Genossenschaften, die dazugehörige Militanz ist irritierend für legal operierende Parteien.

Bewegungsorganisationen und Stadtteilorganisation hingegen sind häufig Kooperationspartnerinnen dieser Selbstorganisierung in Betrieben, die – auch wenn sie sich von formalen Strukturen wie AAUE oder SB erheblich unterscheiden – als Betriebsorganisationen aufgefasst werden können. Anders als im Pariser Mai bzw. in der Bewegung der Besetzungen 1968 sind heutige Besetzungen oft defensiv, dafür aber auch nachhaltiger. In welchem Verhältnis stehen Betriebsbesetzungen zu anderen Organisationsformen? Azzellini geht zunächst auf den schon klassischen Gegensatz von Traditions-Gewerkschaften und Betriebsorganisationen ein.

«*Die Besonderheit der Betriebsbesetzungen und der Betriebe unter Arbeiter*innenkontrolle liegt darin, dass – im Unterschied zur Gewerkschaft oder zur politischen Gruppierung – während der Besetzung oder in der Versammlung des Betriebes unter Arbeiterkontrolle alle Arbeiter*innen zusammenkommen […]. Ganz ähnliche Feststellungen finden sich schon bei den deutschen und österreichischen Rätekommunist*innen zu Beginn des 20. Jahrhunderts.*» (Azzellini 2018: 66)

Es kommt dabei auch zu einer Konkurrenz der Organisationsformen. Mit Blick auf Betriebsbesetzungen in Frankreich, Italien, den USA und Griechenland ist zu beobachten: «*Keine traditionelle Gewerkschaft in den genannten Ländern mit RBA fördert von sich aus deren Entstehung.*» (ebd.: 58) Es ist wohl auch schwierig für eine Gewerkschaft, die Verhandlungspartnerin von Unternehmen sein muss, eine RBA, d. h. rückeroberte Betriebe unter Arbeiter*innenkontrolle (vgl. ebd.: 8), zu fördern. Dagegen sieht Azzelini ein Potential von Betriebsorganisationen, denn «*autonome Organisierung in den Betrieben kann viel schneller und machtvoller auf Veränderungen oder Bedrohungen reagieren als Gewerkschaften das können, […] (wegen ihrer Verpflichtung zur Rechtmäßigkeit und vorher festgelegten Konfliktmechanismen)*» (ebd.: 91).

Das Problem des Rechts stellt sich auch gegenüber der Organisationsform Partei. Ein treffendes Beispiel ist die linke Syriza-Partei in Griechenland. Dort betreiben seit 2013 Arbeiter*innen einen Betrieb weiter und produzieren u. a. Bio-Seife. «*Vertreter*innen von Syriza versuchten sogar die Vio.Me-Arbeiter*innen davon zu überzeugen, die Besetzung aufzugeben, um dann eine Lösung auszuhandeln.*» (ebd.: 60) Zwar gab und gibt es bei Betriebsbesetzungen in Argentinien, Brasilien, Uruguay, Venezuela und Frankreich Interventionen von Parteien, die z. B. Konflikte schlichten wollen, es bleibt aber der Gegensatz von Selbstorganisierung und parteilicher Repräsentation (vgl. ebd.: 112). Allein in Venezuela finden wir eine Art Überschneidung: «*In Venezuela entstand die lokale Selbstverwaltung ab 2004 von unten durch linke Basisorganisationen […]. Ihre Struktur existiert parallel zu den Institutionen der repräsentativen Demokratie und ist diesen nicht unterworfen. Die Räte arbeiten als direktdemokratische Nachbarschaftsversammlungen […]. Diese erhalten jährlich bis zu sechs Milliarden US-Dollar an staatlicher Finanzierung*» (ebd.: 127), sagt Azzellini über das Jahr 2016. Es können also im transformatorischen Prozess einer Neukonstitution auch Institutionen konstituiert werden, die zwischen Räterepublik und Staat stehen. Dass es sich dabei nicht bloß um eine kommunale Ebene des Staates handelt, auch wenn die Räte in Venezuela vergleichbare Funktion erfüllen, zeigt sich in der Art des Wirkens, die nicht repräsentativ sondern selbstorganisiert ist. Es ist also möglich, trotz der Bedenken vieler Gewerkschaften und Parteien, auch im rechtlichen Rahmen Arrangements zu finden, wenn der Druck groß ist.

Eine dritte Abgrenzung, nach der von Gewerkschaften und Parteien als traditionellen Organisationsformen trifft Azzellini im Hinblick auf die Unterscheidung von RBA und Genossenschaften. Dieses Verhältnis ist, aus Sicht der Akteure, ambivalent.

«*Nahezu alle besetzten Betriebe, seien es jene in den Ländern Südamerikas oder in anderen Ländern auf anderen Kontinenten, nehmen die juristische Form von Genossenschaften an (außer Venezuela, s. u.). Das passiert, obwohl viele Arbeiter*innen gegenüber traditionellen Genossenschaften Misstrauen hegen, da die gesetzlich vorgesehenen Regelungen keine horizontale demokratische Selbstverwaltung aller Arbeiter*innen garantie-*

ren […]. Daher ist es notwendig, zwischen Genossenschaften und den RBA zu unterscheiden.» (ebd.: 70)

Es sind drei Merkmale, welche die RBA auch vor Genossenschaften auszeichnen: Erstens werden die Betriebe nicht gegründet, z. B. mit Eigenkapital von Genossenschaftler*innen, sondern besetzt (vgl. ebd.: 20). «*RBA sozialisieren das vormals private kapitalistische Eigentum.*» (ebd.: 104) Zweitens werden die Betriebe nicht von Anteilseigner*innen verwaltet, was bei der Hauptversammlung von Genossenschaften durchaus geschieht, sondern von denen, die im Betrieb selbst tätig sind. «*Es werden regelmäßig Veranstaltungen organisiert, bei denen alle Arbeiter*innen eine Stimme und ein Wahlrecht haben.*» (ebd.: 105) Demos dieser Basisdemokratie ist die Belegschaft. Drittens geht es, neben der Rückeroberung und Demokratisierung der Betriebe, um Formen einer umfassenden Arbeiter*innenkontrolle, die von Methoden der Produktion bis zur Verteilung von Gewinnen durch Löhne reicht. Auch aus der Not des Anfangs heraus gibt es meist eine Rotation von Aufgaben, die später allerdings im Sinne geringerer Entfremdung oft beibehalten wird (vgl. ebd.: 107). Typisch ist ein Einheitsgehalt mit Zuschlägen je nach Familiensituation (vgl. ebd.: 61). Von 81 RBA in Argentinien verwenden z. B. 45 einen Einheitslohn, bei weiteren 34 betragen die Lohnunterschiede nicht mehr als 33% (vgl. ebd.: 125). Wichtigstes Merkmal für die Kontrolle dürfte aber sein, dass es keine Entlassungen gibt, da ja gerade die Furcht vor Arbeitslosigkeit der Anlass ist, um mit der Selbstorganisierung in Betrieben zu beginnen und sich diese anzueignen.

Betriebsorganisationen als Kampfformen im Kontext einer Besetzung sind freilich nur bedingt verallgemeinerbar und zudem in sich widersprüchlich. «*Der offensichtlichste Widerspruch in Bezug auf Arbeit als Common ist, dass die RBA weder ihre Beziehungen zum Markt noch zum Staat auflösen können.*» (ebd.: 111) Sie bewegen sich im Zwischenraum zwischen dem Status quo von Staat und Markt und einer zukünftigen Transformation, an der sie aber gerade Teil haben, weil sie sich in den Widerspruch begeben. Betriebsorganisationen sind, schon weil sie in kapitalistischen Betrieben entstehen, komplex: Es gibt keine Widerstände ohne Widersprüche.

Daniel Kulla verweist darauf, dass es ja bereits ein Widerspruch in wirtschaftlichen Krisen ist, dass Betriebe unprofitabel für Kapital sein können, aber von Arbeiter*innen rentabel zu betreiben sind. «*Überall gibt es Schließungen von Betrieben, die für ihre Belegschaften weiterhin den Lebensunterhalt liefern könnten.*» (Kulla 2020: 273) Gerade für Argentinien verweist Kulla darauf, wie Betriebsbesetzungen einen Weg zwischen Krisendruck und Staatsmacht darstellen. Die Krise steht am Anfang: So «*lagen um das Jahr 2000 nicht nur die Reallöhne nur noch bei der Hälfte des Niveaus von 1970, es erreichten gleichzeitig sowohl die Arbeitslosigkeit als auch die informelle Arbeit Rekordhöhen. In dieser Situation fingen Belegschaften an, Betriebsschließungen nicht mehr hinzunehmen und nicht nur gegen sie zu protestieren, sondern sie rückgängig zu machen.*» (ebd.: 265) Dann wird auch der Staat zum Akteur. «*Neben der nun in der Tendenz dezentralisierten Repression und den Sozialmaßnahmen gab es den Versuch der direkten Vereinnahmung*», hier «*band die «Nationale Bewegung der instandbesetzten Betriebe» (MNFR) […] immer mehr Betriebe direkt an die Regierung, versuchte Änderungen in der internen Organisation durchzusetzen, warf aufmüpfige Teile der Belegschaft raus und führte in Einzelfällen auch die gerade erst abgewendete Ausschlachtung fort.*» (ebd.: 267)

Kritik muss aufklären: Besetzte Betriebe sind keine Inseln der Seligen. Einerseits müssen Märkte bedient werden, andererseits darf eine erkämpfte staatliche Duldung nicht zur Reintegration führen. Trotzdem birgt die Praxis der Wiederaneignung einen Ansatz zur Ausweitung und utopischen Überschuss. «*Dabei sehen die Beteiligten die Praktiken nicht als Nische, sondern als gesamtgesellschaftliche Alternative. Die Praktiken werden via Netzwerke verknüpft.*» (Azzellini 2018: 116) Zwar macht es keinen Sinn, sich so etwas «*als leicht übertragbares Modell für ganz andere Konstellation zurechtbiegen*» (Kulla 2020: 263) zu wollen, dennoch handelt es sich um ergriffene Gelegenheiten. Was befähigt diese Menschen dazu, Betriebsorganisationen aufzubauen? Hier ist noch einmal genauer die Frage der Vernetzungen zu untersuchen. Ausgangspunkt eines jeden Kairós ist eine offenbare Krise. «*Im Zuge der Krise seit 2008 weiteten sich Betriebsbesetzungen über Lateinamerika hinaus aus. Anfang 2018 existierten um die 400 RBA in Argentinien, mindestens 78 in Brasilien, 22 in Uruguay, mindestens 80 in Venezuela und weitere in Europa, Nordafrika, Asien und USA. In Deutschland kam es von Anfang Juli bis Ende Oktober 2007 in der Fahr-*

radfabrik Bike Systems GmbH in Thüringen Nordhausen zu einer – leider von vorneherein nur befristeten – Besetzung dieser Art.» (Azzellini 2018: 9)

Auch das deutsche Beispiel zeigt, dass Betriebe, die vom Kapital aufgegeben werden, auch als besetzte Betriebe keinen leichten Start haben werden. Grundsätzlich liegt hierin für Azzellini aber ein Wesensmerkmal der RBA: «*RBA entstehen jedoch in einer Krisensituation, in denen Kapitalist*innen die Betriebe bereits aufgegeben haben.*» (ebd.: 14) Für Gewerkschaften, ob syndikalistisch, reformistisch oder oppositionell orientiert, gibt es dann keinen Verhandlungspartner mehr, es ist die Zeit der Besetzungen. Was aber ist mit Betriebsorganisationen, die weder kurzfristig eine unmittelbare Alternative zur Gewerkschaft sein wollten, wie vom Rätekommunismus bis zum Operaismus der Spontis, noch erst aus Besetzungen hervorgehen?

Ein Beispiel dafür ist die «Gruppe oppositioneller Gewerkschafter» (GoG), die sich 1972 beim Autohersteller Opel in Bochum gründete (vgl. Gester/Hajek 2005: 11). Die GoG war zunächst durchaus eine Art Gewerkschaftsopposition, die ihren Unmut über die IG Metall 1972 in der Aufstellung einer eigenen Liste für die Betriebsratswahlen ausdrückte. Peter Birke hebt im Sammelband von Jochen Gester und Willi Hajek hervor, dass die GoG mit 2.000 Stimmen, gegenüber 8.000 für die IGM und 3.000 für andere Listen, 5 Betriebsräte stellen konnte (vgl. ebd.: 21). Anders als rätekommunistisch/operaistische Gruppen, aber auch im Gegensatz zu manchen syndikalistischen Gewerkschaften, nutzte die GoG Betriebsratswahlen, womit sie über rein innergewerkschaftliche Opposition hinausging. Für ein Buch, das nach Aktionen bei Opel im Oktober 2004 entstand, diskutieren die Gruppenmitglieder Klaus Gulcz, Rainer Janssen, Roland Müller-Heydenreich, Jürgen Schwarz und Andreas Felder mit den Herausgebern. Da sie in dem abgedruckten Interview mit Vornamen genannt werden, wird im Folgenden auch so zitiert.

Als Kritikpunkt an der IG Metall wird die in den 1970ern übliche Aufteilung von Betriebsratslistenplätzen zwischen CDU, SPD und DKP genannt (vgl. Roland ebd.: 46). Statt inhaltlichen Positionen sei es vor allem um die Aufteilung von Posten gegangen. Die Unzufriedenheit damit führte 1975 dazu, dass die GoG-Liste ihren Wahlerfolg noch verbessern konnte und 33% der Stimmen erzielte, berichtet Rainer (vgl. Rainer ebd.: 43). Er selbst wurde daraufhin für 1976/1977 kurzfristig aus der IGM ausgeschlossen (vgl. Ebd.: 53). Im Kontext der Wiederaufnahme änderte die Gruppe ihren Namen von «Gruppe oppositioneller Gewerkschafter» in «Gegenwehr ohne Grenzen» (ebd.: 54). Offenbar hatte die IGM mehr Bedenken gegen innergewerkschaftliche Opposition als gegen eine autonome Gruppe. Die GoG positionierte sich gegen die Sozialpartnerschaft von Kapital und Gewerkschaft, hielt aber auch die Spannung zwischen gesellschaftskritischem Anspruch und den Mühen der Betriebsarbeit aus. «*Hier bei uns gibt es mehrere Oppositionsgruppierungen. Die einzige jedoch, die ein anderes System will, ist die GoG. […] Ach ja, die Marxisten [MLPD] […] sind ja auch noch da. Die habe ich ganz vergessen. Aber mal über die lange Zeit betrachtet, ist die GoG die einzige Gruppe, die Opposition gemacht hat und eine Kontinuität hat.*» (Andreas ebd.: 69f.)

Klaus betont die unterschiedlichen Ebenen dieser Gruppenkontinuität: Dazu gehört es, Spielräume, z. B. als Betriebsrat, zu nutzen, z. B. das Recht auf Betriebsversammlungen, die auch schon mal 8 Stunden dauern können (Klaus ebd.: 57). Auch der Bildungsurlaub kann für Organisierung genutzt werden. Wichtig ist zudem die Perspektive internationaler Solidarität, z. B. bei Spendensammlungen für den Miners-Strike der 1980er (ebd.: 65). Immer geht es darum, breite Kreise der Belegschaft miteinzubeziehen. Klaus kommt daher auch zu dem Schluss: «*Wenn Du was verändern willst, bringt Betriebsrat nichts. Das reicht einfach nicht.*» (ebd.: 75) Roland verweist ergänzend auf Privilegien für Betriebsräte (600-800**€** im Monat mehr, flexible Arbeitszeiten), die BR-Arbeit auch riskant machen (vgl. Roland ebd.: 68f.). Auch Rainer ist dieser Meinung: «*Es sollte für die Betriebsgruppe nicht das Entscheidende sein, ob wir einen Betriebsrat haben oder nicht*», denn wichtiger ist: «*Was bleibt an aktiven Leuten im Betrieb? Und: Wie kriegst Du Informationen?*» (Rainer ebd.: 102)

Während es in den 1970ern und 1980ern der GoG noch um Verbesserungen im Betrieb gehen konnte, drehte sich der Wind in den 1990er und 2000er Jahren. Von 20.000 Arbeiter*innen in Bochum war Mitte der 2000er nur noch die Hälfte übrig geblieben und so ging es weiter. Jürgen: «*Die Forderungen der Firma waren zu massiv: Arbeitsplatzabbau von 4.100 Menschen bei 9.600 vorhandenen Arbeitsplätzen, das hat natürlich zu großer Empörung geführt.*» (ebd.: 69) Diese Empörung gab

Anlass zum Widerstand. Andreas berichtet von der Gelegenheit bei einer Betriebsversammlung: «*Ich habe ein Mikrophon genommen und gesagt: ‹Jetzt gehen wir raus.›*» (ebd.: 82) Über Tage kommt es zu Arbeitsniederlegungen und Versammlungen vor dem Tor. Jürgen erwähnt das große Medieninteresse und praktische Solidarität aus der Region (vgl. ebd.: 83). Er hebt aber auch hervor, wie die IGM schließlich eingriff: «*Mit der Fragestellung [...] ‹Soll der Betriebsrat mit der Gewerkschaftsleitung weiter verhandeln und die Arbeit wieder aufgenommen werden› Ja oder Nein*» (ebd.: 85).

Indem die Gewerkschaft ihre Verhandlungsbereitschaft an die Wiederaufnahme der Arbeit und den Abbruch autonomer Aktionen knüpfte, fiel sie der Belegschaft in den Rücken. Ein größerer Druck auf die Kapitalseite, der durch einen längeren Ausstand möglich gewesen wäre, wurde verhindert. Immerhin bot die Firmenleitung nun den tausenden Menschen, deren Arbeitsplätze abgebaut werden sollten, hohe Abfindungen an. Jürgen resümiert: «*Es gab noch nie einen Betrieb in der Bundesrepublik, der solch hohe Abfindungen zahlt, um Personal abzubauen.*» (ebd.: 89) Nach diesen Umstrukturierungen von 2005 schloss Opel Bochum 2014. Die Geschichte der GoG endete also auch, liefert aber wichtige Erfahrungen. Interessant sind die Einschätzungen, nach mehreren Jahrzehnten, zum Verhältnis von Betriebsorganisation und Gewerkschaft. Roland ist skeptisch, ob es 2004 völlig autonom gegangen wäre: «*Ob man jetzt parallel zu den gewerkschaftlichen Strukturen im Betrieb was aufzieht, das halte ich für sehr gewagt.*» (ebd.: 95) Druck auf die Gewerkschaft tut not. Andreas hingegen zweifelt am Sinn solcher gezähmter Gewerkschaften. «*Normalerweise bräuchten wir diese Gewerkschaft gar nicht. Wir könnten da auch austreten. Was ja auch andere fordern. Das sehe ich genauso. Wir haben aber die Strukturen genutzt.*» (ebd.: 93)

Für Manfred Strobl von der GoG ist der DGB ein «*Bewusstseinsverhinderungsapparat*» (ebd.: 153). «*Deshalb gehören Gewerkschaften für mich politisch auf den Müllhaufen der Geschichte genauso wie die Parteien.*» (ebd.: 153) Wären Betriebsorganisationen eine gangbare Alternative? Wolfgang Schaumberg verweist auf die Kairologie des Umgangs mit Gewerkschaften. «*Die Forderung ‹Raus aus der IGM!› halte ich für wenig hoffnungsvoll, weil ich derzeit kein darauf folgendes lebhaftes und bereites Veränderungspotential [...] sehen kann.*

[…] Notwendig ist das rotzige Auftreten innerhalb der Gewerkschaften» (ebd.: 166), also Betriebsorganisation als Teil der Gewerkschaftsopposition.

Anders verhält es sich in einer Kairós-Situation, wie sie der wilde Streik 2004 darstellte. Hier war es aber nicht gelungen, den Grad der Selbstorganisation zu steigern. «*Es war nicht gelungen oder versucht worden die Verhandlungen in die Belegschaft zu holen, aus den Streikenden Delegierte zu wählen.*» (ebd.: 165) Eben dies aber wäre der Weg gewesen, zumal wenn die Gewerkschaft auf ein Repräsentationsmonopol gegen die Klasse pocht. Die nötige Verankerung in der Belegschaft hätte sich die GoG, zwischen 1972 und 2004, fast aufgebaut. Auch wenn dies scheiterte, ist der Ansatz der Betriebsorganisation nicht verlorenzugeben, so schlimme Auswüchse dieser z. T. auch hatte. Ein Beispiel ist Klaus Franz: «*Franz, der an der Seite des heutigen Außenministers als Mitglied der ‹Frankfurter Putzgruppe›, die sich ‹Revolutionärer Kampf› nannte, Anfang der 1970er Jahre in der Lackiererei bei Opel in Rüsselheim anfing, bekennt sich heute dazu ein Co-Manager zu sein.*» (Gester ebd.: 193)

Was immer wieder angesprochen wird, auch um solche Erscheinungen zu vermeiden, sind Innen-Außen-Verhältnisse: Im Betriebsrat zu sein, aber dank Unterstützung nicht zu korrumpieren, im Betrieb zu arbeiten und durch Vernetzung den Blick zu weiten. Wolfgang bemerkt dazu: «*Mitentscheidend war, dass wir immer von solidarisch-kritischer ‹Supervision› seitens uns unterstützender politisch bewusster Genoss*innen begleitet wurden, die nicht bei Opel arbeiteten.*» (Wolfgang ebd.: 161) So wenig auf Verankerung im Betrieb – ob Basisorganisation, Betriebsratstätigkeit oder Gewerkschaftsopposition – verzichtet werden kann, so sehr ist doch Betriebsorganisation auf solidarische Netzwerke angewiesen. Manfred nennt dies das «Netz der GoG»: Es gab, vor allem in den 1970ern, externe Solidaritätskreise, später auch Rentner*innen, die der Gruppe treu blieben. Hinzu kommt ein Umfeld, in dem auch andere Organisationsformen vertreten sind, wie z. B. Stadtteilorganisationen oder Parteien. «*Hier gab es einen Konflikt in der Siedlung, wo ich gewohnt habe und mit dem ich konfrontiert worden bin. Das war ein sozialer Brennpunkt. Da hat man dann eine Mieterinitiative gegründet […]. Parallel dazu lief die politische Sozialisation bei Opel. […] Zu dieser Zeit hatte ich auch Kontakt* *mit der DKP. Von denen waren damals welche in der Jugendvertretung. Das waren tolle Leute.»* (ebd.: 137)

Es lässt sich erahnen, wie wichtig das regionale und politische Umfeld im Kontext einer Betriebsorganisation ist. In diesem Zusammenhang ist es auffällig, dass es seit der AAUE, abgesehen vom Arbeitsfelderansatz des SB, kaum zu betriebsübergreifender Organisierung jenseits der DGB- oder FAU-Gewerkschaften gekommen ist. Wie wichtig dies ist, zeigt auch ein letzter Blick auf Betriebsbesetzungen. Dario Azzellini nennt z. B. Wechselwirkungen mit Stadtteilorganisationen. «*Die RBA entwickeln in der Regel eine starke Verbindung mit dem Territorium. Sie unterstützen umliegende Communities und werden von ihnen unterstützt.*» (ebd.: 16) Gegenseitige Unterstützung gibt es auch zwischen den Betrieben. «*In Argentinien, Brasilien, Uruguay und Venezuela existieren landesweite Organisationen und Netzwerke, in denen die RBA zusammenkommen. Darüber hinaus besteht auch eine internationale Vernetzung von RBA.*» (ebd.: 134) Im utopischen Sinne wäre zu fragen, ob analog zu den Ansätzen der Parallelexistenz von Staat und Räten in Venezuela auch eine Parallelexistenz von kapitalistischem und RBA-internem Markt möglich ist: Könnten nicht RBAs versuchen, bevorzugt auch in wirtschaftliche Beziehungen zueinander zu treten? Dies setzt freilich das Überleben der selbstverwalteten Betriebe trotz Marktkonkurrenz und Staatsrepression voraus. Azzelini zitiert hierzu Andres Ruggeri: «*Wenn die Arbeiter*innen einen Betrieb alleine zurückerobern, […] dann besitzt es nicht dasselbe transformative Potenzial, welches es gemeinsam mit dem Netzwerk des Bewegung besitzt.*» (zit. n. ebd.: 109f.)

Bewegung kann hier die Bewegung der Besetzungen meinen, aber auch soziale Bewegungen auf der Straße. Notwendig ist daher die Konzentration verschiedener Kräfte im Kairós. «*In Europa kam die wichtigste Unterstützung von sozialen Bewegungen.*» (ebd.: 110) «*Occupy Chicago unterstützte die Arbeiter*innen der RBA ‹New Era Windows & Doors› bei der Besetzung.*» (ebd.: 133) Auch beim Kampf von Betriebsorganisationen um die Macht im Betrieb kann also, abgesehen von taktischen Beziehungen zu Parteien, Gewerkschaften und Genossenschaften, die strategische Verbindung mit Bewegungen nützlich sein. Wie aber tragen Bewegungsorganisationen dazu bei, dass die oft spontane Macht von Bewegungen auf der Straße nachhaltiger wird?

Im bisherigen Vergleich wird die räumliche Dimension verschiedener Organisationsformen verständlich. Betriebsorganisationen wie Gewerkschaften sprechen die Leute in ihrem Arbeitsleben an, das ja für viele Menschen, trotz Massenerwerbslosigkeit und prekären Verhältnissen, noch immer einen Schwerpunkt der alltäglichen Lebensführung ausmacht. Parteien wie Bewegungen hingegen orientieren auf eine (bürgerliche) Öffentlichkeit, es geht ums Wahlverhalten, um Protest und Meinungen, auch wenn auch hier handfeste Interessen auf die Straße getragen werden. Brauchen aber Bewegungen selbst Organisationen?

6. Bewegungsorganisation – Herbert Marcuse und der Interventionismus

People in Motion!
(Scott Mc Kenzie 1967)

Was sind soziale Bewegungen? Noch im 19. und bis in die zweite Hälfte des 20. Jahrhunderts hinein wurden verschiedenste Organisationsformen unter dem Sammelbegriff einer Bewegung gefasst. Nach diesem Verständnis wären z. B. Parteien, Gewerkschaften und Genossenschaften, die drei Säulen der Alten Linken, zusammengenommen Teile der Arbeiter*innenbewegung. Auch die Betriebsorganisationen der Linksradikalen fallen unter diesen Begriff. Erst in der zweiten Hälfte des 20. Jahrhunderts hat sich ein neues Verständnis sozialer Bewegungen etabliert, das diese als eigenständiges Phänomen herausstellt. Die Bewegungsforschung bestimmt ihren Gegenstand so:

«*Von Bewegungen soll dann die Rede sein, wenn (1) Netzwerke von Gruppen bzw. Organisationen vorliegen, (2) diese sich vor allem des Mittels kollektiver öffentlicher Proteste bedienen und (3) Proteste auf grundlegende Veränderungen einer sozialen Ordnung zielen. Bewegungen schließen Organisationen ein; sie haben Organisation, aber sie sind nicht Organisationen.*» (Rucht 1996: 33)

Von zentralisierten Verbänden unterscheiden sich Bewegungen in diesem Verständnis durch ihre Netzwerkförmigkeit und ihre Orientierung auf Protest. Der Protest ist kein Wahlkampf, kein Streik, keine Nische und kein Aufstand. Daher braucht die Bewegung an sich auch keine Partei, keine Gewerkschaft, keine genossenschaftlichen Strukturen und keine militante Basisorganisation. Nichtsdestotrotz gab und gibt es freilich eine ganze Reihe von Bewegungen, die Kontakte zu Parteien und Gewerkschaften pflegen, die sich selbst eine alternative Infrastruktur schaffen oder sich auch an Basisorganisierung versuchen. Relevant für das Nachdenken über Organisationsformen ist hier jedoch zunächst die von Dieter Rucht vorgenommene Unterscheidung, Bewegungen hätten Organisationen, aber sie seien keine Organisationen.

Dass Bewegungen keine Organisationen sind, ist unstrittig. Allerdings ist die Beobachtung, dass Bewegungen sich Organisationen schaffen können, sogenannte Bewegungsorganisationen, nur die eine Seite der Medaille. Ebenso gibt es Organisationen, die sich zwar keine Bewegungen schaffen können, die es aber als ihren Hauptansatzpunkt betrachten, in Bewegungen zu intervenieren. Ein solches Konzept des Interventionismus empfahl der Sozialphilosoph Herbert Marcuse der sogenannten Neuen Linken in den 1960er und 1970ern Jahren, die in einer engen Wechselwirkung zu den sogenannten Neuen Sozialen Bewegungen stand.

Im Folgenden soll es, anknüpfend an Marcuse, nicht um Bewegungen an sich gehen, sondern um die Bedeutung von Bewegungen für Bewegungsorganisationen und die Bedeutung von Bewegungsorganisationen für Bewegungen. Im Rückblick spannt z. B. der Bewegungsforscher Karl-Werner Brand einen weiten Bogen von 68er-Bewegung und Marcuses Theorie bis zur Strategie- und Organisationsdebatte gegen Ende der 1960er Jahre.

«*Die Selbstthematisierung der 68er-Bewegung vollzog sich im Horizont einer durch ideologiekritische Aufklärungsinteressen vorangetriebenen Debatte über die Widersprüche und Bruchstellen ‹spätkapitalistischer› Gesellschaften sowie über die Art des neuen ‹revolutionären Subjekts›. […] Die Strategie der Aufklärung durch provokative Aktionen, der ‹Befreiung der Phantasie› und der ‹Revolutionierung des Bewußtseins› schloß dabei direkt an Analysen der Kritischen Theorie, insbesondere an Arbeiten Herbert Marcuses an, in denen die neuen, ins Unterbewußte greifenden Mechanismen der Bewußtseins- und Bedürfnismanipulation eindringlich aufgezeigt wurden. […] Mit dem Zusammenbruch allzu euphorischer Revolutionserwartungen und der Notwendigkeit einer strategischen Neuorientierung erlebte diese Debatte ihren Höhepunkt, führte gleichzeitig aber auch zu einer Zellteilung konkurrierender Ansätze, die der studentischen Avantgarde eine jeweils andere Rolle zuwiesen (Betriebsarbeit, Parteigründung, ‹Stadtguerilla›, Randgruppenstrategie, ‹Marsch durch die Institutionen›, ‹gesellschaftliche Demokratisierung›, Entwicklung alternativer Lebens- und Arbeitsformen etc.).*» (Brand 1998: 65)

Wie Brand zeigt, konnte sich die Praxis der Bewegungen um 1968, von der deutschen Ostermarsch- und Anti-Notstandsgesetz-Bewegung über Bürgerrechtsbewegungen, z. B. in den USA, bis hin zur internationalen Studierenden-, Frauen-, Jugend- und später auch Umweltbewegung, auf Theorien Marcuses berufen. Ihr Protest galt der verwalteten und brutalen Welt. Was weniger rezipiert wurde waren die Praxisvorschläge Marcuses. Die (revolutionäre) Praxis der alten Arbeiter*innenbewegung kannte er aus eigener Anschauung, trat er doch 1917 in die SPD ein und 1919 nach der Ermordung von Luxemburg und Liebknecht wieder aus. Dazwischen hatte er 1918, im Alter von 20 Jahren, die Revolution als Mitglied eines Arbeiter- und Soldatenrates in Berlin miterlebt. Statt danach der KPD von 1919, der KAPD von 1920 oder der AAUE von 1921 beizutreten, begann Marcuse 1919 sein Studium, wurde 1922 promoviert und wurde anschließend Buchhändler. 1928 nahm er seine Studien wieder auf, bevor er 1933 als Mitarbeiter des Instituts für Sozialforschung ins Exil ging. Nach der gescheiterten Revolution von 1918/1919, in der Zeit des aufkommenden Stalinismus, der 1929 die KPD erfasste, war er Student, Buchhändler und Intellektueller, aber unorganisiert. Skeptisch gegenüber der Alten Linken, vor allem SPD und KPD, und ihrer Niederlage von 1933, weckte erst die Neue Linke der 1960er Jahre wieder sein Interesse an Praxis. 1969, im «Versuch über Befreiung», geht er auf wesentliche Unterschiede ein: «*Der neue Radikalismus widersetzt sich ebenso der zentralisierten bürokratisch-kommunistischen Organisation wie der halbdemokratischen liberalen [...] Die Initiative verlagert sich auf kleine, weit zerstreute Gruppen.*» (Schriften 8c: 315) Das ist Stärke und Schwäche zugleich.

Für Marcuse bräuchten solche Gruppen erstens den Bezug auf protestierende Massenbewegungen, um politisch wirksam werden zu können, und zweitens eine darauf ausgerichtete Organisationsform, die Bewegungsorganisation. Unter Bewegungsorganisation kann, wie oben angedeutet, zweierlei verstanden werden: Zum einen die Organisationen, die aus Bewegungen entstehen und deren Ziele oftmals in professionalisierter Form vertreten wie z. B. zahlreiche NGOs. In diesem Sinne wäre etwa die Anti-Atom-Organisation «ausgestrahlt» eine Bewegungsorganisation der Anti-Atom-Bewegung. Zum anderen – und dies bezeichnet den hier fortgeführten Ansatz von Marcuse – können aber auch Organisationen der Neuen

Linken gemeint sein, die ihre allgemeinpolitischen Ziele nicht in Parteien verfolgen, sondern die versuchen als Bewegungsorganisationen in Bewegungen zu intervenieren. Oftmals geht es ihnen dabei darum, einerseits Wissen oder auch Infrastruktur zur Verfügung zu stellen, andererseits um die Mobilisierung der Bewegung für weitergehende Ziele. Auch die Rekrutierung von Mitgliedern erfolgt bei Bewegungsorganisationen in diesem zweiten Sinne über die Teilnahme an sozialen Bewegungen.

Beispiele dafür, die in diesem Kapitel vorgestellt werden, sind der Kommunistische Bund, der von 1971 bis 1991 bestand, und sich im Gegensatz zu anderen K-Gruppen bemühte, in die sozialen Bewegungen der 1970er und 1980er Jahre zu intervenieren. Eine anarchistische Bewegungsorganisation, die sich vor allem für bestimmte Strategien und Orientierungen in Bewegungen stark machte, war 1980 bis 1997 die Föderation gewaltfreier Aktionsgruppen. Stellten Bewegungen für die FÖGA einen Resonanzraum dar, um eine gewaltfreie Graswurzelrevolution vorzubereiten, so war der Ansatz der Antifaschistischen Aktion/Bundesweite Organisation von 1992 bis 2001 vielmehr der Versuch, militanten Protest gegen die erstarkende Rechte mit einer gesamtgesellschaftlichen Revolutionsperspektive zu verbinden. Konzentrierten sich FÖGA und AABO allerdings auf bestimmte Bewegungen, z. B. die Umwelt- und Friedens- bzw. Antifa- und Antira-Bewegung, so entstanden in den 2000er Jahren neue Organisationen, die sich bemühen, in einer Vielzahl von Bewegungen Fuß zu fassen. So 2001 das globalisierungskritische Netzwerk attac, 2005 die Interventionistische Linke (IL) und 2007 das Bündnis «Ums Ganze» (UG).

All diese Ansätze, vom KB bis zur IL, sind Beispiele für eine besondere Konstellation, die schon Marcuse in den 1960er und 1970er Jahren thematisierte. Unorganisierte und spontane soziale Bewegungen stehen geschulten aber kleinen linken Gruppierungen gegenüber bzw. sie begegnen sich. Die Vorschläge, die er machte und an denen noch heutige Bewegungsorganisationen gemessen werden können, betreffen dann auch die sinnvolle Ausgestaltung des Verhältnisses von Spontaneität und Organisationsformen.

Inwiefern kann sein Gedanke einer «organisierten Spontaneität» dem komplexen Verhältnis von Bewegungen und Organisationen gerecht werden? Eine Ausgangsfrage für Marcuse, zu Beginn der 1960er Jahre, lautete: Wer organisiert sich? Trotz der Bindung großer Teile der Industriearbeiter*innen an den Konsumkapitalismus, die erstmals eigene Häuser, eigene Autos, eigene Kühlschränke und eigene Fernsehgeräte erhalten, bleibt das Elend bestehen. «*Unter der konservativen Volksbasis befindet sich jedoch das Substrat der Geächteten und Außenseiter: die Ausgebeuteten und Verfolgten anderer Rassen, die Arbeitslosen und die Arbeitsunfähigen. […] Die Tatsache, daß sie anfangen sich zu weigern, das Spiel mitzuspielen, kann die Tatsache sein, die den Beginn des Endes einer Periode markiert.*» (Schriften 7: 267)

Worauf Marcuse hier ganz am Ende seines Buches von 1964 anspielt ist die US-amerikanische Bürgerrechtsbewegung, die seit Ende der 1950er Jahre aktiv war. 1960 entstand das Student Nonviolent Coordinating Committe (SNCC), das auf Aktionsformen der Zivilen Ungehorsams setzte. 1963 hielt Martin Luther King (1929–1968) beim Marsch auf Washington seine Rede «I have a dream». Anders als bei der schwarzem Bürgerrechtsbewegung sieht Marcuse in der weißen Arbeiterbewegung eine Angleichung an Bedürfnisse, Denkweisen und Verhalten der Mittelschichten, «*die Angleichung der Arbeiter- an die Angestelltenbevölkerung*» (ebd.: 39). Diese ist reale Praxis und ideologischer Schein zugleich, denn «*wenn der Arbeiter und sein Chef sich am selben Fernsehprogramm vergnügen […] dann deutet diese Angleichung nicht auf das Verschwinden der Klassen hin, sondern auf das Ausmaß, in dem die unterworfene Bevölkerung an den Bedürfnissen und Befriedigungen teil hat, die der Erhaltung des Bestehenden dienen.*» (ebd.: 28)

Aber immerhin haben die Arbeiter*innen auch Fernsehapparate und Autos. Das liberale Ideal der Gleichheit wird manifest, allerdings als Ideologie. Freilich sind «*Bourgeoisie und Proletariat […] noch immer die grundlegenden Klassen*» (ebd.: 15), aber kein organisierter Klassenkampf verbindet noch die Kritik der kapitalistischen Gesellschaft und die Utopie des Sozialismus. Kritisch eingestellte Minderheiten erkennen nach wie vor die «*Irrationalität des Ganzen*», «*Bedrohung durch Krieg*» und «*verschärfte Ausbeutung, Entmenschlichung*», aber die «*Alternativen liegen vor wie Bruchstücke*», als Utopie-Splitter (ebd.: 263). Was Marcuses Studie zum Weltbestseller machte ist das Fassen des Widerspruchs: Weder ist die Gesellschaftskritik des Marxismus, trotz der Integration breiter Schichten von weißen Arbeiter*innen, haltlos geworden, noch ist der spätkapitalistische Parlamentarismus die Erfüllung demokratischer Utopien. In der Bürgerrechtsbewegung gegen Rassismus und Ausbeutung der Schwarzen werden die Widersprüche der Gesellschaft offenbar.

Ein Jahr nach dem Erscheinen von «Der eindimensionale Mensch» führt Marcuse in seinem Aufsatz «Repressive Toleranz» aus, warum Toleranz als liberale Antwort auf diese gesellschaftlichen Widersprüche fehlgehen muss. «*Selbst in den fortgeschrittensten Zentren der Zivilisation herrscht faktisch Gewalt: sie wird ausgeübt durch die Polizei, in Straf- und Irrenanstalten, im Kampf gegen rassische Minderheiten.*» (Schriften 8a: 151) Angesichts dessen nennt er eine Toleranz als Meinungsfreiheit für Rassist*innen repressiv: «*Befreiende Toleranz würde mithin Intoleranz gegenüber Bewegungen von rechts bedeuten und Duldung von Bewegungen von links.*» (ebd.: 156) Damit eine solche Unterscheidung bedeutsam wäre, bräuchte es freilich eine relevante Linke.

Der Soziologe C. Wright Mills (1916–1962) schickt 1960 seinen «Brief an die Neue Linke» der Redaktion der Zeitschrift New-Left-Review in Großbritannien, in dem er eine aufkommende Bewegung adressierte, die weder der westlichen Sozialdemokratie noch dem östlichen Staatssozialismus zugehört. «*If there is to be a politics of a New Left, what needs to be analysed is the structure of institutions, the foundations of policies. In this sense, both in its criticisms and in its proposals, our work is necessarily structural — and so, for us, just now — utopian.*» (Mills 1960) Bedeutsam ist sein Blick auf eine Trägergruppe, «*the cultural apparatus, the intellectuals — as a possible, immediate, radical agency of change*» (ebd.). Anhand einiger Proteste von Studierenden in verschiedenen Ländern, die weder liberale Parteien bilden noch sozialdemokratischen oder bolschewistischen Ideen folgen, entwirft Mill die Perspektive einer internationalen Studierendenbewegung. Diese beruht auch auf der Akademisierung von immer mehr Berufszweigen. Universitäten werden zu Massenuniversitäten, Studierende werden kritischer. Der Politikwissenschaftler Franz Walter stellt rückblickend fest: «*1964/1965 existierte eine Art Kairós-Situation für die Ideen Marcuses.*» (Walter 2014)

Wie aber verhält sich Marcuses Kritik der eindimensionalen Konsumgesellschaft zur Organisationsfrage? 1965 bemängelt Marcuse, es werde «*die Opposition in kleine und häufig ein-*

ander widerstreitende Gruppen isoliert» (Schriften 8a: 161). 1966, bei einer Rede zum Vietnam-Krieg in Berlin, nennt er vier tragende Gruppen einer neuen Opposition, vor allem in den USA: «*1. Intellektuelle und Jugendliche, 2. ‹Unterprivilegierte› Gruppen der Bevölkerung, z. B. Puertorikaner, Neger usw. 3. Eine religiös-radikale Bewegung, und 4. Die Frauen.*» (Marcuse 1966, in: Nachgelassene Schriften 4: 68) All diese Gruppen treten in dieser Zeit als Bewegungen auf, als Studierenden- und Jugendbewegung, als antirassistische Bürgerrechtsbewegung, als pazifistische Friedensbewegung und als zweite Welle der Frauenbewegung. Was bedeutet das für Fragen der Organisation?

Zunächst einmal ist Marcuse klar, dass es sich nicht um eine revolutionäre Situation handelt. «*Es gibt keine revolutionäre Massenbewegung und es wird auch in den überentwickelten Ländern keine revolutionäre Massenbewegung in der absehbaren Zeit geben.*» (ebd.: 73) Notwendig sei vor allem die praktische Solidarität der Bewegungen untereinander und theoretische Aufklärungsarbeit. Marcuse unterscheidet dabei zwischen den Impulsen, die von Protestbewegungen ausgehen und den Möglichkeit wirksamer Opposition. Auch 1967, wiederum bei einem Vortrag in Berlin, benennt er den Mangel, denn «*es besteht nicht einmal eine wirksame zentrale Organisation der Studentenopposition in den Vereinigten Staaten*» (Marcuse 1967/1980: 44). Was allerdings besteht ist eine vor allem kulturelle Wirksamkeit, z. B. durch Jugendkulturen wie die «*Hippies*» (ebd.). Verstanden werden sollte die kulturelle Revolution allerdings im Hinblick auf eine soziale Revolution. Nach dem Höhepunkt der Neuen Linken, dem Pariser Mai von 1968, hebt Marcuse diesen Aspekt bei einer Tagung der jugoslawischen Praxis-Gruppe hervor: Seiner Analyse nach geht es um die Renaissance von «*Aspekten des Sozialismus, die heute als utopisch verspottet werden*» (Schriften 8b: 227), die «*durch die Studentenbewegung zum Bewußtsein gebracht und aktiviert worden sind*» (ebd.).

Das ist ein Anfang. Nach dem Kairós von Paris, mit Studierendenbewegung und Generalstreik, reflektiert Marcuse die Chancen und Grenzen 1969 in seinem «Versuch über die Befreiung». Hinsichtlich der Frage nach Organisationsformen schließt er aus, dass radikales Bewusstsein in Parteien und Gewerkschaften entstehe. «*Wo dieses den Partei- und Gewerk-*

schaftsapparat durchbrach, geschah es unter dem Einfluß ‹äußerer› Kräfte, hauptsächlich der Intelligenz.» (Schriften 8c: 286) Die Klasse bleibt wichtig, aber es sei, zur Zeit, *«ihre Radikalisierung an Katalysatoren außerhalb ihrer Reihen gebunden»* (ebd.). Wie sollen die kleinen Gruppen der Neuen Linken in der Lage sein, einen Einfluss gegen den Kurs der Organisations-Tanker der Alten Linken auszuüben? Marcuses Versuch schließt mit einer offenen Organisationsfrage:

«Die Initiative verlagert sich auf kleine, weit zerstreute Gruppen mit einem hohen Grad an Autonomie, Beweglichkeit und Flexibilität. Sicher kann in der repressiven Gesellschaft und gegen ihren allgegenwärtigen Apparat Spontaneität als solche unmöglich eine radikale und revolutionäre Kraft sein. Sie kann zu einer solchen nur werden durch Aufklärung, Erziehung und politische Praxis, und sie wäre in diesem Sinn tatsächlich das Ergebnis von Organisation.» (Schriften 8c: 315)

Worauf es bei der Bildung einer geeigneten Organisation ankäme, wäre die Verbindung dieser Gruppen mit einer größeren Basis in der Bevölkerung. Zwischen der Bevölkerung und diesen Gruppen stehen soziale Bewegungen der Menschen, die bereits aktiv sind. So stellt Marcuse 1969 an den Anfang: *«Die Ghettobewohner mögen durchaus zur ersten Massenbasis der Revolte (wenn auch nicht der Revolution) werden.»* (Schriften 8c: 241)

Aktive Bevölkerungsteile brauchen dabei keineswegs eine studentische Avantgarde. Schon 1966 gründete sich z. B. die Black Panther Party for Selfdefense, die im folgenden Kapitel hinsichtlich ihrer Tätigkeit als Stadtteilorganisation behandelt wird. Da aber die «Students for a democratic Society» (SDS) und die BPP Minoritären innerhalb der Mittelschichten bzw. der Rassifizierten darstellen, so liegt ihre Aufgabe Marcuse zufolge zunächst in der Erziehung, *«aber einer Erziehung, die sich in Praxis umsetzt: in Demonstrationen, Konfrontation und Rebellion»* (Schriften 8c: 285). Eine Gefahr, vor der Marcuse warnt, ist die Zersplitterung.

In den 1970er Jahren bis zu seinem Tod 1979 hat sich Marcuse intensiv mit der Frage beschäftigt, wie eine Bewegungslinke sich organisieren kann. Roland Roth hat vorgeschlagen, die nun auftretende Verschiebung von der Neuen Linken zu Neuen Sozialen Bewegungen als Phasenablauf zu verstehen. Auf eine Phase von *«diffusen Protesten»* zu Beginn der 1960er Jahre folgte die «*heroische Phase*» um 1968. Daran schließt eine Phase der «*Rückbildung*» an, die Marcuse als präventive Konterrevolution beschreibt (Roth 1985: 182). Aber es geht weiter: «*In dieser vierten Phase, die seit 1972 – in den USA schon etwas früher – an Konturen gewinnt, treten jene Akteure auf, die wir heute mit neuen sozialen Bewegungen bezeichnen: Öko-Gruppen, Bürgerinitiativen, die neue Frauenbewegung. Die nicht entmutigten Teile der Neuen Linken beteiligen sich, auch bilden Intellektuelle und studentische Milieus weiterhin eine wichtige Ressource für diese Bewegungen.*» (ebd.: 183)

Was Marcuse als Philosoph, im Hinblick auf diese neuen Bewegungen, tun kann, ist zweierlei: Er untersucht die Implikationen für einen neuen Sozialismus, die sich aus diesen Teilbereichsbewegungen ergeben. Zugleich hält er dabei an der These fest, dass für linke Interventionen in diese Bewegungen eine Bewegungsorganisation notwendig ist. Was Roth die zweite Phase, die Rückbildung der Neuen Linken, nennt, behandelt Marcuse in «Konterrevolution und Revolution» von 1972. Staatliche Repression erzwingt «*den Übergang zu dezentralisierten Formen der Organisation, die sich durch den Repressionsapparat weniger leicht zerschlagen lassen*». Ihre Basis sind «*subversive Volksbewegungen*» (Schriften 9a: 48). Prägten Bürgerrechts-, Friedens und Studierendenbewegung die 1960er Jahre, entsteht in den 1970ern auch eine linksorientierte Umweltbewegung. Diese ist bedeutsam für die Perspektive einer Revolution, die Marcuse angesichts längerer Zeithorizonte Transformation nennt. «*Diese Transformation manifestiert sich im Kampf gegen die Zerstückelung der Arbeit, gegen die Notwendigkeit und Produktivität stupider Verrichtungen und Waren, gegen das bereicherungssüchtige bürgerliche Individuum, gegen technologisch verschleierte Knechtschaft, gegen Mangel unter Vorspiegelung eines guten Lebens, gegen die Umweltverschmutzung als Lebensform.*» (Schriften 9a: 25)

Es sind die Kriterien der Marxschen Entfremdungskritik, die hier in Anschlag gebracht werden. Entfremdung von zerstückelter Arbeit und deren sinnlosen Produkten, Entfremdung von eigenen Bedürfnissen und vom technologischen Apparat, Entfremdung von der Natur. Klingt in der Formulierung von der «*Befreiung der Natur als Mittel der Befreiung der Menschen*» (ebd.: 63) eine unverhohlene Romantik an, so ist sich Marcuse auch darüber klar, dass die «Grenzen des Wachstums» drohen.

«*Dieser Studie kommt allergrößte Bedeutung zu, weil sie die dem kapitalistischen System innewohnende Destruktivität und Agressivität aus einem neuem Blickwinkel beleuchtet.*» (Marcuse 1973, zit. n. Roth 1985: 251) In der Umweltbewegung drückt sich Kritik an kapitalistischer Verwertung aus, auch die Utopie eines anderen Naturverhältnisses spielt hier eine Rolle. «*Gleichzeitig lässt sich jedoch die politische Funktion der Ökologie mühelos ‹neutralisieren› und als Verschönerung des Bestehenden verwenden.*» (Schriften 9a: 65)

Ob diese Einschätzung, dass es einen Grünen Kapitalismus geben kann, angesichts der Klimaerhitzung noch haltbar ist, ist zweifelhaft. Richtig benannt ist hier die Gefahr einer Reintegration der Bewegung, wie sie in der BRD mit der Gründung der Grünen 1980 geschah. Um zu einer erneuten Des-Integration aus den Strukturen von Staat und Kapital beizutragen, sind linke Interventionen notwendig. Die Umweltkrise ist zu ernst, um es bei individueller Weigerung, gemeinsamem Protest und der Utopie der Befreiung zu belassen (vgl. ebd.: 54). Reine Spontaneität, die häufig Menschen zu solchen Bewegungen hinzieht, ist schön, aber nicht hinreichend. «*Die Tatsache, daß die Zeit für eine sich selbst disziplinierende Organisation gekommen ist, zeugt nicht von der Niederlage, sondern von den Aussichten der Opposition.*» (Schriften 9a: 56) Zugleich wird Marcuse bewusst gewesen sein, wie schwer gerade Bewegungslinke zu organisieren sind. Während sich Ende der 1960er und Anfang der 1970er dogmatische K-Gruppen bilden, lehnen gerade die in der Ökologiebewegung aktiven Spontis, Alternative und später Autonome Organisationsdisziplin oft rigoros ab. So konnte Marcuse zwar 1972 die «Zeit für eine sich selbst disziplinierende Organisation» als gekommen ansehen, allein die Organisation kam nicht zustande. 1975 beantwortet er die Frage nach dem «Scheitern der Neuen Linken?» differenziert: «*Zum Teil wurde die Bewegung vom Establishment ‹vereinnahmt› oder offen unterdrückt; zum Teil ‹zerstörte› sie sich selbst, weil sie keine angemessenen Organisationsformen entwickelte.*» (Schriften 9c: 161) Gaben sich die Aktiven zu bescheiden, konnten sie reformistisch integriert werden. Gaben sie sich zu revolutionär, bestand die Gefahr der Zerschlagung. Hinzu kamen endlose Spaltungen um ideologische Fragen ohne praktischen Bezug, die auch die Isolation der Neuen Linken von der übrigen Bevölkerung beförderten.

Nichtsdestotrotz hebt Marcuse 1975 hervor, dass alternative Formen von Organisation möglich gewesen wären und es auch weiterhin sind.

«*Angesichts der globalen Kontrollmaschinerie ist die Neue Linke – isoliert von der großen, konservativen Masse der Bevölkerung – zunächst auf die Minimal-Strategie der Einheitsfront angewiesen: Zusammenarbeit von Studenten, militanten Arbeitern und links-liberalen (sogar unpolitischen) Personen und Gruppen. Eine solche Einheitsfront hätte die Aufgabe, Proteste gegen bestimmte, besonders brutale Aggressions- und Unterdrückungsaktionen des Regimes zu organisieren. Im Allgemeinen scheint die herrschende Integration den Aufbau radikaler Massenparteien vorläufig auszuschließen, Schwerpunkt radikaler Organisation wären lokale und regionale Basen (in den Fabriken, Büros, Universitäten, Wohnvierteln); ihre Aufgabe bestände darin, den Protest zu artikulieren und für konkrete Aktionen zu mobilisieren.*» (Schriften 9c: 167)

Solche Aktionen wären z. B. «*Verbreitung unterdrückter Informationen, Protest gegen Umweltzerstörung, Boykotts*» (ebd.: 168). Hier versammelt Marcuse noch einmal die Idee der Gegenöffentlichkeit aus der sozialistischen Studierendenbewegung, die Proteste der Umweltbewegung und die z. B. aus der antirassistischen Bürgerrechtsbewegung bekannte Aktionsform des Boykotts. Zielgruppen wären weiterhin «‹*Randgruppen*› *und bis jetzt noch unpolitisierte soziale Schichten*», inhaltlich dürfte es zunächst einmal um eine «*kulturelle Revolution*» gehen (ebd.).

Gerade im Hinblick auf eine kulturelle Revolution ist Marcuse eine weitere Bewegung besonders wichtig. «*In diesem Zusammenhang könnte die Frauenbefreiungs-Bewegung gleichsam zur ‹dritten Kraft› der Revolution werden*» (ebd.). Soll dabei mehr gelingen als liberale Gleichberechtigung, müsste es auch darum gehen, den Gegensatz von Männlichkeit und Weiblichkeit, «*die Zuweisung spezifisch, weiblicher (femininer) Eigenschaften an die Frau als Frau zu negieren*» (ebd.: 170). Für die Frauenbewegung, die eine Politisierung des Privaten anstrebt, ist eine Organisierung ausschließlich in der männlich konnotierten Sphäre der politischen Öffentlichkeit fragwürdig. Die richtige Organisationsform müsste sich daher ausgehend von der Kritik des Bestehenden, der Utopie des Gewollten und dem Fehlen oder Vorliegen eines revolutionären Kairós ergeben. Dass es keine Gelegenheit zur Transformation ohne Massenbasis geben kann, betont Marcuse schon 1970 in einem Interview fürs Kursbuch:

«*Wo diese Massen fehlen, ist die leninistische Kaderpartei keine brauchbare Organisationsform. […] Das heißt aber nicht, daß die radikale Linke die Frage der Organisation einfach beiseiteschieben könnte. Wir haben das Stadium erreicht, in dem diese Frage gelöst werden muß. […] Wir müssen neue Formen finden, die zu einem hohen Grad dezentral, das heißt lokal und regional aufgebaut sind. Wie die Koordination dieser Gruppen aufgebaut sein soll, vermag ich nicht zu sagen. Aber ohne Organisation und ohne Disziplin geht es nicht mehr.*» (Schriften 9d: 185)

Angesichts der maoistisch-leninistischen Wende vieler Studierender, die in der BRD angesichts von einigen wilden Streiks an eine Rückkehr des revolutionären Proletariats glauben, verweist Marcuse auf die Zeitgebundenheit von Organisationsformen. Aber auch hinsichtlich der Utopie einer Bewegung müssen bestimmte Varianten ausgeschlossen werden. Lenins Konzeption einer Avantgarde-Partei, der ein männliches Industrieproletariat nachfolgen soll, ist für die Konzeption eines feministischen Sozialismus nicht angemessen. In seinem Vortrag «Marxismus und Feminismus» von 1974 skizziert Marcuse: «*Der Idee des Androgynismus kann unmöglich eine andere Rolle rationaler Bedeutung zugesprochen werden als die der gesellschaftlichen Fusion der Qualitäten, die in der patriarchalen Zivilisation bei Männern und Frauen ungleichmäßig entwickelt waren, einer Fusion, in der feminine Charakteristika sich mit der Aufhebung der männlichen Vorherrschaft frei entfalten.*» (Schriften 9e: 141) Richtig ist, dass eine Organisationsform, die feministisch sein soll, nicht am Bild der Arbeitsmänner und Parteisoldaten ausgerichtet sein kann. Problematisch bleibt, dass Marcuse sich durchaus eine Nutzung der Eigenschaften, die Frauen gezwungen wurden aufzuweisen, im Dienste der Bewegung vorstellen kann, auch wenn Männer sie ebenfalls erwerben sollen. Zudem glaubt Marcuse nicht, dass «*jemals die natürlichen Unterschiede zwischen Mann und Frau als Individuen erlöschen*» (ebd.), ohne diese Unterschiede näher zu bestimmen.

Eine Frage die bleibt, ist die nach der Verortung einer Basis für eine Organisation. Die Organisation soll weder zersplittert noch zentralisiert sein, sie soll sich weder im Privaten verlieren noch in der offiziellen Politik aufgehen. Bewegungsorganisationen, die Proteste organisieren, liegen dazwischen, neigen aber doch der öffentlichen Sphäre zu. Was also tun?

«*Spontaneität, Subjektivität bleibt wirkungslos, wenn sie nicht eigene neue Formen der Organisation findet. Es ist unsinnig zu glauben, daß die hochorganisierte und konzentrierte Macht des Spätkapitalismus ohne eine Gegen-Organisation bekämpft werden kann. Es ist aber auch unsinnig, daß heißt durch die faktische Entwicklung widerlegt, daß die traditionellen, zentralistisch-bürokratischen Organisationsformen einfach übernommen werden können; zum großen Teil haben sie sich selbst als Teil des Bestehenden definiert. Solange das allgemeine Bedürfnis nach Befreiung, solange die rebellische Allgemeinheit nur als fragmentierte existiert, solange die rebellierenden Gruppen durch keine einheitliche Front zusammengeschlossen sind, so lange wird die Organisation der verändernden Praxis selbst eine fragmentarische, dezentralisierte bleiben. Die jeweils verschiedene Struktur und Interessenlage der einzelnen Gruppen bringt es mit sich, daß die organisatorische Arbeit konzentriert ist auf die betreffenden Arbeitsstätten, Wohnbezirke, Schulen etc. […] Aus der Not eine Tugend machen: Das Fehlen einer Massenbasis für eine radikale Massenpartei (in den USA) und der reformistische Charakter der europäischen Massenparteien fragmentieren die Bewegung – gleichzeitig aber ermöglicht, ja erzwingt diese Konstellation den Aufbau und Ausbau von wirklichen Basisgruppen, die im Laufe der Entwicklung zu Stützpunkten der Vereinigung auf nationaler Stufenleiter werden könnten. Eine solche Organisation, die nicht nur Fabriken, sondern auch Wohnbezirke, Campusse etc. aktivierte, entspräche einem nicht-verdinglichten Begriff der Arbeiterklasse.*» (Schriften 9b: 154)

Die Organisationsform, die hier umrissen wird, wäre als Prozess zu verstehen. Ausgehend von Basisgruppen, ob als Betriebsorganisationen, Stadtteilorganisationen oder auch Schul- bzw. Hochschulgruppen, könnte eine Front entstehen, die schließlich in eine tatsächlich wirkmächtige Organisation aufgeht. Dazu kam es zu Marcuses Lebzeiten bis zu seinem Tod 1979 nicht. Auf die heroische Phase von 1968 folgte ein Zerfall in spontaneistische Kleingruppen einerseits und autoritäre Kleinparteien andererseits. Die neuen sozialen Bewegungen entwickelten sich relativ unabhängig von der Linken. Auch der

Kommunistische Bund, der von 1971 bis 1991 bestand, vertrat zunächst das, was Marcuse einen verdinglichten Begriff von Arbeiterklasse, nämlich die Erhebung der Fabrikarbeiter*innen zum revolutionären Subjekt per se, genannt hat. Allerdings bemühte sich der KB im Laufe der Zeit mehr und mehr um Einfluss in Bewegungen.

6.1 Vom SDS zum Kommunistischen Bund und den Neuen Sozialen Bewegungen

Herbert Marcuse war in den 1970er Jahren in einer schwierigen Lage. Er schätzte die Spontaneität der Bürgerrechts-, Friedens-, Studierenden-, Frauen- und Umweltbewegung, plädierte aber zugleich für eine verbindende Organisation. Roland Roth pointiert die Bedeutung von Bewegungen revolutionstheoretisch: «*Die Praxis des Protestes und der neuen sozialen Bewegungen ist – aus revolutionärer Perspektive – allenfalls vorbereitend*» (Roth 1985: 299). Es braucht also Organisationen. Wofür bereiten sie sich vor? «*Alle Oppositionskräfte wirken heute zur Vorbereitung und nur zur Vorbereitung, aber auch zur notwendigen Vorbereitung für eine mögliche Krise des Systems.*» (Marcuse 1967/1980: 56)

Solche Krisen sind im Kapitalismus angelegt. Zum Kairós, zur Gelegenheit, werden sie durch die Konzentration oppositioneller Kräfte im historischen Moment. Dann ist die Organisation selbst der «*objektive Faktor*» (ebd.: 27). Zuvor werden Widersprüche zugespitzt. «*Zu dieser Krise tragen gerade die nationalen Befreiungsfronten und die Ghetto-Rebellion bei.*» (ebd.) Auch wenn nationale Befreiung in der postkolonialen Situation zu neuen Eliten und alter Abhängigkeit führte, auch wenn die Rebellionen der Rassifizierten immer wieder niedergeschlagen werden, bleibt der Rassismus ein treibender Widerspruch im Liberalismus, dessen Lösung auf Bürgerrechte, soziale Gleichheit, Unabhängigkeit und Weltrepublik verweist. Aber auch die Bewegungen der Rassifizierten, ob im globalen Norden oder Süden bzw. heute in Migrations- und Refugeebewegungen dazwischen, sind nicht das neue revolutionäre Subjekt, sondern nur ein Teil des Aufbruchs.

Diese Situation der Zersplitterung in einzelne Bewegungen, die erst noch eine Front bilden müssten, geduldig auszuhalten, waren viele Linke nicht bereit. Marcuse sparte vor 1968 nicht mit Kritik, denn diese Opposition war «*eine schwache, eine unorganisierte Opposition, die aber doch [...] auf Triebkräften und Zielsetzungen beruht, die mit dem bestehenden Ganzen in unversöhnlichem Widerspruch sich befinden*» (Schriften 8d: 199). Ein Fehler wäre es, diese Schwäche ideologisch überspielen zu wollen. Ende der 1960er und Anfang der 1970er begann jedoch ein «*innerer Spaltungsprozeß*», gepaart mit «*narzißtischer Selbstüberschätzung*» (Schriften 9c: 161). In der BRD, aber auch in Frankreich und den USA, traten maoistische Gruppen als neue KPD auf. Führungsgerangel und Fehleinschätzungen wirkten sich aus. Es ist kein Wunder, dass viele der Neuen Linken dann doch lieber wieder den Rückzug in sozialdemokratische und liberale Parteien antraten. Ausnahmen bilden die Anhänger*innen des Linksterrorismus, die sich isolierten, und die in neuen sozialen Bewegungen Aktiven, die sich breiter aufstellten. Letzteres als Strategie zu konzeptionalisieren war laut Roth Marcuses Rolle. «*Marcuse tritt in den ‹Strategiedebatten› der Neuen Linken als Befürworter dezentraler, d. h. regionaler oder lokaler Basispolitik auf, die in [...] Alltagsarbeit auf Bewusstseinsveränderung gerichtet ist.*» (Roth 1985: 221) Basispolitik und Bewusstseinsarbeit sind hier die Gegenpole zu autoritärer Parteipolitik und Proletariatsvertrauen. Auch Basispolitik ist Klassenpolitik und bedeutet für Marcuse: «*Mit den jungen Arbeitern politisch arbeiten – nicht, indem man ihnen mit Klischees kommt [...] Aber genauso gut muß man mit anderen, den Hausfrauen, mit den Intellektuellen, mit den Technikern reden.*» (Schriften 9d: 186) Basispolitik ist auch mehr als Protestbewegung. «*Was den Kampf der Schwarzen angeht, so versuchen die Black Panthers verzweifelt, ihm eine politische Wendung zu geben, aber ihrer Führer werden einer nach dem anderen mundtot gemacht oder wirklich getötet.*» (ebd.: 187) Gerade die Reaktion des Staates macht deutlich, welche Art von Opposition als gefährlich angesehen wird.

Das Aufflackern und Verglühen des Pariser Mai zeigt die Schwierigkeiten auf. «*Überschreiten soziale Bewegungen die Organisationsschwelle nicht, zerfallen sie in vernetzte Kleingruppen, subkulturelle Stile.*» (Gilcher-Holtey 2017: 112) Dennoch kann eine Neue Linke, oder die heutige Rest-Linke, nicht auf Protestbewegungen verzichten. Marcuse rät: Versucht Intervention! «*Deren Funktion besteht darin, den spontanen Pro-*

test in organisiertes Handeln ‹umzusetzen›, wodurch sich die Möglichkeit ergibt, die unmittelbaren Bedürfnisse und Bestrebungen auf eine radikale Umwandlung der Gesellschaft hin zu entwickeln und zu transzendieren – ihre Funktion besteht in der Transformation unmittelbarer in organisierte Spontaneität.» (Schriften 9a: 52f.)

Organisationstheoretisch hat diese Idee zwei Konsequenzen. Zum einen werden Protestbewegungen als das gesehen was sie sind: Protestbewegungen. Zum anderen wird daran festgehalten, dass sie zur Transformation beitragen. Detlev Claussen hat dies im Rückblick auf Marcuses Wirken hervorgehoben.

«*Ganz entscheidend ist die Bürgerrechtsbewegung in den Vereinigten Staaten gewesen [...], in der es zu Beginn überhaupt nicht den Anspruch einer revolutionären Praxis gab. [...] So ist es Marcuse deutlich leichter gefallen, die Protestbewegung realistisch wahrzunehmen. Ihre Ziele – Vietnam, später der Feminismus – haben letztlich katalysatorisch auf die Gesellschaft gewirkt.*» (Claussen 2017)

Während also z. B. Adorno in Deutschland seinen Studierenden erklären musste, dass die Situation in der BRD keine revolutionäre Situation ist, konnte Marcuse sich darauf beschränken zu sagen, was der Wertewandel durch die Protestbewegungen zu deren Vorbereitung beiträgt.

Freilich stimmen die Zyklen von Bewegungen leider nicht mit denen der Geschichte überein. Als es 2008 zu einer Weltwirtschaftskrise kam, waren die Bewegungen nach 1968 bereits Gegenstand von Jubiläumsbetrachtungen. «*Ab Mitte der 1980er Jahre neigt sich der Mobilisierungszyklus der neuen sozialen Bewegungen dem Ende zu. Die alternativen Modelle gesellschaftlichen Lebens verlieren ihre Faszination.*» (Brand 2008: 42) Wie kurzfristig hier Fluktuationen auftreten, ist leicht zu erweisen. Roth konnte 1985 darüber noch schreiben: «*Wenige Jahre nach Marcuses Tod, haben sich die neuen sozialen Bewegungen – zumindest in der Bundesrepublik – durchaus weiterentwickelt.*» (Roth 1985: 289) Wo Roth als Zeitgenosse noch Weiterentwicklung ahnt, erkennt Brand im Rückblick das Ende eines Zyklus von 1960 bis 1990. War also auch Marcuse in den 1970ern vielleicht schon zu optimistisch? Sven Reichardt verweist darauf, dass ein «*linksalternatives Milieu aus netzwerkartig aufgebauten Initiativen und Projekten, dessen Umfang nach repräsentativen Berechnungen der Meinungsfor-*

schung am Ende der 1970er Jahre auf rund eine halbe Million Aktivisten mit etwa fünfeinhalb Millionen Sympathisanten beziffert wurde» (Reichardt 2008: 119). 500.000 Aktive und Millionen Sympathisant*innen in der BRD sind tatsächlich eine Basis. Aber wovon? Die Entstehung einer verbinden Bewegungsorganisation erlebte Marcuse in den 1970er Jahren nicht. Stattdessen kam es 1980 zur Gründung der Grünen Partei, die auch zum Gegenstand der Bewegungsforschung wurde.

«*Woran Parteien- wie Bewegungsforschung zu arbeiten hätten, wäre eine Theorie der Bewegungspartei. Vor allem in positiver Hinsicht: Wie hätte eine Partei auszusehen, die die spezifischen Vorzüge von Bewegung und Partei vereint? Wie lassen sich die Einseitigkeiten institutioneller und anti-institutioneller Strategie vermeiden und die politische Beherrschbarkeit einer mehrdimensionalen Strategie entwickeln?*» (Raschke 1988: 10)

Wie wir gesehen haben, ist die Idee der Bewegungspartei mit der Tendenz zur sogenannten kritischen Integration bei den Grünen nicht vereinbar, sie wurden eine ganz normale Partei. Auch hinsichtlich der Idee vom Rebellischen Regieren wären Bewegungen wohl eher als außerparlamentarische Antreiber regierender Parteien mitzudenken. Ungelöst bleibt so die Frage, ob Marcuses Idee von der Bewegungsorganisation, die keine Bewegungspartei wäre, realistisch ist. Bewegungen haben Wellen, daraus ergibt sich ein Kairós der Organisierung. «*In der Regel denken wir an lokale und nationale Kontexte, wenn von Gelegenheitsfenstern [...] die Rede ist, die soziale Bewegungen nutzen (können), um erfolgreich zu mobilisieren. [...] Aber das Jahr 2011 hat an besondere transnationale Konstellationen erinnert, die mit Jahreszahlen wie 1989 oder 1968 verbunden sind.*» (Roth 2012: 23) In den 1970ern gab es sicherlich eine Kairószeit, die 1968 begonnen hat. Aber es gab keine Bewegungsorganisation, welche die Impulse des Protestes hätte bündeln und eine längerfristige Politik entwickeln können. Ob dies hinsichtlich der Protestbewegungen, die im 21. Jahrhundert entstanden sind, von der Globalisierungskritik der 2000er Jahre bis zu den klimapolitischen, feministischen und antirassistischen Bewegungen der 2010er, anders sein wird, ist eine offene Frage. Analog zu Herbert Marcuse bemerkte der 2012 verstorbene Gesellschaftskritiker Robert Kurz: «*Das Problem dieser Bewegungen besteht darin, daß sie als Einpunktbewegungen begrifflich zu schwach sind; sie bedürfen einer [...] gesamtgesellschaftlichen Begründung und Zielsetzung.»* (Kurz 2003: 109f.) Das Verbindungsstück zwischen Praxis, z. B. Protest, und Theorie, ob kritischer Kälte- oder utopischer Wärmestrom, wäre Marcuses Bewegungsorganisation.

Bedeutete aber die proletarische Wende, das Entstehen der K-Gruppen, zunächst eine Abkehr von der Orientierung an sozialen Bewegungen, so hat zumindest der Kommunistische Bund in den 1970er und 1980er Jahren versucht, eine Bewegungsorganisation zu werden. Zuvor hatte sich in den 1960ern der Sozialistische Deutsche Studentenbund (SDS) in diese Richtung entwickelt. 1946 als Organisation sozialdemokratischer Studenten gegründet kam es 1960 zum Bruch mit der SPD. Tilman Fichter und Siegward Lönnendonker vermuten, dass es die SDS-Kampagne «Ungesühnte Nazijustiz» war, die dem Bemühen der SPD Volkspartei zu werden zuwider lief (Vgl.: Fichter/Lönnendonker 1977: 66). Die Partei unterstütze daher ab 1960 lieber den Sozialdemokratischen Hochschulbund (vgl. ebd.: 35), der SDS bekam ab Oktober 1961 Unterstützung von einer «Sozialistischen Förderergesellschaft der Freunde, Förderer und ehemaligen Mitglieder» (vgl. ebd.: 70). Im November reagierte die SPD mit Unvereinbarkeitsbeschlüssen zu SF und SDS. Für die Genoss*innen begannen Jahre der Neuorientierung. Hierbei spielte Herbert Marcuse eine Rolle. Im Mai 1966 hielt er das Hauptreferat beim SDS-Kongress gegen den Vietnamkrieg, im November 1966 fand der von der IG Metall finanzierte Kongress gegen Notstandsgesetze statt, der SDS erwies sich nun als unabhängig handlungsfähige linke Kraft (vgl. ebd.: 97).

Auf Marcuse berief sich auch die «Subversive Aktion» (1963–1966), von der aus Rudi Dutschke ab 1965 für die Arbeit im SDS eintrat (vgl. ebd.: 100). 1967 lud der SDS Marcuse erneut nach Berlin ein (vgl. ebd.: 133). 1970 hingegen hatte sich die Lage vollkommen verändert. Dutschke schrieb, angesichts der Gründung von maoistisch-leninistischen Kleinstparteien vom Zerfall des SDS und einer «*Anti-Marcuse-Welle*» (Dutschke 1970, zit. n. Benicke 2010: 90). Der SDS, der 1967 etwa 2.000 Mitglieder hatte, befand sich in einer Auseinandersetzung zwischen einem kritisch-antiautoritären und einem traditionell-marxistischen Flügel (vgl. Fichter/Lönnendonker 1977: 114f.). Gegen die Marxisten um Frank Deppe, Kurt Steinhaus und Herbert Lederer setzten die Antiautoritären um Rudi Dutschke, Hans-Jürgen Krahl und Wolfgang Lefevre bei der Delegiertenkonferenz 1967 die Genossen Karl-Dietrich Wolff und dessen Bruder Frank Wolff als Vorsitzende mit 40 gegen 30 Stimmen durch (vgl. ebd.: 120). Die große Niederlage des SDS und der gesamten außerparlamentarischen Opposition wurde schließlich die Verabschiedung der Notstandsgesetze durch CDU und SPD im Mai 1968 (vgl. ebd.: 135). Im September desselben Jahres wurde die Deutsche Kommunistische Partei (DKP) zugelassen, einige SDS-Gruppen gründeten 1969 die Assoziation Marxistischer Studenten und fanden darüber bis 1971 den Weg zum DKPnahen Marxistischen Studentenbund Spartakus. Der SDS hingegen hatte sich im März 1970 fast beiläufig aufgelöst (vgl. ebd.: 140).

Neben der Niederlage der APO waren es wilde Streiks im September 1969, die innerhalb der Studierendenbewegung zu einer «*Retradtionalisierung*» führten (Benicke 2019: 13). Hatten Dutschke und Krahl 1967 in ihrem Organisationsreferat im Sinne Marcuses den Fokus auf Aufklärungsarbeit gelegt (vgl. ebd. 7), schien Marcuses These von der Integration der Arbeiter*innen in den Konsumkapitalismus nun widerlegt, der Aufbau einer Arbeiterpartei wurde Programm. Als Vorstufe zur Partei verstand sich auch der 1971 in Hamburg gegründete Kommunistische Bund (KB). Seinen Höchststand hatte er 1977 mit etwa 1.700 Mitgliedern (ebd.: 30). Jens Benicke kommt zu dem Schluss, «*dass es sich beim KB um die undogmatischste K-Gruppe handelte, die spätestens seit ihrer Öffnung zu den neuen sozialen Bewegungen in den 80er-Jahren auch nicht mehr als klassische K-Gruppe gezählt werden kann*» (ebd.: 31).

Wurde der KB also, zumindest in den 1980ern, zu der Bewegungsorganisation, die z. B. der SDS in den 1960ern, Marcuse zufolge, hätte werden sollen? Michael Steffen sieht den KB in seiner Organisationsgeschichte bei dessen Gründung 1971 in dreifacher Distanz: Erstens gegen die antiautoritäre Strömung, zweitens gegen die DKP, drittens gegen andere K-Gruppen (vgl. Steffen 2002: 24). Orientierten sich andere K-Gruppen an der Volksrepublik China oder später auch an Albanien, wie die DKP an der Sowjetunion, bezeichnete sich der KB spätestens ab 1976 als «*Gruppe ohne ‹sozialistisches Vaterland›*» (ebd.: 62). Bei aller Distanz zu Stalinismus und Maoismus war der KB aber keineswegs antiautoritär, sondern während «*der gesamten 70er Jahre streng hierarchisch gegliedert*» (ebd.: 37). An der Spitze des KB standen anfangs nur drei, 1979 hingegen schon 14 Hauptamtliche, die monatlich 1.000 DM erhielten, in den 1980ern 1.550 DM (vgl. ebd.: 49). Bemerkenswert ist, dass die Funktionär*innen, auch die des Leitenden Gremiums (LG) nicht gewählt wurden (vgl. ebd.: 59). Sie waren selbst den Mitgliedern unbekannt (vgl. Langguth 1983: 115). Zugleich spricht Steffen von einem kooperativen Verhältnis von Leitung und Basis (vgl. Steffen 2002: 60) und sieht «*ein hohes Maß an Eigeninitiative und Selbsttätigkeit auch der einfachen Mitglieder*» (ebd.: 37). Wie entwickelte sich diese Organisation und was waren ihre Aktivitäten, gerade auch im Vergleich mit dem früheren SDS und den späteren Grünen?

Zunächst ist auffällig, dass der KB diverse Vorfeldorganisationen aufwies, die unterschiedlichen Organisationsansätzen entsprachen. In der Anfangszeit gab es die Branchenkomitees Chemie, Metall, ÖTV und Hafen, sowie Druck (vgl. ebd.: 42). Als Betriebsorganisation gründete der KB, vor allem in Hamburg, Betriebszellen, die Betriebszeitungen herausbrachten (vgl. ebd.: 44). Demgegenüber wurde der Ansatz der Stadtteilorganisation «*im Vergleich zur politischen Tätigkeit in den Betrieben als minderwertig angesehen*» (ebd.: 45), worin sich das orthodoxe Klassenverständnis des KB widerspiegelt. 1975 gehörten dem KB ca. 1.000 Genoss*innen an. In der zweiten Hälfte der 1970er kamen jedoch weitere Bereiche hinzu, so z. B. *die «Arbeitsgruppe Studenten»*, die «*Anti-AKW-Kommission*» und die «*AG Frauen*» ab 1975 (ebd.: 43).

Jugendorganisationen wie der «Ring Bündischer Jugend» (RBJ) oder der «Sozialistische Schülerbund» (SSB) lösten sich schon 1976 bzw. 1979 auf (vgl. ebd.: 56f.). Als Betriebsorganisation unterschied sich der KB von anderen K-Gruppen dadurch, dass die Betriebszellen auch erfolgreiche Oppositionslisten für Betriebsratswahlen organisierten (vgl. ebd.: 141). Eine Gewerkschaftsopposition im DGB wollte der KB hingegen nicht sein. «*Die Übernahme von Funktionen im weiteren gewerkschaftlichen Apparat wurde nicht angestrebt*» (ebd.: 140). Mit dem erzwungenen Bedeutungsverlust als Betriebsorganisation ab Mitte der 1970er, nachdem zwischen 1972 und 1975 «*einem Drittel der Mitglieder ihrer Betriebsgruppen der Arbeitsplatz gekündigt worden war*» (ebd.: 149), und angesichts der Unterschätzung von Stadtteilorganisation wurde die Rolle als Bewegungsorganisation bedeutender. «*Ein größeres Gewicht der bezirklichen Strukturen ergab sich erst nach 1975, als der*

Hamburger Bund sein Engagement auf die neuen sozialen Bewegungen konzentrierte.» (ebd.: 46)

Auch für die Bewegungslinke wurde die KB-Zeitung «Arbeiterkampf» relevant, die 1976 zweiwöchentlich in einer Auflage von ca. 19.000 Exemplaren erscheinen konnte (vgl. ebd.: 47). Aber die Zuwendung zu sozialen Bewegungen war für den KB nicht konfliktlos. Einerseits ging es in den 1970ern um die Rolle der Organisation in der Bewegungspraxis, andererseits um Bewegungsthemen in der Organisation. Am wichtigsten für den KB war der Aufschwung der Anti-Atom-Bewegung mit ersten großen Aktionen in Wyhl 1975 und Demonstrationen in Brokdorf 1976. Der KB erreichte mit 2.500 Aktiven 1977 seine größte Stärke (vgl. Langguth 1983: 119). Was den Bund zur Bewegungsorganisation prädestinierte waren vor allem drei Prinzipien: 1. «*‹Bündnispolitik›, d. h. die erklärte Bereitschaft zur Zusammenarbeit mit anderen, auch nicht-kommunistischen Organisationen und Initiativen.*» (Steffen 2002: 115) 2. «*Intervention des KB in bestehende Initiativen.*» (ebd.: 181) 3. «*Aktionen […] an ‹vorderster Front› und […] neue militante Strategien […], die zum einen eine Massenbeteiligung erlauben und zum anderen ein Eingreifen der Polizei erschweren sollten*» (ebd.: 190). Dieser Dreiklang von Bündnis, Intervention und Aktion wirkte bei Teilnahmen an gewerkschaftlichen Demonstrationen, z. B. am Ersten Mai 1977 in Hamburg, (vgl. ebd.: 193). Zugleich stellt sich bei Interventionen in soziale Bewegungen die Frage nach Erfolgen. Nachdem eine Anti-AKW-Demo in Kalkar 1977 mit 10.000 Polizist*innen konfrontiert war, gelangte organisierte Militanz an eine Grenze. Das Spektrum in diesem Politikfeld differenzierte sich nun aus. Es blieb die spontane Militanz und «*aus den Spontis gingen die Autonomen der 80er Jahre hervor*», denen wir uns im nächsten Abschnitt ebenso zuwenden wie den Aktivist*innen «*im Zeichen der Ideologie der Gewaltfreiheit*» (ebd.: 199). Anders als gewaltbereite und gewaltfreie Anarchist*innen, wollte der KB «*der Bewegung mit dem Aufbau ‹alternativer› und ‹bunter› Listen eine parlamentarische Option eröffnen*» (ebd.: 199). In dieser Zeit der Neuorientierung sank die Anzahl der Genoss*innen im KB von 2.500 (1977) auf nur noch 1.000 (1979) (vgl. ebd.: 272), die Auflage des AK fiel von 27.500 (1977) auf 12.000 (1978) Exemplare. Im Rahmen der Umorientierung, weg von der früheren Betriebs- und Bewegungsorganisation hin zu einer Parteiorganisation, verließ eine Fraktion, die sogenannte Zentrumsleitung, den KB. «*Ende 1979 verließen mit der ZL über 200 Genoss(innen) den KB, was etwa einem Fünftel seiner Mitglieder entsprach, darunter ein hoher Anteil von Leitungskadern (u. a. Goltermann, Reents, Trampert und Ebermann.*» (ebd.: 289) Sie traten Anfang 1980, ebenso wie der Ex-KBler Jürgen Trittin, der neugegründeten Grünen Partei bei. Für den Rest-KB bedeutete dies die Notwendigkeit seine politische Strategie, auch gegenüber den sozialen Bewegungen neu zu bestimmen. Dies sollte bei einem Kongress des KB im Januar 1980 geschehen (vgl. Langguth 1983: 120).

War es bei der Anti-Atom-Bewegung darum gegangen die Positionen des KB in eine Bewegung zu tragen, wurden im Vorfeld des Kongresses die Einflüsse der Frauenbewegung auf den KB thematisiert. Hier traten antifeministische Positionen auf (vgl. ebd.: 279), konnten aber die «*Verabschiedung des autonomen Frauenstatus im Juli 1980*» (ebd.: 216) nicht verhindern. Es zeigt sich, dass es für bewegungsorientierte Organisationen nicht möglich sein dürfte, einseitig in populäre Bewegungen zu intervenieren ohne auch von deren Inhalten beeinflusst zu werden. Ein positives Zeichen dafür ist der Aufbau von alternativen Institutionen im genossenschaftlichen Geist, die alltagstauglich sind, z. B. das seit 1976 vom KB betriebene «Kinderhaus Heinrichstraße e.V.» (vgl. ebd.: 211f.). 1978 entstand eine AG Schwule, 1979 die AG Lesben (vgl. ebd.: 210). Wie schwer es, trotz einzelner Schritte, dem KB fiel, mit der Frauenbewegung umzugehen, zeigt eine Kritik aus dem Frauenzentrum Osnabrück von 1976, wonach KBler*innen «*überall dort, wo so etwas wie soziale Bewegung entsteht, mit ihrer großen, roten Fliegenpatsche aufmarschieren und so lange mit Phrasen und Papier draufhauen bis alles mucksmäuschenstill ist*» (zit. n. ebd.: 204).

Gegenüber den Bewegungen auf die Marcuse in den 1970ern setzte, der Umweltbewegung und der Frauenbewegung, vertrat der KB also sehr ambivalente Positionen. Während in die Anti-Atom-Bewegung interveniert werden sollte, wurden Interventionen der Frauenbewegung in den KB nur widerstrebend akzeptiert. Letztlich gelang es dem KB nicht als Organisation aufzutreten, die respektvoll zwischen verschiedenen Bewegungen vermittelt. Tendierte die Anti-Atom-Bewegung daher ab 1980 zur Partei-Organisation, so schuf sich die Frauenbewegung mit Frauenhäusern, Frauenbuchläden, Frauenkneipen u. ä. eine Infrastruktur im Stil von Genossinnenschaften. Der Kommunistische Bund hingegen konnte seinen Niedergang in den 1980er Jahren nicht mehr abwenden. Die Auflage des AK lag 1985 nur noch bei 4.500 Exemplaren (vgl. ebd.: 303). 1992, nach dem Ende des KB, umbenannt von «Arbeiterkampf» in «analyse & kritik» liegt sie heute bei 5.400. Auch mit der Friedensbewegung, als neue Kraft in den 1980ern, tat sich der KB schwer: «*Die Möglichkeiten des KB, in der Friedensbewegung Einfluss zu nehmen, waren äußerst begrenzt. Erstens war der Bund, gemessen an seiner relativen Stärke in den 70er Jahren, insgesamt organisatorisch schwach. Zweitens waren die Friedensbewegung und ihre Arbeitsstrukturen im Unterschied zu anderen Bewegungen ‹neuen Typs›, mit denen der KB es vorher zu tun gehabt hatte, höchst professionell.*» (ebd.: 317) D.h. die Friedensbewegung war selbst schon koordiniert von Organisationen und bot wenig Raum für Interventionen einer Bewegungsorganisation im Sinne des Kommunistischen Bundes. Schließlich waren es dann auch Einschätzungen zu Positionen der Friedensbewegung, die zum Ende des KB beitrugen.

Traditionell war der KB antiimperialistisch, sowohl gegen den Imperialismus der USA auch den der BRD oder der Sowjetunion (vgl. ebd.: 70). Praktische Solidarität endete jedoch oft in Kritik an den neuen Regierungen nach erfolgreichen «nationalen Befreiungen», z. B. in Vietnam, Angola oder Mosambik (1975) bzw. beim Scheitern (Chile) oder Versanden von revolutionären Prozessen (Portugal 1976). Eine Ausnahme bildete die Bezugnahme auf Palästina, wo Selbstkritik bedeutsamer war. Die Palästina-Solidarität endete, so Steffen, «*Anfang der 1980er Jahre unter dem (Selbst-)Vorwurf der ‹linken Antisemitismus›*» (ebd.: 75). Die nötige Selbstkritik des KB fand allerdings nur noch in einem sehr kleinen Kreis statt. 1984 war die Mitgliederzahl des KB auf knapp 300 Genoss*innen gesunken (vgl. ebd.: 300). Der bevorstehende Anschluss der DDR an die BRD nach 1989 bot dann Anlass für ein letztes theoretisches Gefecht: Kritiker*innen wie Matthias Küntzel, Detlef zum Winkel und Thomas Kieseritzky sahen gerade jetzt die alte Warnung des KB vor einer «Faschisierung» der BRD als besonders virulent an, Hans-Hermann Teichler und Heinrich Eckhoff bildeten einen mittleren Pol, für Knut Mellenthin und Kai Ehlers zeichnete sich eher eine Normalisierung ab (vgl. ebd.: 320). Die theoretische

Ausdifferenzierung hatte dann auch praktische Konsequenzen: «*Die total polarisierte Organisation erklärte sich im April 1991 auf ihrem letzten Kongress selbst für aufgelöst.*» (ebd.: 321)

Wie schon Anfang der 1980er Jahre wechselte eine Reihe Genoss*innen in eine Partei, diesmal voriegend die PDS (vgl. ebd.: 330ff.). Anders als bei den Grünen gab es hier allerdings zunächst noch keine Überlegungen in Richtung Bewegungspartei. Der KB, als gescheiterte Bewegungsorganisation, die zeitweilig sogar Betriebsorganisation war und Stadtteilorganisation hätte sein können, hinterließ also eine Leerstelle. Der alte Graben von Spontaneität und Organisation, der in den 1970ern zwischen Spontis und K-Gruppen verlief und von dem Marcuse stets meinte, er ließe sich in organisierte Spontaneität aufheben, verlief in den 1980ern und 1990ern zwischen den Autonomen und der Grünen Partei. «*Autonome Gruppen waren in den 80er Jahren noch am ehesten in der Lage, in den unterschiedlichen ‹Teilbereichsbewegungen› so etwas wie einen linksradikalen Pol zu bilden.*» (ebd.: 300) Bis es aber über einen solchen Pol hinaus in den 2000ern wieder zu nunmehr post-autonomen Bewegungsorganisationen in der BRD kommen konnte, der IL und UG, sollte einige Zeit vergehen. Eine Ausnahme sind Organisationen, die sich innerhalb von Bewegungen auf eine bestimmte Taktik, wie die Föderation Gewaltfreier Aktionsgruppen (1980–1997), oder ein bestimmtes Thema, wie die «Antifaschistische Aktion/Bundesweite Organisation» (1992–2001), konzentrierten. Vor allem die AABO stellt im Rückblick ein Bindeglied zwischen Autonomen und Post-Autonomen dar.

6.2 Föderation Gewaltfreier Aktionsgruppen und Antifa-Aktion/BO

Nach den Bewegungsforschern Max Haiven und Alex Khasnabish sind es drei Aspekte, die soziale Bewegungen zusammenhalten: «*Imagination, strategy and tactics*» (Haiven/Khasnabish 2014: 125). Gemeinsame Vorstellungen beinhalten dabei Kritiken und Utopien, also Vorstellungen davon, was geändert werden soll und was ein wünschenswerter Zustand wäre. Strategische Vorstellungen betreffen u. a. die Frage nach Organisationsformen. Taktiken betreffen Aktionsformen, die, je nach Gelegenheit, anzuwenden sind. Für die Organisationen, die in diesem Abschnitt behandelt werden, sind vor allem taktische und strategische Positionierungen kennzeichnend. Sowohl die FÖGA als auch die AABO verstanden sich als kapitalismuskritisch und sozialistisch, wobei die erste anarchistisch, die zweite eher kommunistisch orientiert war. Für die AABO war ihr sogenannter «revolutionärer Antifaschismus» eine Strategie, um einerseits den Autonomen eine Organisation zu geben und andererseits aus einem Abwehrkampf eine Offensive zu machen. Die FÖGA konzentrierte sich, innerhalb der sozialen Bewegungen, auf gewaltfreie Aktion als eine Taktik, die zugleich an der Utopie einer gewaltfreien Gesellschaft orientiert war. Auch wenn die FÖGA schon 1980 entstand und die AABO erst 1992 sind beide Organisationen typische Bewegungsorganisation in einer Zeit, in der, nach dem Niedergang der K-Gruppen gegen Ende der 1970er Jahre, große Skepsis gegenüber formaler Organisation verbreitet war. Was sie auszeichnet ist eine sehr große Nähe zu den Bewegungen in denen sie wirkten, also zur Umwelt- und Friedensbewegung bei der FÖGA und zur Antifa-Bewegung bei der AABO.

Die in der FÖGA organisierten Bezugs- und Aktionsgruppen «*strebten mittels Blockaden, direkten gewaltfreien Aktionen, Sabotage und zivilem Ungehorsam nach einer ‹aktionsorientierten Radikalisierung›*» (Kalicha 2017: 229) Zielgruppe waren also einerseits die Aktiven in der Umwelt- oder Friedensbewegung, andererseits libertär-sozialistische Kreise. In ihrer Analyse des Zusammenhangs von Militarismus und Männergewalt vertrat die FÖGA feministische Positionen (vgl. ebd.). Eng verbunden war die FÖGA mit der Monatszeitung «Graswurzelrevolution», die seit 1972 und bis heute besteht. «*Den gewaltfreien Aktionsgruppen gelang es in den Siebzigerjahren an einigen Stellen, den Gegensatz zwischen gesetzestreuer Massendemonstration mit Hoffnung auf Parteien einerseits und militanter Zaunschlachten andererseits (zunächst des autoritär-kommunistischen Blocks, aber 1976/77 zunehmend der Autonomen) aufzubrechen.*» (ebd.: 232) Die Abgrenzung zum KB und zu den Autonomen war sowohl praktisch als auch theoretisch.

Typische Merkmale von FÖGA-Aktionen, wie z. B. ein «*Sprecherratssystem*» oder Entscheidungen im «*Konsens*» (ebd.: 233) gehören noch heute zum Werkzeugkasten von Linken in sozialen Bewegungen. Die FÖGA selbst löste sich 1997 auf, in ihrer Tradition stehen Gruppen wie «x-tausendmal-quer», die im selben Jahr mit 8.000 Aktiven eine gewaltfreie Blockade am Castor-Verladekran im Wendland durchführte (vgl. ebd.: 234). Auch die Kampagne «Castor schottern» der Interventionistischen Linken (IL) hatte 2011 Ähnlichkeiten mit den Aktionskonzepten der FÖGA. Anarchistische gewaltfreie Aktionen haben drei wesentliche Merkmale: Sie berufen sich auf die Legitimität – nicht auf Legalität – des eigenen Handelns, brauchen keine internen Hierarchien und erlauben breite Beteiligung (vgl. ebd.: 43). Unterschieden werden kann zwischen symbolischen Aktionen des Protestes und direkten Aktion des Widerstandes, wozu auch ökonomische Kampfformen wie Streik, Boykott und Sabotage gehören (vgl. ebd.: 45).

Revolutionstheoretisch entwarf George Lakey 1972 den Phasenplan einer Graswurzelrevolution, die mit Bewusstseinsbildung beginnt und über Organisierung, Konfrontationen und massenhafte Verweigerung zu Strukturen einer basisdemokratischen Parallelverwaltung führen soll (vgl. ebd.: 28). Gerade aus der Einsicht in die Überlegenheit des staatlichen Gewaltapparates wird diesem nicht militärisch entgegengetreten. Schließlich wirke, wie Friedrich Engels schon 1881 ausführte, durch die Entwicklung der Artillerie «*die Barrikade mehr moralisch als materiell*» (MEW 22: 521). Auch anarchistische Milizen, wie im Spanischen Bürgerkrieg von 1936 bis 1939, scheitern in nahezu allen bekannten Fällen im Kampf gegen militärisch gerüstete Feinde. Wo hingegen Revolutionen zeitweilig erfolgreich waren, denken wir an die Pariser Commune 1871, die Oktoberrevolution 1917 oder Deutschland 1918, war es stets auch ein Überlaufen von Soldaten, das den Sieg ermöglichte. Es gibt also auch strategische Gründe für die Taktik gewaltfreier Aktion. Bezweifelt werden müssen allerdings zwei Mythen, die sich um diese ranken. Zum einen hängt die Sympathie der Bevölkerung sicherlich nicht allein von der Wahl gewalttätiger oder gewaltfreier Mittel ab, schließlich sind ja die meisten Menschen auch mit der Staatsgewalt (Polizei, Militär) einverstanden. Zum anderen garantiert gewaltfreie Aktion keine angemessene Repression, auch gegen Sitzblockaden werden heutzutage Wasserwerfer eingesetzt. Speziell bei ideologisch motivierten Feinden, z. B. nazistische oder islamistische Antisemit*innen, darf nicht damit gerechnet werden, dass deren Mordabsichten durch gewaltfreies Verhalten geringer werden würden. In anderen Situationen, etwa beim Generalstreik gegen den Militärputsch 1920 in Deutschland, besteht aber auch die Möglichkeit, dass Militärs an gewaltfreiem Widerstand scheitern.

Ein weiterer Irrtum wäre es von der Einfachheit gewaltfreier Aktion auszugehen, tatsächlich erfordern diese (Selbst-)Disziplin und Vorbereitung. Wolfram Beyer betont für die 1980er Jahre die Bedeutung der «*Trainingskollektive für Gewaltfreie Aktion*» (Beyer 2012: 132), deren Angebote Einführungen ins Thema, Unterstützung von Gruppen und konkrete Aktionsvorbereitungen umfassten. Hier galt «*gewaltfreie Aktion als Strategie, als militant-utopische Konzeption der gewaltfreien Revolution*» (ebd.: 133). Insofern gilt für die FÖGA, der die Trainingskollektive nahestanden, die Beschreibung gewaltfreier Aktionen als reine Taktik nicht. Während in politischen Bewegungen die «*question of ‹diversity of tactics› and the role of violence*» (Haiven/Khasnabish 2014: 240) ein Dauerthema bleibt, war für die Bewegungsorganisation FÖGA die Gewaltfreiheit selbst Strategie. Zugleich spielte es vielleicht eine Rolle, dass in den Bewegungen, in die interveniert wurde, Gewaltfreiheit eine angemessene Aktionsform war. Gegen die Atom- oder Rüstungsindustrie, deren Existenz bereits Ausdruck von Gewalt ist, bieten sich Sabotagen, Demontagen und Blockaden geradezu an. Für eine Antifa-Bewegung, die Nazis direkt konfrontiert, ist hingegen die gegnerische Gewalt noch unberechenbarer als bei Konfrontationen mit Polizei.

Die große Nähe zwischen der FÖGA und den Bewegungen ihrer Zeit, betont Beyer in seinem knappen Rückblick auf ihre Organisationsgeschichte.

«*Die um die ‹Graswurzelrevolution› herum bestehenden gewaltfreien Aktionsgruppen gründeten 1980 die ‹Föderation gewaltfreier Aktionsgruppen› (FÖGA) als bundesweite Organisation. Die FÖGA beendete ihre verbindlichen Organisationsstrukturen Ende der 1990er Jahre während des Niedergangs der neuen sozialen Bewegungen, insbesondere der Friedensbewegung. Es war ein Organisationsmodell gewesen, das dem politischen Ziel der gewaltfreien, herrschaftslosen Gesellschaft entsprechen sollte. Das Bundestreffen war das höchste Entscheidungsorgan der FÖGA. Zwischen den Bundestreffen traf sich etwa alle drei Monate der Koordinierungsrat der FÖGA. Der ‹Korat› bestand vorwiegend aus Gruppendelegierten mit imperativem Mandat. Die Entscheidungsfindung verlief nach dem Konsensprinzip. Der Arbeitsschwerpunkt der FÖGA lag in der Friedensbewegung und der Anti-AKW-Bewegung. Kampagnen und gewaltfreie Aktionen wurden über die ‹Graswurzelrevolution› vermittelt.»* (Beyer 2012: 104f.)

Hatte die Auflösung 1997 mit dem Aufstieg der Grünen zur Regierungspartei 1998 zu tun? Sicherlich waren die anarchistischen Genoss*innen nicht parteigläubig, aber innerhalb der Bewegungen dachten manche nun, parlamentarisch am Ziel zu sein. Gerade angesichts des Kosovokrieges 1999 war freilich das Abebben der Friedensbewegung bitter. In den 2000ern und 2010ern überlebte die Zeitung Graswurzelrevolution das Ende der FÖGA, so wie der AK das Ende des KB überlebt hatte. Themenspezifische Kampagnen wie x-tausendmal-quer setzten gewaltfreie Aktionen gegen Castor-Transporte fort. Möglicherweise erschienen bewegungsspezifische Organisationen sinnvoller als eine allgemeine Bewegungsorganisation wie die FÖGA, die in mehrere Bewegungen intervenierte. Was blieb von der FÖGA?

Einige Basics, etwa Trainings, Aktionskonsens und Sprecher*innenräte, die hier entwickelt wurden, kamen auch 2007 bei den Aktionen gegen den G20-Gipfel in Heiligendamm zum Einsatz oder seit 2015 bei den Anti-Kohle-Protesten von «Ende Gelände». Hier ersetzt die Bezeichnung «ziviler Ungehorsam» in der Regel die stärker identitär aufgeladene «gewaltfreie Aktion». Die historische Trennung zwischen pazifistischen Graswurzelrevolutionär*innen und militanten Autonomen, die in den 1980er und 1990er Jahren noch bedeutsam war, spielt in den postautonomen Organisationsformen, mit denen wir uns im nächsten Abschnitt beschäftigen, keine zentrale Rolle mehr. Grundsätzlich stellen sich aber, angesichts des Scheiterns des KB in den 1970ern und der FÖGA in den 1990ern, einige Fragen: Widerstreben Bewegungen als soziale Phänomene den Versuchen von Organisationen hier verbindend einzuwirken? Ist es dann sinnvoller auf solche Organisierung zu verzichten? Oder sich als Organisation einer einzelnen Bewegung aufzustellen?

Heiko Beyer und Annette Schnabel zitieren zur Definition von Bewegungen Mayer N. Zald und Roberta Ash: «*A social movement is a purposive and collectice attempt of a number of people to change individuals oder societal institutions and structures.*» (Ash/Zald 1966, zit. n. Beyer/Schnabel 2017: 13) Es geht also um kollektives und absichtliches Handeln mit politischem Bezug. Bewegungen müssen nicht dauerhaft sein, sind aber auch nicht bloß spontan. Beyer und Schnabel verstehen unter Bewegungsorganisationen, anders als hier, Zusammenschlüsse, die sich in einer sozialen Bewegung entwickeln. «*Aus Bewegungsorganisation erwachsen so schließlich Parteien*» (ebd.: 14), während sich soziale Bewegungen selbst «*zumindest diffus organisieren und für längere Zeit zu einem Kollektiv zusammenschließen.*» (ebd.: 16)

Empirisch und historisch kann sicherlich gesagt werden, dass z. B. die Grüne Partei aus Teilen der Frauen-, Umwelt- und Friedensbewegung erwachsen ist. Dies übersieht aber Bewegungsorganisationen wie die FÖGA, die nicht Partei war. Angelehnt an Arbeiten von Doug McAdam aus den 1980ern betonen Beyer und Schnabel die kairologische Orientierung von sozialen Bewegungen in ihrem Entstehungsprozess: «*Sich öffnende Gelegenheitsstrukturen bieten die Möglichkeit für bisher marginalisierte Gruppen, in das politische Geschehen zu intervenieren und die eigenen Interessen zur Sprache zu bringen.*» (ebd.: 114) Um eine Gelegenheit zu sozialer Bewegung wahrzunehmen und zu nutzen brauche es wiederum Menschen, Anreize, Kommunikationsnetzwerke und Führungspersonen (vgl. ebd.: 114). McAdam geht bei diesem Modell davon aus, «*dass alle vier Ressourcen nicht von der aufkommenden Bewegung selbst produziert, sondern von bereits vorliegenden Organisationsstrukturen übernommen werden*» (ebd.: 115).

Für die USA, wo Bewegungen häufig durch professionelles Organizing zustande kommen, gilt dies mehr als für europäische Kontexte. Wenn aber Beyer und Schnabel kritisch einwenden: «*Aus welchem Grund sollten Organisationen ihre Ressourcen teilen?*» (ebd.), so übersehen sie, dass es eben auch Bewegungsorganisation gibt, deren diverse Basis Bewegungen sind, die also existieren, um unterstützend in Bewegungen zu intervenieren. Hier lässt sich auch ein Unterschied machen zwischen der FÖGA und der AABO. Die AABO gehört sicherlich zu den Versuchen, «*Organisationen innerhalb der Bewegung zu gründen*» (ebd.: 71), also Antifas zu organisieren. Die FÖGA hingegen besteht relativ unabhängig von Einzelbewegungen und ist ein Beispiel für «*Strategien der Bewegungsorganisationen*» (ebd.) die interventionistisch agieren. Ein weiteres Beispiel wäre «*Attac als Teil der Antiglobalisierungsbewegung.*» (ebd.: 193)

Eine spannende Frage in der Debatte um Bewegungen und Bewegungsorganisationen ist die, ob die sogenannten Neuen Sozialen Bewegungen weniger zu Parteipolitik neigen. Als NSB werden seit etwa 1980 Bewegungen bezeichnet, die sozial heterogen sind, unideologisch, kollektiv und zugleich individualisiert, was sich in bestimmten Lebensweisen und dem Mittel des zivilen Ungehorsams ausdrückt. Sie reagieren auf Krisen und sind eher dezentral organisiert (vgl. ebd.: 138f.). Dabei darf nicht übersehen werden, dass dies besondere Ressourcen erfordert. Kai-Uwe Hellmann betont daher zur Sozialstruktur, «*dass es sich vorwiegend um jüngere Personen handelt, die einen überdurchschnittlich hohen Bildungsgrad aufweisen und aufgrund ihrer Sozialisation eine postmaterialistische Werthaltung vertreten*» (Hellmann 1999: 97). Dies mag für Teile der Frauen-, Umwelt oder Friedensbewegung zwischen 1960 und 1980 gegolten haben, darf aber nicht dazu führen Differenzen in der Frauenbewegung, z. B. zwischen deutschen und migrantischen Frauen, auszublenden oder z. B. die Breite des, u.a. bäuerlichen, Widerstands gegen Atomkraft zu unterschätzen. Zudem sind Proteste von Geflüchteten oder gegen hohe Mieten heute durchaus auch anders aufgestellt und es werden Bewegungen sichtbar, wo soziale Probleme brennen. Je öfter Parteien hier politisch enttäuschen, umso eher können sich alternative Organisationen zur Unterstützung solcher Bewegungen anbieten. Ein Problem bleibt dabei die fehlende Kongruenz zwischen den eher kurz- oder mittelfristigen Zielen von Bewegungen und den langfristigen Zielen von Organisationen. Bedeutete z. B. Antifaschismus für viele Autonome der 1980er Jahre eher einen Abwehrkampf gegen Nazis, so sah die AABO Antifaschismus als Grundlage einer festen Organisierung. Sie antwortete damit auch auf eine längere Organisationsdebatte innerhalb der autonomen Bewegung, in der sich das Missverhältnis von kurzfristiger Bewegungspraxis und langfristiger Organisationsstrategie zeigt.

Die Autonomen, die sich seit Ende der 1970er, Anfang der 1980er selbst als Bewegung verstanden, sind organisationstheoretisch ein interessantes Phänomen. Gerd Langguth zitiert ein autonomes Thesenpapier aus der Szenezeitschrift «radikal» von 1981:

«*Die Vertreter dieses Papiers lehnen jede Organisation an sich ab: ‹Unsere Organisationsformen sind alle mehr oder we-*

niger spontan. Besetzerrat, Telephonkette, Autonomen-Plenum und viele, viele kleine Gruppen, die sich entweder kurzfristig zusammensetzen, um irgendwelche actions zu machen, oder langfristigere Gruppen, die Sachen wie Zeitungen, Radios oder irgendwelche illegalen actions machen.›» (Langguth 1983: 242f.)

Zugleich erwähnt Langguth bundesweite Treffen autonomer Gruppen im Februar 1983 in Hannover (vgl. ebd.: 241) und im Juli 1983 in Wuppertal (vgl. ebd.: 244), die aber nur der Koordination dienen würden. Zum Politikverständnis der Autonomen ist in erwähntem Papier die Rede von Subkultur, Freiräumen und Politik der ersten Person, je nach eigenen Bedürfnissen (vgl. ebd.: 242). Mit den Spontis der 1970er teilen die Autonomen die Ablehnung von festen Organisationsstrukturen. Themenfelder waren Ende der 1970er und Anfang der 1980er Jahre Antimilitarismus, Anti-AKW und Antifaschismus. Praktisch agierten die Autonomen dabei als militanter Arm sozialer Bewegungen, ohne dabei wie der KB zu versuchen, Mitglieder zu rekrutieren. Eigenständige Bewegungen, die von den Autonomen selbst geprägt und getragen wurden, waren die Bewegungen für autonome Jugendzentren und die Hausbesetzungsbewegung der frühen 1980er und um 1990 herum. Interessanterweise kommt es aber bereits Anfang der 1990er zu Organisationsdebatten in der autonomen Szene. Eine erste setzt im Sommer 1991 ein, die sogenannte Heinz-Schenk-Debatte. Im Laufe der Diskussion erklärt die Berliner Gruppe «für eine linke Strömung» (fels) provokativ ihren Austritt aus den Autonomen. 1992 kommt es zur Gründung der AABO. Aber noch 1995 wird auf dem Autonomie-Kongress kontrovers über die Notwendigkeit einer Organisation für Autonome diskutiert.

In seinem ersten Text schreibt Heinz Schenk damals, im Plural der Gruppe, über das Verhältnis von autonomen Gruppen zu sozialen Bewegungen: «*Auch wir haben gehofft, aus Ein-Punkt-Bewegungen zur kontinuierlichen Politik kommen zu können.*» (Schenk 1991/2011: 9) In Phasen ohne große Bewegungen verbleiben die Autonomen in «*Kleingrüppchen, die für sich genommen aber kaum politisch handlungsfähig sind, geschweige denn gesellschaftliche Relevanz erlangen können*» (ebd.). Politische Kontinuität fehlte hier. Ein zweiter Text, wiederum mit Heinz Schenk unterzeichnet trug den Titel «*Die Autonomen machen keine Fehler, sie sind der Fehler*» (ebd.: 14).

Vermutet wird hier, dass die autonome Lebensweise Ende der 1980er, finanziert durch Sozialhilfe oder Jobben, eine attraktive Alternative zur Vollzeitarbeit war, aber auf den Sozialstaat angewiesen blieb (vgl. ebd.: 19). Angesichts von Prekarisierung und Arbeitslosigkeit wurde in den 1990ern dieser alternative Lifestyle problematisch. Gerade prekär lebende Menschen könnten so nicht erreicht werden, antifaschistische Abwehrkämpfe blieben letztlich perspektivlos (vgl. ebd.: 21). In einer Antwort vom «Zirkel autonomer HäretikerInnen» (ZAUH) wird hochgehalten, dass die autonome Szene der 1980er zumindest folgerichtig war:

«*Die autonome Organisationsfeindlichkeit ist eine Krankheit, auch wenn sie historisch vielleicht verständlich ist: Auf die K-Gruppen der 70er Jahre, deren mechanistische Vorstellung vom Aufbau führender Arbeiterparteien ungefähr so viel Lebenslust und Kreativität ausstrahlte wie ein Totensonntag in Altötting, war die Beibehaltung der wildentstandenen Zersplitterung keine schlechte Antwort.*» (ZAUH: 29)

Dialektisch gedacht wären die dezentralisierten Autonomen also die Negation der zentralistischen K-Gruppen. Damit bleibt die Frage: Was wäre die Synthese aus beiden Seiten?

Die Göttinger Antifa M veröffentlichte 1991 ein Positionspapier, das zum Gründungstext der AABO wurde. Aber auch zu diesem gab es einige Kritik. Die Gruppe fels gründete zunächst 1991 sich selbst, 1992 die Initiative Linke Organisierung und war dann von 1993 bis 1995 Teil der AABO. Bei fels heißt es 1992: «*Organisationen sind nicht hinreichend, aber notwendig: Sie sind die einzige Möglichkeit, zielgerichtet an einer Veränderung der gesamten Gesellschaft zu arbeiten.*» (fels 1992: 57) Ein Mensch von fels ergänzt dazu: «*Eine schlaue Linke wird nicht viel stärker sein als der KB in besseren Zeiten oder die Autonomen 1986.*» (Zettelknecht 1992: 70) Die «Gefahr einer Massenpartei» bestehe also ohnehin nicht, das Ziel könne kurzfristig lediglich eine interventionsfähige Linke sein. Aber wo intervenieren? Für die AABO war klar: Im Abwehrkampf gegen die Neonazis.

Die AABO war sicherlich zwischen 1992 und 2001 der wirkmächtigste Organisationsansatz, der aus den Autonomen hervorgegangen ist, es wäre aber verkehrt anzunehmen, dass sich ein großer Teil der Autonomen organisiert hätte. Im Gegenteil steht noch beim Autonomie-Kongress 1995, an dem 1.000

Genoss*innen teilnahmen (vgl. autonomiekongress 1997: 51), die Organisationsfrage zur Diskussion. In einem Vorbereitungstext von 1994 findet sich scharfe Ablehnung für alle «*Versuche, wie in der BRD derzeit durch die Antifa (M), die KP-Organisierungsform zum dritten mal seit 1945 wiederzubeleben*» (ebd.: 103). Die AABO selbst war auf dem Kongress nicht vertreten (vgl. ebd.: 133). Aber auch die Kritik an ihr wird in vielen Texten nur nebenbei angesprochen, wenn etwa von «*der Parteiorganisation der Antifa (M)*» (ebd.: 137) die Rede ist. Sofern aber ansonsten oft von den Autonomen als «Szene» die Rede ist (vgl. ebd.: 76f.) so lässt sich vermuten, dass jede verbindliche Organisation damals an den Bedürfnisse der Aktiven vorbeigegangen ist.

Organisationen wollen Ziele und Menschen erreichen, Szenen genügen sich selbst. In einem anderen Lesebuch zum Kongress «Der Stand der Bewegung», das 1995 erschien, heißt es: «*Bewegung ist die Organisationsform der Autonomen.*» (ebd.: 9) Eine solche Position übersieht freilich, dass die Autonomen in den 1980er und 1990er, abseits der Hausbesetzungsbewegung, eher in anderen Bewegungen agierten als selbst eine Bewegung zu sein. Organisierte die FÖGA den gewaltfreien Flügel dieser Bewegungen, so wirkten viele Autonome praktisch als deren militanter Arm. Dieses Verhältnis wiederum konnte nicht diskutiert werden, wenn gegen jede Organisationsform vorgebracht wird: «*Eine Organisation macht immer einen prinzipiellen Unterschied zwischen innen und außen.*» (ebd.: 10) Dagegen wäre einzuwenden, dass erstens subkulturelle Szenen dies ebenfalls tun, zweitens Autonome in Bündnissen ohnehin auch Außenpolitik betreiben und drittens eine eigene Organisation notwendig wäre, um diese zu koordinieren. Denn letztlich blieben die Autonomen in den 1980ern davon abhängig, wie der SDS in den 1960ern und der KB in den 1970ern, dass es Bewegungen gab. Gerade die Bündnisfähigkeit war eines der Gründungsmotive der AABO. Dabei liegt auf der Hand, dass gerade das Thema Antifaschismus attraktiv ist. Schon 1981 gab es entsprechende Initiativen. Bernd Langer erwähnt «*ein vom KB initiiertes Treffen von Antifa-Gruppen in Hannover*» (Langer 2018: 183). Nachdem aber der ak, die Zeitung des KB, 1983 militante Aktionen von autonomen Antifas kritisierte, kam es zum Bruch in diesem Bündnis: «*Der Einfluss des KB im Norddeutschen war damit ausgeschaltet.*» (ebd.:

194) Ab 1986 gab es autonome Antifa-Vernetzungen in Norddeutschland, NRW und Süddeutschland (vgl. ebd.: 202), wobei sich «das Norddeutsche» schon 1989 unter Repressionsdruck auflöste (vgl. ebd.: 211). 1991 schließlich veröffentlichte die Autonome Antifa M ein «Diskussionspapier zur autonomen Organisierung» (vgl. ebd.: 216), was eine bundesweite Organisation meinte. Ein Jahr später gründete sich die AABO. Wie Aussagen im Lesebuch zum 95er-Kongress zeigen, blieb Skepsis: «*In festen Strukturen bilden sich immer sehr schnell wieder Machtstrukturen.*» (Kongreß-Lesebuchgruppe 1995: 46) Mittlere Positionen heben auf eine Wechselwirkung ab, z. B. «*bringt eine Organisierung überhaupt nichts, wenn nicht eine reale Bewegung da ist*» (ebd.: 169). Andere Interviewpartner*innen sind sich hingegen sicher: «*Man kommt nicht daran vorbei, sich den gesellschaftlichen Verhältnissen zu stellen, und das heißt: sich zu organisieren, auch wenn es in einem Bewegungsmodell ist.*» (ebd.: 208) Die Organisationsfrage durchzieht die Debatten des Autonomenkongresses. Die AAM war sehr klar: «*Unser Ziel ist die Organisierung einer offensiven autonomen Politik*».[12]

Betont wird z. B. die Notwendigkeit einer eigenen Pressearbeit. Die Rede ist auch von einer nötigen Kulturfähigkeit: «*Die Aufgabe der Organisierung ist es, gewisse Eckpfeiler revolutionärer Inhalte als Orientierungspunkte zu setzen und öffentlich anzubieten.*» (ebd.) Dieser Bezug auf Öffentlichkeit steht im Gegensatz zur autonomen Nischenpolitik selbstgenügsamer Freiräume. Auch die Isolation und Kurzlebigkeit autonomer Gruppen steht hier in der Kritik: «*Aufgrund des niedrigen Organisationsgrades kam es selten zum Erfahrungsaustausch mit anderen Gruppen, geschweige denn, dass eine gemeinsame Strategie entwickelt wurde.*» (ebd.) Die vorgeschlagene Organisation sollte also gesellschaftsorientiert, öffentlich wahrnehmbar und strategisch sein. Warum aber als Antifa? «*Für uns ist autonomer Antifaschismus immer noch das beste Mittel zur Vermittlung antiimperialistischer Politik.*» (ebd.) Angedacht ist hier ein Aufbau von unten: Ausgehend von AGs über Gruppen zu Stadtplena, über regionale Delegiertentreffen bis zur bundesweiten Organisation. Nach einem Treffen 1991 entstand 1992 die AABO (vgl. AAB 1998: 64):[13]

---

12 http://plaene.blogsport.eu/files/2016/01/antifa_m_auton_org_1991.pdf

13 https://www.nadir.org/nadir/initiativ/aam/aabo.html.

«Mit der Antifaschistischen Aktion/Bundesweite Organisation (AA/BO) wollen wir den Faschisten organisiert entgegentreten. Wir gehen offensiv gegen die Drahtzieher und Ideologen des Nazi-Terrors vor. Faschistische TäterInnen haben Namen und Adresse! Der alltägliche Naziterror kommt in diesen Zeiten zur massiven Entfaltung, weil er in ein gesellschaftliches Klima eingebettet ist. Große Teile der Bevölkerung stehen rassistischen Pogromen, faschistischen Anschlägen und nationalistischen Ideen gleichgültig oder wohlwollend gegenüber. Deshalb gilt unser Kampf auch all denen, die den Nazis die gesellschaftliche Akzeptanz verleihen: Bürgerliche Politiker, die MigrantInnen als ‹Ratten› (Berlins CDU-Fraktionschef Landowsky) bezeichnen, Gewerkschaftsfunktionäre, die die Nazi-Parole ‹Arbeit zuerst für Deutsche› aufgreifen (IG-Metall-Chef Klaus Zwickel), Medien, die mit Berichterstattung über ‹Ausländerkriminalität› und ‹Terror-Kurden› Flüchtlinge ausgrenzen. Sie sind die gesellschaftlichen Drahtzieher, die mit Anzug und Krawatte reaktionäre und faschistische Tendenzen billigen, aufgreifen, begünstigen, vorantreiben und letztlich in Gesetze gießen. Antifaschismus ist der Kampf ums Ganze. Revolutionärer, antifaschistischer Kampf muß sich immer auch gegen die gesellschaftlichen Bedingungen wenden, aus denen heraus faschistische Bewegungen entstehen: Das kapitalistische Konkurrenzprinzip, das Menschen nur nach ihrer Verwertbarkeit beurteilt und dem Profit als oberstes Ziel gilt. Das kapitalistische System schafft die Ursachen, die in Flucht münden. Die 1.-Welt-Staaten schieben Flüchtlinge in Hunger, Folter und Mord ab und unterstützen währenddessen weiterhin die Herrschenden in den einzelnen Ländern z. B. durch Waffenlieferungen, durch finanzielle oder politische Hilfe. Patriarchale Unterdrückung, die dazu dient, Frauen auf dem Arbeitsmarkt als billigere Arbeitskräfte einzusetzen und sie im Bereich der Reproduktion unentlohnt schuften zu lassen. Nationalismus, der Ausbeuter und Ausgebeutete zur Volksgemeinschaft zusammenschweißen soll. All dies sind zentrale Inhalte und Unterdrückungsmechanismen des bestehenden Herrschaftssystems. Eine […] freie Gesellschaft kann nur entstehen, wenn das System mit all seinen Übeln gekippt wird. […] Die Antifaschistische Aktion/Bundesweite Organisation ist ein Zusammenschluß von parteiunabhängigen Antifagruppen aus der ganzen BRD und für die Mitarbeit von neuen Gruppen jederzeit offen. Die Antifaschistische Aktion/BO ist bestimmt auch in Eu-

rer Nähe. Eine der nebenstehenden Mitgliedsgruppen setzt sich gerne mit Euch in Verbindung.»

Wie bereits erwähnt, wurde der Gegensatz zwischen Szene oder Organisation durch die AABO nicht gelöst, sie etablierte sich eher als Alternative zur Szene. Konzeptionell wurde das Verständnis von Organisation in einer Broschüre der Antifaschistischen Aktion Berlin (AAB) 1998 festgehalten. Hier werden Vor- und Nachteile bedacht: «*Organisationen sind träge, also kontinuierlich, sie sind wahrnehmbar, haben Kontaktadressen und klare Grundlagen, so daß nicht jede Zusammenarbeit von persönlichen Sympathien abhängig ist.*» (AAB 1998: 60) Kontinuierlichkeit mache die Trägheit wett, Erreichbarkeit sei wichtiger als Abgeschlossenheit, Klarheit bedeutsamer als Zufälligkeit. Gegenüber sozialen Bewegungen wird zudem ein Anspruch auf Bündnisfähigkeit formuliert, da die AABO Bewegungsorganisation sein soll.

«*Ziel ist dabei, radikaler Kern in einer breit wirksamen Bewegung zu werden. Als beispielsweise in den achtziger Jahren die atomare Wiederaufbereitungsanlage in Wackersdorf geplant war und damit die Bürger der Umgebung sich dem politischen Anliegen der Verhinderung anschlossen, suchten sie sich als Bündnispartner keinesfalls ‹Leute von nebenan›, sondern gerade die deutlich anderen, schwarzgekleideten, mobilisierungsstarken autonomen Gruppen.*» (AAB 1998: 63)

Insofern setzt die AABO auch Traditionen der Autonomen fort und bietet sich, in den 1990ern zeitgleich mit den gewaltfreien Anarchist*innen der FÖGA, als Bündnispartnerin an. Sie steht dabei vor der Aufgabe einer dreifachen Vermittlung. Erstens gilt es, in der allgemeinen Öffentlichkeit aufzutreten. «*Um überhaupt wahrgenommen zu werden, ist ein ‹Ansatzpunkt› nötig, also ein nachvollziehbares Thema.*» (ebd.: 4) Zweitens braucht es Kompetenzen: «*Außenwirkung und damit Bündnisfähigkeit ergeben sich da, wo sich die radikale Linke über ihre Kompetenz profilieren kann und deswegen die Zusammenarbeit für alle Beteiligten hilfreich ist.*» (ebd.: 14) Hinsichtlich des Ansatzpunktes Antifaschismus – denkbar wären aber auch Atomkraft, Sozialabbau und Rassismus (vgl. ebd.: 15) – kommen linke Parteien, Gewerkschaften, soziale Bewegungen, Jugendverbände u. a. in Frage, die Schnittmengen mit dem Anti-Nazi-Kampf haben und z. B. die Recherchearbeit der Autonomen schätzen. Drittens musste sich die AABO bemühen, den

Autonomen selbst den Antifa-Ansatz als revolutionären Antifaschismus zu vermitteln. Zu begreifen sei der «*Kampf gegen den Faschismus auch als Kampf gegen die gesellschaftlichen Bedingungen, aus denen heraus die Bereitschaft der Menschen entsteht, faschistische Denkmuster anzunehmen*» (ebd.: 6). Insofern könnten hier verschiedene, autonome Themen gebündelt werden: «*Revolutionärer Antifaschismus schließt den Kampf gegen das Patriarchat, gegen Volkstümelei und Rassismus mit ein.*» (ebd.: 8) Der Aufruf der AAM von 1991, die Selbstdarstellung der AABO und die Broschüre der AAB mit Texten aus den Jahren 1995 bis 1998 können hier nur einige Schlaglichter auf das Selbstverständnis dieser Organisation werfen.

Über ein Jahrzehnt später schreiben Mirja Keller, Lena Kögler, Moritz Krawinkel und Jan Schlemermeyer in ihrem Buch «Antifa – Geschichte und Organisierung» über die AABO: «*Formale Kriterien für die Mitgliedschaft waren die ‹regelmäßige Teilnahme an inhaltlichen Auseinandersetzungen› sowie die Bemühung, Initiativen und Ideen auf die Bundestreffen zu tragen und getroffene Entscheidungen praktisch umzusetzen. Dafür wurden gefestigte Gruppenstrukturen mit einer ‹ausgeprägten Verankerung vor Ort, funktionierenden Jugendarbeit, etc.› eingefordert.*» (ebd.: 92) Bei allem Bemühen um Anschlussfähigkeit, z. B. für Bündnisse in Bewegungen, verweist doch die Gruppenmitgliedschaft darauf, dass praktisch nur bereits organisierte Autonome beitreten konnten. Nicht Personen werden Mitglied, wie es etwa bei Parteien oder Gewerkschaften der Fall ist, sondern Gruppen. Verschiedene Gruppenpositionen prägten daher auch das Organisationsleben. Gruppen wie fels, die 1995 die AABO verließ, oder die Antifa A2 Stuttgart kritisierten den Autoritarismus z. B. der Roten Antifa-Initiative Berlin (vgl. ebd.: 93). Die RAI ihrerseits bemängelte an der AABO «*Prinzipienlosigkeit*» (RAI 1997, zit. n. AAB 1998: 69). So blieb der Spagat zwischen politischer Offenheit und inhaltlicher Geschlossenheit ein Grundproblem.

Praktisch gab es diverse Kampagnen, z. B. 1993 gegen Nazizentren (vgl. Langer 2018: 228f.), zur Bundestagswahl 1994 (vgl. Keller et. al. 2013: 111) und die Antifa-Offensive 1999 (vgl. Langer 2018: 246). Die meisten Gruppen umfasste die AABO 1995 mit 17 Gruppen, 1996 waren es nur noch 11 Gruppen (vgl. ebd.: 241). Belastend war staatliche Repression, konkret ein Verfahren gegen die AAM von 1994 bis 1996, zunächst unter dem Vorwurf der Unterstützung der RAF, dann dem der kriminellen Vereinigung (vgl. ebd.: 230), und 1998 gegen die Antifaschistische Aktion Passau als angebliche kriminelle Vereinigung. Interne Uneinigkeit und Unstetigkeit sowie externer Verfolgungsdruck erschwerten Theoriebildung und Praxis. Über das Ende der AABO urteilt Bernd Langer, ab 1990 Teil der AAM, so: «*Schließlich kam es vom 20. Bis 22. April 2001 zum Antifa-Kongress in Göttingen […]. Ausrichter waren die Antifaschistische Aktion Berlin (AAB), die Autonome Antifa (M) und das Bündnis gegen Rechts Leipzig (BgR). Der Kongress stieß auf großes Interesse – über 600 Interessierte waren gekommen -, schließlich sollte es um die Neuorganisierung der linksradikalen Antifa-Szene gehen. Um dem nicht im Wege zu stehen, gab die AABO auf dem Kongress ihre Auflösung bekannt.*» (ebd.: 248) Damit hatte die militante AABO die gewaltfreie FÖGA nur um 4 Jahre überlebt. Wie von der FÖGA die ihr nahestehende «Graswurzelrevolution» bleibt, so hier: «*Vom groß angekündigten Gründungsprozess blieb am Ende nur eine neue Zeitschrift übrig, die Phase 2.*» (vgl. ebd.) Deren erste Ausgabe stand 2001 unter dem Titel «Am Ende der Hoffnung – Deutschland nach dem Sieg von 68».

Die Redaktionsgruppe der Phase 2 in Bonn schreibt hier über das Ende der AABO[14]: «*Die Versuche der AA/BO mit Themen außerhalb der klassischen Anti-Nazipolitik an die Öffentlichkeit zu gehen waren […] größtenteils von wenig Erfolg gekrönt.*» Darüber hinaus werden zwei Punkte stark gemacht. Zum einen sei die AABO, aus Bonner Sicht, «*mit ihrem Ansatz nicht an der staatsantifaschistischen Initiative der rot-grünen Bundesregierung gescheitert*», auch wenn «*eine Vermittlung antikapitalistischer Inhalte über den Ansatz Antifaschismus durch die neue Staatslinie schwieriger geworden ist*». Gemeint ist z. B. der Verbotsantrag von SPD und Grünen gegen die NPD. Zum anderen habe die AABO «*durchaus einiges erreicht. Die Erkenntnis, dass (differenziert konzipierte) Bündnisarbeit, Öffentlichkeitsarbeit und gemeinsames Vorgehen unverzichtbare Bestandteile linksradikaler Politik sein müssen, hat sich durchgesetzt. Die Organisationsfrage an sich ist lange nicht mehr so umstritten, wie noch zu Beginn der 90er Jahre. Was also die formulierten kurzfristigen Ziele angeht, hat die AA/BO ihre historische Aufgabe erfüllt.*»

14 https://phase-zwei.org/hefte/artikel/autonome-organisierung-teil-1-764/

Kritischer ist hingegen an anderer Stelle von einem Prozess der Szene-Spaltung die Rede: «*Genau entgegengesetzt zur Skepsis, die politische Praxis nach außen und Bündnisarbeit bei antideutschen Gruppen hervorrief, setzte ein anderer Teil der Antifa auf Intervention und Bündnisarbeit.*» (Keller et. al.: 131) Unter antideutsch wird hier die Einsicht verstanden, dass die Erfahrung von Unterdrückung, z. B. durch Kapitalismus, Rassismus und Patriarchat, nicht an sich zu Positionen des Sozialismus, Anarchismus oder Feminismus führt, sondern auch für Ideologien des Nationalsozialismus, Islamismus oder Neoliberalismus anfällig machen kann. Fraglich bleibt dabei, wieso diese kritische Erkenntnis gegen eine politische Praxis der Intervention sprechen soll. Gerade wenn aus der Erfahrung mit den (historischen) Deutschen, die sich lieber der antisemitischen Volksgemeinschaft unterordneten als eine klassenlose Gesellschaft zu erkämpfen, gelernt werden soll, wäre bei aller notwendigen Ideologiekritik auch und gerade politisches Eingreifen geboten. Faktisch kam es hingegen zu einer Reihe von Spaltungen. Anlass dazu bot aber nicht nur die Frage der Einschätzung von Ideologien, vom Nationalsozialismus bis zum Islamismus, sondern auch die Suche nach neuen Ansätzen.

Die Zeit der letzten Kampagne, der Antifa-Offensive 1999, und der Auflösung der AABO 2001 war auch der Beginn der globalisierungskritischen Bewegung. Diese wurde sichtbar z. B. bei den Protesten gegen die WTO 1999 in Seattle, gegen die Weltbank 2000 in Prag und gegen den G8-Gipfel 2001 in Genua. Hier zeigte sich eine neue, weltweite Bewegung, die als Bewegung der Bewegungen tituliert wurde. Es entstanden neue Bewegungsorganisationen:

«*In diesem Zusammenhang fand sich zum Jahreswechsel 2005 ein neues Netzwerk linksradikaler und antikapitalistischer Gruppen unter dem Namen Interventionistische Linke (IL) zusammen. […] Des weiteren organisierten sich Ende 2006 autonome und antifaschistische Gruppen im antinationalen Bündnis Ums Ganze […] Die beiden bundesweiten Zusammenhängen mobilisierten gemeinsam mit weiteren Gruppen gegen den G-8 -Gipfel vom 6.–8. Juni 2007 in Heiligendamm.*» (Langer 2018: 273)

Bekannter als IL und UG wurde allerdings das globalisierungskritische Netzwerk attac. Bevor wir uns diesem zuwenden, um danach zu den Post-Autonomen zurückzukehren, ist die Frage interessant, warum zwei Bündnisse entstanden. Beide haben schließlich gemeinsame Wurzeln in der AABO. So teilte sich die AAB 2003 in die Antifaschistische Linke Berlin, von der 2014 ein Teil zur IL wechselte, und die Gruppe Kritik & Praxis, deren Nachfolgerin Theorie-Organisation-Praxis heute zum Ums-Ganze-Bündnis zählt. Die Göttinger AAM löste sich 2004 in die Antifaschistische Linke International (Interventionistische Linke) und Redical M (Ums Ganze) auf (vgl. ebd.: 266 und Keller et. al. 132ff., 145).

Nun ist es aber keineswegs so, dass die IL-Gruppen nur den Kurs der alten AABO-Praxis fortsetzten, während die UG-Gruppen sich auf antideutsche Theoriearbeit beschränken würden. Zum einen erweiterte die IL, gerade angesichts der globalisierungskritischen Bewegung, ihr Themenspektrum. Ob es sich lohnt, gerade in diese Bewegung zu intervenieren wurde hingegen von Antideutschen bestritten, die in den antimodernen Zügen des Antiglobalismus antisemitische Tendenzen erkannten. Zwischen diesen Positionen bewegen sich die Antinationalen von UG, die durchaus eingreifen wollen, dabei aber primär Kritik voranstellen. Letztlich können Interventionist*innen, Antinationale und Antideutsche als Teil eines Entmischungsprozesses der radikalen Linken verstanden werden, der schon vor der Auflösung der AABO die Auflösung des KB beeinflusste. Auffällig ist dabei, dass alle Strömungen über nahestehende Zeitschriften verfügen (IL und AK, UG und jungle world, Antideutsche und Bahamas), aber es bei den Antideutschen zu keiner neuen Organisationsgründung kam. Ziel von Kritiken aus allen diesen drei Strömungen ist attac.

6.3 Bewegung der Bewegungen, attac und die Post-Autonomen (IL/UG)

Attac unterscheidet sich in einigen Punkten von den bisher behandelten Bewegungsorganisationen der 1960er (SDS), 1970er (KB), 1980er (FÖGA) und 1990er (AABO): Die Organisation trat nicht von außen an existierende Bewegungen heran, wie es der SDS mit der Friedens-, Studierenden und Anti-Notstandsgesetz-Bewegung oder der KB mit der Anti-AKW- und Friedensbewegung versucht hatte. Attac mobilisierte aber auch nicht bloß Teile von Bewegungen für eine festere Organisierung, wie es die FÖGA in der Umwelt- und Friedensbewegung, die AABO in der Antifa-Bewegung tat. Attac versteht sich als Teil einer weltweiten Bewegung, die von vorneherein über mehr als eine in ihr tätige Bewegungsorganisation verfügt. Nach dem Niedergang der sogenannten neuen sozialen Bewegungen der 1960er bis 1980er Jahre und dem Zwischenspiel (antifaschistischer) Abwehrkämpfe in den 1990ern, entsteht um die Jahrtausendwende die globalisierungskritische Bewegung der Bewegungen. Michael Löwy bemerkt: «*Die Dynamik der globalisierungskritischen Bewegung speist sich aus drei sich ergänzenden Momenten: Aus der Negativität des Widerstands, den konkreten Vorschlägen und der Utopie von einer anderen Welt.*» (Löwy 2010: 140)

Sie verliert sich also nicht nur im Alltagsgeschäft der Vorschläge, sondern verbindet Widerstand und utopische Orientierung. Dem eigenen Anspruch nach entspricht dies dem Ansatz von attac wie ihn Ralph Guth, Elisabeth Klatzer, Alexandra Strickner und Carla Weinzierl beschreiben. Als Beispiel fungiert «*der breite Widerstand gegen TTIP*», die zwischen 2013 und 2017 ergebnislos verhandelte Transatlantische Handels- und Investitionspartnerschaft (Guth et. al. 2016: 12). «*Gleichzeitig wird das gegenwärtige Welthandelssystem an sich in Frage gestellt, und es werden Alternativen entwickelt.*» (ebd.) Widerstand und Alternativen und Utopie: «*Wir brauchen eine große emanzipatorische sozial-ökologische Transformation auf Basis einer umfassenden Demokratisierung und internationaler Solidarität. Das bedeutet letztlich die Überwindung des kapitalistischen Wirtschaftssystems.*» (ebd.)

Allerdings ist attac nur eine Organisation in einem Bewegungsgeflecht. Dass eine andere Welt möglich sei, ist eine «*Hoffnung, die von MarxistInnen und AnarchistInnen geteilt wird, von radikalen ChristInnen und linken UmweltschützerInnen, wie auch von einem bedeutenden Anteil der ArbeiterInnen-, BäuerInnen-, feministischen und Indigena-Bewegungen*» (Löwy 2010: 143). Wie nun verhält sich attac zu diesen Bewegungen? Wie ist attac als Bewegungsorganisation strukturiert? Welche Vorstellung von Praxis wird vertreten? Um welche Inhalte geht es? Zunächst ist attac, anders als viele andere Organisationen, transnational. 1997 veröffentlichte Ignacio Ramonet in Frankreich einen Artikel «Die Märkte entwaffnen!», 1998 gründete sich in Paris die «association pour la taxation des transactions financières et pour l»action citoyenne», kurz: attac, zu deutsch: «Verein zur Besteuerung von Finanztransaktionen und für Bürgeraktionen». In Deutschland findet 1999 ein Vorbereitungstreffen statt, im Jahr 2000 kommt es auch hier zur Gründung (vgl. Hoffstätter/Hersel 2004: 13f.).

Im Folgenden konzentrieren wir uns, allein schon aus Gründen der Vergleichbarkeit, auf attac in Deutschland und Österreich. Attac ist von vornherein Teil einer Bewegungsdynamik. Nach den Protesten gegen die WTO 1999 in Seattle und gegen die Weltbank 2000 in Prag kommt es beim G8-Gipfel 2001 in Genua zu Auseinandersetzungen, Carlo Giuliani wird von der Polizei erschossen. Und in der BRD: «*Die Ereignisse führen zu einer enormen Beitrittswelle.*» (ebd.: 16) 2001 hat attac Deutschland bereits 3.900 Mitglieder (vgl. ebd.: 18). 2002 gibt sich die Organisation eine Struktur, 2003 wird ihr Bundesbüro von Verden nach Frankfurt am Main verlegt (vgl. ebd.: 18f.). Die Organisation hat bereits 13.000 Mitglieder (vgl. Schäfers 2004: 51), 2018 waren es insgesamt 29.000.

Auch wenn attac also schnell wächst, ist doch die Gesamtbewegung viel größer. In einem Selbstverständnispapier von 2001 erscheint das Verhältnis so: «*Attac ist ein wichtiger Teil der neuen, globalisierungskritischen Bewegung, ist aber nicht identisch mit ihr.*» (attac 2001/2004: 108) Einerseits sei es «*ein Hauptinteresse von Attac, die neue soziale Bewegung nach besten Möglichkeiten zu fördern*», andererseits trage attac «*selbst starke Züge einer Bewegung*» (ebd.). Attac-Mitglied Peter Wahl pointiert die Differenz von Bewegung und Bewegungsorganisation: «*Die Zukunft dieser Bewegung ist pluralistisch oder sie hat keine.*» (Wahl 2004: 32) Demnach könne es nicht darum gehen, attac eine Avantgarderolle für die Bewegung zuzuschreiben.

Kritiker wie Jörg Bergstedt sehen in attac hingegen den Anspruch einer «*Führungsorganisation aller politischen Bewegungen*» (Bergstedt 2002: 107). Dies geschehe nicht durch einfache Dominanz, sondern durch Einbindung. In diesem Sinne zitiert Bergstedt zum einen attac-Funktionär Felix Kolb, der 2002 davor warnte, es «*würde die Radikalisierung der politischen Rhetorik mittelfristig mit einem massiven Verlust von öffentlicher Unterstützung und Bündnispartnern einhergehen*» (ebd.: 108). Attac kann hingegen respektabel bleiben, wenn eine bestimmte Rollenverteilung in der Bewegung gelingt. Noch einmal Peter Wahl: «*Die Gewerkschaften sorgen für Akzeptanz im gesellschaftlichen Mainstream, die Blockade des Direct Action Network für – fernsehgerechte – Dramatik und die NGO für die inhaltlich qualifizierte Vorbereitung und Unterfütterung der Aktionen.*» (Wahl 2001, zit. n. ebd.: 109)

Gibt es in einer Bewegung wie der globalisierungskritischen Bewegung zahlreiche Gruppen, Zusammenschlüsse und Bewegungsorganisationen, so ist es nicht verwunderlich, wenn diese auch unterschiedliche Strategien haben. Gewerkschaften bringen sich hier anders ein als Basisgruppen oder attac. Wie eine Organisation nach Außen auftritt hat dabei viel mit dem Aufbau der Organisation im Inneren zu tun.

Peter Wahl betont den «*Netzwerkcharakter*» von attac, der nicht nur einzelne Mitglieder umfasst, sondern eine «*Kombination von Basisaktivitäten, Lokalgruppen und Mitgliedsorganisationen*» (Wahl 2004: 28f.). Die Tatsache, dass auch Organisationen Mitglied einer Organisation werden können, bringt einen besonderen Koordinierungsaufwand mit sich. Astrid Schaffert gibt einen Überblick über die Struktur. Ein Büro soll koordinierend wirken, es wird kontrolliert von 21 Mitgliedern des Koordinierungskreises, der sich monatlich trifft. Er setzt sich aus 12 Delegierten der attac-Gruppen, 6 Organisationsvertreter*innen und 3 Leuten aus bundesweiten AGs zusammen (vgl. Schaffert 2004: 132). Diese Spitze soll demokratisch legitimiert werden. Zweimal im Jahr trifft sich der Ratschlag und wählt Rat und Ko-Kreis. Der attac-Rat wiederum trifft sich viermal im Jahr (vgl. ebd.: 131). Angestrebt werden Konsensentscheidungen, ansonsten genügt eine ¾-Mehrheit, in Fragen von Wahlen, Haushalt und Gremiensitzungen die einfache Mehrheit (vgl. ebd.: 138). Jörg Bergstedt kritisiert:

«*Während überall Menschen eingeladen werden, Basisgruppen zu bilden und dort eigene Aktivitäten zu entfalten, herrscht tatsächlich eine starke Dominanz sehr weniger Menschen. Diese geben die Themen vor. Zum einen bestimmen sie die politische Aussage in den Medien, zum anderen füttern sie die eigene Basis sehr einseitig mit Materialien. […] Die Basis kann tun, was sie will, weil das völlig gleichgültig ist.*» (Bergstedt 2002: 104)

Sicherlich sind Hauptamtliche in einem Büro oder sich monatlich treffende Mitglieder eines Koordinierungskreises in verantwortlichen Positionen, vor allem was Wirkung nach Außen angeht. Die Frage bleibt aber, ob dies nicht zu jeder

Organisation gehört? Organisationen beruhen schließlich darauf, Arbeitsteilung zur organisieren. Bergstedt dazu: «*Jede Form von Delegation der Führung oder auch Gruppenprozeß-Steuerung schafft Ungleichheiten.*» (ebd. 117) Differenzierter als Bergstedt, für den offene Netzwerke die Alternative zur arbeitsteiliger Organisation sind, kritisiert Michael Hardt «*Attac, diese hybride Organisation, deren Spitze (vor allem in Frankreich) in der traditionellen Politik mitmischt, während die Basis fest in den Bewegungen verankert ist*» (Hardt 2002, zit. n. ebd.: 46).

Die wichtigste Frage bleibt: Was bedeutet diese Organisationsform für die praktische Politik und die theoretische Positionierung? Alexandra Strickner und Brigitte Reisenberger skizzieren zusammen mit Elisabeth Klatzer, Clara Weinzierl, Ralpg Guth und Valentin Schwarz als Autor*innenkollektiv einen 5-Punkte-Plan bestehend aus 1. Widerstand leisten, 2. Alternativen aufbauen, 3, «*gesellschaftliche Sektoren […] unter öffentliche Kontrolle bringen*» (AutorInnenkollektiv 2016: 255), 4. Rechte festschreiben und 5. Demokratie ausdehnen. Diese Vorstellung von Praxis schließt verschiedene Organisationstypen mit ein. Widerstand zu leisten ist generell die Aufgabe von sozialen Bewegungen. Clara Weinzierl, Franziskus Forster und Julianna Fehlinger nennen als Beispiel die «*Bewegung für Ernährungssouveränität*» (Weinzierl et. al. 2016: 151). Den bewegten Kleinbäuerinnen gehe es «*erstens darum, Widerstand gegen das kapitalistisch-industrielle Agrar- und Ernährungssystem zu leisten.*» (ebd.: 158) Aber das genügt nicht. «*Zweitens geht es um die Transformation und den schrittweisen Umbau der bestehenden Systeme*» (ebd.). Ist Widerstand der kurzfristige Ansatz, so wäre Transformation die langfristige Perspektive. Mittelfristig gehe es «*drittens um die Schaffung von Alternativen im Hier und Jetzt*» (ebd.). Letzteres hebt das Autor*innenkollektiv hervor: «*In Österreich erleben food.coops, die an die Idee der Genossenschaften anschließen, seit rund 10 Jahren einen Aufschwung.*» (AutorInnenkollektiv 2016: 259). Widerständige Bewegungen und alternative Genossenschaften gibt es freilich auch ohne attac. Sollen deren Ansprüche mit Kommunalisierung (vgl. ebd.: 263), festgeschriebenen Rechten und ausgeweiteter Demokratie verbunden werden, befinden wir uns in der Arena des Staates.

Nun ist attac weder Bewegung oder Gewerkschaft ,die unmittelbar Widerstand leistet, noch Genossenschaft oder

Partei «*Noch immer sind die Gewerkschaften um ein Vielfaches bedeutender als Attac.*» (Wahl 2004: 33) Sabine Leidig, Stephanie Handtmann und Rasmus Grobe skizzieren daher in ihrem Text «Wie arbeitet Attac?» einen Dreischritt der Praxis dieser Organisation. Dieser besteht aus «*Bildungsarbeit*» (Leidig et. al.: 121), um mit dem Aufbau von «*Expertise*» die «*gesellschaftspolitische Debatte beinflussen*» zu können (ebd.: 123). Ebenso mit «*Aktionen des zivilen Ungehorsams*» (ebd.: 125). Gemeint sind damit keine direkten Aktionen im anarchosyndikalistischen Sinne, also der Aufbau einer Gegenmacht von unten, sondern Einfluss nach oben. «*Nehmen die Regierungen ihre Verantwortung nicht wahr, wird es zur Aufgabe engagierter BürgerInnen, ihren Standpunkt dazu öffentlich wahrnehmbar zu äußern*» (ebd.). Adressat bleiben damit Regierung und Staat. Der Anarchist Bergstedt kritisiert an diesem Punkt die Organisation attac: «*Ihre Praxis ist die der Appelle an die Mächtigen.*» (Bergstedt 2002: 44) Welche Vorstellung von Regierung, Staat und Macht liegt dem zu Grunde?

In diesem Punkt wirkt die Globalisierungskritik von attac oft widersprüchlich. Einerseits Peter Wahls Weltmarktkritik: «*Unter diesen Bedingungen schafft der Staat den gesellschaftlichen Rahmen, der den Unternehmen optimale Verwertungsbedingungen im globalen Wettbewerb garantiert. Der Sozialstaat wird zum Wettbewerbsstaat.*» (Wahl 2004: 26) Damit wird anerkannt, dass Staaten zwar auf objektive Bedingungen reagieren, aber andererseits diese auch mit durchsetzen. Andererseits formulierte attac 2002 seine Forderungen so, dass es die kapitalistischen Staaten sein müssten, die Reformen umsetzen. Dazu gehören: «*Ende der neuen Kriegsvorbereitungen*», «*Einführung einer Steuer auf internationale Finanztransaktionen*», «*Schließung der Steueroasen*», «*Besteuerung von Kapitaleinkünften*», «*Lösung der Schuldenkrise für Entwicklungsländer*» (attac 2002/2004: 115). Dafür bräuchte es internationale Institutionen, Umverteilung, ökologische Gestaltung und Regulierungen (vgl. ebd.: 115f.). Attac muss also grundsätzlich davon ausgehen, dass Bewegungen aus der Bevölkerung – mit Bildungsarbeit, Expertise und Aktionen – in der Lage sind, die Regierenden ihrer Staaten zur Regulierung des Weltkapitals zu bewegen. Auch die weitgehendsten Alternativen bei attac, z. B. «*alternative Möglichkeiten der Existenzsicherung – bei Entkopplung von Lohnarbeit – […] unter anderem Commons oder das Bedingungslose Grundeinkommen»* (AutorInnenkollektiv 2016: 254) wären staatliche Politiken. Wenn Globalisierung den Spielraum von nationalen Staaten einschränke, sollte dieser international erweitert werden: *«Für eine funktionierende Demokratie ist es wesentlich, dass der Staat ausreichend Budget zur Verfügung hat, um öffentliche Leistungen zu erbringen.»* (Klatzer 2016: 225) Deshalb ist die Finanztransaktionssteuer für attac zentral.

Es bleibt eine Bandbreite. Einerseits die Kritik der *«Warenform»* als *«Form des Umgangs mit Gebrauchsgegenständen»* (Weinzierl et. al. 2016: 136) und die Utopie, *«die kapitalistische Wirtschaftsweise durch eine andere zu ersetzen»* (AutorInnenkollektiv 2016: 258), andererseits Nostalgie für einen Zustand, der konserviert werden sollte und dem gegenüber Konzernmacht eine *«Bedrohung für die Demokratie und den Sozialstaat»* darstelle (Klatzer 2016: 247). Kritiker wie Bergstedt wettern daher gegen die *«StaatsidealistInnen von Attac»* (Bergstedt 2002: 41), hier würden *«kritische Kräfte eingefangen und instrumentalisiert»* (ebd.: 65). Die unbeantwortete Gegenfrage bleibt: Wohin würde deren Energie sonst fließen? Bei Attac selbst wird der Widerspruch zwischen Staatskritik und Staatsvertrauen anders gelöst, nämlich durch die Perspektive einer *«Wiederaneignung und Weiterentwicklung des Staates»* (AutorInnenkollektiv 2016: 274).

Andere Bewegungsorganisationen, die sich auch, wenngleich kritisch bzw. zuspitzend, auf die globalisierungskritische Protestbewegung beziehen, unterscheiden sich in ihrer Staatskritik von attac. Für das kommunistische Bündnis «Ums Ganze» (UG) ist staatlicher Reformismus eine Sackgasse. *«Deshalb kritisiert ‹... ums Ganze!› nicht nur die jeweils herrschende Politik, sondern auch die falschen Alternativen der Linken – etwa im Rahmen der überregionalen Mobilisierung gegen den G8-Gipfel (Heiligendamm 2007).»* (UG 2009: 7) Ende 2006 trat UG erstmals mit einem Aufruf zum Gipfelprotest an die Öffentlichkeit. Auch die IL, die aus einem Diskussionsprozess zwischen 1999 und 2004 hervorging und 2005 gegründet wurde, wurde 2007 durch die Proteste in Heiligendamm bekannt.

Mit beiden Organisationen entstand so eine Alternative zu attac von links. UG unternimmt 2006 eine vierfache Abgrenzung innerhalb der Linken. Erstens ist Ausgangspunkt, Kapitalismus als Struktur zu verstehen. *«Dieser strukturelle Zusammenhang wird oft in der linken Debatte ausgeblendet, etwa wenn es um die Hoffnungen geht, die sich um bestimmte reformistische Parteien ranken.»* (UG 2006) Außer Kritik an der Organisationsform Partei werden zweitens Positionen wie sie bei attac üblich sind aufs Korn genommen. Selbst mit linker Reformpolitik würde gelten: «*An der Unterordnung und Gängelung der Menschen durch den (Sozial-)Staat ändert sich freilich nichts.*» (ebd.) Daraus könnte gefolgert werden, dass es prinzipiell sinnlos sei, sich mit Appellen an Gipfelprotesten zu beteiligen. Stattdessen behauptet UG gegen «*die kritischen Kritiker allen globalisierungskritisches Protestes*», dieser sei «*weder a priori reaktionär noch antisemitisch sondern vollzieht sich in Gänze innerhalb eines bürgerlichen Paradigmas*» (ebd.). Bürgerlich wären sowohl die Versuche linker Parteien, im Kapitalismus konstruktive Opposition zu sein, wie der Ansatz von attac, über die öffentliche Meinung die Politik der Regierenden zu beeinflussen. Die Kritik der kritischen Kritiker richtet sich gegen den Vorwurf antideutscher Ideologiekritik, die im Protest regressiven Antikapitalismus sah. Aber auch gegenüber der IL unternimmt UG hier eine klare Abgrenzung: «*Weil aber Protest an sich nicht bereits emanzipatorisch ist, sondern auch zutiefst reaktionär sich artikulieren kann, ist eine radikale Linke zu mehr als bloßer ‹Intervention› verpflichtet. Denn eine Intervention ohne kritische Bestimmung des eigenen Standpunktes ist weniger als ein trauriges Dabeisein – sie macht sich zum Werkzeug für den falschen Zweck.*» (ebd.)

Der Zweck von UG, jenseits parteilicher Oppositionspolitik, bewegungslinker Appelle oder organisierter Intervention, sei demnach: Kritik. Um diesen Ansatz zu begründen, rekapituliert UG die Theoriegeschichte der Neuen Linken. Von Johannes Agnoli wäre zu lernen: «*Immer übersetzt der Staat den objektiven Zwangscharakter der gesellschaftlichen Reproduktion in politische Form.*» (zit. n. ebd.) Vom Staat, als politische Form des Kapitals, ist nichts zu erwarten. Zu dieser radikalen Kritik passt die Utopie eines Herbert Marcuse: «*Rational ist diejenige Phantasie, die zum Apriori werden kann, das darauf abzielt, den Produktionsapparat umzubauen und umzudirigieren in Richtung auf ein befriedetes Dasein, ein Leben ohne Angst.*» (zit. n. ebd.) Gegen Staat und Kapital – für ein Leben ohne Angst, so die Quintessenz des Aufrufs. Wie aber bestimmt UG hierbei die eigene Rolle als Bewegungsorganisation? Im Aufruf von 2006 steht eine Anlehnung an die Situationistische Internationale: «*Wir behaupten nicht, das Monopol auf die Intelligenz zu haben, wohl aber auf deren Anwendung.*» (Situationistische Internationale, zit. n. ebd.)

Als was UG hier auftritt ist als eine besondere Art von Bewegungsorganisation zu kennzeichnen, nämlich als eine Organisation die Kritik an Bewegungen heranträgt. Methodisch stehen dabei im Mittelpunkt: Kongresse, Aktionen und Texte. Auf einem ersten Kongress 2007 ging es um linke Theorie von «(Post)operaismus bis Wertkritik». Ein zweiter beschäftigte sich 2010 mit dem Thema «Arbeit und Krise», es folgte ein dritter 2013 zu «Politik in der Krise», 2016 ein vierter zum Thema «Digitaler Kapitalismus und kommunistische Wette». Größere Aktionen gab es 2008 gegen den rechten Anti-Islamisierungs-Tag in Köln, 2009 eine Kampagne unter dem Motto «Staat, Nation, Kapital, Scheiße», 2011 ging es gegen die Innenministerkonferenz und 2012 gegen den Wiener Opernball. 2013 gab es schließlich zum ersten Mal einen gemeinsamen Aufruf mit der Interventionistischen Linken (IL), nämlich zu Blockupy-Krisenprotesten.

«*Zum ersten Mal seit Abklingen der globalisierungskritischen Bewegung zeigen sich Ansätze einer Internationalisierung emanzipatorischer, kapitalismuskritischer Kämpfe. […] Bei aller Unzulänglichkeit in Analyse und Aktionsform: Auch Blockupy kann sich zu Recht als eine Plattform dieser Vernetzung begreifen, weil es die Krise als Problem des globalen Kapitalismus versteht und explizit transnationale Allianzen sucht. Angesichts Deutschlands tragender Rolle im europäischen Krisenmanagement ist es für eine radikale Linke hier höchste Zeit, mit kämpfenden Genoss_innen in anderen Ländern praktisch solidarisch zu werden.*» (UG/IL 2013)

2016 reagierte UG mit der Gründung der Kampagne «Nationalismus ist keine Alternative» auf den gesellschaftlichen Rechtsruck, der sich auch im Einzug der AfD in den Bundestag 2017 zeigte. An den Protesten gegen den G20-Gipfel in Hamburg 2017 beteiligte sich UG mit einer Aktion am Hafen: «Shut Down the Logistics of Capital!».

Neben Kongressen, bei denen auch andere linke Theoretiker*innen eingeladen wurden, und den Aktionen, die ebenfalls Inhalte vermitteln, hat UG 2009 eine Broschüre veröffentlicht, die den Titel «Staat, Weltmarkt und die Herrschaft der falschen Freiheit – Zur Kritik des kapitalistischen Normalvollzugs» trägt. Gegen den Staatsfetischismus der meisten Linken wird hier der strukturelle Zusammenhang von Politik und Kapitalismus behandelt. «*Eine Politik ums Ganze muss deshalb immer zugleich Antipolitik sein: der Versuch, die konstitutiven Beschränkungen und Vorentscheidungen der politischen Form aufzubrechen.*» (UG 2009: 33) Kritisch wird herausgearbeitet, welche Illusionen der Linken aufgegeben werden sollten. Wie Marcuse in den 1960ern verabschiedet sich UG vom Klassenoptimismus: «*Entscheidend für den Fortbestand des kapitalistischen Staats durch alle Krisen hindurch war die politische Integration der Arbeiterklasse auf Basis ihrer materiellen Besserstellung.*» (ebd.: 40) Diese Integration hat verschiedene Momente. Zum ersten, der materiellen Besserstellung, kommen zweitens reformistische Organisationsformen und drittens bestimmte Ideologien hinzu.

Lag der Schwerpunkt der Kritik 2006 auf dem Reformismus von Parteien, so geraten 2009 auch die Gewerkschaften ins Visier, denn es unterwerfe «*sich die organisierte Arbeiterschaft von vorneherein in Branchengewerkschaften den jeweiligen Konjunkturzyklen*» (ebd.: 44). Ideologien kritisiert UG nicht als freischwebende Ideen, sondern als Ausdruck von Strukturen wie Nationalstaat und geschlechtlicher Arbeitsteilung. In Konflikten dienen «‹*Rasse*›, *Geschlecht, Kultur und Religion [...] teils als Anspruchstitel, teils als ideelle Entschädigung für erfahrenen Ausschluss, teils als triumphale Gesten sozialer Dominanz*» (ebd.: 66f.). Kulminationspunkt des Ideologischen ist für UG die Nation. Nationalsozialismus hingegen war, so UG, nicht bloß eine Verdichtung von Rassismus, Sexismus und Nationalismus: «*Der moderne Antisemitismus gewinnt eine neue Qualität als Ideologie eines völkischen Antikapitalismus*» (ebd.: 80).

Hinsichtlich der allgemeinen Ideologiekritik von UG an Rassismus, Sexismus, Nation, aber besonders bezüglich des Verständnisses von Nationalsozialismus, kritisierte Stephan Grigat 2007, im Kontext des ersten UG-Kongresses, hier werde nach dem «*Praxisspektakel von Heiligendamm*», wo es nur darum gegangen sei «*den diversen Fraktionen der NoGlobals Grundlagen der Gesellschaftskritik vorzubeten*», ein «*Theoriespektakel nachgeschoben*». Grigat hingegen empfiehlt eine Gegen-Politik statt einer Anti-Politik: «*Verhinderung der Aufstockung des iranischen Vernichtungsarsenals mit Nuklearwaffen.*» (Grigat 2007) In welchem Zusammenhang sollen eine Demonstration in Heiligendamm und die Bedrohung Israels stehen? Sowohl die antinationale Organisation «Ums ganze» als auch Grigats antideutsche bzw. israelsolidarische Initiative «Stop the bomb» ringen um richtige Praxis. Folgt für die antideutsche Position aus der Shoah praktische Politik gegen Antisemiten, so orientiert die antinationale Position auf die Vermittlung von kritischer Theorie. Beides müsste kein prinzipieller Gegensatz sein. Allerdings steht für UG die deutsche Barbarei nicht gegen ein bürgerliches Freiheitsminimum. «*Der Nationalsozialismus war kein ‹Zivilisationsbruch›, sondern Ausdruck jenes konstitutiven Selbstwiderspruchs bürgerlicher Freiheit, der auch im zivilisierten demokratischen Alltag spürbar ist.*» (UG 2009: 83) Für die Antinationalen ist der Nationalsozialismus Fortsetzung des Problems Nation. Als Lösung empfiehlt sich daher der Kommunismus. Von der Anti-Politik bleiben schließlich radikale Kritik und die ferne Utopie:

«*In aller Bescheidenheit geht es uns wesentlich darum, diesen wahnsinnig anstrengenden und opferreichen Unsinn des Kapitalverhältnisses und der gesellschaftlichen Konkurrenz loszuwerden, mitsamt der Form Staat, die diese zwanghafte und konfliktträchtige Ordnung mehr oder weniger autoritär zu regieren und zu steuern versucht. Zu reden und wohl auch zu streiten ist darüber, wie eine gesellschaftliche Praxis jenseits des Teufelskreises von Staat und Kapital aussehen sollte.*» (UG 2009: 101)

Bleibt aber der Kommunismus hier nur eine abstrakte Utopie, so erweist sich daran, dass die geleistete Kritik vielleicht richtig war, aber ebenso vage. Aus der Kritik des Antisemitismus heraus Israel als aus der Not verwirklichte Utopie zu erkennen und eine solidarische Politik zu entfalten, ist konkreter. Vor allem aber stellt sich die Frage, was UG als Organisation ausmachen soll. Kongresse, Kampagnen und Konvolute gibt es auch anderswo. Im Selbstinterview nehmen zwei Mitglieder von UG 2009 dazu Stellung: «*Sahra: Natürlich wird man auch durch viel Theorie allein nicht zur Revolution kommen. Aber wer sich in seinem politischen Urteil nicht ständig blamieren will, der muss sich kritisch und unvoreingenommen mit den Strukturen dieser Gesellschaft beschäftigen.*» (UG 2009: 105) Stattdessen? Stattdessen kennt UG nicht nur echte Probleme, sondern auch falsche Lösungen. «*Sahra: Soziale Auseinandersetzungen und politische Events können […] sicherlich auch ein Ausgangspunkt* *für linksradikale Mobilisierung sein. Dabei sollte man aber nicht versuchen, wie ATTAC oder die ‹Interventionistische Linke› die Leute ‹da abzuholen wo sie stehen›. Bekanntlich holt man sich dabei nur deren Standpunkt ab.*» (UG 2009: 111) Staatskritik trennt UG und attac. 2009 stehen in der UG-Broschüre Kontaktadressen von 8 Gruppen. 2020 sind daraus 11 Gruppen mit einigen hundert Genoss*innen geworden. Und die IL?

Auch die IL ist, ebenso wie der SDS in den 1960ern, der KB in den 1970ern, die FÖGA in den 1980er und die AABO in den 1990ern eine Bewegungsorganisation. Dies wird bereits in zwei Papieren aus dem Sommer bzw. Herbst 2004 deutlich, einer Selbstverständigung und einer Einladung. Adressat sind zunächst Teilnehmende an Beratungstreffen seit 1999. Thematisiert wurden hier die historische Verortung, die gegenwärtige Lage und Perspektiven einer interventionistischen Linken (zunächst mit kleinem i). Historisch werden zwei Tendenzen benannt: Zum einen die neoliberale Wende der Alten Linken, die sich in Deutschland in der SPD-Regierung ab 1998 zeigte. Zum anderen besteht aber auch keine unmittelbare Verknüpfung mehr «*zur ebenfalls historisch gewordenen ‹Neuen Linken› und ihren unterschiedlichen Strömungen und Sequenzen zwischen den 1960er und den 1990er Jahren*» (IL 2004a: 5). Was als Rest-Linke blieb, ist Anlass für «*Unzufriedenheit mit der arbeitsteiligen Ausdifferenzierung linker Praxis in die spezialisierten ‹Bereiche› der Antira-, Antimil- und Antifa- bzw. der Pop-, Kultur-, Diskurs- und Gewerkschaftslinken*» (ebd.: 1). Als Perspektive erfolgen «*vier Verweise auf das politische Feld, in das zu intervenieren sich lohnen kann*» (IL 2004b: 10): 1. Die globalisierungskritische Bewegung, die Anti-Kriegs-Bewegung und die Bewegung gegen Sozialabbau. 2. Die Gewerkschaftslinke. 3. Subversive Aneignungsprozesse, z. B. von Migrant*innen, 4. Mit Vorsicht zu genießen: Milieus der Politikverdrossenheit (vgl. ebd.).

Entgegen den Unterstellungen von UG ist die IL dabei nicht als Busunternehmen gedacht: «*Man holt die Leute nicht dort ab, wo sie stehen, sondern versucht, sie mittels der eigenen Bewegung, Praxis und Intervention in die Lage zu versetzten, ihre Kämpfe und Forderungen selbst zu entwickeln.*» (ebd.: 10) Diese Bestimmung von Intervention erinnert weniger an Lenins Avantgardetheorie als vielmehr an Marcuses Katalysatortheorie. Interessant ist, dass dabei im Einladungspapier zum Novembertreffen 2004 noch die Vorstellung eines Forums von dem der

Organisation abgegrenzt wird. Thomas Seibert, heute Hauptamtlicher bei medico international und nach eigenen Angaben Teilnehmer an den Beratungstreffen, geht hingegen in einem Text über «Organisation und Soziale Bewegung» 2005 näher auf die O-Frage ein. Ausgangspunkte sind «*die Integration der Grünen und der Zerfall der Autonomen*» mit dem Ergebnis einer «*gesellschaftlich völlig marginalisierten Linken der neunziger Jahre*» (Seibert 2005: 25).

Worauf es nun ankomme, lässt sich wiederum auch mit Marcuses Begriff von der organisierten Spontaneität zusammendenken. «*Letzten Endes wird jede linke Intervention in die ‹globalisierungskritische› Bewegung nur mit dem Ziel erfolgen können, den sozialen Prozess selbst über seine spontanen Formen hinaus zu treiben.*» (ebd.: 27) Festzuhalten ist an der Differenz von Bewegungen und Linken. Auch die Neue Linke, die sich in der BRD um den SDS gruppierte, intervenierte ja bereits in die Bewegungen ihrer Zeit. Wenn dieser Impuls im Sektenwesen der 1970er, im Nischenwesen der 1980er und in den Abwehrkämpfen der 1990er verloren ging, so bietet die globalisierungskritische Bewegung der 2000er eine neue Gelegenheit. Zeitgleich mit dem Ende der Alten Linken und dem Abbau des Sozialstaates endet nun auch die Phase der Neuen Linken und die Zeit einer Interventionistischen Linken ist gekommen. Was aber bedeutet es, in Bewegungen zu intervenieren? Zusammen mit dem Attac-Mitglied Werner Rätz hat Thomas Seibert im selben Jahr die Strategie der Richtungsforderungen umrissen. Was ist eine Richtungsforderung?

«*Sie ermöglicht eine ganze Reihe von kleinen Schritten und Folgeschritten, ohne dass mit dem jeweils unternommenen Schritt die Gesamtforderung schon eingelöst wäre. Letztlich weisen Richtungsforderungen [...] in der Perspektive ihrer vollständigen Durchsetzung über diese Gesellschaft hinaus. Zugleich ermöglichen sie gemeinsame Kämpfe um jeweils aktuelle Maßnahmen, ohne dass die ‹Systemüberwindung› dabei eine von jeder und jedem zu unterschreibende Teilnahmevoraussetzung wäre.*» (Rätz/Seibert 2005: 260)

Die Zuspitzung von Bewegungsforderungen zu Richtungsforderungen wäre eine Aufgabe organisierter Interventionen, die damit das Dilemma von Reformismus und Revolutionarismus überwinden hilft. In einem G8-Aufruf der IL von 2006 findet sich diese Denkfigur wieder:

«Gerade in dieser gegenwärtigen Situation bedeutet der Versuch realer Veränderung also einen Spagat zwischen Reform und Revolution: Nicht in linksradikaler Rhetorik zu verharren, sondern in breiten Bündnissen die konstruktive, faire Zusammenarbeit zu suchen und gleichzeitig antikapitalistische Positionen hineinzutragen sowie für konfrontative Aktionsformen wie z. B. sozialen Ungehorsam zu werben. Inhaltlich wollen wir das durch die Entwicklung von Richtungsforderungen leisten. Sie sollen unseren Vorstellungen von einem anderen, besseren Leben konkreten Ausdruck verleihen und gleichzeitig über die Grenzen des Kapitalismus hinaus die mögliche Richtung gesellschaftlicher Veränderung aufzeigen. Sie erinnern an das selbstverständliche Recht aller Menschen überall auf gleichen Zugang zum (welt-)gesellschaftlichen Reichtum und den Mitteln seiner gesellschaftlichen Reproduktion: Alles für Alle!» (IL 2006)

Nachdem die IL 2007 bei den G-8-Protesten öffentlich wahrnehmbar wurde, setzte ein weiterer Reflexionsprozess über die Zukunft der Organisation ein. 2008 geben Susanne (Avanti) und Katharina (Gruppe Soziale Kämpfe Berlin) von der IL ein Interview in der «Sozialistischen Zeitung». Hintergrund ist die IL-Arbeitskonferenz in Marburg im selben Jahr. Interessant ist hier eine Diskrepanz zwischen dem Auftreten der IL in Heiligendamm, als Mitorganisatorin von Protest und dem Konzept der Intervention. Susanne meint:

«Die Montagsdemonstrationen gegen die Einführung von Hartz IV im Jahr 2004 sind ein gutes Beispiel dafür, wie schnell und spontan sich die Dynamik von Bewegungen entfalten kann und worin der eigenständige und unersetzbare Wert von Bewegungsprozessen besteht. […] Im weiteren Verlauf aber zeigte sich, wie wenig vorbereitet die radikale Linke war, in solchen spontanen Massenprotesten eine vorantreibende, orientierende und radikalisierende Rolle zu übernehmen. […] Bei einer Intervention in soziale Auseinandersetzungen denken wir die Ziele der Bewegungen mit und versuchen nicht, sie zu dominieren, sondern konstruktiv gemeinsam Protest und Widerstand zu entwickeln.» (IL in SoZ 2008)

Die Unterschiede zwischen den Hartz-IV- und G8-Protesten sind offenkundig. Bei ersteren entwickelten sich spontane Initiativen, hier hätte eine IL sich einbringen können. Beim Gipfel mobilisierte die IL die Leute selbst dorthin. Auch ist es ein Unterschied, ob Aktivist*innen an Aktionstagen teilnehmen oder Bewegungen entstehen, die über Monate oder gar Jahre agieren. Letztere mögen für die Verbreiterung von Positionen interessanter sein, die Gefahr einer versuchten Dominanz ist aber auch größer und die Heterogenität stärker. In einem Aufruf von Avanti aus 2008 wird der Unterschied zwischen taktischer Zusammenarbeit und strategischer Bündnisperspektive deutlich gemacht. Demnach «*geht eine strategische Bündnisorientierung davon aus, dass Bündnisse und Koalitionen mit Akteuren sowohl der radikalen wie der moderaten Linken nicht nur die notwendige Voraussetzung für die Schaffung gesellschaftlicher Gegenmacht sind, sondern dass es dafür – mehr noch – die bewusste Bejahung dieser Bündnisorientierung braucht*» (IL/ Avanti 2008: 4).

Die IL, in der Avanti 2014 aufging, will also nicht bloß taktisch rekrutieren, sondern die Zusammenarbeit sowohl mit linken Organisationen und Bewegungen als auch mit Parteien und Gewerkschaften als Bestandteil ihrer eigenen Strategie verstehen. Weiterhin findet sich in diesem Papier die Unterscheidung zwischen einer zu gründenden Organisation, mit Arbeitsteilung und Entscheidungsstrukturen, und einem reinen Netzwerk, mit Bündnischarakter und Koordinationsaufgabe (vgl. ebd.). Hier scheint schon eine Frage auf, die für die IL wichtig wird: Netzwerk oder Organisation?

Im Rückblick auf G8 betont Christoph Kleine zunächst die von der IL organisierte Praxis. «*Ziviler Ungehorsam und Fünf-Finger-Taktik waren in diesem Sinne die richtigen taktischen Antworten für den Gipfel 2007. Aber sie sind nicht die Blaupause für die gesamte Bewegungspraxis der kommenden Jahre. Wichtiger als Aktionsvereinbarungen und Marschordnungen ist, dass die Bewegung praktisch erfahren hat, dass sie siegen kann.*» (Kleine 2008: 42f.)

So sehr Kleine inhaltlich Recht zu geben ist, so wurden doch solche Aktionsformen – mit Aktionstrainings, Aktionskonsens und Aktionsstrategie – zum Aushängeschild der IL in den späten 2000er und in den frühen 2010er Jahren. Auf G8 2007 folgten 2009 Mobilisierungen gegen den NATO-Gipfel, von 2009 bis 2012 Massenblockaden gegen Nazis in Dresden, 2010 und 2011 Aktionen gegen Castor-Transporte, 2013 Blockupy, seit 2015 die Blockade in Braunkohletagebauen mit dem Bündnis «Ende Gelände» und 2017 Aktionen gegen das G20-Treffen in Hamburg. Es waren also nach wie vor Themen der globalisierungskritischen Bewegung, der antimilitaristischen und antifaschistischen Bewegung, der Anti-Atom- und der Klima-Bewegung, welche die IL aufgriff.

Im Reader zur Marburg-Konferenz 2008 wird von der Sozial-AG eine weitere Perspektive aufgemacht: «*Als selbständiger Akteur ist die IL bisher nicht auf dem Feld der sozialen Kämpfe aufgetreten, aber Gruppen aus der IL waren natürlich an diversen Aktivitäten beteiligt.*» (IL Sozial-AG 2008: 61) Aus dieser Kritik ergibt sich perspektivisch: «*Die IL sollte Kampagnenpolitik und Alltagsorganisation mit einander verbinden.*» (ebd.: 62) Was würde dies für eine eigenständige Bewegungsorganisation, gerade auch hinsichtlich ihrer Abgrenzung zu Parteien, Genossenschaften und Gewerkschaften konkret bedeuten? Im Papier heißt es im Abschnitt zur Partei, «*die radikale Linke sollte aber über den Parlamentarismus hinaus weisen*» (ebd.: 61), im Abschnitt zu Gewerkschaften: «*Wir wollen keine linksradikale Gewerkschaft sein.*» (ebd.: 62) Ein Schritt bei der Suche nach inhaltlichen und praktischen Antworten auf die soziale Frage ist die Thematisierung von Vergesellschaftung bei der IL. 2012 erscheint «Vergesellschaftung – Eine Broschüre der Interventionistischen Linken». Hier geht es darum «*einen Kampfbegriff zu entwickeln, der in verschiedenen Auseinandersetzungen eingesetzt werden kann, der auf mittelfristige Veränderungen abzielt und zugleich die Utopie, die hinter den Kämpfen steht, greifbar macht. Vorerst verwenden wir hierfür den Begriff ‹Vergesellschaftung›.*» (IL 2012: 5)

Dabei wird zwischen privatisiertem Eigentum an Produktionsmitteln, vergesellschaftetem Eigentum an Produktionsmitteln und verstaatlichtem Eigentum an Produktionsmitteln unterschieden. Privateigentum sei abzulehnen, Staatseigentum unzureichend, daher: Vergesellschaftung. Marcuse kritisierte 1958 ähnlich die Verstaatlichung in der Sowjetunion:

> *«Ohne die Initiative und Kontrolle ‹von unten› durch die ‹unmittelbaren Produzenten› ist Verstaatlichung bloß ein technisch-politisches Mittel, die Arbeitsproduktivität zu erhöhen, die Entwicklung der Produktivkräfte zu beschleunigen und sie von oben zu kontrollieren (zentrale Planung) – mehr ein Wechsel in der Herrschaftsweise, eine Modernisierung der Herrschaft, als eine Voraussetzung sie abzuschaffen.» (Schriften 6: 90)*

Vergesellschaftung müsste also im Gegensatz dazu die Kontrolle von unten bedeuten. «*Das Konzept, das wir als ‹Vergesellschaftung› bezeichnen, bricht mit den realsozialistischen Vorstellungen […] eines disziplinierenden Staates.*» (IL 2012: 6) In den einzelnen Beiträgen der Broschüre schreibt Avanti Hamburg «Für eine antikapitalistische Wohnungspolitik von unten» (vgl. ebd.: 9) und verbindet «Mieterinnenkämpfe und Richtungsforderungen» (vgl. ebd.: 12). Die letzten Jahre haben am Beispiel der Berliner Debatte gezeigt, dass Forderungen nach Mietpreisbremse, Mietendeckel und Vermieterenteignung als Schritte gedacht werden können, die auf Vergesellschaftung verweisen. Die IL-Gruppe d.i.s.s.i.d.e.n.t. aus Marburg verbindet unter der Überschrift «Caring for Communism» Vergesellschaftung und feministische Debatten. Die Initiative K aus Düsseldorf thematisiert den «Kampf für die Enteignung und Vergesellschaftung von Energiekonzernen» (vgl. ebd.: 23), die für die Klimabewegung und die Lösung ökologischer Fragen relevant wäre. Am Beispiel des Berliner Energietisches zeigt die Gruppe fels, dass (Re-)Kommunalisierung der Energieversorgung eine Richtungsforderung sein kann. Die IL Karlsruhe und Avanti Hannover skizzieren Alternativen im Gesundheitsbereich, die sowohl sozialistisch als auch basisdemokratisch sind. «*Grundsätzlich sollte das Ziel darin bestehen, Strukturen zu schaffen, die allen die Möglichkeit zur Teilhabe geben: ÄrztInnen, Pflegepersonal, Gepflegte, (potentielle) PatientInnen. […] Die Vergesellschaftung des Gesundheitsbereichs erfordert also die Schaffung echter demokratischer Strukturen bspw. In Form eines regionalen Gesundheitsrates.*» (ebd.: 40)

Vergesellschaftung und Demokratisierung gehören für die IL also zusammen. Organisationstheoretisch wäre es eine spannende Frage, ob es nicht einer Zusammenarbeit unterschiedlicher Akteure – z. B. Bewegungen und Bewegungsorganisationen, Betriebsorganisationen und Gewerkschaften, Parteien und Genossenschaften bedürfen würde, um hier praktisch zu werden. Damit verknüpft bleibt freilich eine weitere Grundsatzfrage: Ist die IL nun eine Organisation?

2014 erscheint die Broschüre «IL im Aufbruch – Ein Zwischenstandspapier». Unterschieden werden hier drei Phasen der Organisationsentwicklung. Erstens vom Beratungstreffen von 1999 bis 2005, zweitens von der Gründung 2005 bis zu eben diesem Zwischenstandspapier 2014, drittens die anstehende Weiterentwicklung zur Organisation (vgl. IL 2014: 27). Passend zur Rede vom Zwischenstand werden Vergangenheit, Gegenwart und Perspektive beschrieben. Als relativer Erfolg wird die bisherige Kampagnenarbeit gewertet. «*Von außen wird die Interventionistische Linke (IL) vor allem als ein bundesweiter Zusammenhang linksradikaler Gruppen und Aktivist_innen wahrgenommen, der die Fähigkeit zu mobilisieren und zu organisieren in bundesweiten Kampagnen wie Block G8, Dresden Nazifrei, Block NATO, Castor Schottern oder zuletzt Blockupy unter Beweis gestellt hat.*» (ebd.: 4)

Dies deckt den Zeitraum zwischen 2007 und 2013 ab. Zum Stand 2014 heißt es nun: «*Gegenwärtig gehören zur IL und ihren Gruppen mehrere Hundert Menschen*» (ebd.: 30), Basis der IL sind lokale Gruppen, darüber hinaus gibt es «*Gesamttreffen*», «*Kommissionen*» und «*das Koordinierende Gremium (KoGre)*» (ebd.: 28). Der Selbstanspruch der IL ist basisdemokratisch. Perspektivisch wird eine realistische und bescheidene Einschätzung gegeben, da die Integration breiter Bevölkerungsschichten ins Bestehende weiterhin vorliegt: «*Auf absehbare Zeit muss daher die Linke in der BRD – und auch die IL als ein radikalisierender und organisierender Teil dieser Linken – um diese Kampfbedingung wissen: Eine rebellische und widerständige Minderheit zu sein.*» (ebd.: 12)

Es ergeben sich daraus unterschiedliche Aufgabenstellungen. Eine Verfestigung der eigenen Strukturen wird ebenso angestrebt wie eine Ansprechbarkeit für Außenstehende. Hinzu kommt die Perspektive einer Vertiefung und Ausweitung der Interventionsfelder. Zu nennen wären Interventionen bei der «*Unterstützung von lokalen Arbeitskämpfen ebenso wie bei der Verhinderung von Zwangsräumungen. Diese lokalen IL-Aktivitäten sind die notwendige Basis, wir wollen sie stärken.*» (ebd.: 13) Genannt werden auch «*Kämpfe als Lohnabhängige in den Betrieben, als Erwerbslose in den Jobcentern, als Anwohner_innen in den Stadtteilen, als Studierende an den Universitäten, als Schüler_innen in den Schulen usw.*» (ebd.: 22).

Mit dieser Perspektive auf Basisarbeit, die vor Ort bereits mehr oder weniger ausgeprägt ist, würde die IL sich über den alleinigen Bezug auf Bewegungen hinausentwickeln. Ob sie dann noch als reine Bewegungsorganisation einzuschätzen ist oder Momente von Stadtteil- bzw. Basisorganisation wird aufnehmen können, ist offen. Neben der postautonomen Tradition, die sich stark auf Bewegungen bezieht, ist es daher nun an der Zeit, auf die Idee der Basisorganisation einzugehen, die über eine eigenständige Tradition verfügt und gerade in den letzten Jahren an Bedeutung gewonnen hat.

7. Basisorganisation – Saul Alinsky, Black Panthers und Solidar-Netzwerke

Kommst Du mit in den Alltag?
(Blumfeld 1999)

Auch in der IL, um bei dieser noch einen Moment zu bleiben, gewinnt die Debatte um Basisorganisation an Fahrt. Hendrik Sander und Jonas Baliani erwähnen 2015 in der arranca «*die Unterstützung der Amazon-Streikbewegung durch IL-Gruppen in Leipzig und Frankfurt*» (Sander/Baliani 2016) und die «*Involvierung in Arbeitskämpfe wie am Berliner Charité-Klinikum oder bei H&M*» (ebd.). Bewegungsorganisation trifft Gewerkschaften. Sogar über «*Intervention in die Zentren des Staates*» und «*Widerstandszentren innerhalb der Apparate*» denken sie nach. Also auch in den Parteien? Und was ist mit Konflikten, die von keiner traditionellen Organisation aufgegriffen werden? Die Autoren schreiben hier der IL das Potential zu, sie könnte eine «*katalysatorische Rolle für latent angelegte Unzufriedenheiten in der Bevölkerung spielen*» (ebd.). Also eine Neuorientierung? «*Für die IL heißt ‹Intervention› traditionell vor allem das Engagement in bestehenden politischen Auseinandersetzungen, meist auf Bündnisebene. […] Basisarbeit interveniert nicht in ‹bestehende Kämpfe›, sondern in bestehende soziale Konflikte, deren politische Dimension noch verborgen ist.*» (IL Berlin Stadt-AG 2015) Dabei geht es nicht bloß um Mitgliederrekrutierung, sondern um die Frage der IL an die IL, «*wie ‹ausgefranste Enden› unserer Struktur aussehen könnten*» (ebd.)? Inspiration für eine Orientierung an alltäglichen Kämpfen konnte die Linke, so die Soziologin Lisa Doppler, von der Refugee-Bewegung der 2010er Jahre bekommen (vgl. Doppler 2020). Migrantische Aktivisten wie Turgay Ulu kritisieren den «*Feierabend-Aktivismus*» (International Refugee Center 2015: 182–183) der deutschen Linken. Samstags geht es gemeinsam zur Demo und am Montag alleine aufs Arbeitsamt. Für aktive Refugees hingegen sind Politik und Alltag untrennbar. Ähnlich sehen dies Autor*innen der Gruppe 2. Mai, die 2016 in der arranca eine

Kritik an der IL formulierten. Sie sind «*nach sieben Jahren aus der Interventionistischen Linken (IL) ausgetreten*» und gründeten das Netzwerk «Wilhelmsburg solidarisch»: «*Zweimal im Monat gibt es einen offenen Anlaufpunkt für alle Menschen mit Fragen rund um Arbeit, Aufenthalt, Jobcenter und Wohnen.*» (2. Mai 2016) Solche Basisorganisationen haben eine lange Tradition: von Mietkämpfen und dem Syndikalistischen Frauenbund der 1920er Jahre in Deutschland über Saul D. Alinskys Organizing-Theorie aus den 1940er Jahren und die Black Panther Party in den USA bis zu Solidarischen Netzwerken heute.

7.1 Vom Kampf in den Kiezen, Frauenbünden und Organizing

Basisorganisationen sind oft in Lebensbereichen verortet, die bei anderen Organisationsformen nicht zentral sind. Während Parteien wie Bewegungen die (bürgerliche) Öffentlichkeit ansprechen und Gewerkschaften wie Betriebsorganisationen die (proletarische) Öffentlichkeit in Betrieben adressieren, orientieren sich Basisorganisationen, ähnlich wie Wohngenossenschaften, an ihren Stadtteilen. Hier stellen sich besondere Probleme, die besondere Lösungen erfordern. Schon im Manifest der Kommunistischen Partei betonen Marx und Engels: «*Ist die Ausbeutung des Arbeiters durch den Fabrikanten so weit beendigt, daß er seinen Arbeitslohn bar ausgezahlt erhält, so fallen die anderen Teile der Bourgeoisie über ihn her, der Hausbesitzer, der Krämer, der Pfandleiher usw.*» (MEW 4: 27) Hier geht es nicht mehr um Löhne, wie in den Betrieben, sondern um Mieten und Preise, also um die unmittelbaren Kosten des Lebens. 1872/1873, in einer Artikelserie, ergänzt Engels:

«*Was man heute unter Wohnungsnot versteht, ist die eigentümliche Verschärfung, die die schlechten Wohnungsverhältnisse der Arbeiter durch den plötzlichen Andrang der Bevölkerung nach den großen Städten erlitten haben; eine kolossale Steigerung der Mietpreise; eine noch verstärkte Zusammendrängung der Bewohner in den einzelnen Häusern, für einige die Unmöglichkeit, überhaupt ein Unterkommen zu finden.*» (MEW 18: 213)

Politisch wurden zu dieser Zeit wenig Maßnahmen ergriffen, «*rechtlicher Schutz für MieterInnen existierte im Kaiserreich praktisch nicht*» (Weipert 2018: 12). Was es gab, waren aufflackernde Unruhen in den Kiezen. 1863 etwa kam es in Berlin zu den berühmten Moritzplatz-Krawallen, als ein Mieter wegen dem Aufstellen eines brandgefährlichen Eisenofens gekündigt worden war und seine bevorstehende Zwangsräumung durch Anschläge bekannt machte. Eine Woche dauerten die Proteste und Krawalle (vgl. ebd.: 14 ff.). 1872, während Engels seine Überlegungen zur Wohnungsfrage aufschrieb, folgten die Berliner Blumenstraßenkrawalle. Auch hier war eine Zwangsräumung der Auslöser für einen Auflauf, der in einer Größenordnung von 4.000 Menschen die Polizei zeitweilig überforderte (vgl. ebd.: 16ff.). Zwar kann darüber spekuliert werden, ob gelegentlich Vermieter angesichts solcher Ereignisse auf Kündigungen oder Zwangsräumungen verzichteten, eine nachhaltige Organisierung kam aber noch nicht zustande.

In der Weimarer Republik sah dies, in den großen Städten, schon anders aus. Zum einen etablierten sich (klein)bürgerlich-reformistische Mietervereine. «*Demgegenüber gewannen die stark auf Selbsthilfe ausgerichteten Mieterräte zunehmend MitstreiterInnen. Im Gegensatz zu den Organisationen [Vereine] […], vertraten die oft kommunistisch orientierten Mieterräte die Idee einer kämpferischen Basisorganisation.*» (Holsten/Zollhauser 2018: 29) In den Nachbeben der Novemberrevolution von 1918 formulierten die Mieterräte weitreichende Forderungen, wie Beschlagnahmung von Wohnraum, angemessene Wohnraumzuteilung und Mitbestimmungsrechte der Mieterräte (vgl. ebd.: 31f.). Ein Mietstreik in Berlin sollte 1921 diesen Forderungen Nachdruck verleihen, brach aber nach einem Monat zusammen (vgl. ebd.). Bis zum Ende der Weimarer Republik blieb auch die Aktionsform des Krawalls, z. B. 1932 bei den Moabiter Krawallen (vgl. ebd.: 36), aktuell. Mietstreiks hingegen setzen, anders als Aufruhr, festere Organisation voraus. Im August 1932 gab es Aufrufe dazu in Berlin, Breslau, Hamburg und München (vgl. ebd.: 38). Unscharf bleibt dabei die Unterscheidung, ob es sich hier um eine autonome Basisorganisation handelte oder um eine themenspezifische Nebenorganisation der KPD. Schließlich rief ab 1932 «*die Partei zur Bildung von Mieterausschüssen auf, die an den etablierten Organisationen vorbei Hausgemeinschaften zum gemeinsamen Kampf mobilisierten*» (ebd.: 37), an dem sich hunderte oder gar tausende Häuser beteiligten (vgl. ebd.: 41).

Bei der Unterstützung von Stadtteilkämpfen durch andere Organisationen gab es beträchtliche Unterschiede, abhängig von den jeweiligen Aktionsformen. Zu den Krawallen von 1872 bemerkt Axel Weipert im Hinblick auf den ADAV und die SDAP: «*In jedem Fall hatte man in den Arbeiterorganisation kein Interesse daran, mit dem Aufruhr in Verbindung gebracht zu werden.*» (Weipert 2018: 24) Die späteren Mietstreiks hingegen unterstützte die KPD. Auch sie tat sich aber schwer mit Krawallen. 1919 und 1920 gab es Demos gegen Lebensmittelknappheit. Das autonome Autor*innenkollektiv «Gegen das Vergessen» betont dazu: «*Vor allem Frauen und Jugendliche mischten mit.*» (GdV 1999: 40) Ab 1921 kam es auch immer wieder zu Marktkrawallen. Diese begannen mit Forderungen nach Preisherabsetzung und endeten oftmals in Ladenplünderungen (vgl. ebd.). In KPD-Zeitungen wurde gemahnt: «*Beraubung der Eigentümer ist nicht Aufhebung des Eigentums.*» (zit. n. ebd.: 41) Gegen die Spontaneität der Kiezkämpfe empfahl die Partei Kommissionen: «*Die proletarischen Frauen und Männer müssen durch diese Kommissionen die Warenvorräte kontrollieren und sie in Einklang mit den Verkaufspreisen bringen*» (zit. n. ebd.). So unzureichend spontane Aneignungen sind, wenn es um strukturelle Probleme geht, so wenig gelang es, solche Kommissionen zu etablieren. Clara Zetkin (1857–1933) mahnte die Partei: «*Breiteste proletarische Frauenmassen stehen also außerhalb der Betriebe. Ohne sie zu erfassen, kann das Proletariat keine siegreichen Kämpfe führen.*» (Zetkin, zit. n. ebd.: 43) Leider war «*die Entwicklung der Ausschüsse selbst aber schon zu weit entfernt von den Basisbewegungen.*» (GdV 1999: 45) Anders als für Jugend, Künstler*innen, Sänger*innen und Sportler*innen gab es keine KPD-(Haus-)Frauenorganisation in den Kiezen.

Im Gegensatz dazu hatte die anarchosyndikalistische Gewerkschaft FAUD den Syndikalistischen Frauenbund (SFB), der 1920 gegründet worden war. Hertha Barwich umriß 1925 das Programm des SFB: «*Der Grundgedanke der Frauenbünde ist: Unsere Hausfrauen zu organisieren, da diese in keine andere Gewerkschaft hineinpassen.*» (Barwich 1925, zit. n. Wolf 2007: 109) 1922 hatte Barwich bereits geschrieben, dass unter den 800 Frauen des SFB in 40 Ortsgruppen nur etwa 20 Frauen in Industriegewerkschaften waren (vgl. Barwich 1922, in Wolf 2007: 133). Als Anhänger*innen des Syndikalismus, der sich auf die Idee der Direkten Aktion konzentriert, war die Debatte um geeignete Aktionsformen stets ein großes Thema. Milly Witkop (1877–1955) stellte dafür 1921 die Formel der Selbstbefreiung der Frauen auf: «*Die Frau kann sich nur befreien als Frau. Ihre Frauenorganisation wird sich also vornehmlich beschäftigen müssen mit der Mutterschaft, Familie, Erziehung, Ernährung, Kleidung und Wohnung.*» (Witkop 1921, zit. n. Wolf 2007: 121) Aus der Perspektive eines Gleichheitsfeminismus, wie ihn die KPD vertrat, klingt dies nach der Rückbindung der Frauen an ihre Rolle als Hausfrauen. In der Tat gibt es beim SFB auch immer wieder Anklänge an einen Differenzfeminismus: «*Die Frau ist stärker als der Mann Gefühlsmensch.*» (ebd.: 118) Andererseits sei Hausfrauenarbeit gleichwertig mit Lohnarbeit (vgl. ebd.: 121). Es könnte also auch gesagt werden, dass der SFB konkret von der Lebensrealität proletarischer Hausfrauen in den 1920ern ausging, die Hausarbeit und prekäre Beschäftigungen, z. B. als Wäscher*innen, Näher*innen und in der Heimarbeit, umfasste. Dementsprechend waren die vom SFB empfohlenen Aktionsformen. Kennzeichnend ist die im Feminismus populäre Verbindung zwischen vermeintlich Privatem und Politischem.

1921 forderte der SFB in einer Resolution die Streichung des Abtreibungsverbotes nach § 218 (vgl. ebd.: 163). Traudchen Caspers verknüpfte das Thema Geburtenkontrolle mit dem Antimilitarismus und Antikapitalismus: «*Auch haben wir keine Lust, Gebärmaschinen für das Kanonenfutter des Kapitalismus zu sein.*» (Caspers 1924, zit. n. Wolf 2007: 102) Analog zum Generalstreik des syndikalistischen Gewerkschaften schreibt sie: «*Wir sollten deshalb den Gebärstreik propagieren und zwar so lange, bis man uns und unseren Kindern die Möglichkeit gibt, ein Leben ohne Kummer und Nahrungssorgen führen zu können.*» (ebd.: 102) Geburtenkontrolle als Mittel gegen Armut und Gebärstreik sind Aktionsformen, die sowohl politisch als auch im privaten Bereich wirksam sind. In einem Bericht vom SFB Leipzig werden auch Spannungen klar. «*Es schien uns nicht das Richtige, Massenorganisation zu betreiben*» (SFBL 1923, zit. n. ebd.: 82), stattdessen schreiben die Leipzigerinnen, wir sollten «*zunächst an uns arbeiten, in gegenseitiger Hilfe*» (ebd.). Hierzu gehörte praktisch der Zweiklang von Selbstbildung und Selbsthilfe.

Selbstbildung bedeutet hier z. B. sich «*über die Erziehung des Kindes klar zu werden und der freien Erziehung die Wege zu ebnen*» (Caspers 1924: 101), Selbsthilfe kann auch die Gründung von Kindergruppen sein (vgl. SFB Leipzig 1923, in Wolf 2007: 82). Nach Innen gehörten zur Selbstbildung Bibliotheken (vgl. ebd.: 76) und Diskussionsabende, nach außen hin Kurse in Agitation (vgl. Else Jung 1923, zit. n. Wolf 2007: 79). Als Selbsthilfe hebt Aimée Köster die Gründung von «*Wohngemeinschaften für ledige Mütter und ihre Kinder*» hervor (Köster 1921, zit. n. Wolf 2007: 259). Überhaupt wurde im Syndikalistischen Frauenbund viel über alternative Institutionen, Genossenschaften und Siedlungsprojekte berichtet, geschrieben und diskutiert. Immer wieder ist die Hausarbeit in der Nachbarschaft ein Ansatzpunkt. 1922 berichtet Köster:

«*In einem Mietshaus, in dem ein Mitglied des Frauenbundes wohnt, wird der Waschtag […] auf folgende Art verlebt: Drei oder vier Familien des Hauses tun sich zusammen und waschen ihre Wäsche zusammen. Nicht mehr ist es eine Proletarierin alleine, die die Wäsche ihrer Familie wäscht und dabei für Mittagessen und Abendbrot sorgt, nein, es sind vier Frauen. […] Diese einfachen häuslichen Begebenheiten werden Menschen, die immer nur in die Ferne schweifen und das Nächstliegende, das Tägliche missachten, sehr kleinlich erscheinen. Man darf aber diese sozialistische Kleinarbeit, die auf gegenseitiger Hilfe fußt, nicht gering achten.*» (Köster 1922, in Wolf 2007: 74f)

Köster war auch eine Verfechterin des Einküchenhauses und von Kommunen, wobei sie die geschlechtliche Arbeitsteilung nicht antastet. Ihr Sozialismus ist einer der gegenseitigen Hilfe unter Frauen, mit Siedlungs-Utopien verknüpft. Milly Witkop betont 1922, warum der SFB am Alltäglichen ansetzt: «*Utopien werden erfunden, um verwirklicht zu werden, und solange der Wunsch nach einer Verbesserung der Lebensbedingungen nicht besteht, ist an eine Änderung der Dinge überhaupt nicht zu denken.*» (Witkop 1922: 59) Typisch für den SFB als proletarische Hausfrauen-Basisorganisation war daher die hier skizzierte Kombination von Selbstbildung und Selbsthilfe. Dies mag auch damit zu tun haben, dass die männlich dominierte FAUD dem SFB eher skeptisch gegenüberstand. Ohne Unterstützung hinkte der SFB hinterher. Während die FAUD 1923 über 500 Ortsgruppen verfügte, gab es nur 50 des SFB (vgl. Barwich 1923, in Wolf 2007: 88) berichtet Hertha Barwich, die ab 1925 als Beisitzerin den SFB in der Geschäftskommission der FAUD vertritt (vgl. Wolf 2007: 27). Zu dieser Zeit hat der Frauenbund mit 1.000 Mitgliedern auch seinen Höchststand erreicht, bis 1930 schrumpft die Organisation erheblich, z. B. bleiben in Berlin von 200 Frauen nur 20 im SFB (vgl. ebd.). Der syndikalistische Frauenbund erleidet somit einen ähnlichen Niedergang wie die Syndikalistische Gewerkschaft. Was bleibt sind u. a. Erfahrungen mit einer besonderen Aktionsform, die sich für Basisorganisationen in Stadtteilen, neben Protest und Mietstreik, anbietet: Boykott.

Siegbert Wolf schreibt dazu als Herausgeber der SFB-Schriften: «*Ein bedeutsames Kampfmittel bestand in der Durchführung von Warenboykotten, also direkten Aktionen von Frauen in ihrer Rolle als Konsumentinnen*» (ebd.: 25). Über eine erfolgreiche Verzahnung von Boykotten der Basisorganisation mit Streiks der Gewerkschaftsorganisation finden wir in den Schriften des SFB leider wenig. Milly Witkop prägt das Bild vom streikenden Genossen, dem die Genossin «*als Konsumentin mit der Waffe des Boykotts [...] zu Hilfe kommt*» (Witkop 1922, zit. n. Wolf 2007: 54). Auch Traudchen Caspers fordert: «*Durch Boykott, durch Errichtung von Gemeinschaftsküchen für die Dauer der Streiks und Aussperrungen, müssen wir den Kampf unterstützen.*» (Caspers 1924, zit. n. Wolf 2007: 103) Von erfolgreichen Boykotten des SFB ist aber in dieser Textsammlung von 2007 nichts zu finden.

Insgesamt ist für die deutsche Geschichte vor dem 2. Weltkrieg zu sagen, dass spontane Aktionsformen – wie Krawalle gegen Zwangsräumungen oder Plünderungen – aber auch Basisorganisationen, wie die kommunistischen Mieterausschüsse oder die syndikalistischen Frauenbünde, nur eine marginale Rolle spielen. Hauptsächliche Organisationsformen der Alten Linken bleiben Partei, Genossenschaft und Gewerkschaft. Karl-Klaus Rabe hat Recht, aber er übertreibt: «*In Deutschland ist bislang nicht der Versuch unternommen worden, Bürgerorganisationen aufzubauen. [...] Hier gibt es eine stärkere Gewerkschaftsbewegung, sind die politischen Parteien vor Ort präsenter.*» (Rabe 1984/2010: 21) Seine Kontrastfolie, wobei er die bisher skizzierten proletarischen Ansätze ausblendet, ist das Konzept des US-amerikanischen Community-Organizings von Saul D. Alinsky.

Alinsky ist der Autor von zwei wegweisenden Büchern, nämlich «Reveille for Radicals» (1946) – etwa: Enthüllung für Radikale – und «Rules for Radicals» (1971). Im Folgenden zitiere ich Alinsky 1946 bzw. 1971 nach der Übersetzung von Rabe (1984), die Eric Leiderer 2010 für die IG Metall-Jugend neu herausgeben hat. Alinsky, der sich selbst als Radikalen bezeichnet, der in den 1930ern antifaschistische Solidarität für Spanien organisierte (vgl. Rabe 1984/2010: 16), ist im europäischen Sinne eher als Liberaler zu sehen. «*Alinsky ist in der Tat ein Rebell, ein Radikaler, ein Revolutionär, aber kein Sozialist, kein Kommunist, sondern ein Demokrat, wenn man so will, ein Basisdemokrat.*» (ebd.: 17) In seinem Text «Was ist ein Radikaler?» schreibt Alinsky: «*Der Radikale glaubt an die Verwirklichung der Chancengleichheit für alle Menschen, ungeachtet ihrer Rasse [...]. Er fordert Vollbeschäftigung zur wirtschaftlichen Absicherung.*» (Alinsky 1946: 31) Nicht sozialistische Gleichheit steht bei ihm im Mittelpunkt, sondern liberale Gleichberechtigung. Nicht syndikalistische Selbstverwaltung interessiert ihn, sondern sozialdemokratische Vollbeschäftigung.

Aber Alinsky ist kein Staatsfetischist: «*Der Radikale ist stark interessiert an Sozialplanung, ist aber gleichzeitig misstrauisch und ablehnend gegenüber möglichen Regelungen, die von oben nach unten funktionieren.*» (ebd.: 30) Was wirksame Organisationsformen angeht, so betrachtet er es als vergeblich, Ansätze bei den politischen Parteien zu suchen, «*ob man nun bei der Demokratischen Partei stöbert [...] oder ob man sich die heruntergekommenen Reaktionäre in der Republikanischen Partei ansieht*» (Alinsky 1946: 193). Seine Nähe zu den Gewerkschaften ist größer, so lernte er viel von dem CIO-Gewerkschafter John L. Lewis (vgl. Rabe 1984/2010: 16). Dennoch war er weder Partei- noch Gewerkschaftsmitglied.

Nach einem Studium der Archäologie in Chicago von 1926 bis 1930 (vgl. ebd.: 13) begann er ein Promotionsstudium in Kriminologie und Soziologie (vgl. ebd.: 14). 1938/1939, mit knapp 30 Jahren, fand er zu seiner Theorie und Praxis. 1939 wurde der «Back oft the Yards Neighborhood Council» gegründet, 1940 die «Industrial Area Foundation» als Dachverband für Community-Organizing (vgl. ebd.: 17). Sechs Jahre später verdichtete er seine Erfahrungen aus der Praxis als Theorie demokratischen Wandels: «*In einer Demokratie muss die Regierung ständig auf den anhaltenden Druck des Volkes eingehen. [...] Dies kann nur durch den Aufbau wirklicher Basisorganisationen geleistet werden.*» (Alinsky 1946: 194) Nach diesem Verständnis war Alinsky weder ein Revolutionär noch ein Aktivist, der sich lediglich auf

Proteste verlässt, wie es leider vielen Bewegungsorganisationen ergeht. Sein Konzept erfordert die Basisorganisation als Machtbasis. Wo ist eine solche Basis vorhanden? Wo besteht Anlass zur Organisation? «*Nirgendwo werden die Zwänge, Spannungen und Konflikte der modernen Industriegesellschaft auf so dramatische Weise deutlich wie im eigentlichen Herzen dieser Zivilisation, den Stadtteilen.*» (Alinsky 1946: 41)

Damit sind sicherlich nicht alle Stadtteile gemeint, sondern spezifische Viertel. Neben Arbeitervierteln sind dies für Alinsky in den USA die schwarzen Viertel (vgl. Alinsky 1971: 165). Anders als Betriebs- oder Bewegungsorganisationen, die sich auf einige Betriebe bzw. einige ausgewählte Themen konzentrieren können, betont er den umfassenden Anspruch seines Organisationsansatzes.

«*Eine Basisorganisation wird unweigerlich feststellen, dass ihre Probleme alle Aspekte des Lebens berühren. Aus diesem Grund unterscheidet sich ein Organizing-Programm von den herkömmlichen Programmen einer durchschnittlichen Gruppe, die sich in einer Bürgerinitiative oder einem Stadtteilverein zusammenschließt.*» (Alinsky 1946: 75)

Ungewöhnlich im Vergleich zu deutschen Verhältnissen sind die von Alinsky konzipierten Schritte. Am Anfang stehen bei ihm nicht die Selbstorganisierungen von Betroffenen, sondern hauptamtliche Organizer. Deren Aufgabe ist es, zunächst einflussreiche Personen in einem Viertel ausfindig zu machen, anzusprechen, einzubinden und zu vernetzen (ebd.: 80). Kontakte zur übrigen Bevölkerung könnten z. B. durch Fragebögen oder viele persönliche Gespräche hergestellt werden (vgl. ebd.: 114). Erst nach solchen Sondierungen beginnt der eigentliche Organizingprozess. So sehr sich dieser Ansatz von Bürgerinitiativen, Gewerkschaften, Kirchen oder Vereinen unterscheidet, so soll die Basisorganisation nach Alinsky eben diese integrieren. Sie ist «*anfangs eine Organisierung von Organisationen*» (ebd.: 90). Zu dieser Breite passt es, dass die Bestimmung der Ziele für Alinsky erst den dritten Schritt darstellt, also nach der Sondierung des Viertels und der Vernetzung wesentlicher Akteure vor Ort. Erst dann kann bei ersten Treffen ein Programm ausgearbeitet werden. «*Solch ein Programm kann und muss von den Beteiligten selbst kommen.*» (ebd.: 73) Der Ansatz des Community-Organizing nach Alinsky erweist sich gerade in dieser Hinsicht als postideologisch. Z.B. stellt er dar, wie sich kommunistische Gewerkschafter und antikommunistische Christen in einem Viertel zusammenfinden (vgl. ebd.: 109). Grundidee ist, dass soziale Fragen wichtiger sind als politische. Dementsprechend ist das Ideal nicht Revolution, sondern Reform. «*Eine freie und offene Gesellschaft ist ein fortwährender Konflikt, der in regelmäßigen Abständen durch Kompromisse unterbrochen wird.*» (Alinsky 1971: 52) Als Beispiel nennt er einen Spielhallenbetreiber, der vom Gegner der Basisorganisation zu deren Mitglied wird, nachdem er bereit ist, den geforderten Jugendschutz zu beachten (vgl. Alinsky 1946: 106).

Angesichts eines solchen Weltbildes ist es kein Wunder, dass es sehr unterschiedliche Rezeptionen des Community-Organinzing-Ansatzes gibt. Staatliche Institutionen greifen darauf im Sinne von Stadtteilmanagement zurück. Organizer*innen sind hier städtische Sozialarbeiter*innen und Bürger*innenplattformen entwerfen Programme für Stadtteile. Weil Alinskys Konzepte hierfür Anknüpfungspunkte bieten, wird sein Ansatz von Eric Mann der Schule des «‹*pragmatischen Organizings*› zugeordnet (Mann 2017: 24). Gewerkschafter wie Erich Leiderer interessieren sich für die gewerkschaftliche Anwendung des Organizings, denn «*erfolgreich sind Kampagnen und betriebliche Auseinandersetzungen vor allem dann, wenn die Beschäftigten selbst mitmachen*» (Leiderer 2010: 11). Eine solche Vorstellung des aktivierenden Organizings dürfte den Vorstellungen Alinskys näher stehen als kommunales Stadtteilmanagement. Für Mann hingegen ist «*jedes Organizing ideologisch*» (Mann 2017: 24), wobei er den Begriff positiv benutzt und gegenüber Alinskys liberaler Ideologie sein Konzept des transformativen Organizings in Stellung bringt. «*Die Theorie des Transformativen Organizings, tief verwurzelt in der schwarzen, antiimperialistischen und kommunistischen Tradition, argumentiert, dass Revolutionen die Vorstellungskraft und die höchsten moralischen Bestrebungen der Menschen anziehen.*» (Mann 2017: 8)

Wir können also drei Varianten des Community-Organizing unterscheiden. Besonders staatsnah ist Community-Organizing als Stadtteilmanagement. Hierfür finden sich Beispiele bei Leo Penta, Direktor des Deutschen Instituts für Community Organizing. Saul D. Alinsky steht für eine pragmatische Mitte. Eric Manns Transformatives Organizing erhebt revolutionäre Ansprüche. Methodisch unterscheiden sich Pentas Bürgerplattformen dabei gar nicht so sehr von Alinskys Basisorganisationen.

Aufgaben des Organizers sind erstens Gespräche vor Ort und Vernetzungsarbeit, zweitens Fundraising, drittens Gruppengespräche und viertens Aktionen und Verhandlungen (Penta 2007: 220ff.). Wichtig ist dabei, so Lina Jamoul, der Zirkel von Aktionen, Reaktionen der Umwelt und Evaluation der eigenen Taktik (in Penta 2007: 227). Gravierende Unterschiede zwischen Pentas Bürgerplattformen und Alinskys Basisorganisationen zeigen sich hingegen bei den aufgestellten Programmen. Frank Düchting berichtet z. B. von einer Bürgerplattform in Hamburg/St. Georg und spricht davon, dieser Stadtteil sei «*belastet mit Drogenhandel- und konsum, Prostitution, Rotlichtmilieu und einem Ausländeranteil von 40%.*» (ebd.: 122) Statt Arme und Drogenabhängige, Prostituierte und Migrant*innen zu organisieren, werden diese hier als Belastung des Stadtteils definiert.

Wird hier schon keine Klassenperspektive eingenommen, so ist dies bei einem Organizing-Projekt in Berlin-Schöneweide noch krasser. Marcus Vossel berichtet davon, dass dieses mit Geldern aus der Wirtschaft finanziert wurde. «*Um unabhängig von staatlichem Geld und Einfluss zu sein, wandten sie sich an die lokale Wirtschaft.*» (in: Penta 2007: 136) Warum Abhängigkeit von wirtschaftlichen Interessen besser sein soll? Weil sie zum Anliegen passt. «*Die Mitglieder wandten sich nun einem für klassisches Community-Organizing ganz neuen Feld zu: der Wirtschaftsansiedlung.*» (ebd.: 144) Hier bleibt vom Community-Organizing tatsächlich nur noch Co-Management. Die Mittel, die Alinsky selbst in einem in Pentas Buch nachgedruckten Interview anführt, haben mit dem restlichen Inhalt der Beiträge absolut nichts zu tun: «*Boykott von Läden, Streik gegen die Fleichverpackungsindustrie, Mietstreiks gegen die Vermieter verrottender Häuser, das Aufstellen von Streikposten vor ausbeutenden Betrieben, Sitzstreik im Rathaus.*» (Alinsky 1972 in Penta 2007: 28)

Formal mag Pentas Vorstellung von Organizing an Alinskys Sondierung, Vernetzung und Programmbestimmung erinnern, was aber fehlt ist die empathische Orientierung an den Interessen der Ausgegrenzten und der Wille zum Konflikt. Sicherlich war Alinsky pragmatisch an Kompromissen orientiert, diese aber hielt er nicht durch Co-Management, sondern durch Konflikte für erreichbar. Wie schon die Genossinnen vom Syndikalistischen Frauenbund der 1920er, kommt Alinsky immer wieder auf die Aktionsform des Boykotts zu sprechen (vgl. Alinsky

1946: 149ff.). Für ihn ist der Sinn von Basisorganisation konfrontativ. «*Eine Basisorganisation ist der Zusammenschluss einer großen Zahl von Männern und Frauen, die für ihr Recht auf ein menschenwürdiges Leben kämpfen.*» (Alinsky 1946: 146)

Erst gegenüber dem transformativen Organizing eines Eric Mann wirkt Saul Alinskys Ansatz liberal und systemkonform, da er dazu rät, sich nur auf einzelne Verantwortliche einzuschießen, «*denn man darf nicht etwas Allgemeines, etwas Abstraktes wie die Rassendiskriminierung einer Community oder eines größeren Konzerns oder der Stadtverwaltung anprangern*» (Alinsky 1971: 162). Gleichwohl bleibt der Organizer Alinsky, im Gegensatz zum Professor für Bürgerplattformen Penta, ein radikaler Liberaler: «*Die Mittel der Ausgebeuteten sind erstens kein Geld und zweitens jede Menge Menschen.*» Und: «*Taktik bedeutet: das zu tun, was man kann, mit dem was man hat.*» (ebd.: 166) Deutlich unterscheidet sich dieser Ansatz von Frank Düchtings Rat, vor allem die Menschen zu organisieren, «*die schon etwas haben, aber noch mehr möchten*» (Düchting, in Penta 2007: 211). Hier liegt der Unterschied zwischen Basisorganisation und Bürgerplattform.

Wenn also Leo Pentas integratives Organizing als zahme Variante von Saul Alinskys pragmatischem Organizing begriffen werden kann, so stellt Eric Manns transformatives Organizing eine Radikalisierung des Radikalen dar. Mann teilt Alinskys Verbindung zwischen Strategie und Taktik.

«*Eine Strategie besteht aus fünf Komponenten: der Analyse der übergeordneten politischen und ökonomischen Widersprüche des Systems zu der Periode oder Epoche, in der man aktiv ist; das Erkennen und Benennen der politischen Kräfte, gegen die man seine Forderungen aufstellt; die Festlegung der strategischen Absicht, der grundsätzlichen Ziele, für die man kämpft; die Festlegung, wie man seine Hauptkräfte und Verbündeten zusammenbringt; und schließlich die Entwicklung klarer programmatischer Forderungen.*» (2017: 88)

Vor allem die übergeordnete Systemanalyse bietet eine weitere Orientierung, innerhalb derer die Feindanalyse und die strategische Zielanalyse passen sollen. Allianzen und Forderungen schließlich sind die Umsetzung in Taktik. Für Mann wie für Alinsky sind Organizer*innen die Schlüsselfiguren, um «*eine Basis aufzubauen und sie effektiv dabei zu führen, eine übergeordnete, langfristige Strategie zu verfolgen.*» (ebd.: 63)

Während sich Alinskys Organizer aber allein an den Interessen der Betroffenen orientierten, vertritt Mann eine verschrobene, antiimperialistische Weltanschauung, etwa wenn er deutschen Organizern rät, «*das heimliche Einverständnis zwischen den Regierungen Israels und Deutschlands, das palästinensische Volk im Hausarrest und in Konzentrationslagern unter freiem Himmel zu halten*» aufzudecken (ebd.: 15). Verschwörungsideologie, blanker Unsinn wie die Gleichsetzung von Gaza oder dem Westjordanland mit KZs und gefährlicher Antizionismus vermischen sich hier. So wie Alinsky nur als Radikaler mit liberalen Illusionen zu lesen ist, so ist Mann als Unterstützer der antisemitischen BDS-Kampagne (vgl. ebd.: 16) zu kritisieren. Skepsis ist daher angebracht, wenn Mann im Sinne eines antiimperialistischen Fernfuchtelns schreibt: «*Transformatives Organizing ist daher Teil einer weltweiten Bewegung.*» (ebd.: 27) Relevanter für die Praxis ist sein Verständnis von Organizing als «*Kampf der Ideen*» (ebd.: 29), denn soziales Interesse braucht Orientierung. Konträr zu Bürgerplattformen orientiert sich Transformatives Organizing an den «*am meisten ausgebeuteten, unterdrückten und strategisch entscheidenden*» Bevölkerungsteilen (ebd.: 31) und trägt zu deren Organisierung bei (vgl. ebd.: 34).

Diese Organisierung ist letztlich Resultat erfolgreicher Praxen wie Sit-Ins, Streiks, Boykotte und Besetzungen (vgl. ebd.: 38). Erst in der Praxis entsteht neues Bewusstein (vgl. ebd.: 41) und ein «*Programm aus konkreten Forderungen*» (ebd.: 45), die Transformationsdruck erzeugen. In diesem Bogen von Kontext und Ideen, Mobilisierung und Organisierung, Praxis, Bewusstsein und Forderungen entfaltet sich Transformatives Organizing, ohne dass etwa linear von der Idee zur Umsetzung oder von der Reform zur Transformation geschritten werden würde. Die Bausteine ergänzen sich vielmehr, da sie alle Komponenten eines Gesamtprozesses sind. Innerhalb dieses Prozesses sind es die Organizer*innen, die Überblick haben. Dabei kommt es für Mann deutlich weniger als für Alinsky oder Penta darauf an, ob diese Organizer*innen Hauptamtliche sind, was in der BRD untypisch ist. «*Da viele Menschen, die Organizer sind, dafür bezahlt werden, ist es oft schwierig abzuschätzen, ob die Person tatsächlich ein Kader oder nur ein exzellenter Angestellter ist.*» (ebd.: 121)

Kader ist für Mann, anders als Organizer in den USA, keine Berufsbezeichnung, sondern eine Rollenbeschreibung. «*Die* *meisten Menschen, die sich politisieren, sind zu Beginn Aktivisten. Als Aktivist geht er zu Treffen, zu Demonstrationen, schreibt Briefe. […] Aber er ist immer noch nur Aktivist – ein guter, aber noch kein Organizer. […] Wenn eine Gruppe darum kämpft zu gewinnen, und die Arbeit geplant und bewusst ausführt, sind ihre überzeugtesten Organizer, die Kader, entscheidend.»* (ebd.: 123) Kader wären demnach nicht einfach Revolutionäre qua Beruf, etwa als Funktionär*innen, sondern qua Berufung. Sie sollen nach Mann eine Reihe von besonderen Fähigkeiten haben, nämlich Loyalität (130), Objektivität (132), Toleranz (139), die Fähigkeit zuzuhören (142), Faktenwissen (152), die Fähigkeit Bündnisse zu schaffen (155), Empathie (160), Ausdauer (167), Führungsqualitäten (172), Tempo (177), Härte (183), Überblickswissen (189), Militanz (195), Moral (199), Beharrlichkeit (204) und Siegeswillen (212).

Typisch für alle US-amerikanischen Organizingtheorien ist die Einsicht, dass solche Fähigkeiten gelernt werden können. Bis heute bildet die von Saul Alinsky gegründete Industrial Area Foundation Organizer*innen aus (vgl. Larry B. Mc Neil in Penta 2007: 231). Eric Mann gründete 1989 das Labor/Community Strategy Center in Los Angeles (Mann 2017: 55), wo zukünftige Organizer*innen geschult werden. Anders als Funktionär*innen in Parteien, Genossenschaften und Gewerkschaften, auch im Unterschied zu Aktivist*innen in Betriebsorganisationen und Bewegungsorganisationen, ist diese Form von Weiterbildung typisch für (transformative) Organizer*innen in Basisorganisationen. Diese sollen schließlich nicht nur an eine allgemeine Öffentlichkeit appellieren oder ihre Positionen in der vertrauten Umgebung von Kolleg*innen vertreten können, sondern in der Lage sein, sich innerhalb eines Stadtteils auf viele verschiedene Menschen einzulassen, ihnen zuzuhören (vgl. ebd.: 79) und Verbindungen zu schaffen (vgl. ebd.: 81). Beim Aufbau einer Basisorganisation kommt es schließlich sehr auf die jeweilige Community vor Ort an. In den 1960ern und 1970ern war die Black Panther Party eine erfolgreiche Basisorganisation in schwarzen Armenvierteln.

7.2 Die Black Panther Party for Selfdefense (1966–1982)

Die Stärke aller Basisorganisationen, von den kommunistischen Mieterausschüssen über die syndikalistischen Frauenbünde bis zu Alinskys Industrial Area Foundation oder Manns Community Strategy Center, ist die Verortung der politischen Organisation in der alltäglichen Lebenswelt. Mann bringt diese Philosophie in die Formel: «*Organisier, wo Du bist*» (ebd.: 227). Am häufigsten sind dies in den USA, wo der Kommunalismus stärker ist, «*Nachbarschaften mit wenig Einkommen und vielen People of Color*» (ebd.: 36). Die Verortung in einem Viertel bestimmt auch die Kairologie von Basisorganisationen.

«*Deshalb würden wir mit einer starken Verankerung in der Nachbarschaft beginnen und eine Konfrontation mit den großen Organisationen und Unternehmen erst dann beginnen, wenn wir in der Gemeinschaft eine starke Unterstützung und viele Bündnispartner hätten und einen taktischen Plan, der erfolgversprechend sei.*» (ebd.: 81)

Das Auftauchen von Gelegenheiten kann zwar nicht selbst gemacht werden, sehr wohl aber die Vorbereitung der Basisorganisation auf günstige Gelegenheiten. Dazu ist auch Geduld erforderlich. So berichtet Mann über kleine Haustreffen «*mit neuen sechs bis acht Leuten. Nachdem wir zweihundert Menschen in Haustreffen involviert haben, berufen wir ein Treffen für die ganze Nachbarschaft.*» (ebd.: 135) Nur Schritt für Schritt wird Organizing dann, was an Marcuses Katalysatorgruppen erinnert, zum «*Katalysator für soziale Veränderung*» (ebd.: 133). Dies eben ist die «sozialistische Kleinarbeit» von der Aimée Köster vom SFB in den 1920er Jahren gesprochen hat. Ob dieser Ansatz auch heute für die BRD übertragbar ist, wird im nächsten Abschnitt diskutiert. Zunächst zum Beispiel der Black Panther Party (BPP).

Obwohl sie sich Partei nannten, wird bereits am berühmten 10-Punkte-Programm der Panthers deutlich, dass sie als Basisorganisation verstanden werden müssen. Die Punkte 1, 4 und 5 – nämlich Selbstbestimmung (der Schwarzen), gute Wohnungen und Selbstbildung gehören in jedes gute Community-Organizing-Programm. 2 und 10, Vollbeschäftigung und gutes Leben sind eher ökonomische Forderungen, die Punkte 3, 6, 7, 8 und 9 richten sich gegen Unterdrückung, staatliche Pflichten und

Repressionen, nämlich Wehrpflicht, Polizeibrutalität, Gefängnis und Justiz. In diesem Sinne versteht z. B. Eric Mann sein transformatives Organizing «*angelehnt an die Black Panther Party*» (Maruschke 2014: 18).

10-Punkte-Programm der BPP 1966[15]

«1. *Wir wollen Freiheit. Wir wollen die Macht, das Schicksal unserer schwarzen Gemeinschaft zu bestimmen.*
2. *Wir wollen Vollbeschäftigung für unser Volk.*
3. *Wir wollen, daß unser schwarzes Volk nicht länger durch den weißen Mann ausgeraubt wird.*
4. *Wir wollen anständige, menschenwürdige Wohnungen.*
5. *Wir wollen Bildung für unser Volk, die das wahre Wesen der dekadenten amerikanischen Gesellschaft aufdeckt. Wir wollen Bildung, die uns unsere wahre Geschichte und unsere Stellung in der heutigen Gesellschaft lehrt.*
6. *Wir wollen, dass alle schwarzen Männer vom Wehrdienst befreit sind.*
7. *Wir wollen die sofortige Beendigung der Polizei-Brutalität und der Morde an schwarzen Menschen.*
8. *Wir wollen die Freilassung aller Schwarzen, die in Bundes-, Staats-, Kreis- und Stadtgefängnissen oder – Zuchthäusern inhaftiert sind.*
9. *Wir wollen, dass alle Schwarze bei Gerichtsverhandlungen von solchen Geschworenen beurteilt werden, die ihresgleichen sind oder aus ihren schwarzen Wohngemeinden stammen, wie es die Verfassung der Vereinigten Staaten vorsieht.*
10. *Wir wollen Land, Brot, Wohnen, Bildung, Kleidung, Gerechtigkeit und Frieden; und als wichtigstes politisches Ziel eine von den Vereinten Nationen durchgeführte Volksabstimmung in der gesamten schwarzen Kolonie, an der nur schwarze Staatsangehörige aus der Kolonie teilnehmen dürfen; diese Abstimmung soll über den Willen des schwarzen Volkes hinsichtlich seines nationalen Schicksals entscheiden.*»

Heute wird sich an die Black Panther Party vor allem wegen ihrer Militanz und der heftigen Repression staatlicher Verfolgungsbehörden erinnert. Militanz meint dabei die Praxis, in

15 zit. n. Bobby Seale 1970: S. 66ff.

schwarzen Vierteln bewaffnete Patrouillen zu organisieren, um Polizeigewalt zu verhindern. Bereits kurz nach der Gründung der BPP 1966 setzten die staatlichen Versuche ein, sie zu zerstören. Auch unter diesem Druck kam es 1971 zu einer Spaltung. Eine Fraktion um den Parteigründer Huey P. Newton (1942–1989) setzte auf legale Betätigungen, eine andere, orientiert am Schriftsteller Eldrige Cleaver (1935–1998), unterstützte den bewaffneten Kampf der Black Liberation Army (1970–1981). Angesichts der spektakulären Konflikte um Militanz und Repression wird darüber häufig die Arbeit der BPP als Basisorganisation übersehen.

Der Parteigründer und Vorsitzende Bobby Seale (*1936), der selbst 1974 ausgeschlossen wurde, berichtet 1970 in seinem Buch «Seize the time» («Ergreife die Zeit» [Kairós], auf deutsch: Wir fordern Freiheit – Der Kampf der Black Panther) über den Hintergrund seines Freundes Newton und seinen eigenen: «*Huey arbeitete im gleichen Sommer [1966] als Gemeinschafts-Organisator, und so waren wir beide sehr oft zusammen.*» (Seale 1970: 40) Sie waren also, wie mensch heute sagen würde, hauptberufliche Community-Organizer. Auch nach der Gründung der BPP 1966 behielten Seale (vgl. ebd.: 108) und Newton diesen Beruf bei (vgl. ebd.: 101). Es ist daher kein Wunder, dass typische Themen von Basisorganisationen, z. B. Wohnen, Bildung und Zugang zu Grundversorgung, im Programm der BPP auftauchen.

Die BPP selbst kombinierte in ihrer Praxis verschiedene Aktionsformen. Seale berichtet von einer typischen Woche im Büro der Partei in Oakland, das sie im Januar 1967 – finanziert mit ihren «*kleinen Lohnschecks vom Armenhilfe-Programm*» (ebd.: 76) – eröffnen konnten: Mittwochs gab es Kurse zur politischen Bildung, samstags Unterricht im Waffengebrauch (vgl. ebd.: 77). Auch Jugendarbeit (vgl. ebd.: 99) und Gefangenenbetreuung (vgl. ebd.: 103) zählten zu den wichtigen Aktivitäten. Basisarbeit und Selbstverteidigung finden wir bei der BPP in zum Teil kurios klingenden Beispielen. Seale berichtet von Newtons Plänen, sich für eine neue Verkehrsampel einzusetzen. Nachdem Petitionen ignoriert worden waren, schreitet die BPP hier zur direkten Aktion: «‹*Wir werden unsere Waffen tragen und werden die Autos so anhalten, daß unseren Schulkindern auf dem Heimweg und anderen Leuten des Wohnbezirks durch die Black Panther Party geholfen wird.*›» (ebd.: 98) Noch im selben

Jahr wurde eine Ampel aufgestellt. Auch zum Thema Gewalt gegenüber schwarzen Kindern in einer Schule führte die BPP vor eben dieser Schule eine bewaffnete Demonstration durch (vgl. ebd.: 130). Das Konzept, wonach Basisarbeit und Selbstschutz wichtig sind, findet sich auch in mittelfristigen Zielen. So schreibt Seale über eine mögliche Vermeidung von Polizeigewalt: «*Die Polizisten sollten von der Wohngemeinschaft eingestellt werden, in der sie selbst wohnen.*» (ebd.: 311) Bekannt wurde die BPP einerseits durch eine bewaffnete Demonstration im Mai 1967 im Regierungssitz von Kalifornien (vgl. ebd.: 146), andererseits durch das Angebot eines kostenlosen Frühstücks für Kinder und kostenlose Kleidung für Arme (vgl. ebd.: 319). Hinzu kamen «Liberation Schools» und Gesundheitsstationen. Kurz gesagt: «*Ein echter Revolutionär steht morgens früh auf, geht und hilft beim Frühstück für Kinder.*» (ebd.: 325)

Zumindest dem Anspruch nach problematisierte die BPP auch die Verschränkung verschiedener Unterdrückungsverhältnisse wie Geschlecht, Rassismus und Klassenposition. Laut Seale bemühte sich die BPP, «*den männlichen Chauvinismus zu vernichten*» (ebd.: 337), demnach ist «*die Schwester auch ein Revolutionär […] Sie muß schießen lernen.*» (ebd.: 340) Freilich räumt Seale ein, dass Männer wie Frauen bei der BPP Schwierigkeiten hatten, die traditionellen Geschlechterrollen in der Praxis zu überwinden. Als ein weitaus größeres Problem bezeichnet er allerdings den Schwarzen Rassismus bzw. den Kulturnationalismus. So erläutert er als Angeklagter vor Gericht den Gruß mit der erhobenen Faust: «*Diesen Gruß so nur als Zeichen der Black-Power-Bewegung zu charakterisieren und zu isolieren, ist sehr rassistisch. […] Der Gruß bedeutet ‹Macht dem Volke› und beschränkt sich nicht auf Black Power.*» (ebd.: 290) Sowohl innerhalb wie außerhalb der Partei wäre «*schwarzer Rassismus*» gegen Weiße ein Problem (ebd.: 328). Ob es sich dabei um Rassismus handelt oder eine Abwehrreaktion sei dahingestellt, wie aber füllt Seale den Begriff Volk, englisch: People, konkret? Er schreibt dazu: «*Wir meinen, daß unser Kampf ein Klassenkampf ist, aber kein Rassenkampf.*» (ebd.: 71)

Nun folgt aus einem differenzierten Blick auf Unterdrückungsverhältnisse zum einen die Verwobenheit verschiedener Probleme. «*Wir sind in der Black Panther Party der Ansicht, daß der männliche Chauvinismus in direkter Beziehung zur Klassengesellschaft steht.*» (ebd.: 336) Auch schwarze Männer, die rassistische oder klassistische Unterdrückung erfahren, treten gegenüber Frauen als sexistische Unterdrücker auf. Ausgehend von dieser Kritik ergibt sich die Utopie der «*Gleichheit aller Menschen*» (ebd.: 337). Die Jahre um 1968 herum waren eine Kairós-Situation, in der sich verschiedene Bewegungen auf den Weg machten, um dieser Utopie näherzukommen. Für die Bündnispolitik der BPP ist dabei vor allem Klassenorientierung wichtig. Auch Liberale können und sollten sich gegen Rassismus und Sexismus engagieren. Ihr Engagement findet aber eine Grenze in individueller Freiheit. Soziale Freiheit hingegen ist ein sozialistisches Projekt und Ziel der BPP. Im Rahmen einer solchen Klassenpolitik wiederum weiß Seale zu differenzieren: «*Die Organisationen des Lumpenproletariats sind eben die, mit denen wir uns gut verstehen können. Wir haben sogar manchmal Schwierigkeiten mit schwarzen Studenten, weil sie dazu neigen, die wirklichen Zustände in der schwarzen Wohngemeinde nicht zu verstehen.*» (ebd.: 186) So spricht er auch über Hippies (vgl. Ebd.: 221f.) als Verbündete, nennt aber primär die puertoricanischen «Young Lords» (YL) und die «Young Patriots» (YP), «*die in den Wohnbezirken bedürftiger Weißer bahnbrechend sind*» (ebd.: 186). Wenn Seale in seinem Buch über die Frühphase der BPP (1968 begonnen und 1969/1970 im Gefängnis beendet), von «Organisationen des Lumpenproletariats» spricht, so meint er die «Rainbow-Coalition» (RC), die 1969 auf Initiative des Panthers Fred Hampton (*1948, von der Polizei ermordet 1969), entstanden ist. «*The Rainbow Coalition initiated by the Panthers united poor whites, Blacks and Latinos in a ‹vanguard of the dispossesed›*» (Sonnie/Tracy 2011: 66). Schon bei einem Aufstand gegen einen Parteitag der Demokraten 1968 arbeiten verschiedene Basisorganisationen zusammen (vgl. ebd.: 77). Anlässlich der Premiere eines Films über diese Aktionen entsteht die RC, was keineswegs von allen Anhänger*innen der Organisationen gebilligt wird. «*Both the Panthers and the Lords lost members after the Rainbow Coalition was announced.*» (ebd.: 79) Nichtsdestotrotz war sie eine Plattform, in der Aktionsformen der BPP aufgegriffen und verbreitet werden konnten. Angelehnt an die Basisarbeit der Panthers entstanden Schulungsprogramme und das «*Rainbow Food Program*» (ebd.: 80). Auch Themen der Stadtentwicklung wurden wichtig. «*Patriots and Lords [...] occupied several college buildings on Belden Avenue and demanded more than a* *half-million dollars to build low-income housing.*» (ebd.: 80f.) Gesundheitszentren, welche die schwarzen Panther und die weißen Patrioten betrieben, wurden jedoch auf städtischen Druck hin wieder geschlossen (vgl. ebd.: 82).

Generell wurde die Zusammenarbeit dieser Basisorganisationen von mehreren Seiten bekämpft. Vorbehalte der eigenen Mitglieder waren ein Problem, staatliche Infiltration und Mordanschläge ein weiteres. Noch 1969, in dem Jahr als die Polizei Fred Hampton erschoss, wurde auch John Howard von den YP ermordet – ob im staatlichen Auftrag oder von unbezahlten Rassist*innen ist ungeklärt (vgl. ebd.: 83). Für die BPP war wichtig, dass es sich um eine Koalition von «*community-based organizations*» handelte. Für die YP, die es von 1968 bis 1973 gab, war die RC wichtig, da sie ansonsten in der Neuen Linken kaum Verbündete fanden: «*The tension came out in their blunt challenge to the middle-class Left.*» (ebd.: 170) Sicherlich war die Bewegung in den 1960ern auch in den USA von Schüler*innen, Student*innen und Intellektuellen geprägt. Umso wichtiger war die Zusammenarbeit zwischen den Panthers, den Patriots, den Lords und später auch Organisationen wie dem «American Indian Movement» (AIM), den «Brown Berets», «I Wor Kuen», der «White Panther Party», «Rising Up Angry» und der «Lincoln Park Poor People's Coaltion». Wie Amy Sonnie und James Tracy betonen: «*These groups demonstrated the possibility of a revitalized working class-movement in the United States.*» (ebd.: 169)

Diese Basisorganisationen bzw. ihre Koalition erschienen den Verfolgungsbehörden vor allem aus drei Gründen besonders gefährlich: Erstens kombinierten sie die Methoden des Community-Organizing, die Saul D. Alinsky in den USA seit den 1940er Jahren entwickelte, mit einem klassenkämpferischen Anspruch. Black-Panther-Mitglied Bob Lee (1942–2017) dazu: «*The Rainbow Coalition was just a codeword for class struggle.*» (zit. n. ebd.: 80) Zweitens überwanden sie exemplarisch die sogenannte «Rassentrennung» in den USA. Drittens waren diese Basisorganisationen durch ihre Utopie der Gleichheit anschlussfähig zu sozialen Bewegungen, wie z. B. der Frauenbewegung. Harte Repression hinderte sie allerdings den Kairós zu einer dauerhaften Organisierung zu ergreifen. Bereits im Mai 1969 wurde Manuel Ramos (1949–1969) von den YL von der Polizei erschossen, nach ihm wurden John Howard von den YP und Fred Hampton von der BBP ermordet. Die härteste Repression traf dabei zweifellos die Black-Panther-Party. Bobby Hutton (1950–1968) wurde 1968 erschossen, Eldridge Cleaver bei dieser Schießerei festgenommen (vgl. Demny 2004: 83), Huey P. Newton und Bobby Seale befanden sich bereits seit dem Sommer 1967 in Haft (vgl. Seale 1970: 169). Oliver Demny beschreibt im historischen Rückblick weitere Methoden des FBI wie gefälschte Post, gefälschte Erklärungen der BPP, Verhaftungen, Spitzel und Provokateure sowie Beweisfälschungen (vgl. ebd.: 79ff.). 1969 wurden Aprentrice «Bunchy» Carter und John Huggins ermordet. «*Es besteht der ernsthafte Verdacht, daß es sich bei den Mördern um eingeschleuste Polizeiagenten handelte.*» (ebd.: 87) An dieser Stelle kann die Geschichte der Repression gegen die BPP nicht ausführlich geschildert werden. Hinter den nackten Zahlen sollten trotzdem nicht die Genoss*innen vergessen werden, die ihr Eintreten für die Freiheit mit dem Leben bezahlten. «*Von Mitte 1967 bis Mitte 1969 waren 28 Panther erschossen worden, fast 100 saßen hinter Gittern, mehrere 100 warteten auf ihren Prozess.*» (ebd.: 92) Dann folgte der Tiefpunkt: «*1969 nahm die Repression noch weiter zu. In diesem Jahr wurden fast 20 Panther erschossen. […] Insgesamt waren es vom 1. Januar 1968 bis zum 31. Dezember 1968 739 Verhaftungen.*» (ebd.: 93)

Vor diesem Hintergrund verwundert es nicht, dass die Black Liberation Army die Notwendigkeit für den bewaffneten Kampf als gegeben ansah. Die «Students for a democratic Society» (SDS) spalteten sich an dieser Frage im Juni 1969. Bestand tatsächlich auch eine erfolgsversprechende Gelegenheit zur Guerilla? Seale kommentiert: «*Die Weathermen wollten sie praktizieren, während die Panther die Zeit dafür noch nicht als gekommen ansahen*» (ebd.: 93). In der Tat können bewaffnete Gruppen keine stabile Basisorganisation ersetzen. Inwiefern gelang es der BPP eine solche in den 1970er Jahren – trotz Repression – weiter aufzubauen? Eldridge Cleaver, der erst 1975 als evangelikaler Antikommunist in die USA zurückkehrte, befand sich seit 1968 im ausländischen Exil. Huey P. Newton wurde 1968 zu 15 Jahren Haft verurteilt, kam nach 22 Monaten frei und ging zunächst einmal nach China. 1974 floh er vor einer Mordanklage nach Kuba und kehrte erst 1977 in die USA zurück, wo er 1980 seine Doktorarbeit über die Repression gegen die BPP abschloss. Verwickelt in Alkohol- und Drogensucht wurde er 1989 von einem Dealer ermordet. Bobby Seale, der zu vier Jahren Gefängnis verurteilt worden war, aber seiner politischen Position treu blieb, wurde 1974 aus der Partei ausgeschlossen.

Nun sollte gerade die Geschichte einer Basisorganisation nicht bloß in Hinblick auf ihre führenden Genossen erzählt werden. Für die Bedeutung der BPP spricht, dass ihre Zeitung eine Auflage von 125.000 Exemplaren erreichte (vgl. Seale 1970: 162). Anfang 1968 verfügte die Partei über Ortsgruppen in Seattle, Südkalifornien, Los Angeles, San Francisco und Oakland (vgl. ebd.: 201). Für 1969 berichtet Seale bereits von weiteren Büros der Partei in Detroit, Boston, New York, Chicago, Denver, New Haven, Indianapolis, Sacramento und San Diego, womit die Partei, die an der US-Westküste entstand, auch die US-Ostküste erreichte (ebd.: 318). Allerdings erwähnt er auch über tausend Parteiausschlüsse (ebd.: 333), was auf die Schwierigkeiten verweist, die Organisationen mit einem zu schnellem Wachstum haben können. Obwohl es sich bei der BPP im Prinzip um eine Interessenorganisation der schwarzen Bevölkerung handelte, waren offenbar Regeln notwendig, die den Erfordernissen einer Kaderorganisation entsprachen. Dazu gehören Verbote von Drogenbesitz, leichtfertigem Waffengebrauch, das Verbot krimineller Aktivitäten und die Ermahnung, nicht so viel zu fluchen (vgl. ebd.: 321f.). Dies gilt vor allem für die Berufsrevolutionär*innen der BPP, die laut Seale durch Vortrags- und Medienhonorare der Parteiprominenz versorgt werden konnten. «*Solange die Partei Geld hätte, brauchten sie sich um ihre Miete und ihr Essen keine Sorgen zu machen.*» (ebd.: 326) Eine solche Struktur bietet bessere Ausgangsbedingungen bei der organisierenden Tätigkeit, erfordert aber auch eine gewisse Disziplin in der Organisation, vor allem wenn mediale Popularität zu Masseneintritten führt. Vor allem kann eine Organisation, die so kurz nach ihrer Gründung massiv angegriffen wird, kaum ihr volles Potential entfalten. Dafür spricht auch die Höhe der Zeitungsauflage im Vergleich zum organisatorischen Kern der BPP. «*Wöchentlich wurden 125.000 Exemplare ihrer Zeitung ‹The Black Panther› verkauft. […] Es wird geschätzt, dass zum Kern der Panther Organisation nie mehr als 1.000 Personen zählten.*» (Sell 2013: 11)

Insofern war die BPP durchaus eine Kaderorganisation, die aber keine gefestigten Erfahrungen hatte, wie verlässliche Kader zu rekrutieren sind. Sie hätte auch zum Kern einer Massenorganisation werden können, was repressiv verhindert wurde. Ansätze, an denen dieses Potential deutlich wird, zeigt die Vielfalt der Aktionsformen. In seinem Buch über die Frühzeit der BPP (1966-1970) nennt Bobby Seale die Communityprogramme für Essen, Gesundheit und Kleidung (vgl. Seale 1970: 317), Boykotte auch gegen schwarze Geschäftsleute (vgl. ebd. 347), Nachbarschaftszentren und Rechtshilfe (vgl. ebd.: 348), aber vor allem die bewaffnete «*Kontrolle der Polizei durch die Wohngemeinde*» (vgl. ebd.: 352). In all diesen Punkten war die BPP zeitweilig interventionsfähig. Sie war auch, was die Rainbow-Coalition beweist, bündnisfähig. Indem er selbst 1974 als Bürgermeister für Oakland kandidierte, bewies Seale, dass die Partei anpassungsfähig genug war, um angesichts der Repressalien alternative Strategien auszuprobieren. Wie sehr die richtige Strategie vom jeweiligen Kairós abhängen kann, betonte Huey P. Newton, wenn er Ende der 1960er meinte, die Panthers «*sollten im Augenblick noch keine Wahlpartei werden*» (zit. n. ebd.: 183), was impliziert, dass dies später möglich sein könnte. Grundlage dafür sollte aber stets die Basisorganisation sein. Sie schlägt, so Seale, eine Brücke zwischen Reform und Revolution: «*Die Aktionen der Partei in der Gemeinde sind Programme für die Bevölkerung, […] sozialistische Programme […]. […] Es sind keine Reformprogramme.*» (ebd.: 346) Nicht-reformistisch ist eine Organisation, wenn sie Utopien hat. «*Wenn man ein sozialistisches System aufbauen oder den Sozialismus einführen will, muß man den Rassismus vollkommen ausradieren*» (ebd.: 262) Beide Hoffnungen verband die BPP mit dem Stichwort des Interkommunalismus. Mumia Abu Jamal (*1954), der seit 1982 inhaftiert ist und von 1968 bis 1970 in der BPP organisiert war, schreibt 2004 (deutsch: 2012) über Newtons Konzept:

«*In einem imperialen Zeitalter konnten keine Nationen mehr existieren und damit auch kein wahrer Internationalismus. Er prägte den Ausdruck Interkommunalismus, um diese neue Verbindung zu beschreiben. […] Folglich führte die Black Panther Party die schwarze, revolutionäre Praxis ein, eng mit ungleichen und unterschiedlichen ethnischen und rassischen Gruppierungen zusammenzuarbeiten.*» (Abu-Jamal 2012: 116)

In diesem Sinne war die BPP keine reine Interessenorganisation von Schwarzen und keine Ideenorganisation des Schwarzen Nationalismus. Sie war vielmehr eine Basisorganisation in den schwarzen Armenvierteln, die – wie die «Young Patriots» in weißen Armenvierteln – radikale Rassismuskritik und konkrete Verbesserungsgelegenheiten mit einer universalen Gleichheitsutopie verband.

Als Basisorganisation trat die BPP nicht nur in Verbindung mit anderen Basisorganisationen, sondern auch mit anders gearteten Organisationen. Es gab «*‹Arbeitskreise› innerhalb der Gewerkschaften*», aber es machte «*die Gewerkschaftsarbeit nur einen sehr kleinen Anteil an der Arbeit der Black Panther aus*» (Sell 2013: 18). Abgesehen von eigenen Kandidaturen unterstützte die BPP die Wahlpartei «Peace and Freedom Party» (vgl. Abu-Jamal 2012: 114). Abu-Jamal kritisiert im Rückblick die Orientierung auf Kandidaturen, wie z. B. von Bobby Seale in Oakland 1972, als Abkehr von der Basisarbeit (vgl. ebd.: 274). Für die Basisangebote, von Kinderfrühstück und Kleidung über Gesundheitsversorgung bis zu Rechtsberatung und Bildung (vgl. Demny 2004: 72), nutzte die BPP vorhandene Infrastruktur, z. B. Kirchenräume (vgl. Abu-Jamal 2012: 101). Als Bündnisse mit sozialen Bewegungen erwähnt Abu-Jamal solche mit «*Studentengruppen, […] Frauengruppen, den Gruppen der Native Americans, den Schwulen- und Lesbengruppen*» (ebd.: 105).

Um als Bündnispartnerin für Parteien, Gewerkschaften und Bewegungen in Frage zu kommen, benötigt eine Basisorganisation umfangreiche Ressourcen. Abu-Jamal nennt für 1969 die Zahl von 40 Ortsgruppen mit mehreren tausend Mitgliedern, in diesem Jahr trat auch er als 15jähriger in Philadelphia bei (vgl. ebd.: 75). Allein in Philadelphia hatte die BPP später vier Büros und ein Community-Center, um in den Vierteln präsent zu sein (vgl. ebd.: 245). 1970 sollen es hier bereits hundert Mitglieder gewesen sein. «*In unserem hoffnungsvollen, grenzenlosen jugendlichen Optimismus dachten wir, die Revolution wäre zum Greifen nah.*» (ebd.: 92) Neben diesem Optimismus erwähnt er aber auch Naivität und Widersprüchlichkeit der jungen Organisation. Einerseits konnte die Basisarbeit nur im legalen Rahmen stattfinden, andererseits wurde eine bevorstehende Revolution angekündigt. Einerseits wurde das herrschende System kritisiert, andererseits rechnete die BPP, so Abu-Jamal, nicht mit so harter Repression (vgl. ebd.: 258).

Nach außen befand sich die US-Regierung seit 1965 im Krieg in Vietnam. Kritik an diesem Krieg spitzte sich in den 1960ern zur politischen Krise zu, die auch durch die Bürgerrechtsbewegung der 1950er und 1960er vorbereitet wurde. Große Bewegungen wie die Friedensbewegung, schwarze und andere Basisorganisationen, eine neue Jugendkultur und die akademische Linke veränderten die gesellschaftliche und politische Konstellation. In dieser Situation nannte Bobby Seale sein Buch 1970 «Die Zeit ergreifen». Gab es also einen Kairós für radikale Veränderung in den USA? Zentral ist dafür die Frage, ob es gelungen ist, eine wirkmächtige Kombination relevanter Kräfte zu bewerkstelligen. Dies wiederum setzt gemeinsame Perspektiven voraus.

Stokely Carmichael (1941–1998) war 1967 als Sprecher des «Student Nonviolent Coordinating Committee» (SNCC) beim Kongress «Dialektik der Befreiung» in London. Zuvor hatte er in seinem Buch «Black Power» (1967) den Begriff des institutionellen Rassismus eingeführt. 1968 wurde er Mitglied der BPP, verließ sie aber aus Kritik an ihrem klaren Klassenstandpunkt und zog nach Ghana. In London erklärte er: «*Wenn aber […] in Alabama, nicht fünf, sondern fünfhundert Kinder im Jahr sterben […], weil sie in der schwarzen Gemeinde in Verhältnissen der Armut aufwachsen müssen, dann handelt es sich um eine Funktion des institutionalisierten Rassismus.*» (Carmichael 1969: 28) Zu einer akuten Krise wird dieses Elend aber erst durch die Kämpfe der jungen Bewegung. «*Die Black Power-Bewegung ist der Katalysator, der diese zornige Jugend zusammengeführt hat.*» (ebd.: 36) Auf diesem Kongress sprach auch Herbert Marcuse über «Befreiung von der Überflußgesellschaft» und die Angestelltenklasse, z. B. Techniker*innen, Wissenschaftler*innen, Psycholog*innen: «*Für sich sind sie keine revolutionäre Klasse und können es auch nicht sein, aber sie können zum Katalysator werden.*» (Marcuse 1969: 99) Ist es für Carmichael aber die Kritik am institutionalisierten Rassismus gegen Schwarze, so setzt Marcuse auf «*den Sozialismus in seinem utopischsten Sinn […]; nämlich als Abschaffung der Arbeit, als Beendigung des Existenzkampfes*» (ebd.: 96). Kritik und Utopie sind hier sehr weit entfernt. Zwar weiß Marcuse um die Rebellion der Schwarzen und ist solidarisch zu ihr, allein die Frage nach qualitativ neuen Bedürfnissen, stellt sich dem Intellektuellen anders. Die BPP kämpft für ein ausreichendes Frühstück und bessere Wohnungen, die «*Hippies*» hingegen kämpfen für ein gesundes Frühstück und ökologisches Wohnen: «*Ihre Existenz könnte uns Aufschluß geben* *darüber, was es heißt, daß sich gegen die Werte der Überflußgesellschaft neue Triebbedürfnisse durchsetzen.»* (ebd.: 100) Können arme Schwarze und idealistische Hippies trotzdem zusammenarbeiten? Bobby Seale glaubte an eine solche größere Zielgruppe der Basisorganisationen: «*Alle, Hippies, Weiße, Schwarze – jeden. Wir versuchen sie zu organisieren.*» (Seale 1970: 221)

Am einfachsten war dies aber, wie gesagt, mit Underclass-Basisorganisationen. «*Panthers, Lords and Patriots routinely provides protection for each other*» (Sonnie/Tracy 2011: 80). Wie aber sind die Mittelklasse und Intellektuelle einbeziehen? Eine Voraussetzung wäre wahrscheinlich, dass sie sich, ähnlich wie es die schwarzen, puerto-ricanischen und weißen Armen taten, zunächst mal selbst organisieren. Marcuse betont diesen Aspekt 1969: «*Die Intellektuellen haben gemeinhin versucht, die anderen an der Basis zu organisieren. Dagegen haben sie keinen Gebrauch von der naheliegenden Möglichkeit gemacht, sich selbst zu organisieren.*» (Marcuse 1969: 99) Selbstorganisation ist die Voraussetzung von Bündnisfähigkeit. Wie tragfähig ihre Bündnisse sind probierte die Black Panther 1970 aus. Es ging um den «*Versuch von Menschen der unterschiedlichen Bewegungen in der sogenannten Linken, sich zu begegnen und an der Entstehung dieser Infrastruktur mitzuwirken, um eine Verfassung und eine Widerstandsorganisation hervorzubringen.*» (Abu-Jamal 2012: 105) U. a. Studierende, Sozialist*innen, Feminist*innen und Indigene sollten eingeladen werden und tatsächlich kam es am 4. September zu einer «*Versammlung mit mindestens 6.000 Teilnehmern aus dem ganzen Land*» (ebd.: 106). Abu-Jamal erinnert sich euphorisch, es hätte den Anschein gehabt, «*dass die Zeit der revolutionären Einheit und Verheißung gekommen war*» (ebd.). Letztlich aber wurde die Krise der USA 1970 nicht zu einem Kairós, in dem die Konstitution einer Organisation, gar die Konstitution der neuen Verfassung gelingen könnte. Die BPP wollte zwar, so schreibt Abu-Jamal, «*eine revolutionäre Organisation gründen, die einen wahrhaft multikulturellen, klassen- und geschlechterübergreifenden Widerstand gegen den repressiven Status quo darstellen würde*» (ebd.: 109), aber es wurde ein «*Reinfall*» und «*ein wichtiger Moment war verloren*» (ebd.). Statt in einer umfassenden Organisation aufzugehen geriet die BPP in die Defensive.

Oliver Demny schreibt für das Jahr 1970 von 1.000 bis 5.000 Mitgliedern in ca. 100 Großstädten. 25% der Schwarzen bezeugten bei Umfragen großen Respekt, 64% berichten von Stolz auf die BPP. Andererseits wirkte die Verfolgung: «*1970 wurden faktisch alle Community-Programme eingestellt.*» (Demny 2004: 115) 1971 gerieten Cleaver und Newton öffentlich in Streit miteinander (vgl. ebd.: 117f.). Cleavers internationale Sektion der BPP erhob den Vorwurf, die «*Newton-Fraktion sei zu sehr auf Massenorganisation eingestellt*» (ebd.: 119). Cleaver empfahl die Organisierung «*eines militärischen Zweiges [...] zum jetzigen Zeitpunkt*» (zit. n. ebd.: 124), Newton hingegen das Community-Organizing als «*Gelegenheit, materielle Hilfe mit politischer Arbeit zu verbinden*» (ebd.). Zugleich beharrte er auf seinem Führungsanspruch. Ansätze zu einer Ausweitung der Organisation, z. B. durch Zusammenarbeit mit «*schwarzen Oppositionsgruppen innerhalb der Automobilgewerkschaft*» (ebd.: 96), dem 1970 gegründeten «Black Workers Congress», gelangen nicht. Ein Ziel hätte die BPP gehabt: «*Die zu verwirklichende Utopie eines alternativen Gesellschaftsentwurfs für alle Menschen, und nicht nur für die Ghettos, war für die Black Panther Party der Sozialismus.*» (ebd.: 59) Auch einen Weg, nämlich «*dort mit der politischen Arbeit anzufangen, wo die meisten Schwarzen anzutreffen waren: im Ghetto*» (ebd.: 177). Hier entstehen Solidarische Netzwerke. Der Panther Ray Hewitt meinte 1986 rückblickend: «*Nächstes Mal kann auf unseren Erfahrungen aufgebaut werden.*» (ebd.: 139)

Zu diesen Erfahrungen gehören sicherlich auch die Fehler der Organisation. Der Soziologe Oliver Demny nennt den Personenkult um die Anführer (vgl. Demny 2004: 178) als Hintergrund der Parteispaltungen ab 1971 (vgl. Abu-Jamal 2012: 257). Eine Organisation mit interner Demokratie wäre vielleicht weniger abhängig von Streitereien der Führung gewesen. Bei Abu-Jamal ist von den Mängeln der Hierarchie und allgemeiner Paranoia die Rede (vgl. ebd.). Auch angeheizt von den Geheimdiensten gab es bald eine Ostküsten-BPP und eine Westküsten-BPP, die sich z. T. bewaffnet befehdeten (vgl. ebd.: 276). Letztere konzentrierte sich 1972/1973 zudem zu sehr auf Wahlkämpfe (vgl. ebd.: 275). Sie war keine Basisorganisation mehr. «*Die Partei – erschüttert von Repression und immer mehr Verlust und Tod – beendete ihre Tage, indem sie ihre Arbeit auf Reformen und Wahlprogramme konzentrierte und isolierte sich von ihrer Kern-Community.»* (ebd.: 284)

Demny gibt zu bedenken, dass die Gründer der BPP noch sehr jung waren und sich schnell politisch zu orientierten hatten. Auch hier ergeben sich Widersprüche, die vor allem Außenstehenden auffallen. Im 10-Punkte-Programm von 1966 gibt es z. B. einen interessanten Bezug auf Antisemitismus und Israel unter Punkt 3: «*Die Deutschen helfen jetzt den Juden in Israel wegen des geschehenen Rassenmords am jüdischen Volke.*» (zit. n. Seale 1970: 66) Was den Juden an Hilfe für Israel zustand forderte die BPP von den USA für die Schwarzen. Mumia Abu-Jamal hingegen behauptet: «*Die ursprüngliche BPP vertrat die Meinung ‹Zionismus = Rassismus›*» (ebd.: 287), was wohl schlicht seinem eigenen Antizionismus entspricht. Hinsichtlich von Sexismusproblemen betont er, dass es zumindest ein Bemühen der Organisation um dieses Thema gegeben hätte (vgl. ebd.: 203ff.). Letztlich sind es wohl auch die schnellen Kurswechsel und die fehlende Erfahrung, die zum Zerfall der BPP beigetragen haben. Zunächst 1966 als Basisorganisation gegründet, war sie ab 1969/1970 fast nur noch mit Antirepression beschäftigt. Die Spaltung der Partei 1971 und die Kandidaturen 1972/1973 erforderten wiederum neue Strategien und von den Gründern Bobby Seale und Huey P. Newton war schon 1974 keiner mehr bei der BPP. So schließt auch Abu-Jamal: «*Das Jahr 1982 markiert das offizielle Ende der Black Panther Party. […] Für viele ist sie jedoch schon Jahre vorher gestorben.*» (ebd.: 284) Zugleich blitzt im letzten Satz seines Buches das Bild des Phönix auf, der nach seiner Verbrennung aus der Asche aufersteht. Ebenso warte die Black-Power-Bewegung «*auf den richtigen Augenblick, um wieder aufzuerstehen*» (ebd.: 304). Was von der BPP geblieben ist, ist eine radikalisierte Form von Community-Organizing, die auch in heutigen Debatten um solidarische Netzwerke fortwirkt.

7.3 Solidaritätsnetzwerke

Eine häufige Kritik lautet, dass sich Organizing-Konzepte, von Alinskys Industrial Areas Foundation über die Black Panthers Party bis zu Eric Manns Strategy Center nicht auf deutsche Verhältnisse anwenden ließen. Der Verweis auf die Mieterausschüsse der (V) KPD und den Frauenbund der FAU(D) aus den 1920ern relativiert diese These bereits. Was den Einwand angeht, heutzutage käme eben bloß so etwa wie Pentas Bürgerplattform heraus, bemerkt Robert Maruschke deren große Schwächen: «*Das Fehlen einer strukturellen Gesellschaftskritik, die kleinteilige Projektarbeit, die Entwicklung neoliberaler Kontroll- und Ausgrenzungsstrategien im Namen der Allgemeinheit und die Legitimation neoliberaler Programme durch neue Beteiligungsformen.*» (Maruschke 2014: 77) Statt dieses Mittelschichtsprojekts (vgl. ebd.: 79) wäre echte Basisorganisation auch in der BRD nötig.

An Problemen und Themen besteht sicherlich kein Mangel. Eric Mann sagt im Gespräch mit Robert Maruschke z.B., «*dass die Rechte von Flüchtlingen und Migrant_innen wichtige Fragen sind für transformatives Organizing in Deutschland*» (ebd.: 20). In der Tat agierte die Refugeebewegung nicht erst seit Anfang der 2010er, aber in diesem Jahrzehnt besonders sichtbar, als spezifische Basisorganisation für Geflüchtete in den Sammelunterkünften, die immer wieder aufgesucht wurden, um Protestmärsche und Platzbesetzungen zu organisieren (vgl. Doppler 2020). Auch Basisorganisationen von Erwerbslosen, vergleichbar den US-amerikanischen Arbeitslosenräten in den USA der 1930er Jahre, gibt es in Form von Arbeitslosenselbsthilfen und dies z. T. Sogar mit gesellschaftskritischem Anspruch, wie z. B. bei der Arbeitslosenselbstorganisierung Oldenburg (ALSO). Neben Migrant*innen und Erwerbslosen sind es Ansprüche von Frauen*, nicht zuletzt von migrantischen oder prekär lebenden Frauen*, denen Basisorganisationen gerecht werden können. «*Eine basisdemokratische Organisationsform und die Verbindung von sozialen Angeboten mit sozialen Kämpfen ist ein Merkmal feministischen Community-Organizings.*» (Maruschke 2014: 53) Auch der Kampf für Mietobergrenzen in den USA (vgl. ebd.: 56), findet sein Pendant in hiesigen Kämpfen. Robert Maruschke berichtet 2014 über Ansätze aus Berlin:

«*Im November 2013 habe ich Julia und Sebastian von Zwangsräumungen verhindern (ZRV) und Matti und Tashy von*

Kotti & Co (K&C) in Berlin getroffen, um mit ihnen über die Probleme und Chancen von Basisorganisation zu sprechen. Beide Gruppen haben einen stadtpolitischen Fokus, bearbeiten aber auch andere Themen, wie z. B. Rassismus auf dem Wohnungsmarkt. Beide haben durch spektakuläre Aktionen auf sich aufmerksam gemacht […]. Durch ihre Arbeit an konkreten Problemen adressieren beide Gruppen strukturelle Schieflagen in der Gesellschaft. […] Sie begleiten die Menschen zu Gerichten, zu Ämtern, zu Eigentümer_innen, helfen bei Verhandlungen, veranstalten Kundgebungen.» (ebd.: 81)

Probleme mit Ausländerbehörden, mit Arbeitsämtern und Ausbeutung, mit männlicher Gewalt, Überlastung, Vereinzelung, Mietwucher und Verdrängung finden sich in allen spätkapitalistischen Industriegesellschaften. Seit es keine Sozialdemokratie mehr gibt, die hier soziale Reformprojekte vorantreibt, besteht eine Lücke. Maruschke sieht diese Lücke und das Ende der Sozialstaatsillusion aber auch als Gelegenheit. Zwar mögen auch andere Organisationsformen «*egal ob Partei, Gewerkschaft, NGO, Bürgerinitiative oder autonome Kleingruppe […] ihre Berechtigung haben. Für das Anliegen einer Basisorganisation in der Nachbarschaft machen sie jedoch kein einladendes Angebot.*» (ebd. 9f.) Um ein solches machen zu können, müssten Mileugrenzen überwunden werden, denn «*trotz gegenteiliger Absicht fällt es Stadtteil- und Erwerbsloseninitiativen, autonomen Gruppen, Hausprojekten oder linken sozialen Zentren schwer, Menschen jenseits subkultureller oder akademischer Kreise anzusprechen.*» (ebd.: 9)

Während Parteifunktionär*innen und NGOs die Öffentlichkeit ansprechen, konzentrieren sich Gewerkschaften oft auf Belegschaften von Großbetrieben. Das Feld der städtischen Konflikte in den Wohnvierteln bleibt unbespielt bzw. die akademische oder subkulturelle Linke agiert hier oftmals tolpatschig. Basisorganisation wäre ein Ansatz, um theoretisch die linke «*Mittelschichtsorientierung*» (ebd.: 101) zu überwinden, um praktisch voranzukommen. Abgesehen von Szenedünkel und akademischem Jargon sind es aber auch strukturelle Fragen, die Basisstrategien in der BRD aufwerfen. Zerfällt nicht die Figur der Organizerin, wie wir sie aus den USA kennen, in der BRD in Aktivist*innen einerseits und Sozialarbeiter*innen andererseits? Jenseits des Atlantiks ist es so, «*dass in den Organisationen der US-amerikanischen (radikalen) Linken ein erheblicher Teil der* *politischen Arbeit von bezahlten Stellen geleistet wird»* (ebd.: 56). In der BRD sind die (radikalen) Linken zumeist unbezahlte Aktivist*innen, Community-Organizing «*wird oftmals unter der Bezeichnung Gemeinwesenarbeit (GWA) diskutiert, einem Begriff aus der Sozialen Arbeit*» (ebd.: 73). Genau wie es in den USA Organizer*innen gibt, die sich als Sozialpädagog*innen verstehen, gibt es freilich in der BRD Sozialarbeiter*innen mit gesellschaftskritischem Anspruch. Noch immer existiert z. B. die 1981 aus dem «Sozialistischen Büro» hervorgegangene Zeitschrift «Widersprüche» für eben dieses Arbeitsfeld. Nun sollten sicherlich nicht alle Linken, die an Basisorganisationen interessiert sind, zunächst Soziale Arbeit studieren. Die Frage ist vielmehr: Entsteht mit den aufkommenden Solidaritäts-Netzwerken eine bundesdeutsche Variante von Basisorganisationen, die ohne hauptamtliche Organizer*innen auskommen?

Keine professionellen Organizer*innen zu haben muss nicht bedeuten, auf die Grundideen von Organizing im Allgemeinen oder die erlernbaren Fähigkeiten von Organizer*innen zu verzichten. Maruschke nennt als Grundideen «*kritische Analyse*», «*politische Basisarbeit*», die Anwendung «*konfrontativer Organisationsformen*» und «*grenzenlose Solidarität*» (ebd.: 55). Über Saul Alinskys radikal-liberales Verständnis von Basisorganisation hinausgehend gehören Gesellschaftskritik, Politik und solidarische Verbindungen zum Anspruch Solidarischer Netzwerke. Alinskys Empfehlungen, sich auf einzelne Probleme zu begrenzen und weltanschaulich neutral zu argumentieren, werden zurückgewiesen. Was von Alinsky übernommen werden kann, sind kreative Formen der Konfrontation, die bei Pentas Bürgerplattformen vollkommen fehlen. Gemeinsamkeit aller Ansätze (Mann, Alinksy, Penta) bleibt Befähigung: «*Organizer*innen sorgen dafür, dass die Menschen eingeladen, die Protokolle geschrieben und die Treffen moderiert werden. Sie erledigen die politische Fleißarbeit und schaffen somit den organisatorischen Rahmen für die politische Arbeit der Basis,*» (ebd.: 64)

Eine solche Betonung des Handwerklichen, eben zusammenbringen, moderieren und protokollieren zu können, liegt quer zu zwei möglichen Missverständnissen. Erstens sollte aus den Erfahrungen in den USA nicht die Illusion entstehen, nur professionelle Organizer*innen wären handlungsfähig. Fähigkeiten können auch in Workshops erlernt werden, Aufgaben unter Aktivist*innen rotieren. Zweitens ist es aber auch eine

Illusion von linken Aktivist*innen in der BRD, «*so zu tun, als würden alle die gleiche Verantwortung übernehmen und als würden alle gleichberechtigt an Diskussionen und Entscheidungen teilhaben. Dies führt oft dazu, dass ein wesentlich stärkerer Einfluss einiger Weniger auf Entscheidungen der Organisation versteckt wird.*» (ebd.: 65) Klare Verantwortlichkeit wäre hier besser als intransparente Hierarchien.

Zur Basisorganisation in der BRD gehört, neben Grundideen und Fähigkeiten, die Wertschätzung von Prozessen, in denen Leute selbst aktiv werden, z. B. nennen Aktive von Kotti & Co 2014 die «*Selbstorganisation der Refugees*» (ebd.: 87). Aktivierung nach Innen geht dabei mit Außenorientierung einher: «*Wir reden mit allen, denen es ernsthaft um Mieten- und Stadtpolitik geht, auch mit Parteien.*» (ebd.) Berührungsängste mit traditionellen Organisationen brauchen Basisorganisationen nicht zu haben, denn sie vertreten eigene Werte. Solidarität ist dabei sowohl die Bedingung für den «*Umgang mit der eigenen Vielfalt*» als auch für «*Respekt und Offenheit gegenüber anderen Organisationsansätzen*» (ebd.: 69f.). In einer komplexen Gesellschaft multipler Widersprüche braucht es solidarische Netzwerke, um Basisorganisationen von unten aufzubauen. Dies beginnt bei der Vernetzung von Individuen durch «*belastbare persönliche Beziehungen*» (ebd.: 51), geht weiter über «*Bündnisse, Koalitionen, gemeinsame Kampagnen*» (ebd.: 69) und eröffnet einer Bewegung die Perspektive auf «*eine landesweite und internationale Vernetzung ihrer Basisorganisationen*» (ebd.: 97). Bei der Utopie, wie Maruschke so schön sagt, «*die Gesellschaft von der Nachbarschaft aus zu revolutionieren*» (ebd.: 99), können Solidarische Netzwerke eine bedeutende Rolle spielen. Anders als Bürgerplattformen sind sie keine Verharmlosung des Community-Organizing, sondern dessen Radikalisierung im Sinne des Transformative-Organizing.

Zweifellos dominierten nach dem 2. Weltkrieg in der Bundesrepublik Deutschland die traditionellen Organisationsformen von Parteien, Gewerkschaften und Genossenschaften. Erst vor dem Hintergrund der Bewegungen der 1960er und 1970er Jahre kam es zu einer kleinen Renaissance von Basisorganisationen. «*Während der Auflösung des SDS 1969/70 entstanden überall in der Bundesrepublik ‹Rote Zellen›, Stadtteil- und Betriebsgruppen. Diese Basisgruppen sahen sich als ‹revolutionäre Überorganisation[en]›.*» (Kasper 2019: 24)

Im Umfeld der sogenannten Sponti-Bewegung zeigte sich dies z. B. in der Jugendzentrumsbewgeung der 1970er, die autonome Jugendräume forderte (vgl. Kasper 2019: 82). Aber auch Wohnen als Thema und Nachbarschaft als Ausgangspunkt von Organisierung wurden zur Basis von neuen Protesten. Im Rückblick auf Ereignisse in Frankfurt am Main resümiert Sebastian Kasper: «*Brisanz bekam der Protest erst als Migrantenfamilien, Obdachlose und Studierende im September 1970 das erste Haus besetzten.*» (ebd.: 84) Auch in München, Hamburg und Zürich kam es zu immer mehr Hausbesetzungen. Linke Gruppen, die sich zuvor um den Aufbau von Betriebsorganisationen bemüht hatten, schufen nun Basisorganisationen wie den Häuserrat in Frankfurt (vgl. ebd.: 84). Nicht überwunden werden konnte aber die Kluft «*zwischen den Protesten der Migrant*innen und den Besetzungen der Spontis*» (ebd.: 91). Migrantische Familien wählten oft die Aktionsform des Mietstreiks, um gegen ihre Wohnverhältnisse vorzugehen, spontane Umzüge in besetzte Häuser waren für sie hingegen keine sinnvolle Option. Als Bewegungsorganisationen zur Koordination von Hausbesetzungen konnten Häuserräte keine Basisorganisationen werden, die ganze Viertel organisieren. Eine Ausnahme war laut Kasper die Frauengruppe im «Revolutionären Kampf», die mit türkischen und spanischen Familien einen multinationale Kindergarten gründete. Sozialistische Kleinarbeit. Innerhalb der Neuen Linken, die sich nach 1969/1970 zerfaserte, waren es oft die operaistischen Sponti-Gruppen (Vorläufer*innen der späteren Autonomen), die Ansätze von Basisorganisationen initiierten. Dazu gehören die antirassistische, promigrantische und klassenkämpferische «*Wohnheimkampagne*» der «Arbeitersache München». Diese konzentrierte ihre «*Agitationstätigkeiten auf die Wohnheime, in denen die meisten der sogenannten ‹Gastarbeiter› untergebracht waren*» (ebd.: 57). Frauen aus der Gruppe «Revolutionärer Kampf Frankfurt» u. a. beteiligten sich an der Gründung von Frauenzentren (vgl. ebd.: 75). Jugendzentren wurden zu Kristallisationspunkten der Szene. So gingen die von «Arbeiterkampf Köln» mitinitiierten «*‹Betriebslehrlingsgruppen› 1973 in einer ‹Jugendzentrumsinitiative› zusammen*» (ebd.: 80). Freilich haben wir es hier in den 1970er Jahren und bis in die 1980er hinein mit schnell wechselnden Konjunkturen zu tun. Operaistische Gruppen, die eben noch Betriebsorganisation sein wollten, versuchten sich als Basisorganisation.

Kommunistische Parteiinitiativen wie der KB entwickelten sich mit der Anti-AKW-Bewegung zur Bewegungsorganisation. Als Grüne lösten sich Spontis wie Kbler zunehmend von Betrieb, Basis und Bewegungen. Insofern handelte es sich bei diesen Ansätzen zu Organizing in der BRD zunächst eher um ein episodisches Phänomen. Neue Wellen von Hausbesetzungen gab es um 1980/1981 und 1990/1991 (vgl. Peters 2014: 47). Neben einigen brutalen Räumungen oder durchgesetzten Legalisierungen, blieben viele politische Zentren (vgl. ebd.: 57).

In den 1990ern und 2000er Jahren war der Kampf gegen Mieterhöhungen und Gentrifizierung ein wichtiges autonomes Themenfeld, vor allem aber Abwehrkampf (vgl. ebd.: 196). Aktionstage wie 1994 «Platz da. Uns die Stadt» oder 1997 «Innen!Stadt!Aktion!» sind hierfür gute Beispiele (vgl. ebd.: 209). Von ihren Aktionsformen her waren diese Proteste vor allem eine soziale Bewegung, mit genossenschaftlichen Organisationsformen arbeitet seit 1999 das oben bereits besprochene Mietshäusersyndikat (vgl. ebd.: 497). Breiter aufgestellt war 2009 das «*berlinweite Mietenstop-Bündnis, das einen Versuch darstellte, über die linke Szene hinaus in die Mieterschaft hineinzuwirken*» (ebd.: 506), wie Ulrich Peters lobend hervorhebt. Es bleibt dabei aber immer die Frage, ob die Breite einer sozialen Bewegung mit der Tiefe ihrer Verankerung einhergeht? Bewegungsorganisationen brauchen große Proteste, um bei Parteien und in der bürgerlichen Öffentlichkeit Aufmerksamkeit zu erregen. Basisorganisationen hingegen, die in Stadtteilen agieren, adressieren eine proletarische Öffentlichkeit, die sich eher in solidarischen Beziehungen und Netzwerken vor Ort ausdrückt.

Mobilisierungsstärkstes Thema, vor allem in Berlin, sind sicherlich die Mieten. Christoph Wimmer interviewt dazu Kim und Nikita von der Berliner Gruppe «Zwangsräumungen verhindern» (ZV). Wichtig ist die Verschiebung vom öffentlichen Protest zum konkreten Eingriff. «*Wir unterstützen die, die sich wehren wollen.*» (Kim, zit. n. Wimmer 2020: 141) Mit (Sitz-) Blockaden gegen Zwangsräumungen werden hier Methoden aus sozialen Bewegungen, z. B. der Friedens- oder Anti-AKW-Bewegung, auf den Stadtteil übertragen. Anders als nach einer Aktionswoche im Wendland, sind die Beteiligten aber auch nach solchen Aktionen weiterhin in der Nachbarschaft. Hinsichtlich des dadurch entstehenden Potentials, unterscheidet

Kim Austausch und Organisierung. «*Wir organisieren immer wieder Kiezversammlungen. Da kommt natürlich keine Organisierung der Menschen zustande, es ist aber ein guter Punkt sich auszutauschen und zu merken, dass man nicht alleine ist.*» (ebd.: 142) Erfolge oder Misserfolge von Basisorganisationen sind komplex. Im Interview sind es drei Punkte, die für ZV wichtig sind: «*Wir wollen konkret mit den Betroffenen zusammen was für sie rausholen. [...] Zweitens wollen wir Solidarität organisieren, am besten mit direkten Aktionen, und drittens an den konkreten Fällen die ‹kapitalistische Stadt› thematisieren*» (ebd.: 144) Nicht alle drei Ebenen können jedes Mal gleich bespielt werden. Intervention in einen einzelnen Konflikt setzt zwar eine gewisse Organisation voraus und bestärkt sie im Umkehrschluss, aber Kapitalismuskritik oder die utopische Vision der sozialistischen Stadt sind nicht Bedingung der gemeinsamen Praxis. Umgekehrt wird die Utopie einer Solidarity City erst glaubwürdig, wenn sie durch solidarische Praxen im Alltag der Menschen erlebbar wird. Der Interkommunalismus der Black Panther Party ist in Erinnerung zu rufen, wenn es darum geht, dass sich z. B. Obdachlose und Geflüchtete, queere Communities und prekäre Mieter*innen nicht gegeneinander ausspielen lassen sollen. Im Netzwerk «We'll come united», das viele Solidarity City Initiativen umfasst, ist gerade die solidarische Zusammenarbeit zwischen verschiedenen Communities immer wieder Thema.

Wie zentral dieses Motiv der Solidarität ist, auch über Mietfragen hinaus, zeigt sich allein schon in der Namensgebung verschiedener Basisorganisationen, die hier nur beispielhaft, exemplarisch für eine bestimmte Tendenz stehen können. «Solidarisches Gallus» (SG) in Frankfurt am Main, das «Solidarische Netzwerk Leipzig» (SNL), die «Solidarische Aktion Neukölln» (SAK) und die Hamburger Gruppe «Wilhelmsburg solidarisch» (WS) sind einige der Akteure, die in einem 2020 von Peter Nowak und Matthias Coers herausgegebenen Sammelband vorkommen. Die Interviewten von SG heben besonders den umfassenden Anspruch von Basisorganisationen hervor, in ihrem Fall also Kämpfe von Mieter*innen, prekär Arbeitenden und Erwerbslosen zu verbinden. Hierbei habe SG «*die Erfahrung gemacht, dass sich Strategien des solidarischen Handelns durchaus auf verschiedene Kontexte übertragen lassen*» (SG in Coers/Nowak 2020: 20), sofern es gelänge «*Menschen über-*

haupt von den Möglichkeiten und der Idee eines solidarischen Handelns zu überzeugen» (ebd.: 21).

Während Solidarische Netzwerke häufig auch Aktionsformen verbinden, die typisch für andere Organisationen sind, z. B. Streikposten vor ausbeuterischen Betrieben oder öffentliche Proteste, so gibt es doch einen spezifischen Bereich, auf den das Solidarische Netzwerk Leipzig aufmerksam macht. «*Oft helfen wir beim Formulieren von Widersprüchen oder organisieren eine Begleitung für Behördengänge.*» (SNL in Coers/Nowak 2020: 27) Die Konfrontation mit dem Staat endet hier nicht als Demonstration vor dem Parlament, sondern führt direkt in die Amtsstuben der sogenannten Jobcenter. Das Recht von Erwerbslosen wahrzunehmen, begleitende Personen mit zu Terminen zu nehmen, ist oft schon allein durch deren Anwesenheit hilfreich. Etwas anderes ist es, wenn es um rechtliches Wissen zur Gegenwehr geht. Hier stellt sich auch für das SNL eine Kluft zwischen sich und den Leuten her: «*Die meisten Leute lassen sich allerdings beraten und kommen dann nicht wieder.*» (ebd.: 28) Konsummentalität oder Zeitnot setzen hier die Grenzen. «*Uns fällt es noch schwer, Dinge von Leuten einzufordern, die zu uns kommen, dabei bedeutet Solidarität ja eine vertrauensvolle Wechselseitigkeit*» (ebd.: 29).

Vielleicht könnte es helfen, hier noch mehr von den US-amerikanischen Erfahrungen zu lernen, die oft darauf hinauslaufen, dass sie verschiedene Grade der Beteiligung (Gelegenheitsunterstützer*innen, Organisationsmitglieder, Aktivist*innen, Kader, Organizer*innen) mitdenken. Auf die Nachfrage nach einem gemeinsamen Arbeitskampf mit der FAU, erklären die Vertreter*innen des SNL, «*dass Gewerkschaften eben nur eine Form der Organisierung sind, das Netzwerk eine andere und dass wir uns, egal in welchem Bereich, gemeinsam von unten organisieren müssen*» (ebd.: 33). Mit Gewerkschaften zu streiken oder mit Bewegungen zu protestieren sind zwei Praxen auf deren Bedeutung wir im Schlusskapitel noch zurückkommen. Neben weiteren Netzwerkaktivitäten vor Ort, betonen die Interviewten von der Solidarischen Aktion Neukölln die Vernetzung der Netzwerke:

«*Freund*innen von der Frankfurter Gruppe Gallus Solidarisch haben bei unserem Kneipenabend einen Dokumentarfilm über den Stadtteil Gallus gezeigt, das Solidarische Netzwerk Leipzig hat uns zum Kneipenabend besucht. Schon zweimal haben wir uns mit Basisgruppen aus anderen Städten und Län-*

dern zu Workshop-Wochenenden zum Thema Alltagskämpfe und Organisierung zusammengefunden. […] Auch zwischen den Treffen haben wir beispielsweise mit den in Jobcenter-Angelegenheiten sehr erfahrenen Leuten von Wilhelmsburg-Solidarisch immer wieder Kontakt, fragen sie an, wenn wir nicht weiterwissen.» (SAN in Coers/Nowak 2020: 58)

Überhaupt wird Wilhelmsburg Solidarisch oft als erste Inspiration genannt. Wilhelmsburg Solidarisch und die Industrial Workers of the World Bremen heben im Interview, auch mit Verweis auf das Seattle Solidarity Network, den Unterschied zwischen Bewegungs- und Basisorganisationen deutlich hervor.

«*Solidarische Netzwerke sind im Prinzip keine Gruppen, die sich entlang geteilter Ideen organisieren, sondern entlang gemeinsamer Interessen. […] Die Solidarity Networks sind auch nicht als Organisation von Kader*innen, sondern als Massenorganisationen angelegt.*» (WS/IWW in Coers/Nowak 2020: 132)

Gegen die strikte Trennung von Ideen- und Interessenorganisation kann eingewendet werden, dass für die gemeinsame Verfolgung von Interessen die Idee der Solidarität bereits vorausgesetzt ist. Nichtsdestotrotz gehen Solidaritätsnetzwerke pragmatisch von konkreten Problemen aus, nicht programmatisch von Einschätzungen der politischen Weltlage. Dahingehend ähnelt WS den Basisorganisationen im Geiste von Alinsky. Abgesehen von dieser Themensetzung unterscheiden sich aber die praktischen Methoden und die utopischen Perspektiven. Ein praktischer Unterschied ist, «*dass unsere Treffen offen sind und keine Vorgespräche stattfinden*» (ebd.: 135). Die Vorarbeit der professionellen Organizer*innen, durch Hausbesuche die Kiezversammlung erst vorzubereiten, entfällt also. Perspektivisch gilt: «*Wir reden hier ganz klar von Aneignung und Selbstverwaltung.*» (ebd.) Diese soziale Utopie prägt die solidarische Praxis und führt auch zu einem Unterschied zu Sozialer Arbeit. «*Es ist wichtig, Kollektivität herzustellen, die nicht den Gegensatz Betroffene und Expert*innen erzeugt. Das gelingt nur, wenn alle ihre eigenen Alltagskonflikte einbringen.*» (ebd.) Den Dreischritt von praktischer Hilfe, gegenseitiger Solidarität und politischem Anspruch, den auch «Zwangsräumungen verhindern» Berlin thematisiert, finden wir bei WS am Beispiel des Kitastreiks 2016. Bei einer Versammlung gab es «*Rechtsinfos für betroffene Eltern […], wie man bezahlt der Arbeit fernbleiben kann*» (ebd.: 133). «*Zweitens ging es darum, gemeinsam eine alternative Kinderbetreuung zu organisieren […]. Drittens wurde die Zeit genutzt, um öffentlich zu erklären, dass wir auf Seiten der Streikenden stehen.*» (ebd.) In einem solchen Fall würden sich idealerweise die Erfolge der Gewerkschaftsorganisation und die Praxis der Basisorganisationen ergänzen. Eine Frage im Hinblick auf Basisorganisationen bleibt ihre Lokalität. WS befürchten einerseits, dass es schon von der Stadtebene aus schwer ist, «*zurück in die Kieze zu kommen*» (ebd.). Andererseits seien auch die «*bundesweiten und/oder globalen Strukturen, wie sie zum Beispiel in der IWW vorhanden sind […] essentiell*» (ebd.: 136). Wie lassen sich also Solidarische Netzwerke und andere Organisationen vernetzen?

8. Netzwerke von Organisationen?

Bevor es abschließend darum geht, wie verschiedene Organisationen zusammenarbeiten können und ob gerade im Bereich der oppositionellen Organisationsformen auch konkrete Zusammenschlüsse denkbar sind, werden nun zunächst der gesellschaftstheoretische Rahmen dieses Buches und die Beiträge der hervorgehobenen Theoretiker*innen zusammengefasst. Eine gute Organisationstheorie sollte kritisch, utopisch und kairologisch sein. Kritik bestimmt die Widrigkeiten gegen die eine Organisation sich wendet und ihre Stärken und Schwächen. Utopie meint die Ziele einer Organisation in der gesamtgesellschaftlichen Transformation. Kairós verweist auf die Zeitgebundenheit einer jeden Organisationsform, denn «*nicht jedes ist zu jeder Zeit möglich, nicht jedes zu jeder Zeit wahr, nicht jedes in jedem Moment gefordert*» (Tillich 1922 in GW VI: 10). Michael Hardt und Antonio Negri erläutern dies:

«*Jede Form der Organisation muss die Gelegenheit und die historische Möglichkeit ergreifen, die ein aktuelles Kräfteverhältnis bietet, um nach besten Kräften Widerstand zu leisten und die herrschende Macht zu bekämpfen und/oder zu stürzen. Das zweite ist die Notwendigkeit, die Formen politischer und militärischer Organisation den aktuellen Formen ökonomischer und gesellschaftlicher Produktion anzupassen. […] Schließlich ist es drittens am wichtigsten, dass Demokratie und Freiheit permanent als Leitprinzipien für die Entwicklung und die organisatorischen Formen des Widerstands dienen.*» (Hardt/Negri 2004: 106)

Kairós ist bei Tillich eine Frage gegebener Kräfteverhältnisse und Konstellationen. Kritische Theorie im Sinne Marcuses klärt über das Vorliegen oder Fehlen von Gelegenheiten auf. Utopie, so lehrt Ernst Bloch (1885–1977), liefert «*Zielwissen*» (GDU 2: 296), denn es ist das utopische Ziel «*um desentwillen es sich ziemt, zu leben, organisiert zu sein*» (GDU 1: 9). Was bedeuten diese drei Prinzipien im Bezug auf unsere klassischen Organisationstheorien?

Rosa Luxemburgs Kritik richtete sich immer auch auf ihre eigenen Parteien. Die Mitglieder der SPD ermahnte sie dazu, darauf zu achten, dass «*Sekretäre reine Vollzugsorgane bleiben*» (1906/1970: 156 (Zweite Auflage)). Gegen die Gefahr von Parteioligarchien ist mit Jutta Ditfurth an die Organisationsprinzipien der frühen Grünen zu erinnern: «*Trennung von Amt und Mandat, Rotation, kein Abgeordneteneinkommen höher als ein Facharbeitergehalt.*» (2011: 64) Beide Genossinnen sind sich einig, dass die utopische Orientierung wichtig ist. Parlamentarische Kämpfe um einzelne Reformen sind ein Teil eines Wegs, weil «*die Sozialreform das Mittel, die soziale Umwälzung aber der Zweck ist*» (Luxemburg 1899/2009: 9). Selbstkritik leistete Luxemburg als Parteipolitikerin auch, indem sie davor warnte, die Bedeutung von Parteien zu überschätzen. Gesellschaftliche Transformationen können «*nicht durch irgendeine Behörde, Kommission oder ein Parlament dekretiert, sie können nur von der Volksmasse selbst in Angriff genommen und durchgeführt werden*» (Luxemburg 1918a). Bedeutsam ist für sie nicht, ob sich Menschen in Parteien, Genossenschaften oder Gewerkschaften engagieren, sofern sie im Kampf um ein Mindestlohngesetz, um niedrige Mieten oder höhere Löhne das Kämpfen lernen. Letztendlich seien die getrennten Organisationen provisorische Einrichtungen, denn im im revolutionären Kairós werden «*politischer und ökonomischer Kampf eins, und die künstliche Schranke […] wird einfach weggeschwemmt*» (Luxemburg 1906/1970: 145f.). Die wichtigste Voraussetzung dafür wäre, dass vor allem die Partei sich ihrer orientierenden Aufgabe bewusst bleibt. Für Luxemburg ist ihr im Kapitalismus «*die Rolle einer oppositionellen Partei vorgezeichnet*» (1899/2005: 137). Die Fundamentalopposition gaben sowohl Luxemburgs SPD als auch Ditfurths Grüne auf. Konkrete Erfolge oder antifaschistische Abwehr mögen solche Entscheidungen rechtfertigen. Kann eine Partei aber zugleich kritisch-utopisch und praktisch-politisch regieren? Violetta Bock und Thomas E. Goes schlagen, mit Blick auf die PDL, ein Rebellisches Regieren vor.

«*Eine rebellische Regierung weiß, dass sie sich mit den Mächtigen anlegen muss, sie weiß um die Notwendigkeit, den Staat selbst zu demokratisieren und außerhalb des Staates neue Einrichtungen popularer Macht (Volksmacht) entstehen lassen zu müssen.*» (Bock/Goes 2017: 121)

Ohne einen sehr großen Druck, außerparlamentarisch wie innerparteilich, dürfte es schwer sein, im Rahmen der bestehenden Institutionen auf deren Transformation hinzuarbeiten.

Hier ist eine erste Wechselwirkung angesprochen, die uns von der Partei weg zu anderen Organisationsformen führt. Einerseits räumt die PDL in ihrem Parteiprogramm ein: «*Linke Politik in Parlamenten braucht treibende Kritik, öffentlichen Druck und außerparlamentarische Mobilisierung.*» (PDL 2011: 76) Andererseits solle die Partei, so die Vorsitzenden Kipping und Riexinger «*Kräfteverhältnisse in der Gesellschaft verändern, zugunsten von Gewerkschaften, sozialen Bewegungen, Bürgerinitiativen, Selbsthilfeorganisationen*» (2013). Eine Partei, die den Gewerkschaften ein politisches Streikrecht verschafft, das Versammlungsrecht zugunsten von Bewegungen verbessert und den Genossenschaften Vorteile gegenüber Unternehmen verschafft, wäre auf diesem Weg. Ganz abgesehen von den heutigen parlamentarischen Kräfteverhältnissen, die sich mit einer neoliberalen SPD und liberalen Grünen kaum nach links verschieben lassen, setzen sowohl die Strukturen als auch die Klassenverhältnisse im Kapitalismus solchen Projekten Grenzen. Auch Bock und Goes können die Lage daher nur mit Ironie und Geduld betrachten.

Gustav Landauer hatte 1907 wenig Geduld mit den Kräfteverhältnissen. Für ihn bedeutete Sozialismus, dass sich Sozialist*innen «*in Bünden zusammenschließen und ihre Arbeit in den Dienst ihres Verbrauchs stellen. In Siedlungen, in Genossenschaften, unter Entbehrungen.*» (Landauer 1907/2003: 115) Nach dem Ende dieser Epoche, als der Nationalsozialismus Luxemburgs Frage nach Sozialismus oder Barbarei zugunsten der Barbarei entschieden hatte, kam Landauers Freund Martin Buber zu einem kritischen Resümee der Genossenschaften: «*Sie wollten sich zunächst nicht isolieren, aber sie haben sich isoliert, sie wollten wirkende Vorbilder werden, aber sie wurden nur interessante Experimente.*» (Buber 1945/1967 123) Die Geschichte der Siedlungsgenossenschaften, die im 19. Jahrhundert begann und sich bis in die Kibbuze und Kommunen des 20. Und 21. Jahrhunderts fortsetzt, hat Bubers Kritik bisher nicht widerlegt. Eine Zersetzung von Staat und Kapital durch Genossenschaften erscheint weiterhin unwahrscheinlich. Im Gegenteil benötigen auch Produktions- und Konsumgenossenschaften, die nicht einmal Landauers Autarkie anstreben, staatliche Hilfen und Regeln, um sich gegenüber kapitalistischen Unternehmen halten zu können. Wo sie dies können sind Formen solidarischer Ökonomie in dreifacher Hinsicht bedeutend. Erstens ermöglichen sie es, von der reinen Kritik zur Praxis zu kommen. Zweitens sind sie interessante Experimente, welche die Utopie konkretisieren. Drittens können sie – auch und gerade in Wechselwirkung mit anderen Organisationsformen – einen wertvollen Beitrag in Transformationsprozessen leisten. Sie stellen, wie Joachim Hirsch dies im Hinblick auf die Kommunen und die Alternativökonomie der 1970er und 1980er Jahre gesagt hat, eine «*sozialrevolutionäre ‹Infrastruktur›*» (Hirsch 1980: 136).

Rudolf Rocker betonte, mehr noch als Luxemburg und Landauer, die konstituierende Macht bestimmter Organisationsformen. Die Konstitution neuer Ordnungsmodelle ist das Ziel einer Transformation im Kairós, der mit objektiven Krisen und der Konzentration gesellschaftlicher Gegenmacht zusammenfällt. Für den Syndikalismus ist die Organisationsform «*Gewerkschaft keineswegs ein vorübergehendes Produkt der kapitalistischen Gesellschaft, sondern die Keimzelle der zukünftigen sozialistischen Wirtschaftsorganisation*» (Rocker 1919). Die Begründung für das revolutionäre Mandat von Gewerkschaften ist dabei ein dreifaches: Die Arbeiter*innen würden die Transformation machen, weil sie sie am nötigsten brauchen, weil sie sie am stärksten wollen und weil sie sie bewerkstelligen können. In der Tat haben Streiks u. a. direkte Aktionen oft großen Einfluss, der Generalstreik gehört bis heute zu den großen Symbolen sozialer Revolution. Sympathisch klingt auch der transformatorische Dreiklang bei Rocker: Die Organisierung gegen das Kommando des Kapitals in den Großbetrieben schafft unmittelbar die Bedingungen für die Übernahme der Betriebe und ihre Überführung in die basisdemokratische Selbstverwaltung. Kritik, Organisation, Praxis und Utopie scheinen sich bruchlos ineinander zu fügen. Auf ein Problem in der Praxis verweist allerdings Torsten Bewernitz. Auch Rudolf Rocker war «*für eine klassenkämpferische Einheitsgewerkschaft und nicht für Richtungsgewerkschaften*» (Bewernitz 2019: 12). Praktisch bedeutet dies, dass Generalstreik und Betriebsübernahme voraussetzen, dass sich die Gewerkschaftsbewegung eben gerade nicht in Syndikalismus und Reformismus spaltet. Laut dem Historiker Helge Döring war daher das Ende der Syndikate «*stets dort erreicht, wo die Arbeiterschaft bereits in den Zentralgewerkschaften und politischen Parteien organisiert war*» (Döring 2017: 203). Was also bleibt? Syndikalistische Gewerkschaften können, ebenso wie anarchistische Kommunen, als Nischenphänomene durchaus praktische Wirkung haben, wenn sie Menschen organisieren, für welche sich die Großorganisationen nicht interessieren. Dementsprechend liegen die Erfolge des deutschsprachigen Syndikalismus heute vor allem in Bereichen prekärer Dienstleistungsarbeit. Ein Rudolf Rocker wäre freilich mit einer solchen Nischenexistenz unzufrieden und empfahl auch seinen Genoss*innen nach 1945 keine Gründung von Richtungsgewerkschaften, sondern die Arbeit in Einheitsgewerkschaften. Daran schließt Bewernitz an: «*Es gibt in den Gewerkschaften des DGB eine lebhafte Debatte um demokratische Beteiligung, die es zu unterstützen gälte.*» (Bewernitz 2019: 29) Der Mittelweg zwischen revolutionärer, aber zu kleiner, Richtungsgewerkschaft und großer, aber reformistischer, Einheitsgewerkschaft wäre dann revolutionäre Opposition in der letzteren. Ob sich der DGB dadurch verändern lässt oder eine Gewerkschaftsopposition heute ebenso scheitern muss wie die RGO der 1920er Jahre im ADGB bleibt eine offene Frage.

Otto Rühle hätte sich als Rätekommunist damit nicht anfreunden können. In den Richtlinien seiner AAUE stand 1921 als Zweck der Einheitsorganisation: «*Die Zertrümmerung der Gewerkschaften und der politischen Parteien, dieser Haupthindernisse für eine Einigung der proletarischen Klasse und für die Fortentwicklung der sozialen Revolution, die keine Partei- oder Gewerkschaftssache sein kann*» (AAUE 1921). Diese Position markiert eine Abkehr von den drei Säulen der Alten Linken – Partei, Genossenschaft und Gewerkschaft – die in den frühen 1920er Jahren verständlich war. Heftige Kritik wurden daran geübt, dass die Burgfriedenspolitik der Gewerkschaften und der SPD den 1. Weltkrieg überhaupt erst möglich gemacht hatten. Weder konsequente Opposition noch Generalstreik als Option wurden 1914 gewagt. Im Kairós der Novemberrevolution 1918 versagte die SPD erneut und bildete ein Bündnis mit den kaisertreuen Militärs gegen ihre eigenen Anhänger*innen. Auch hier erwies sich die fehlgeschlagene Revolution und ausbleibende sozialdemokratische Transformation als eng mit der Organisationsfrage verknüpft. «*Eine wirklich revolutionäre Partei hatten die deutschen Arbeiter im Augenblick der Krise nicht.*» (Lenin 1921/1968: 12) Rühle wiederum wollte auch keine revolutionäre Partei mehr, sondern setzte alle Hoffnungen auf die Selbsttätigkeit der Massen in den Großbetrieben. Zum Teil erinnern seine Organisationsvorstellungen an den Syndikalismus Rockers, aber «*ohne Mitgliedsbuch, ohne Parteinummer, ohne Syndikatsabzeichen. Denn die Betriebsorganisation ist keine*

Parteizelle, keine Gewerkschaftsfiliale. […] Sie verkörpert auch die Keimzelle der künftigen Wirtschaftsorganisation.» (Rühle 1940/1971: 170) Der Unterschied ist der jeweilige Zukunftshorizont. Rocker rief spätestens ab 1925 seine FAUD dazu auf, sich mühseligen Tageskämpfen um bessere Arbeitsbedingungen und höhere Löhne zu stellen. Rühle hingegen hatte 1925 seine AAUE bereits wieder verlassen, um sich theoretischen Arbeiten zu widmen, um das Scheitern der Revolution zu erklären. Im Rückblick auf die rätekommunistischen Betriebsorganisationen kommt der Historiker Ralf Hoffrogge zu dem Schluss: «*Sozialistische Utopie und konkrete Kampforganisationen waren hier nicht getrennt, die revolutionären Organisationen sollten emanzipatorische Ziele bereits in sich aufnehmen.*» (2018: 114) Bis zu einem gewissen Grad ist dies für alle transformatorisch orientierten Organisationsformen geboten. Die Betriebsorganisationen aber erwiesen sich nicht nur als Organisationen, die im Kairós entstanden, sondern auch als solche, die mit dem Ende des Kairós der 1920er wieder verschwanden. Vergleichbare Ansätze, wie im Operaismus der 1970er, erlitten ein ähnliches Schicksal. Eine andere Entwicklung könnten allerdings die Betriebsbesetzungen der letzten Jahrzehnte nehmen (vgl. Azzelini 2018). Gerade in Zeiten der wirtschaftlichen Krise ist es sinnvoll, neben Gewerkschaften auch entschlossene Betriebsgruppen zu haben.

Herbert Marcuse, der als junger Mann 1918 die Novemberrevolution erlebte, zog um 1968 herum ähnliche Schlüsse wie 50 Jahre zuvor schon Otto Rühle. Zunächst war schon augenscheinlich festzuhalten, worin sich die Neue Linke von der Alten Linken unterschied: «*Der neue Radikalismus widersetzt sich ebenso der zentralisierten bürokratisch-kommunistischen Organisation wie der halbdemokratischen liberalen […] Die Initiative verlagert sich auf kleine, weit zerstreute Gruppen.*» (Schriften 8c: 315) Gegenüber dem Problem der Organisationsoligarchien kann Dezentralität zeitweilig als Korrektiv dienen. 1972 hingegen bemühte sich Marcuse klarzustellen, dass dezentrale Organisation nicht keine Organisation bedeuten kann. Ebenso wenig kann die Kritik an autoritärer Organisationsdisziplin Disziplinlosigkeit begründen. «*Die Tatsache, daß die Zeit für eine sich selbst disziplinierende Organisation gekommen ist, zeugt nicht von der Niederlage, sondern von den Aussichten der Opposition.*» (Schriften 9a: 56) Die Organisationsform, die Marcuse vorschwebte, hätte Ideen der sogenannten Neuen Sozialen Bewegungen – etwa der Jugend-, Studierenden- Frauen- und Bürgerrechtsbewegung der 1960er oder der wilden Streiks, der Umwelt-, Homosexuellen- oder Friedensbewegung der 1970er – aufnehmen, diesen Protest aber im Alltag verankern müssen. Als Organisationsentwurf bleibt dieser Gedanke im Konjunktiv: «*Schwerpunkt radikaler Organisation wären lokale und regionale Basen (in den Fabriken, Büros, Universitäten, Wohnvierteln); ihre Aufgabe bestände darin, den Protest zu artikulieren und für konkrete Aktionen zu mobilisieren.*» (Schriften 9c: 167) Stattdessen lässt sich für die 1970er und 1980er ein Auseinanderdriften von organisierter Linker und sozialen Bewegungen beobachten. Statt eine Organisation neuen Typs zu schaffen, gründeten sich linke Kleinstparteien. In seltenen Fällen nur gelang es den etwas undogmatischeren Organisationen, wie dem KB, in die anwachsenden sozialen Bewegungen zu intervenieren. Bewegungsnahe Organisationen wie die AABO zwischen 1992 und 2001 waren hingegen bereits Ausdruck einer organisierten Defensive der Linken. Erst in den 2000er Jahren entstanden in der Bundesrepublik Deutschland größere Bewegungsorganisationen wie attac, die IL oder UG, die sich darum bemühten, in der globalisierungskritischen Bewegung der 2000er Jahre und in den neuen Protestzyklen der 2010er zu intervenieren. Hinsichtlich der organisatorischen Kräfte wird dabei allerdings bestenfalls der Stand des SDS von 1968, mit knapp 1.000 Mitgliedern, wieder eingeholt. Kommt es diesmal zu der von Marcuse erhofften Verbindung von Gesellschaftskritik, Protesten und Bewegungsorganisation? Zu klären wäre dafür auch das Verhältnis zu traditionellen Organisationsformen einerseits und zu Betriebs- und Basisorganisationen andererseits.

Saul D. Alinsky hatte schon in den 1940er Jahren die Basisorganisation als ergänzende Alternative zu Gewerkschaften, Parteien und Bewegungen in Stellung gebracht. Dabei war er durchaus optimistisch, was die Optionen innerhalb liberaler Demokratien angeht. «*In einer Demokratie muss die Regierung ständig auf den anhaltenden Druck des Volkes eingehen. […] Dies kann nur durch den Aufbau wirklicher Basisorganisationen geleistet werden.*» (Alinsky 1946: 194) Bedeutsam an seinem Ansatz ist, dass er das Spektrum der Aktionsformen ausweitete. So wie Parteien Wahlkämpfe führen können, Gewerkschaften Streiks und Genossenschaften ökonomische Alternativen organisieren und Bewegungsorganisationen Proteste bündeln, können Basisorganisationen auf Mietstreiks, Boykotte und gegenseitige Hilfe zurückgreifen. Gegenstände der Kritik, die im Community Organizing aufgegriffen werden, sind daher oft Mietpreise, Verkaufspreise oder die Preise im Nahverkehr. Auf eine Utopie, die über unmittelbare Interessen hinausgeht, verzichtete Alinsky. Was explizit politische Basisorganisationen dennoch von seiner Vorarbeit übernehmen können, ist das Verhältnis von Taktik und Strategie. Taktik, das Agieren auf einem bekannten Terrain, folgt dabei dem Prinzip: «*Organisier, wo Du bist.*» (Mann 2017: 227) Strategie, das langfristige Vorgehen in konkreten Situationen, kann darauf aufbauen. «*Deshalb würden wir mit einer starken Verankerung in der Nachbarschaft beginnen und eine Konfrontation mit den großen Organisationen und Unternehmen erst dann beginnen, wenn wir in der Gemeinschaft eine starke Unterstützung und viele Bündnispartner hätten.*» (ebd.: 81) Noch in Eric Manns transformativem Organizing finden sich also Aspekte, die Alinsky in seinem liberalen Organizing skizziert hatte. Es lässt sich eine Tradition nachzeichnen, die über Jahrzehnte und Kontinente hinweg Kontinuität entfaltet. So schreibt Karl-Klaus Rabe über Alinsky als Vordenker: «*Die von ihm entwickelten Taktiken und Strategien haben großen Einfluss auf die schwarze Bürgerrechtsbewegung […] gehabt.*» (Rabe 2010/1984: 21) Aus dieser Bewegung heraus entstand wiederum die Black Panther Party, die Merkmale einer Basisorganisation, einer Bewegungsorganisation und einer Partei in origineller Weise verbunden hat. Wesentliches Merkmal einer Basisorganisation ist ein hoher Grad an Verbindlichkeit. Das «Kollektiv» aus Bremen, mit Überschneidungen zur Stadtteilgruppe «Solidarisch in Gröpelingen», berichtet vom «*wöchentlichen Flyern auf der Straße*» (Kollektiv Bremen in Coers/Nowak 2020: 109). So wichtig die Verankerung an der Basis ist, so geht der Ansatz doch darüber hinaus. Demnach sollten «*Festlegung auf einen Stadtteil*» (ebd.: 106) und «*Aufbau bundesweiter Organisierung*» (ebd.) theoretisch kein Widerspruch sein. In der Praxis wäre sehr darauf zu achten, inwiefern die Verankerung im Stadtteil und die Vernetzung über das Lokale hinaus zusammen gehen. Dazu abschließend einige Vorschläge.

Ein Dauerbrenner in Organisationsdebatten ist die Unterscheidung zwischen Sekte und Organisation. Zu widerstehen sei, so Luxemburg, «*dem Rückfall in die Sekte und dem Umfall in die bürgerliche Reformbewegung*» (Luxemburg 1899/2009: 83). Was aber macht eine Sekte aus, außer dass sie zahlenmäßig eine kleine Gruppe darstellt? Schließlich war in dieser Hinsicht auch das Christentum Sekte bevor es Kirche wurde. Für den Anarchismus hat es Horst Stowasser 1985 selbstkritisch auf den Punkt gebracht: «*Heute weist der Anarchismus [...] so ziemlich alle Kriterien einer Sekte auf. [...] Die meiste Zeit verwenden wir auf die Verbreitung von Ideen.*» (ebd.: 43) Sektiererei ist häufig die Sache von Ideenorganisationen, die sich mehr um theoretische Reinheit als um praktische Wirkmächtigkeit sorgen. Umgekehrt führt das Aufgeben utopischer Ideen zwar kurzfristig zu pragmatischen Lösungen, aber langfristig zum Reformismus. Im schlimmsten Fall als reine Ideologie, ohne Reformen. Schließlich sinkt auch die Schlagkraft der schrumpfenden Interessenorganisationen wie Parteien und Gewerkschaften heute gerade deshalb, weil den Mitgliedern eine Idee fehlt, wozu die Praxis der Organisation überhaupt führen soll. Auf der anderen Seite fehlt manchen Aktiven in Bewegungsorganisationen, nicht aber in Betriebs- und Basisorganisationen, der Bezug zu ihrem Alltag. Gerade Basisorganisationen wie Solidaritätsnetzwerke geben hier einen wichtigen Fingerzeig: Ohne die utopische Idee der Solidarität kein erfolgreiches Eintreten für die eigenen Interessen.

Anhand der einfachen Unterscheidung zwischen Ideen- und Interessenorganisation lässt sich die Frage nach vielversprechenden Organisationen heute nicht mehr eindeutig beantworten. Überhaupt ist die historische Situation nicht danach, eine einzelne Organisationsform als Lösung zu präsentieren. Die traditionellen Organisationsformen, Parteien ebenso wie Genossenschaften und Gewerkschaften, stecken heute in einer doppelten Klemme. Von oben der Druck des Weltkapitals auf seine potentiellen Standorte, der zu Austeritätspolitik, Lohnverzicht und Konkurrenzdruck führt. Von unten der Druck der Basis in Bewegungen, Vierteln und Betrieben, der sich nicht mehr in die alten Organisationen kanalisieren lässt. Eine Lösung zugunsten der oppositionellen Organisationsformen ist nicht absehbar. Mittelfristig mag Berni Kelb Recht haben, was einen Kairós des 21. Jahrhunderts betrifft.

«*Die Führungen, die Apparate von Massenorganisationen, pflegen in einer revolutionären Situation ihrer Aufgabe, die Aktionen von Massen zu koordinieren, nicht nachzukommen (um es vorsichtig auszudrücken). Dann sind unsere Genossen da. Sie haben die notwendigen Verbindungen, Kontakte und Hilfsmittel.»* (ebd.: 78)

Verbindungen, Kontakte und Hilfsmittel müssen aber im Vorhinein vorbereitet werden. Kurzfristig werden Bewegungen die Parteienhegemonie, Betriebsgruppen die Dominanz der Gewerkschaften und Basisorganisationen die Anpassung der Genossenschaften nicht brechen.

Die Aufgabe der Betriebs-, Bewegungs- und Basisorganisationen ist heute vorbereitend, wie der Situationist Guy Debord (1931–1992) es bereits vor dem Kairós von 1968 formulierte: *«Die Herausbildung der proletarischen Klasse als Subjekt ist die Organisation der revolutionären Kämpfe und die Organisation der Gesellschaft im revolutionären Augenblick: hier müssen die praktischen Bedingungen des Bewußtseins vorhanden sein, in denen sich die Theorie der Praxis bestätigt, indem sie zu praktischer Theorie wird.»* (Debord 1967: 74) Wenn die Parteien nicht mehr weiter wissen, können Bewegungen in echte Räte übergehen. Wenn Besetzungen und Aneignungen durch Basisorganisationen in den Vierteln flächendeckend werden, wäre Genossenschaftlichkeit keine Nische auf dem Markt mehr. Wenn die Opposition in den Gewerkschaften die Sozialpartnerschaft aushebelt, würden Betriebsorganisationen mehr als Stachel im Sitzfleisch der Gewerkschaften sein können. Erst im Kairós, der stets Krise des Alten, Konzentration von Kräften und Konstitution des Neuen ist, treten die Bewegungs-, Betriebs- und Basisorganisationen aus dem Schatten der drei Säulen von Partei, Gewerkschaft und Genossenschaft.

Bis dahin stellen sich vor allem zwei Fragen: Wie können sich die oppositionellen Organisationsformen gegenüber den traditionellen Organisationsformen behaupten? Welche Art Beziehungen sollen Basisorganisationen zu den Organisationsapparaten aufnehmen? Um die zweite Frage zuerst zu beantworten, wäre es nützlich, wenn die radikalen Ansätze auch in den reformorientierten Organisationen wirksam würden. Bewegungen und Bewegungsorganisationen sollten sich mit rebellischen Fraktionen in Parteien vernetzen, Betriebsorganisationen könnten auch die Gewerkschaftsopposition stärken und Basisorganisationen den Genossenschaftsgedanken für sich aufgreifen. Auch andere Querverbindungen, wie z. B. 2020 die Zusammenarbeit der Bewegung Fridays for Future mit der Gewerkschaft ver.di bei Fragen einer klimapolitischen Verkehrswende, sind denkbar.

Zweitens wäre es wichtig, dass Betriebsgruppen, Bewegungen und Basisorganisationen einen Grad der Vernetzung erreichen würden, welcher der dominanten Verfilzung von Gewerkschaften, Parteien und Genossenschaften Paroli bieten könnte. Neben Tradition, Ressourcen und Verankerung ist es schließlich auch deren gegenseitige Anerkennung, die sie politisch dominant macht. Menschen aus Parteien debattieren am liebsten mit Menschen aus Parteien, Gewerkschaften und Kapitalverbände werden in einen allgemeinen Konsens eingebunden, Bewegungen werden ebenfalls über Verbände repräsentiert und integriert. Will sich die gesellschaftliche Opposition gegen Kapitalismus und Rassismus, Sexismus und autoritäre Staatlichkeit, Raubbau und Sozialabbau behaupten, so bräuchte sie eine verbindende Organisation. Hierzu eine vage Skizze:

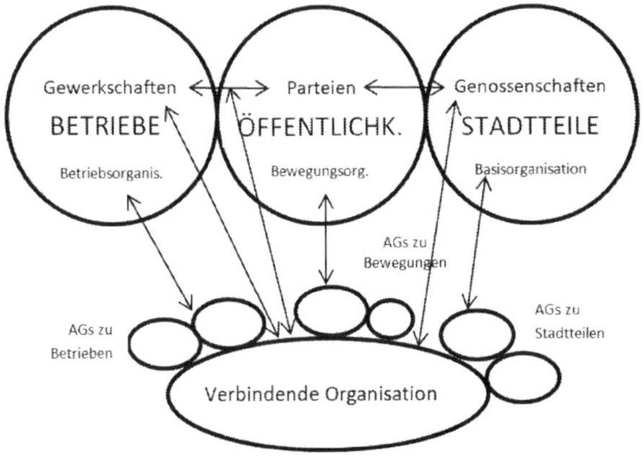

Eine verbindende Organisation müsste in der Lage sein, durch thematische AGs an den Kämpfen in den Betrieben, in der Öffentlichkeit und in den Stadtteilen teilzuhaben und zugleich Erfahrungen und Ressourcen zu bündeln. Sie wäre in allen Sphären präsent. So könnten z. B. Recht-auf-Stadt-AGs sowohl in Basisorganisationen im Stadtteil mitmischen als auch Kontakte zu Genossenschaften pflegen, deren Strukturen etwa bei der Legalisierung von besetzten Häusern oder besetzten Betrieben hilfreich sind. Soziale-Kämpfe-AGs sollten Betriebsorganisationen unterstützen, die ihrerseits eine Gewerkschaftsopposition mit aufbauen, welche die Gewerkschaften antreibt. Weiterhin müssten z. B. Klima-AGs der verbindenden Organisation in der Klimagerechtigkeitsbewegung wirken, um hier mit Wissen, Know-How und Ressourcen einen Gegenpol zu Parteienfixierung zu bieten. Die Stärken verschiedener Ansätze, etwa der zivile Ungehorsam von Bewegungen, sind zu koordinieren, ihre Schwächen, z. B. die Unstetigkeit von Bewegungen, wären auszugleichen. Persönlich riskante Praktiken, wie der Aufbau von Betriebsorganisationen, oder zeitraubende Praktiken, wie der Aufbau von Basisorganisationen, würden durch Unterstützung bzw. Arbeitsteilung strategisch berechenbarer. Sollte eine kommende, verbindende Organisation in der Lage sein, soziale Kämpfe zu bündeln, darf sie sich doch nicht zum Fetisch werden. Jede Organisation ist nur zeitweilig gut. «*In dem revolutionären Augenblick der Auflösung der gesellschaftlichen Trennung muß diese Organisation ihre eigene Auflösung als getrennte Organisation anerkennen*» (Debord 1967: 106) schrieb Guy Debord und betrieb im Kairós 1968 sofort die Auflösung seiner Künster-Internationale. Heute fehlt, obwohl in der Weltkrise von Armut, Flucht, Klimaerhitzung und Patriarchat die Weltrepublik nötige Utopie ist, eine echte Internationale, die der Bezugspunkt von Theorie, Organisation und Praxis sein muss.

9. Literatur

Siglen

Bloch, Ernst (1985): Werkausgabe, Frankfurt a. M.

GDU 1: Geist der Utopie. Erste Fassung, 1918.

GDU 2: Geist der Utopie. Zweite Fassung, 1923.

Marcuse, Herbert (2004): Schriften, Springe.

Schriften, Band 5: Triebstruktur und Gesellschaft, 1955/1965.

Schriften, Band 6: Die Gesellschaftslehre des sowjetischen Marxismus, 1958/1974.

Schriften, Band 7: Der eindimensionale Mensch, 1964.

Schriften, Band 8a: Repressive Toleranz, 1965, S. 136-166.

Schriften, Band 8b: Freiheit und Notwendigkeit – Bemerkungen zur Neubestimmung, 1968, 227-236.

Schriften, Band 8c: Versuch über die Befreiung, 1969, S. 237-317.

Schriften, Band 8d: Zum Begriff der Negation in der Dialektik, 1966, S. 194-199.

Schriften, Band 9a: Konterrevolution und Revolte, 1972, S. 7-128.

Schriften, Band 9b: Theorie und Praxis, 1974, S. 143-158.

Schriften, Band 9c: Scheitern der Neuen Linken?, 1975, S. 159-170.

Schriften, Band 9d: USA, Organisationsfrage und revolutionäres Subjekt, 1970, S. 171-189.

Schriften, Band 9e: Marxismus und Feminismus, 1974, S. 131-142.

Nachgelassene Schriften (1999), Band 1: Das Schicksal der bürgerlichen Demokratie, Jenseits des Eindimensionalen Menschen, 1965, S. 67-80.

Nachgelassene Schriften (2004), Band 4: Die Studentenbewegung und ihre Folgen, Analyse eines Exempels, 1966, 55-74.

Marcuse, Herbert (1974/2017): Vorlesungen zum eindimensionalen Menschen, in: Lisa Doppler / Peter-Erwin Jansen / Alexander Neupert-Doppler (Hg.): Kapitalismus und Opposition, Springe.

Marcuse, Herbert (1969): Befreiung von der Überflußgesellschaft, in: David Cooper (Hg.): Dialektik der Befreiung, Hamburg, S. 90-101.

Marcuse, Herbert (1967/1980): Das Ende der Utopie – Voträge und Diskussionen in Berlin 1967, Frankfurt a. M.

Marcuse, Herbert (1964): Nachwort, in: Walter Benjamin – Zur Kritik der Gewalt, Frankfurt a. M., S. 97-107.

MEW: Marx, Karl und Friedrich Engels (1956ff.): Marx-Engels-Werke, Berlin.

MEW 25 Marx/Engels (Hg.). Das Kapital – Kritik der politischen Ökonomie, 3. Band, 1894.

MEW 22: Engels. Einleitung [zu Marx» Klassenkämpfe in Frankreich 1848-1850], 1895, S. 509-527.

MEW 19: Marx. Kritik des Gothaer Programms, 1875 (1890-91), S. 13–32.

MEW 18: Engels. Zur Wohnungsfrage, 1871/1873, S. 209-287.

MEW 17: Marx. Der Bürgerkrieg in Frankreich. Adresse des Generalrats der Internationalen Arbeiterassoziation, 1871, S. 319-365.

MEW 16: Marx. Inauguraladresse der Internationalen Arbeiter-Assoziation, 1864, S. 5-13.

MEW 4: Marx und Engels. Manifest der kommunistischen Partei, 1848, S. 459-493.

1. O-Frage

Basisgruppe Antifaschismus Bremen (2012): Der Klassenkampf und die Kommunist*Innen. Ein Strategievorschlag, online: http://basisgruppe-antifa.org/wp/2012/07/10/der-klassenkampf-und-die-kommunistinnen-ein-strategievorschlag/ (zuletzt eingesehen am 06.11.2020)

Brie, Michael (2019): Rosa Luxemburg neu entdecken – Ein hellblaues Bändchen zu «Freiheit für den Feind! Demokratie und Sozialismus», Hamburg.

Candeias, Mario (2012): An der Problematik vorbei – Eine Antwort auf «Kommse rein, könnse rausgucken» in: ak – analyse & kritik Nr. 574.

Fuchs, Dana / Muck, Christoph (2019): Antifa heißt Anruf – Organizing als Strategie gegen Rechts, Münster.

Gingold, Peter (2009/2017): Paris – Boulevard St. Martin No. 11 – Ein jüdischer Antifaschist und Kommunist in der Resistance und der Bundesrepublik, Köln.

Gruppe Internationaler Kommunisten Hollands (1935/1971): Das Werden einer neuen Arbeiterbewegung (von Canne Meijer), in: Gruppe Internationaler Kommunisten Hollands, Grundprinzipien kommunistischer Produktion und Verteilung, Intelligenz im Klassenkampf und andere Schriften, Hamburg, S. 139-167.

Kühl, Stefan (2011): Organisationen – Eine sehr kurze Einführung, Wiesbaden.

Lukács, Georg (1922/1967): Methodisches zur Organisationsfrage, in: Die Organisation im Klassenkampf – Archiv sozialistischer Literatur 7, Frankfurt a.M., S. I.-XLIX

Michels, Robert (1911): Zur Soziologie des Parteiwesens, Leipzig.

Neupert-Doppler, Alexander (2019): Die Gelegenheit ergreifen – Eine politische Philosophie des Kairós, Wien.
Neupert-Doppler, Alexander (2015): Utopie – Vom Roman zur Denkfigur, Stuttgart.
Neupert, Alexander (2013): Staatsfetischismus – Zur Rekonstruktion eines umstrittenen Begriffs, Münster.
Scheiffele, Peter (2011): Hegemonie und Organisation – Zum Organisationsverständnis von Antonio Gramsci – eine kritische Annäherung, in: Michael Bruch / Wolfram Schaffar / Peter Scheiffele (Hg.): Organisation und Kritik, Münster, S. 41-73.
Stickler, Armin (2011): Organisation und soziale Bewegung, in: Michael Bruch / Wolfram Schaffar / Peter Scheiffele (Hg.): Organisation und Kritik, Münster, S. 105-136.

2. Partei

Agnoli, Johannes (1983): Zwischen Bewegung und Institition, in: Wolfgang Kraushaar (Hg.): Was sollen die Grünen im Parlament? Frankfurt a.M., S. 120-128.
Agnoli, Johannes (1967/2004): Die Transformation der Demokratie, Hamburg.
Anton, Daniel und Spöri, Dirk (2018): Wie DIE LINKE in Freiburg eines ihrer besten Wahlergebnisse seit ihrer Gründung erzielte, in: Marx21 (Hg.): Was tun? Wie die Linkspartei die Republik aufmischen kann, Berlin, S. 155-157.
Barfuss, Thomas / Jehle, Peter (2014): Antonio Gramsci zur Einführung, Hamburg.
Benicke, Jens (2019): Die K-Gruppen – Entstehung – Entwicklung – Niedergang, Wiesbaden.
Bieligk, Fritz / Eckstein, Ernst / Jensen, Otto / Laumann, Kurt / Wagner, Helmut (1931/1967): Die Organisation im Klassenkampf, in: Archiv sozialistischer Literatur 7, Frankfurt a. M.
Bock, Violetta / Goes, Thomas E. (2017): Ein unanständiges Angebot? Mit linkem Populismus gegen Eliten und Rechte, Köln.
Bois, Marcel (2014): Die Einheitsfront der KPD in der Weimarer Republik, in: theorie 21/Best of KPD – Linke Organisierung damals und heute, Berlin, S. 31-54.
Bornost, Stefan (2014): Der Weg zur KPD, in: theorie 21/Best of KPD, Berlin, S. 11-30.
Brie, Michael (2019): Rosa Luxemburg neu entdecken – Ein hellblaues Bändchen zu «Freiheit für den Feind! Demokratie und Sozialismus», Hamburg.
Dannemann, Rüdiger (2018): Georg Lukacs» Verdinglichungstheorie und die Idee des Sozialismus, in Pickford, Henry / Schiller Hans-Ernst (Hg.): Der aufrechte Gang im windschiefen Kapitalismus – Modelle kritischen Denkens, S. 37-66.

Dannemann, Rüdiger (2015): Das unabgeschlossene Projekt der Verdinglichungskritik, in: Hanno Plass (Hg.): Klasse, Geschichte, Bewusstsein – Was bleibt von Georg Lukács Theorie?, Berlin, S. 105-154.

Ditfurth, Jutta (2011): Krieg, Atom, Armut. Was sie reden, was sie tun: Die Grünen, Berlin.

Ebermann, Thomas (2014): Wir dachten damals, wir könnten den Tiger reiten – Gespräch über die Grünen und die integrative Kraft des Staates; online: https://www.prager-fruehling-magazin.de/de/article/1119.wir-dachten-damals-wir-k%C3%B6nnten-den-tiger-reiten.html (zuletzt eingesehen am 6.11.2020)

Ebermann, Thomas / Trampert, Rainer (1984): Die Zukunft der Grünen – Ein realistisches Konzept für eine radikale Partei, Hamburg.

Falter, Jürgen W. / Klein, Markus (2003): Der lange Weg der Grünen, München.

Felfe, Edeltraud (2016): Regierungsbeteiligung als Dogma? PDL/LP in Mecklenburg-Vorpommern, in: Thies Gleiss et. al. (Hg.): Nach Goldschätzen graben, Regenwürmer finden – Die Linke und das Regieren, S. 128-138.

Flechtheim, Ossip K. (1986): Rosa Luxemburg zur Einführung, Hamburg.

GDV (1999): Gegen das Vergessen – Sozialrevolutionärer Widerstand und Verweigerung in Deutschland, Münster.

Gramsci, Antonio (2013): «Politische Führung durch eine Klasse vor und nach Regierungsantritt»/Heft 1 § 44, in: Gramsci lesen – Einstiege in die Gefängnishefte, Berlin.

Gramsci, Antonio (1967): Fetischismus, in: Philosophie der Praxis - Eine Auswahl, Frankfurt a.M. S. 365- 367.

Gramsci, Antonio (1967): Kollektivmensch oder gesellschaftlicher Konformismus, in: Philosophie der Praxis – Eine Auswahl, Frankfurt a.M. S. 355-356.

Gramsci, Antonio (1967): Einige theoretische und praktische Aspekte des Ökonomismus, in: ebd., S. 309-319.

Gramsci, Antonio (1967): Antonio Labriola, in: ebd.: S.182-183.

Gramsci, Antonio (1967): Beziehungen zwischen Wissenschaft, Religion, Alltagsverstand, in: ebd., S. 132-147.

Gramsci, Antonio (1967): Für eine Erneuerung der Sozialistischen Partei, in: ebd., S. 57-64.

Grigat, Stephan (2007): Fetisch und Freiheit – Über die Rezeption der Marxschen Fetischkritik, die Emanzipation von Staat und Kapital und die Kritik des Antisemitismus, Freiburg.

Grüne/Bündnis 90 (1998): Grün ist der Wechsel, Programm zur Bundestagwahl 1998.

Haffner, Sebastian (1991): Die deutsche Revolution 1918/1919, München.

Haug, Frigga (2007): Rosa Luxemburg und die Kunst der Politik, Berlin.
Hirsch, Joachim (2011): «Kapitalismus aufbrechen» - aber wie?, in: Das Argument 291, online: www.inkrit.de/argument/archiv/DA291/DA291_hirsch.pdf (zuletzt eingesehen am 18.9.2012).
Hirsch, Joachim (2010): Tote Hunde wecken?, in: Arranca 24, online: http://arranca.org/ausgabe/24/tote-hunde-wecken (zuletzt eingesehen am 06.11.2020).
Hirsch, Joachim (2005): Materialistische Staatstheorie – Transformationsprozesse des kapitalistischen Staatensystems, Hamburg.
Hirsch, Joachim (2003): Macht und Anti-Macht - Zu John Holloways Buch «Die Welt verandern, ohne die Macht zu ubernehmen», online: http://www.linksnetz.de/K_texte/K_hirsch_holloway.html (eingesehen am 18.9.2012).
Hirsch, Joachim (1998): Vom Sicherheitsstaat zum nationalen Wettbewerbsstaat, Berlin.
Hirsch, Joachim (1980): Alternativbewegung – eine politische Alternative? In: Roth, Roland (Hg.): Parlamentarisches Ritual und politische Alternativem, Frankfurt a.M., S. 121-146.
Hoff, Benjamin Immanuel (2014): Die Linke: Partei neuen Typs? Milieus – Strömungen – Parteireform, Hamburg.
Horkheimer, Max & Adorno, Theodor W. (1956/1988): Diskussion über Theorie und Praxis, in Horkheimer Gesammelte Schriften, Band 13 der Nachgelassenen Schriften 1949-1972, Frankfurt a. M., S. 32-72.
Kipping, Katja / Riexinger, Bernd (2013): Verankern, verbreiten, verbinden - Projekt Parteientwicklung. Eine strategische Orientierung für DIE LINKE, online: https://www.die-linke.de/partei/ueber-uns/parteientwicklung/verankern-verbreiten (zuletzt eingesehen am 06.11.2020).
Kirchheimer, Otto (1965): Der Wandel des westdeutschen Parteisystems, in: Politische Vierteljahresschrift, Jahrgang 6, S. 20-41.
Lenin, W.I.U. (1920/1968): Der «linke Radikalismus» als die Kinderankheit des Kommunismus, Berlin.
Lieberam, Ekkehard (2016): «Meilenstein linker Politik» oder Neoliberalismus mit menschlichem Antlitz – Die Linke in Thüringen, in: Thies Gleiss et. al. (Hg.): Nach Goldschätzen graben, Regenwürmer finden – Die Linke und das Regieren, S. 179-190.
Ludwig, Claus (2016): Die LINKE als Zünglein an der Waage – Erfahrungen als parlamentarische Opposition einer rot-grünen Minderheitsregierung in NRW, in: Thies Gleiss et. al. (Hg.): Nach Goldschätzen graben, Regenwürmer finden – Die Linke und das Regieren, S. 160-169.
Lukács, Georg (1971/1981): Gelebtes Denken – Eine Autobiographie im Dialog, Frankfurt a.M.
Lukács, Georg (1967): Grundlegendes zu einer wissenschaftlichen Politik – Gespräch mit Wolfgang Abendroth, in: Gespräche mit Georg Lukács, Hamburg, S. 64-94.

Lukács, Georg (1923/1970a): Legalität und Illegalität, in: Geschichte und Klassenbewußtsein, München, S. 401-421.

Lukács, Georg (1923/1970b): Was ist orthodoxer Marxismus, in: Geschichte und Klassenbewußtsein, München, S. 58-93.

Lukács, Georg (1923/1970c): Rosa Luxemburg als Marxist, in: Geschichte und Klassenbewußtsein, München, S. 94-118.

Lukács, Georg (1922/1967): Methodisches zur Organisationsfrage, in: Die Organisation im Klassenkampf – Archiv sozialistischer Literatur 7, Frankfurt, S. I.-XLIX

Lukács, Georg (1920/1968): Zur Frage der Parlamentarismus, in: Projektgruppe Räte (Hg.): Parlamentarismusdebatte, Berlin, S. 66-77.

Lukács, Georg (1921): «Organisatorische Fragen der revolutionären Initiative», in: Schwarze Presse, S. 144-154.

Lukács, Georg (1920a/1967): Opportunismus und Putschismus, in: Lukács – Frühe Aufsätze, S. 112-120.

Lukács, Georg (1920b/1967): Die Krise des Syndikalismus in Italien, in: Lukács – Frühe Aufsätze, S. 121-130.

Lukács, Georg (1919/1970): Was ist orthodoxer Marxismus?, in: Geschichte und Klassenbewußtsein, München, S. 58-93.

Lukács, Georg (1919): Partei und Klasse, in: Schwarze Presse, S. 30-40.

Luxemburg, Rosa (1922/1970): Die russische Revolution, in: Schriften zur Theorie der Spontaneität, Hamburg, S. 164-193.

Luxemburg, Rosa (1918a): Was will der Spartakusbund?, online: https://www.marxists.org/deutsch/archiv/luxemburg/1918/12/waswill.htm (Zuletzt eingesehen am 6.11.2020)

Luxemburg, Rosa (1918b): Reden für die Beteiligung der KPD an den Wahlen und gegen eine wirtschaftlich-politische Einheitsorganisation (Ausschnitte), online: https://arbeiterstimmen.wordpress.com/2018/11/19/buergerlich-parlementarische-demokratie-oder-proletarische-raeterepublik-konterrevolution/#__RefHeading___Toc808_1364846945 (zuletzt eingesehen am 6.11.2020) [auch: GW 4: S. 483].

Luxemburg, Rosa (1913): Das Offiziösentum der Theorie, online: https://www.marxists.org/deutsch/archiv/luxemburg/1913/offiz/index.htm (zuletzt eingesehen am 6.11.2020) [auch: GW 3: S. 300-321].

Luxemburg, Rosa (1906/1970): Massenstreik, Partei und Gewerkschaften, in: Schriften zur Theorie der Spontaneität, Hamburg, S. 89-161.

Luxemburg, Rosa (1905): Die Revolution in Russland, online: https://sites.google.com/site/sozialistischeklassiker2punkt0/luxemburg/luxemburg-revolution-1905/rosa-luxemburg-die-revolution-in-russland-c (zuletzt eingesehen am 06.11.2020)

Luxemburg, Rosa (1904/1970): Organisationsfragen der russischen Sozialdemokratie, in: Schriften zur Theorie der Spontaneität, Hamburg, S. 69-88.

Luxemburg, Rosa (1903): Karl Marx, online: https://www.marxists.org/deutsch/archiv/luxemburg/1903/03/marx1.htm (zuletzt eingesehen am 06.11.2020) [auch: GW 1, 2.Hlbd., S.369–377]

Luxemburg, Rosa (1899/2009): Sozialreform oder Revolution? Mit dem Anhang: Miliz und Militarismus, Zittau.

Luxemburg, Rosa (1899/2005): Friedlicher Weg zum Sozialismus? Eine taktische Frage, in: Fritz Keller / Stefan Kraft (Hg.): Rosa Luxemburg – Denken und Leben einer Revolutionärin, Wien, S. 135-137. [Auch: GW 1.1: 483-486.]

Luxemburg, Rosa (1898): Possibilismus und Opportunismus, online: https://www.marxists.org/deutsch/archiv/luxemburg/1898/09/possopp.html (zuletzt eingesehen am 06.11.2020) [auch: GW 1.1: 228-230]

Luxemburg, Rosa (1893): Bericht an den III. Internationalen Sozialistischen Arbeiterkongress in Zürich 1893 über den Stand der sozialdemokratischen Bewegung in Russisch-Polen 1889-1893, online: https://sites.google.com/site/sozialistischeklassiker2punkt0/luxemburg/luxemburg/rosa-luxemburg-bericht-an-den-iii-internationalen-sozialistischen-kongress (zuletzt eingesehen am 06.11.2020) [auch: GW 1: 7].

Malanowski, Wolfgang (1968): Revolution – Die Rolle der SPD 1918, Hamburg.

Mammat, Hanna / Brohaska, Farina / Stuhlfauth, Nicolas (2018): Wie die LINKE vor Ort zur Mitmach-Partei wird, in: Marx21 (Hg.): Was tun? Wie die Linkspartei die Republik aufmischen kann, Berlin, S. 155-157.

Mosler, Volkhard (2014): Die Gewerkschaftspolitik der frühen KPD (1919-1923), in: theorie 21/Best of KPD – Linke Organisierung damals und heute, Berlin, S. 255-286.

Müller, Wolfgang u. Christel Neusus (1971) : Die Sozialstaatsillusion und der Widerspruch von Lohnarbeit und Kapital, in: PROKLA Sonderheft 1, Berlin, 7-70.

Narr, Wolf-Dieter (1980): Realpolitik u. Wirklichkeitsverfehlung in der Bundesrepublik Deutschland, In: Roth, Roland (Hg.): Parlamentarisches Ritual und politische Alternativen, Frankfurt a.M., S. 13-25.

Negt, Oskar (1980): Alternative Politikformen als politische Alternative? In: Roth, Roland (Hg.): Parlamentarisches Ritual und politische Alternativen, Frankfurt a.M., S. 147-178.

Neubert, Harald (2001): Antonio Gramsci – Hegemonie, Zivilgesellschaft, Partei, Hamburg.

Neupert, Alexander (2013): Staatsfetischismus – Zur Rekonstruktion eines umstrittenen Begriffs, Münster.

Offe, Claus (2001): Wessen Wohl ist das Gemeinwohl?, in Klaus Gunther / Lutz Wingert (Hg.): Die Öffentlichkeit der Vernunft und die Vernunft der Öffentlichkeit, Frankfurt a. M., S. 459-489.

Pannekoek, Anton (1946/2012): 5 Thesen über den Kampf der Arbeiterklasse gegen den Kapitalismus, Osnabrück.

Pannekoek, Anton (1920/1974): Weltrevolution und kommunistische Taktik, in: Hans-Manfred Bock(Hg.): A. Pannekoek, H. Gorter – Organisation und Taktik der proletarischen Revolution, Frankfurt am Main.

Pannekoek, Anton (1909/1972): Die taktischen Differenzen in der Arbeiterbewegung, Frankfurt a. M.

Partei Die Linke (2011): Programm.

Redler, Lucy (2016): «Normale kapitalistische Entwicklung» – Zehn Jahre Rot-Rot in Berlin, in: Thies Gleiss et. al. (Hg.): Nach Goldschätzen graben, Regenwürmer finden – Die Linke und das Regieren, Köln, S. 139-149.

Riexinger, Bernd (2018): Neue Klassenpolitik – Solidarität der Vielen statt Herrschaft der Wenigen, Hamburg.

Rucht, Dieter (1998): Die Ereignisse von 1968 als soziale Bewegung, in: Ingrid Gilcher-Holthey, Ingrid (Hg.): 1968, Göttingen, S. 116-130.

Schmidt, Carsten (2014): Die Befreiung der Frau und die KPD, in: theorie 21/Best of KPD – Linke Organisierung damals und heute, Berlin, S. 173-218.

Schnell, Lucia / Wurdack, Irmgard (2018): Besser opponieren als mitregieren – Rot/Rot in Berlin 2001-2011, in: Marx21 (Hg.): Was tun? Wie die Linkspartei die Republik aufmischen kann, Berlin,S. 73-92.

Sozialdemokratische Partei Deutschlands (1998): SPD-Programm für die Bundestagswahl 1998.

Strohschneider, Tom (2014): Linke Mehrheit? Über rot-rot-grün, politische Bündnisse und Hegemonie, Hamburg.

Treude, Marc und Klein, Wolfram (2016): «um sie in die Regierung der herrschenden Arbeiterklasse zu verwandeln» – Rosa Luxemburg und die Frage der Regierungsbeteiligung, in: Thies Gleiss et. al. (Hg.): Nach Goldschätzen graben, Regenwürmer finden – Die Linke und das Regieren, Köln, S. 11-21.

Timms, Yusuf (2014): Die KPD und die Krise der Weltrevolution, in: theorie 21/Best of KPD – Linke Organisierung damals und heute, Berlin, S. 229-254.

Wilde, Florian (2014): Thesen zur historischen Bedeutung der Einheitsfrontpolitik, in: theorie 21/Best of KPD – Linke Organisierung damals und heute, Berlin, S. 55-62.

Wolf, Harald (2019): Die Wehtu-Frage: Wie hältst Du es mit einer Regierungsbeteiligung der Linken im Bund? / Gespräch mit Janine Wissler in: Luxemburg 3/2019, S. 124-129.

Zehetmair, Sebastian (2014): Paul Levi – Deutchlands verlorener Bolschewik, in: theorie 21/Best of KPD – Linke Organisierung damals und heute, Berlin, S. 255-286.

3. Genossenschaft

Agartz, Viktor (1947): Neue Formen der Wirtschaft, in: Weinzen, Hans Willi (1985): Viktor Agartz – Partei, Gewerkschaft und Genossenschaft, Frankfurt a. M., S. 105-117.

Agartz, Viktor (1923): Genossenschaft und Wirtschaft, in: Weinzen, Hans Willi (1985): Viktor Agartz – Partei, Gewerkschaft und Genossenschaft, Frankfurt a. M., S. 102-104.

Buber, Martin (1945/1967): Der utopische Sozialismus, Köln.

Bock, Hans-Manfred (1969/1993): Syndikalismus und Linkskommunismus von 1918 bis 1923 – Ein Beitrag zur Sozial- und Ideengeschichte der frühen Weimarer Republik, Darmstadt.

Bröckers, Mathias (2017a): Einer für alle, alle für einen – Visionäre, Vordenker, Gründer, in: Konny Gellenbeck, (Hg.): Wie wir mit Genossenschaften den Kapitalismus überwinden, Frankfurt a.M., S. 85-95.

Bröckers, Mathias (2017b): Gemeinsam geht's besser, in: Konny Gellenbeck (Hg.): Wie wir mit Genossenschaften den Kapitalismus überwinden, Frankfurt a.M., S. 50-56. Gellenbeck, Konny (2017): Gewinn für alle, in: Wie wir mit Genossenschaften den Kapitalismus überwinden, Frankfurt a.M., S. 7-20.

Haffner, Sebastian (1991): Die deutsche Revolution 1918/1919, München.

Habermann, Friederike (2009): Halbinseln gegen den Strom – Anders leben und wirtschaften im Alltag, Sulzbach/Taunus.

Hirsch, Joachim (1980): Alternativbewegung – eine politische Alternative? In: Roth, Roland (Hg.): Parlamentarisches Ritual und politische Alternativen, Frankfurt a.M., S. 121-146.

Landauer, Gustav (1913): Die drei Flugblätter des Sozialistischen Bundes, in: Der Sozialist. Organ des Sozialistischen Bundes, Jg. V, Nr. 24, S. 185-190. online: https://www.anarchismus.at/anarchistische-klassiker/gustav-landauer/103-gustav-landauer-drei-flugblaetter (zuletzt eingesehen am 06.11.2020).

Landauer, Gustav (1911/1978): Aufruf zum Sozialismus, Wetzlar.

Landauer, Gustav (1910): Sozialismus und Genossenschaft, in: Der Sozialist. Organ des Sozialistischen Bundes, Jg. II, Nr.20, online: https://www.anarchismus.at/anarchistische-klassiker/gustav-landauer/7142-gustav-landauer-sozialismus-und-genossenschaft (zuletzt eingesehen am 06.11.2020).

Landauer, Gustav (1908): Die 12 Artikel des Sozialistischen Bundes, online: Der Sozialist. Organ des Sozialistischen Bundes,

15.06.1910, http://raumgegenzement.blogsport.de/2009/12/22/gustav-landauer-die-zwoelf-artikel-des-sozialistischen-bundes-19081912/ (zuletzt eingesehen am 06.11.2020).

Landauer, Gustav (1907/2003): Die Revolution, Münster.

Ludwig, Claus (2013): Genossenschaften und Sozialismus – Mittel zur Überwindung des Kapitalismus? Berlin.

Luxemburg, Rosa (1906/1970): Massenstreik, Partei und Gewerkschaften, in: Schriften zur Theorie der Spontaneität, Hamburg, S. 89-161.

Morus, Thomas (1516/1998): Utopia, in: Grassi, Ernesto (Hg.): Der utopische Staat, Hamburg.

Neumann, Arndt (2017): Wir leben anders, in Konny Gellenbeck (Hg.): Wie wir mit Genossenschaften den Kapitalismus überwinden, Frankfurt a.M., S. 137-151.

Neupert-Doppler (2015): Utopie – Vom Roman zur Denkfigur, Stuttgart.

Neupert, Alexander (2013): Staatsfetischismus – Zur Rekonstruktion eines umstrittenen Begriffs, Münster.

Notz, Gisela (2012): Theorien alternativen Wirtschaftens – Fenster in eine andere Welt, Stuttgart.

Owen, Robert (1827): Das soziale System, in: Jauch, Liane und Römer, Marie-Luise (Hg.) (1988): Robert Owen – Das soziale System, Leipzig. Projekt-A-Gruppe Marburg (1992/2019): Projekt A – Was ist das eigentlich? Bodenburg, S. 216-230.

Renner, Karl (1929): Wege der Verwirklichung – Betrachtungen über politische Demokratie, Wirtschaftsdemokratie und Sozialismus, Berlin.

Rost, Stefan (2012): Das Mietshäuser-Syndikat, online: https://band1.dieweltdercommons.de/essays/stefan-rost-das-mietshauser-syndikat/ in: Helfrich, Silke (2012): Commons – Für eine neue Politik jenseits von Markt und Staat, Bielefeld, S. 285-287 (zuletzt eingesehen am 06.11.2020).

Stowasser, Horst (1993/2019): Aktuelle Beilage zum Projekt-A-Buch, Bodenburg, S. 232-240.

Stowasser, Horst (1992/2019): Das Projekt A vorwärts und rückwärts, Bodenburg, S. 196-214.

Stowasser, Horst (1985/2019): Das Projekt A, Bodenburg, S. 13-195.

Weinzen, Hans Willi (1985): Ein vergessener Sozialist? Weg und Ziel des Viktor Agartz – Eine Einführung, in: Viktor Agartz – Partei, Gewerkschaft und Genossenschaft, Frankfurt a. M., S. 5-49.

Wolf, Siegbert (1988): Gustav Landauer zur Einführung, Hamburg.

4. Gewerkschaft

AG 30 Jahre FAU (2007): FAU – Die ersten 30 Jahre – 1977-2007, Hamburg/Moers/Lich.

Altvater, Elmar / Armanski, Gerd / Funke, Hajo / Heimann, Siegfried / Hoffmann, Jürgen / Neusüß, Christel / Rabehl, Bernd (1973): Sozialistische Gewerkschaftsarbeit und «Revolutionäre Gewerkschaftsopposition» – Probleme und Perspektiven sozialistischer Gewerkschaftsarbeit und ihre organisatorische Scheinlösung in der RGO, in Prokla 8/9, S. 145-160.

Bergmann, Theodor (2013): Einheitsgewerkschaft, in: Jacob Burkhard (Hg.): DGB heute – Ordnungsfaktor, Gegenmacht, Auslaufmodell? Bonn, S. 50-59.

Berger, D. / Kesten, Dietmar (2012): Die Gründungsdokumente der «Revolutionären Gewerkschafts-Opposition» (RGO) in: Materialien zur Analyse von Opposition, online: https://www.mao-projekt.de/BRD/DGB/GRM/RGO_Gruendungsdokumente.shtml (zuletzt eingesehen am 06.11.2020).

Bewernitz, Torsten (2019): Syndikalismus und neue Klassenpolitik – Eine Streitschrift, Berlin.

Bigus, Achim (2013): Betriebsratsarbeit zwischen Mitbestimmung und «Betriebsfrieden», in: Jacob

Burkhard (Hg.): DGB heute – Ordnungsfaktor, Gegenmacht, Auslaufmodell? Bonn, S. 120-137.

Bock, Hans-Manfred (1969/1993): Syndikalismus und Linkskommunismus von 1918 bis 1923 – Ein Beitrag zur Sozial- und Ideengeschichte der frühen Weimarer Republik, Darmstadt.

Bormann, Sarah / Jungehülsing, Jenny (2015): Transnationale Solidarität als Prozess denken, in: Sarah Bormann et.al. (Hg.): Last call for Solidarity – Perspektiven grenzüberschreitenden Handelns von Gewerkschaften, Hamburg, S. 15-39.

Buhl, Manfred (1983): Sozialistische Gewerkschaftsarbeit zwischen programmatischem Anspruch und politischer Praxis, Köln.

Danyluk, Roman (2012): Rätebewegung, Arbeiterautonomie und Syndikalismus, Lich.

Deppe, Frank (2013): Gewerkschaften im Wandel der Zeit, in: Jacob Burkhard (Hg.): DGB heute – Ordnungsfaktor, Gegenmacht, Auslaufmodell? Bonn, S. 110-119.

Deppe, Frank / von Freyberg, Jutta / Kievenheim, Christof / Meyer, Regine / Werkmeister, Frank (1969/1972): Zur Kritik der Mitbestimmung, Frankfurt a.M.

Döhring, Helge (2017): Anarchosyndikalismus – Einführung in die Theorie und Geschichte einer internationalen, sozialistischen Arbeiterbewegung, Lich.

FAUD (1932): Unser Weg, online (zuletzt eingesehen am 06.11.2020)

anarchismus.at/texte-anarchosyndikalismus/die-historische-faud/694-freie-arbeiter-union-deutschlands-anarcho-syndikalisten-unser-weg.

Fichter, Michael (2015): Transnationale Gewerkschaftsnetzwerke im Kontext von Globalen Rahmenvereinbarungen, in: Sarah Bormann et.al. (Hg.): Last call for Solidarity – Perspektiven grenzüberschreitenden Handelns von Gewerkschaften, Hamburg, S. 107-122.

Goes, Thomas E. (2016): Aus der Krise zur Erneuerung – Gewerkschaften zwischen Sozialpartnerschaft und sozialer Bewegung, Köln.

Herod, Andrew (2015): Die Geographie globaler Produktionsnetzwerke und die Handlungsmacht von Lohnabhängigen, in: Sarah Bormann et.al. (Hg.): Last call for Solidarity – Perspektiven grenzüberschreitenden Handelns von Gewerkschaften, Hamburg, S. 85-106.

IVG (2005): Plattform der Gewerkschaftslinken, online: http://archiv.labournet.de/GewLinke/vers/kongress8/plattform2.pdf (eingesehen am 06.11.20)

Knirsch, Nina (2015): Europäische Betriebsräte – Zwischen Konkurrenz und Solidarität, in: Sarah Bormann et.al. (Hg.): Last call for Solidarity – Perspektiven grenzüberschreitenden Handelns von Gewerkschaften, Hamburg, S. 123-136.

Landauer, Gustav (1911/1978): Aufruf zum Sozialismus, Wetzlar.

Lukács, Georg (1967): Grundlegendes zu einer wissenschaftlichen Politik – Gespräch mit Wolfgang Abendroth, in: Gespräche mit Georg Lukács, Hamburg, S. 64-94.

Lukács, Georg (1920a/1967): Opportunismus und Putschismus, in: – Frühe Aufsätze, S. 112-120.

Luxemburg, Rosa (1906/1970): Massenstreik, Partei und Gewerkschaften, Hamburg, S. 89-161.

Malatesta, Errico (1925/1980): Syndikalismus und Anarchismus, Berlin, online: https://www.anarchismus.at/anarchistische-klassiker/errico-malatesta/172-errico-malatesta-syndikalismusund-anarchismus oder (2014/1922): Syndikalismus und A., S. 150-161, Münster.

Marcks, Holger (2019): Skizze eines konstruktiven Sozialismus (Teil 3): Grundlagen der Konstruktion: Das Gefüge transformatorischer Organisationen, online: https://direkteaktion.org/skizze-eines-konstruktiven-sozialismus-teil-3/

Marcks, Holger (2018): Skizze eines konstruktiven Sozialismus (Teil 1): Syndikalistische Transformationspolitik: Die Vermittlung zwischen Realität und Utopie, online: https://direkteaktion.org/skizze-eines-konstruktiven-sozialismus-teil-1/

Müller, Werner (1988): Lohnkampf, Massenstreik, Sowjetmacht – Ziele und Grenzen der «Revolutionären Gewerkschafts-Opposition» (RGO) in Deutschland 1928 bis 1933, Köln.

Nastovski, Katherine (2015): Entwicklungshilfe als internationale Gewerkschaftssolidarität?, in: Sarah Bormann et.al. (Hg.): Last call for Solidarity – Perspektiven grenzüberschreitenden Handelns von Gewerkschaften, Hamburg, S. 186-200.

Naphtali, Fritz (1928/1977): Wirtschaftsdemokratie – Ihr Wesen, Weg und Ziel, Frankfurt a.M.

Negt, Oskar (2004/2016): Wozu noch Gewerkschaften?, in: Streitschriften, Göttingen.

Riexinger, Bernd (2018): Neue Klassenpolitik – Solidarität der Vielen statt Herrschaft der Wenigen, Hamburg.

Rocker, Rudolf (1947): Die Möglichkeit einer anarchistischen und syndikalistischen Bewegung – Eine Einschätzung der Lage in Deutschland, online (zuletzt eingesehen am 31.12.20): https://anarchistischebibliothek.org/library/rudolf-rocker-die-moglichkeit-einer-anarchistischen-und-syndikalistischen-bewegung

Rocker, Rudolf (1938/1972): Anarchosyndikalismus, Köln.

Rocker, Rudolf (1925): Der Kampf ums tägliche Brot, Berlin.

Rocker, Rudolf (1919): Prinzipienerklärung des Syndikalismus, online: https://www.fau.org/materialien/historisches/art_030818-180426 (zuletzt eingesehen am 06.11.2020)

Rübner, Hartmut (1994): Freiheit und Brot – Die Freie Arbeiter-Union Deutschlands – Eine Studie zur Geschichte des Anarchosyndikalismus, Berlin/Köln.

Schneider, Michael (1989): Kleine Geschichte der Gewerkschaften – Ihre Entwicklung in Deutschland von den Anfängen bis heute, Bonn.

Schröder, Jürgen (2008): Der erste Kongress der RGO der KPD am 14.4.1973, online: https://www.mao-projekt.de/BRD/DGB/AO/KPD-RGO_Erster_Kongress.shtml

Schröder, Jürgen (2007): Von der RGO der KPD bis zum ersten Kongress, online: https://www.mao-projekt.de/BRD/DGB/AO/KPD-RGO_bis_zum_Ersten_Kongress.shtml (zuletzt eingesehen am 06.11.2020).

Schulte, Fritz (1932): Die RGO im Angriff, Berlin.

Stowasser, Horst (1986): Leben ohne Chef und Staat – Träume und Wirklichkeit der Anarchisten, Frankfurt a. M.

Urban, Hans-Jürgen (2019): Gute Arbeit in der Transformation – Über eingreifende Politik im digitalisierten Kapitalismus, Hamburg.

Viénet, Rene (1968/2012): Wütende und Situationisten in der Bewegung der Besetzungen, Berlin.

VKG (2020): Abschlusserklärung der Strategiekonferenz für kämpferische Gewerkschaften, online: https://www.vernetzung.org/abschlusserklaerung-der-strategiekonferenz-fuer-Kaempferische-gewerkschaften (zuletzt eingesehen am 06.11.2020).

Weichold, Jochen (2005): Die Union der Hand- und Kopfarbeiter Deutschlands (Räteorganisation) – ein fast vergessenes Kapitel in der Geschichte der deutschen Arbeiterbewegung, in: Jahrbuch für

Forschungen zur Geschichte der Arbeiterbewegung, Heft I/2005, Berlin. S. 99-106.

Wienand, Paul (1981): Der geborene Rebell – Rudolf Rocker – Leben und Werk, Berlin.

Wompel, Mag (2013): Hoch die internationale Wettbewerbsfähigkeit?, in: Jacob Burkhard (Hg.): DGB heute – Ordnungsfaktor, Gegenmacht, Auslaufmodell? Bonn, S. 148-163.

Zeuner, Bodo (2015): Akteure internationaler Solidarität: Gewerkschaften, NGOs und ihre Schwierigkeiten bei der Herstellung gelebter Solidarität, in: Sarah Bormann et.al. (Hg.): Last call for Solidarity – Perspektiven grenzüberschreitenden Handelns von Gewerkschaften, Hamburg, S. 54-69.

5. Betriebsorganisation

Antifa Kritik & Klassenkampf (2016): Nachwort, in: Diskus Nr. 216, Frankfurt a.M., S. 54-60.

Antifa Kritik & Klassenkampf (2015): Der kommende Aufprall – Auf der Suche nach der Reißleine in Zeiten der Krise (Strategische Überlegungen), Frankfurt a.M.

Azzellini, Dario (2018): Vom Protest zum sozialen Prozess – Betriebsbesetzungen und Arbeiten in Selbstverwaltung, Hamburg.

Arps, Jan-Ole (2011): Frühschicht – Linke Fabrikintervention in den 1970er Jahren, Berlin.

AAUE (1921): Richtlinien für die Allgemeine Arbeiter-Union / Einheitsorganisation, online: https://www.marxists.org/deutsch/geschichte/deutsch/aaud-e/1921/richtlinien.htm (zuletzt eingesehen am 06.11.2020).

Bünemann, Richard (1976): Inhalte sozialer Politik und wie sie verwirklicht werden, in: Neuorientierung/Neuorganisierung – Zur zweiten Organisationsdebatte in der BRD, Frankfurt a.M., S. 135-143.

Bock, Hans-Manfred (1969/1993): Syndikalismus und Linkskommunismus von 1918 bis 1923 – Ein Beitrag zur Sozial- und Ideengeschichte der frühen Weimarer Republik, Darmstadt.

Buro, Andreas / Vack, Klaus (1973): Sozialistisches Büro und autonome Basisgruppen – Nächste Schritte zur Zusammenarbeit, in: Sozialistisches Büro (Hg.): Für eine neue sozialistische Linke – Analysen, Strategien, Modelle, Frankfurt a.M., S. 226-232.

Danyluk, Roman (2012): Rätebewegung, Arbeiterautonomie und Syndikalismus, Lich.

Dutschke, Rudi (1981): Aufrecht gehen – Eine fragmentarische Autobiographie, Frankfurt a.M.

Dutschke, Rudi (1976a): Thesen für die Diskussion über eine geschichtlich angemessene sozialistische Organisation, in: Neuorientierung/Neuorganisierung – Zur zweiten Organisationsdebatte in der BRD, Frankfurt a.M., S. 107-109.

Dutschke, Rudi (1976b): Eine Partei neuen Inhalts und neuer Form steht zur Debatte, in: Neuorientierung/Neuorganisierung – Zur zweiten Organisationsdebatte in der BRD, Frankfurt a.M., S. 198-210.

Dutschke, Rudi (1976c): Sozialistische Neuorientierung, in: Neuorientierung/Neuorganisierung – Zur zweiten Organisationsdebatte in der BRD, Frankfurt a.M., S. 172-174.

Dutschke, Rudi (1975): Redebeitrag zur Wochenendtagung im November in Berlin, in: Neuorientierung/Neuorganisierung – Zur zweiten Organisationsdebatte in der BRD, Frankfurt a.M., S. 44-49.

Einer von den Freundinnen und Freunden der klassenlosen Gesellschaft (2016): Fragmentarisches zur Organisationsfrage, in: Diskus Nr. 216, Frankfurt a.M., S. 8-11.

Gester, Jochen / Hajek, Willi (Hg.) (2005): Sechs Tage der Selbstermächtigung – Der Streik bei Opel in Bochum Oktober 2004, Berlin.

Hans-Jürgen-Krahl-Institut (2016): Die höchste Form der Selbsttätigkeit ist ihre organisierte Form – Zur Kritik des Sozialistischen Büros, in: in: Diskus Nr. 216, Frankfurt a.M., S. 39-45.

Hoffrogge, Ralf (2018): Richard Müller – Der Mann hinter der Novemberrevolution, Berlin.

Jacoby, Henry / Herbst, Ingrid (1985): Otto Rühle zur Einführung, Hamburg.

KAPD (1920): Programm der Kommunistischen Arbeiter-Partei Deutschlands, Berlin.

Kasper, Sebastian (2019): Spontis – Eine Geschichte antiautoritärer Linker im roten Jahrzehnt, Münster.

Kelb, Berni (1973): Organisieren oder organisiert werden – Vorschläge für Genossen links unten, Berlin.

Kollektiv Bremen (2016): Für eine grundlegende Neuausrichtung linksradikaler Politik, in: Diskus Nr. 216, Frankfurt a.M., S. 30-37.

Kulla, Daniel (2020): Arbeitsplätze selber schaffen – Das argentinische Modell: besetzen, Widerstand leisten, weiterproduzieren, in: Christoph Wimmer (Hg.): Where have all the rebels gone? Perspektiven auf Klassenkampf und Gegenmacht, Münster, S. 261-273.

Kuls, Christian (1976): Bestandsaufnahme, auch im Hinblick auf das Sozialistische Büro, in: Neuorientierung/Neuorganisierung – Zur zweiten Organisationsdebatte in der BRD, Frankfurt a.M., S. 240-249.

Lukács, Georg (1920b/1967): Die Krise des Syndikalismus in Italien, in: Frühe Aufsätze, S. 121-130.

Mattick, Paul (1949/1975): Spontaneität und Organisation, in: Vier Versuche über praktische und theoretische Probleme der Arbeiterbewegung, Frankfurt a.M., S. 40-64.

Mattick, Paul (1945/1975): Otto Rühle und die deutsche Arbeiterbewegung, in: ebd., S. 7-39.
Negt, Oskar (1972): Nicht nach Köpfen, sondern nach Interessen organisieren, in: links. Sozialistische Zeitung Nr. 39, Offenbach, S. 9-11.
Oy, Gottfried (2010): Überfraktionelles Bewusstseins jenseits von Partei und Spontaneiusmus: Das Sozialistische Büro, in: Christoph Jünke (Hg.): Linkssozialismus – Jenseits von Sozialdemokratie und Kommunismus?, Hamburg, S. 206-220.
Oy, Gottfried (2007): Spurensuche Neue Linke - Das Beispiel des Sozialistischen Büros und seiner Zeitschrift links. Sozialistische Zeitung (1969 bis 1997), Berlin.
Prien, Carsten (2019): Rätepartei – Zur Kritik des Sozialistischen Büros. Oskar Negt und Rudi Dutschke zur Organisationsdebatte, Seedorf.
Rühle, Otto (1940/1971): Weltkrieg – Weltfaschismus – Weltrevolution, in: Schriften – Perspektiven einer Revolution in hochindustrialisierten Ländern, S. 73-176.
Rühle, Otto (1939/1971): Formenwandel im Klassenkampf, in: Schriften – Perspektiven einer Revolution in hochindustrialisierten Ländern, S. 179-189.
Rühle, Otto (1924): Von der Bürgerlichen zur proletarischen Revolution, online: http://www.left-dis.nl/d/prolrev.pdf (zuletzt eingesehen am 06.11.2020).
Rühle, Otto (1921/1970): Grundfragen der Organisation, Hinkelstein-Verlag, S. 20-47.
Schmiederer, Ursula (1976) Jetzt gründen sie wieder, in: Neuorientierung/Neuorganisierung – Zur zweiten Organisationsdebatte in der BRD, Frankfurt a.M., S. 165-171.
Schneider, Friedrich (1920): Die Sozialisierung und die Einheitsorganisation der schweizerischen Arbeiterschaft, Basel.
Sozialistisches Büro (1975): Entwurf – Thesen des SB, Offenbach.
Sozialistisches Büro (1971): Ansatzpunkte sozialistischer Politik in der Bundesrepublik – Thesen der Arbeitsgruppe Sozialistisches Büro, Offenbach.
Vack, Klaus (1973): Bericht über die Entwicklung des Sozialistischen Büros, in: Sozialistisches Büro (Hg.): Für eine neue sozialistische Linke – Analysen, Strategien, Modelle, Frankfurt a.M., S. 337-339.

6. Bewegungsorganisation

Antifaschistische Aktion Berlin [AAB] (1998): Das Konzept Antifa, Grundsatztexte u. Konkretes, Berlin.
Antifaschistische Aktion/Bundesweite Organisation: Was sie schon immer über die Antifaschistische Aktion/Bundesweite Organisation wissen wollten, online: https://www.nadir.org/nadir/initiativ/aam/aabo.html (zuletzt eingesehen am 06.11.2020).

Attac (2002/2004): Grundsätze von Attac Deutschland, in Attac (Hg): Alles über attac, Frankfurt. a.M., S.112-116

Attac (2001/2004): Das Selbstverständnis von Attac, in Attac (Hg): Alles über attac, Frankf. a.M., S. 103-111.

Autonome Antifa [M] (1991): Diskussionspapier zu autonomen Organisierung, online: http://plaene.blogsport.eu/files/2016/01/antifa_m_auton_org_1991.pdf (am 06.11.2020).

Autonomiekongress der undogmatischen linken Bewegungen (1997): Standpunkte – Provokationen – Thesen, Münster.

AutorInnenkollektiv (Strickner, Alexndra / Reisenberger, Brigitte / Klatzer, Elisabeth / Weinzierl, Clara / Guth, Ralph / Schwarz, Valentin: Konzernmacht brechen – Zivilgesellschaftliche Ansätze und Strategien, in Attac (Hg.): Konzernmacht brechen! Von der Herrschaft des Kapitals zum guten Leben für Alle, Wien, S. 248-276.

Benicke, Jens (2019): Die K-Gruppen – Entstehung – Entwicklung – Niedergang, Wiesbaden.

Benicke, Jens (2010): Von Adorno zu Mao – Über die schlechte Aufhebung der antiautoritären Bewegung, Freiburg.

Bergstedt, Jörg (2002): Nachhaltig, modern, staatstreu? Saasen.

Beyer, Heiko / Schnabel, Annette (2017): Theorien sozialer Bewegung – Eine Einführung, Frankfurt a.M.

Beyer, Wolfram (2012): Pazifismus und Antimilitarismus – Eine Einführung in die Ideengeschichte, Stuttgart.

Brand, Karl-Werner (2008): Die aktive Bürgergesellschaft Studentenbewegung, neue soziale Bewegungen – und was davon bleibt, in: FJ SB 2008/3 1968 – Aller nur Geschichte, S. 35-44).

Brand, Karl-Werner (1998): Neue Soziale Bewegungen - «Europäische» Erklärungskonzepte, NSB, S. 63-79.

Claussen, Detlef (2017): Flaschenpost statt Scheinrevolution – Ein Interview mit Detlev Claussen über Adorno, Lenin und die Studentenbewegung, online: https://platypus1917.org/2018/06/22/flaschenpost-statt-scheinrevolution-ein-interview-mit-detlev-claussen-uber-adorno-lenin-und-die-studentenbewegung/
(zuletzt eingesehen am 06.11.2020).

Für eine linke Stömung (1992/2011): Praktische Konsequenzen – Die Gründung der Gruppe fels, in fels (Hg.): Heinz-Schenk-Debatte, Berlin, S. 57-58.

Fichter, Tilman/Lönnendonker, Siegward (1977): Kleine Geschichte des SDS, Berlin.

Foltin, Robert (2016): Post-Autonomie – Von der Organisationskritik zu neuen Organisationsformen, Münster.

Gilcher-Holtey, Ingrid (2017): Die 68er Bewegung – Deutschland, Westeuropa, USA; München.

Grigat, Stephan (2007): Ganz und gar nicht ums Ganze – Ein Kommentar zum «Ums Ganze-Kongress» in Frankfurt a. M., in: Jungle

Word 47, http://jungleworld.com/seiten/2007/47/11033.php (zuletzt eingesehen am 06.11.2020).

Guth, Ralph / Klatzer, Elisabeth / Strickner, Alexandra / Weinzierl, Clara (2016): Eine Welt der Konzerne, in Attac (Hg.): Konzernmacht brechen! Von der Herrschaft des Kapitals zum guten Leben für Alle, Wien, S. 7-23.

Haiven, Max / Khasnabish, Alex (2014): The Radical Imagination, London.

Hellmann, Kai-Uwe (1999): Paradigmen der Bewegungsforschung – Eine Fachdisziplin auf dem Weg zur normalen Wissenschaft, in: Klein, Ansgar / Legrand, Hans-Josef / Leif, Thomas (Hg.): Neue Soziale Bewegungen – Impulse, Bilanzen und Perspektiven, Wiesbaden, S. 91-113.

Hersel, Philipp / Hoffstätter, Viola (2004): Entstehung und Geschichte von Attac, in Attac (Hg): Alles über attac, Frankfurt a.M., S. 13-22.

Interventionistische Linke [IL] (2014): IL im Aufbruch – Ein Zwischenstandspapier.

Interventionistische Linke [IL] (2012): Vergesellschaftung – Broschüre der IL, Lübeck.

Interventionistische Linke [IL] (2008/Kleine): Block around the clock Das richtige Konzept zur richtigen Zeit: Massenblockaden, S. 41-43 und: Interventionistische Linke [IL] (2008/Sozial-AG): Papier der Sozial-AG, S. 58-62, in: Dazwischen gehen – Texte zur Offenen Arbeitskonferenz der Interventionistischen Linken, online: https://interventionistische-linke.org/sites/default/files/attachements/IL_ak_Texte-zur-Offenen-Arbeitskonferenz.pdf (zuletzt eingesehen am 06.11.2020).

Interventionistische Linke [IL] (2008): Interview: Mehr als nur ein Netzwerk? Die Interventionistische Linke (IL) versucht, die Zersplitterung der radikalen Linken zu überwinden. Interview mit Susanne und Katharina. In: Sozialistische Zeitung, online: https://interventionistische-linke.org/beitrag/interview-mehr-als-nur-ein-netzwerk (zuletzt eingesehen am 06.11.2020).

Interventionistische Linke [IL]/Avanti (2008): Intervention braucht Organisation - Ein Aufruf zur Organisierung der interventionistischen Strömung. Online: https://interventionistische-linke.org/beitrag/intervention-braucht-organisation (zuletzt eingesehen am 06.11.2020).

Interventionistische Linke [IL] (2006): G8Xtra Nr. 1: Für eine Linke, die dazwischen geht – Zwischenstand einer andauernden Diskussion, online: https://interventionistische-linke.org/beitrag/g8xtra-nr-1-fuer-eine-linke-die-dazwischen-geht (zuletzt eingesehen am 06.11.2020).

Interventionistische Linke [IL] 2004a: Eine Linke, die dazwischen geht. Zur Diskussion – Sommer 2004a & 2004b: Für eine Linke, die dazwischen geht. Einladung zu einem ersten, nicht-öffentlichen Treffen im November 2004. Online: https://interventionistische-linke.org/beitrag/eine-linke-die-dazwischengeht (zuletzt eingesehen am 06.11.2020).

Kalicha, Sebastian (2017): Gewaltfreier Anarchismus & anarchistischer Pazifismus – Auf den Spuren einer revolutionären Theorie und Bewegung, Heidelberg.

Keller, Mirja / Kögler, Lena / Krawinkel, Moritz / Schlemmermeyer, Jan (2013): Antifa – Geschichte und Organisierung, Stuttgart.

Klatzer, Elisabeth (2016): Macht der Konzerne in Österreich, in Attac (Hg.): Konzernmacht brechen! Von der Herrschaft des Kapitals zum guten Leben für Alle, Wien, S. 219-247.

Kongreßlesebuchgruppe (1995): Der Stand der Bewegung – 18 Gespräche über linksradikale Politik – Lesebuch zum Autonomie-Kongreß 1995, Berlin.

Langer, Bernd (2018): Antifaschistische Aktion – Geschichte einer linksradikalen Bewegung, Münster.

Langguth, Gerd (1983): Protestbewegung – Entwicklung, Niedergang, Renaissance, Köln.

Leidig, Sabine / Handtmann, Stephanie / Grobe, Rasmus (2004): Wie arbeitet Attac?, in Attac (Hg): Alles über attac, Frankfurt a.M., S. 121-130.

Kurz, Robert (2003): Die antideutsche Ideologie – Vom Antifaschismus zum Krisenimperialismus: Kritik des neuesten linksdeutschen Sektenwesens in seinen theoretischen Propheten, Münster.

Löwy, Michael (2010): Negativität und Utopie in der Bewegung für globale Gerechtigkeit, in: Luxemburg – Zeitschrift Gesellschaftsanalyse und linke Praxis, Heft 1/2010, Hamburg.

Mills, C. Wright (1960): Letter tot he new left, online: https://www.marxists.org/subject/humanism/mills-c-wright/letter-new-left.htm (zuletzt eingesehen am 06.11.2020).

Phase 2 Bonn (2001): https://phase-zwei.org/hefte/artikel/autonome-organisierung-teil-1-764/

Raschke, Joachim (1988): Bewegung und Partei, in FJ NSB 4/88, Parteien und Neue Soziale Bewegungen, S. 6-15.

Reichardt, Sven (2008): Authentizität und Gemeinschaftsbindung. Überlegungen zu Politik und Lebensstil im linksalternativen Milieu vom Ende der 1960er bis zum Anfang der 1980er Jahre, in: FJ SB 2008/3 1968 – Aller nur Geschichte: S. 118-132.

Roth, Roland (2012): Vom Gelingen und Scheitern sozialer Bewegungen, in: FJ SB 2012/1, S. 21- 31.

Roth, Roland (1985): Rebellische Subjektivität – Herbert Marcuse und die neuen Protestbewegungen, Frankfurt a.M.

Rucht, Dieter (1996): Multinationale Bewegungsorganisationen - Bedeutung, Bedingungen, Perspektiven, in FJ NSB 1996/2, S. 30-33.

Rätz, Werner / Seibert, Thomas (2005): Fünfzehn Thesen zur vorläufigen Beantwortung der Frage, wie man in nahezu aussichtsloser Lage wenigstens eine andere Richtung einschlägt, in: Exner, Andreas et. al. (Hg.): Losarbeiten – arbeitslose?, Münster, S. 254-262.

Schäfers, Marlene (2004): Attac in Zahlen, in Attac (Hg): Alles über attac, Frankfurt a.M., S. 50-56.

Schaffert, Astrid (2004): Ein Überblick über die Strukturen, in Attac (Hg): Alles über attac, Frankfurt a.M., S. 131-142.

Schenk, Heinz – Pseudonym (1991/2011): Wir sind doch kein Kampagnenheinz, in fels (Hg.): Heinz-

Schenk-Debatte, Berlin, S. 9-13.

Seibert, Thomas (2005): Organisation und soziale Bewegung, in Engelke, Wolf et. al. (Hg): Soziale Bewegungen im globalisierten Kapitalismus – Bedingungen für emanzipative Politik zwischen Konfrontation und Anpassung, Frankfurt a.M. S. 19-28.

Steffen, Michael (2002): Geschichten vom Trüffelschwein – Politik und Organisation des Kommunistischen Bundes 1971-1991, Berlin.

Ums Ganze [UG/IL] (2013): Interveniert, denn es geht ums Ganze, online: https://www.umsganze.org/interveniert-denn-es-geht-ums-ganze/ (eingesehen am 06.11.2020).

Ums Ganze [UG] (2009): Staat, Weltmarkt und die Herrschaft der falschen Freiheit – Zur Kritik des kapitalistischen Normalvollzugs, online: https://www.umsganze.org/media/Staatstext_web.pdf (zuletzt eingesehen am 06.11.2020).

Ums Ganze [UG] (2006): …ums Ganze! Smash Capitalism. Fight the G8 Summit, online: https://www.umsganze.org/media/UG/basis-text.pdf (zuletzt eingesehen am 06.11.2020).

Wahl, Peter (2004): Standpunkte u. Perspektiven, in Attac (Hg): Alles über attac, Frankfurt a.M., S. 23.-34.

Walter, Franz (2014): Der große Verweigerer – Herbert Marcuse, zit. n. www.demokratie-goettingen.de/blog/grosse-verweigerer-herbert-marcuse_280414 (zuletzt eingesehen am 6.5.18).

Weinzierl, Clara / Forster, Franziskus / Fehlinger, Julianna (2016): Hunger nach Profiten? Machtverhältnisse im Agrar- und Ernährungssystem, in Attac (Hg.): Konzernmacht brechen! Von der Herrschaft des Kapitals zum guten Leben für Alle, Wien, S. 128-158.

ZAUH (Zirkel autonomer HäretikerInnen) (1992/2011): Ohne Titel, in fels (Hg.): Heinz-Schenk-Debatte, Berlin, S. 26-30.

Zeitzeugen-Portal (2011): Herbert Marcuse – Von der Jugend lernen, online: https://www.youtube.com/watch?v=x6Uvwcbx7ok

Zettelknecht (1992/2011): Sich dem Kapitalismus nicht ergeben – Überlegungen zur Organisationsfrage und darüber hinaus, in fels (Hg.): Heinz-Schenk-Debatte, Berlin, S. 58-71.

7. Basisorganisation

Abu-Jamal, Mumia (2012): We want freedom – Ein Leben in der Black Panther Party, Münster.

Alinsky, Saul D. (1972/2007): Saul Alinsky im Gespräch mit Eric Norden, in: Penta, Leo (Hg.): Community Organizing – Menschen verändern ihre Stadt, Hamburg, S. 224-230.

Alinsky, Saul D. (1971/2010): Rules for Radicals, nach übersetzten Auszügen in: Call me a Radical, Berlin.

Alinsky, Saul D. (1946/2010): Reveille for Radicals, nach übersetzten Auszügen in: Call me a Radical, Berlin.

Barwich, Hertha (1925/2007): Von der Agitation, in: Siegbert Wolf (Hg.): Der syndikalistische Frauenbund, Münster, S. 108-110.

Barwich, Hertha (1923/2007): Rüstet zum syndikalistischen Frauentag, in: Siegbert Wolf (Hg.): Der syndikalistische Frauenbund, Münster, S. 88-89.

Barwich, Hertha (1922/2007): Unsere Frauenfrage auf dem 14. Kongress in Erfurt, in: Siegbert Wolf (Hg.): Der syndikalistische Frauenbund, Münster, S. 131-136.

Carmichael, Stokely (1969): Black Power, in: David Cooper (Hg.): Dialektik d. Befreiung, Hamburg, S. 27-43.

Caspers, Traudchen (1924/2007): Die Aufgaben des Frauenbundes, in Siegbert Wolf (Hg.): Der syndikalistische Frauenbund, Münster, S. 101-104.

Coers, Matthias / Nowak, Peter (2020): Umkämpftes Wohnen – Neue Solidarität in den Städten, Münster.

Demny, Oliver (2004): Die Wut des Panthers – Die Geschichte der Black Panther Party/Schwarzer Widerstand in den USA, Münster.

Doppler, Lisa (2020): Widerständiges Wissen. Herbert Marcuses Protesttheorie in Diskussion mit organischen Intellektuellen der Refugee-Bewegung der 2010er Jahre. Doktorarbeit. Justus-Liebig-Universität Gießen. Institut für Soziologie.

Düchting, Frank (2007): Von «Kraftwerk Mitte» zu «Implus Mitte» in Hamburg, in: Penta, Leo (Hg.):

Community Organizing – Menschen verändern ihre Stadt, Hamburg, S. 121-132.

GdV-Team (1999): Gegen das Vergessen – Sozialrevolutionärer Widerstand in Deutschland, Münster.

Gruppe 2. Mai (2016): Kommt ihr mit in den Alltag? Eine praktische Kritik an der Interventionistischen Linken und ein Mutmacher zum Andersmachen, online: https://arranca.org/archive?path=%2Fausgabe%2F49%2Fkommt-ihr-mit-in-den-alltag (zuletzt eingesehen am 06.11.2020).

Holsten, Henning / Zollhauser, Stefan (2018): Erst das Essen – dann die Miete! Arbeiterbewegung, Mietstreik und Wohnungsfrage in der

Weimarer Republik, in: Philipp Mattern (Hg.): Mieterkämpfe - Vom Kaiserreich bis heute – Das Beispiel Berlin, Berlin, S. 26-42.

Interventionistische Linke/Sander, Hendrik / Baliani, Jonas [IL] (2016) Mehr werden – Thesen für eine populare Strategie der Linken, online: https://archive.arranca.org/ausgabe/49/mehr-werden (zuletzt eingesehen am 06.11.2020).

Interventionistische Linke/Zwei aus der Stadt-AG Berlin [IL] (2015): Was ist interventionistische Basisarbeit? Über die Herausforderung der (Selbst-)Organisierung in lokalen Kämpfen, online:https://arranca.org/archive?path=%2Fausgabe%2F48%2Fwas-ist-interventionistische-basisarbeit (zuletzt eingesehen am 06.11.2020).

Jamoul, Lina (2007): Handwerkszeug für Community Organizer, in: Penta, Leo (Hg.): Community Organizing – Menschen verändern ihre Stadt, Hamburg, S. 224-230.

Jung, Else (1923): Bericht, in: Siegbert Wolf (Hg.): Der syndikalistische Frauenbund, Münster, S. 77-81.

Kasper, Sebastian (2019): Spontis – Eine Geschichte antiautoritärer Linker im roten Jahrzehnt, Münster.

Köster, Aimee (1922/2007): Der Frauenbund, in: Siegbert Wolf (Hg.): Der syndikalistische Frauenbund, Münster, S. 71-77.

Köster, Aimee (1921/2007): Muttersiedlungen, in: ebd. Münster, S. 258-261.

Leiderer, Eric (2010): Vorwort zur Neuauflage, in: Call me a Radical, Berlin, S. 8-11.

Mac Neill, Larry B. (2007): Beziehungsarbeit – Eine sanfte Kunst, in: Penta, Leo (Hg.): Community Organizing – Menschen verändern ihre Stadt, Hamburg, S. 231-240.

Mann, Erich (2017): Transformatives Organizing – 7 Bausteine, 12 Rollen, 16 Fähigkeiten, Köln.

Maruschke, Robert (2014): Community-Organizing – Zwischen Revolution und Herrschaftssicherung, Münster.

Mattern, Philipp (2018): Mieterkämpfe - Vom Kaiserreich bis heute – Das Beispiel Berlin, Berlin.

Penta, Leo (2007): Community Organizing – Menschen verändern ihre Stadt, Hamburg

Peters, Ulrich (2014): Unbeugsam & widerständig - Die radikale Linke in Deutschland seit 1989/90, Münster.

Rabe, Karl-Klaus (1984/2010): Vorwort zur deutschen Erstausgab, in: Call me a Radical, Berlin, S. 12-25.

Seale, Bobby (1970): Wir fordern Freiheit [Seize the time] – Der Kampf der Black Panther, Frankfurt a.M./Hamburg.

Sell, Hannah (2013): Die Black Panther Party – Lehren aus ihrer Geschichte (Hg.: Sozialistische Alternative), Berlin.

Sonnie, Amy / Tracy, James (2011): Hillbilly Nationalists, Urban Race Rebels and Black Power, New York.

Syndikalistischer Frauenbund (1921/2007): Resolution, in: Siegbert Wolf (Hg.): Der syndikalistische Frauenbund, Münster, S. 161-163.
Syndikalistischer Frauenbund Leipzig (1923/2007): Der Frauenbund in Leipzig, in: Siegbert Wolf (Hg.): Der syndikalistische Frauenbund, Münster, S. 81-88.
Solidarische Aktion Neukölln (2020): Druck machen gegenüber Jobcenter, Vermieter*innen und Chefs, Interview mit: Coers, Matthias / Nowak, Peter (Hg.): Umkämpftes Wohnen – Neue Solidarität in den Städten, Münster, S. 56-59.
Solidarisches Gallus (2020): Sich gegenseitig im Stadtteil unterstützen, Interview mit: Coers, Matthias/Nowak, Peter (Hg.): Umkämpftes Wohnen – Neue Solidarität in den Städten, Münster, S. 19-24.
Solidarisches Netzwerk Leipzig (2020): Die Viertel sollen nicht schöner werden, sondern widerständiger, Interview mit: Coers, Matthias / Nowak, Peter (Hg.): Umkämpftes Wohnen – Neue Solidarität in den Städten, Münster, S. 25-33.
Ulu, Turgay (2015): Revolutionismus in Europa ist Hobby-Revolutionismus, in: International Refugee Center (Hg.): Movement 1, S. 182-183.
Vossel, Marcus (2007): «Organizing Schöneweide» in Berlin, in in: Penta, Leo (Hg.): Community Organizing – Menschen verändern ihre Stadt, Hamburg, S. 133-145.
Weipert, Axel (2018): Krawall im Kiez – Wie es 1872 zu Unruhen in den Arbeitervierteln kam, in: Philipp Mattern (Hg.): Mieterkämpfe - Vom Kaiserreich bis heute – Das Beispiel Berlin, Berlin, S. 9-25.
Wilhelmsburg Solidarisch/IWW Bremen (2020): Solidarische Netzwerke USA – Vom Temporären zum Permenenten, Interview mit: Coers, Matthias / Nowak, Peter (Hg.): Umkämpftes Wohnen – Neue Solidarität in den Städten, Münster, S. 131-137.
Wimmer, Christoph (2020): Where have all the Rebels gone? Perspektiven auf Klassenkampf und Gegenmacht, Münster.
Witkop, Milly (1922/2007): Was will der syndikalistische Frauenbund, in: Siegbert Wolf (Hg.): Der syndikalistische Frauenbund, Münster, S. 52-70.
Witkop, Milly (1921/2007): Frauenarbeit – Frauenorganisation, in: Siegbert Wolf (Hg.): Der syndikalistische Frauenbund, Münster, S. 116-123.

8. Perspektive

Alinsky, Saul D. (1946/2010): Reveille for Radicals, übersetzten Auszügen in: Call me a Radical, Berlin.

AAUE (1921): Richtlinien für die Allgemeine Arbeiter-Union / Einheitsorganisation, online: https://www.marxists.org/deutsch/geschichte/deutsch/aaud-e/1921/richtlinien.htm (zuletzt eingesehen am 06.11.2020).

Azzellini, Dario (2018): Vom Protest zum sozialen Prozess – Betriebsbesetzungen und Arbeiten in Selbstverwaltung, Hamburg.

Bewernitz, Torsten (2019): Syndikalismus und neue Klassenpolitik – Eine Streitschrift, Berlin.

Bock, Violetta / Goes, Thomas E. (2017): Ein unanständiges Angebot? Mit linkem Populismus gegen Eliten und Rechte, Köln.

Buber, Martin (1945/1967): Der utopische Sozialismus, Köln.

Debord, Guy (1967/1996): Die Gesellschaft des Spektakels, Berlin.

Ditfurth, Jutta (2011): Krieg, Atom, Armut. Was sie reden, was sie tun: Die Grünen, Berlin.

Döhring, Helge (2017): Anarchosyndikalismus – Einführung in die Theorie und Geschichte einer internationalen, sozialistischen Arbeiterbewegung, Lich.

Hirsch, Joachim (1980): Alternativbewegung – eine politische Alternative? In: Roth, Roland (Hg.): Parlamentarisches Ritual und politische Alternativem, Frankfurt a.M., S. 121-146.

Hoffrogge, Ralf (2018): Richard Muller – Der Mann hinter der Novemberrevolution, Berlin.

Kipping, Katja / Riexinger, Berd (2013): Verankern, verbreiten, verbinden - Projekt Parteientwicklung. Eine strategische Orientierung für DIE LINKE. https://www.die-linke.de/partei/ueber-uns/parteientwicklung/verankern-verbreiten-verbinden/

Kollektiv Bremen (2016): Für eine grundlegende Neuausrichtung linksradikaler Politik, in: Diskus Nr. 216, Frankfurt a.M., S. 30-37.

Landauer, Gustav (1907/2003): Die Revolution, Münster.

Lenin, W.I.U. (1920/1968): Der «linke Radikalismus» als die Kinderankheit des Kommunismus, Berlin.

Luxemburg, Rosa (1918a): Was will der Spartakusbund?, online: https://www.marxists.org/deutsch/archiv/luxemburg/1918/12/waswill.htm (Zuletzt eingesehen am 6.11.2020)

Luxemburg, Rosa (1906/1970): Massenstreik, Partei und Gewerkschaften, in: Schriften zur Theorie der Spontaneität, Hamburg, S. 89-161.

Luxemburg, Rosa (1899/2009): Sozialreform oder Revolution? Mit dem Anhang: Miliz und Militarismus, Zittau.

Luxemburg, Rosa (1899/2005): Friedlicher Weg zum Sozialismus? Eine taktische Frage, in: Fritz Keller / Stefan Kraft (Hg.): Rosa Luxem-

burg – Denken und Leben einer Revolutionärin, Wien, S. 135-137. Auch: GW 1.1: 483-486.
Mann, Erich (2017): Transformatives Organizing – 7 Bausteine, 12 Rollen, 16 Fähigkeiten, Köln.
Negri, Antonio/Hardt, Michael (2004): Multitude. Krieg & Demokratie im Empire, Frankfurt a. M.
Neupert-Doppler, Alexander (2019): Die Gelegenheit ergreifen – Eine politische Philosophie des Kairós, Wien.
Neupert-Doppler, Alexander (2015): Utopie – Vom Roman zur Denkfigur, Stuttgart.
Neupert, Alexander (2013): Staatsfetischismus – Zur Rekonstruktion eines umstrittenen Begriffs, Münster.
Notz, Gisela (2012): Theorien alternativen Wirtschaftens – Fenster in eine andere Welt, Stuttgart.
Partei Die Linke (2011): Programm.
Rabe, Karl-Klaus (1984/2010): Vorwort zur deutschen Erstausgab, in: Call me a Radical, Berlin, S. 12-25.
Rocker, Rudolf (1919): Prinzipienerklärung des Syndikalismus, online: https://www.fau.org/materialien/historisches/art_030818-180426 (eingesehen am 06.11.2020).
Rühle, Otto (1940/1971): Weltkrieg – Weltfaschismus – Weltrevolution, in: Schriften – Perspektiven einer Revolution in hochindustrialisierten Ländern, S. 73-176.
Tillich, Paul (1922): Kairós I, in: GW VI: Der Widerstreit von Raum und Zeit, S. 9-28.

Alexandra Bradbury,
Mark Brenner, Jane Slaughter

Geheimnisse einer erfolgreichen Organizerin

272 Seiten, 13,80 EUR, kartoniert
ISBN 3-89657-155-9

Hast Du Probleme am Arbeitsplatz? Dieses Buch zeigt Dir, wie Du mit Methoden des Organizing dagegen kämpfen und gewinnen kannst. Es verrät 47 Geheimnisse des Organizing, die auf Erfahrungen von Generationen von aktiven GewerkschaftlerInnen beruhen – veranschaulicht in Hunderten von wahren Geschichten und ergänzt durch praktische Hinweise.

Alexander Neupert-Doppler (Hg.)

Konkrete Utopien
Unsere Alternativen zum Nationalismus

381 Seiten, 16,80 EUR, kartoniert
ISBN 3-89657-199-0
Reihe Black Books

« ... bietet der Band eine ganze Bandbreite aktueller Debatten, die grundlegend für die außerparlamentarische Bewegungslinke sind. ... In einem Beitrag der IL Hannover ... heißt es: ‹An die Stelle eines Programms von oben muss das gemeinsame Suchen und Weiterentwickeln treten.›»
Florian Schmid in «Neues Deutschland», 13.12.2018

schmetterling verlag